Manfred Kets de Vries

Das Geheimnis erfolgreicher Manager

Manfred Kets de Vries

Das Geheimnis erfolgreicher Manager

Führen mit Charisma und emotionaler Intelligenz

Übersetzung aus dem Englischen
von Brigitte Kleidt

FINANCIAL TIMES PRENTICE HALL

München • Amsterdam • Hongkong • Kapstadt
London • Madrid • New York • Paris • San Francisco
Singapur • Sydney • Tokio • Toronto

Die Deutsche Bibliothek – CIP-Einheitsaufnahme

Ein Titeldatensatz für diese Publikation ist bei
Der Deutschen Bibliothek erhältlich.

Umwelthinweis:
Dieses Buch wurde auf chlorfrei gebleichtem Papier gedruckt.
Die Einschrumpffolie – zum Schutz vor Verschmutzung – ist aus
umweltverträglichem und recycelbarem PE-Material.

10 9 8 7 6 5 4 3 2 1

04 03 02

ISBN 3-8272-7091-X

Die englische Originalausgabe erschien 2001 bei Financial Times Prentice Hall
unter dem Titel *The Leadership Mystique.*

Pearson Education Deutschland GmbH
Martin-Kollar-Straße 10–12
D-81829 München
www.ftmanagement.de

Übersetzung: Dr. Brigitte Kleidt, Köln
Redaktion: Michael Wurster, Marburg
Lektorat: Michael Schickerling, mschickerling@pearson.de
Herstellung: Claudia Bäurle, cbaeurle@pearson.de
Einbandgestaltung: Jarzina Kommunikations-Design, Köln
Satz: PC-DTP-Satz und Informations GmbH, München
Druck und Verarbeitung: Kösel, Kempten (www.koeselbuch.de)
Printed in Germany

Inhalt

Danksagung

Angesichts der zahlreichen Literatur zum Thema Führung ist es ein gewagtes Unterfangen, ein weiteres Managementbuch zu veröffentlichen. Die gewaltige Konkurrenz legt den Gedanken nah, dass die Verwirrung ohnehin schon groß genug und jeder zusätzliche Beitrag überflüssig wie ein Kropf ist. Doch dieses Buch will sich von den anderen abheben: Eher pragmatisch als philosophisch behandelt es die Fragen, die hochrangige Führungskräfte im Lauf der Jahre in meinen Seminaren als ihre schwerwiegendsten Probleme diskutiert haben.

Das Buch entstand auch aufgrund eines zweiten, völlig anders gearteten Anreizes: Journalisten baten mich häufig (als vermeintlichen »Spezialisten« für Führungsfragen) in aktuellen Fällen um Ad-hoc-Diagnosen für verzwickte Managementprobleme. Diese Anfragen verschreckten mich, denn die Antworten konnten nur auf blühende Spekulationen hinauslaufen, und ich bin kein Freund von Schnellschüssen. Wenn ich umfassendes Fallmaterial bekomme, sage ich gern meine Meinung dazu, aber nicht, wenn ich anhand einiger dünner Angaben etwas beurteilen soll. Mir hat die Bezeichnung »Spezialist« schon immer gewisse Bauchschmerzen bereitet, weil für mich bei diesem Begriff mitschwingt, alles über nichts zu wissen. Mit dem Wort verbindet sich die Erwartung, dass ich (oder irgendjemand anders) nur mit dem Zauberstab wedelt und – Simsalabim – die Antwort auf alle Probleme der Menschen aus dem Hut zaubert. Aber es gibt keine schnellen Antworten und schnellen Lösungen für Führungsfragen. Je mehr ich weiß, desto deutlicher sehe ich, wie viel noch zu lernen bleibt. Dieses Buch versucht also in erster Linie, die verschiedenen Schichten aufzudröseln, aus denen sich gute Führung zusammensetzt. Wenn ich eine verwickelte Frage zu Aspekten des Führens beantworten will, muss ich immer an den Schulaufsatz eines Kindes über Sokrates denken: »Sokrates ist ein berühmter griechischer Lehrer, der zu den Leuten ging und ihnen Ratschläge gab. Sie haben ihn vergiftet.« Mir ist also klar, dass ich ein gewisses Risiko eingehe.

Es gibt eine Reihe von Menschen, denen ich danken möchte, weil sie mir bei der Klärung des komplizierten Phänomens »Führung« geholfen haben, allen voran den Studenten meiner Führungsseminare an der INSEAD. Ohne ihre Bereitschaft, offen über persönliche Sorgen zu sprechen, wäre dieses Buch nie geschrieben worden. Wir sind über die Jahre in Kontakt geblieben, und so mancher hat mir erlaubt, seinen Werdegang als Fallstudie hier einzubringen.

Wie immer möchte ich meiner Dankbarkeit gegenüber der Forschungs- und Entwicklungsabteilung an der INSEAD Ausdruck verleihen, insbesondere Luk Van Wassenhove und der immer hilfreichen Alison James. Auf welchen Abwegen ich mich auch tummelte - und da kommt einiges zusammen -, sie haben mich fröhlich begleitet und in meinem Forscherdrang bestärkt. Auch dem früheren und dem jetzigen Dekan gilt mein Dank, Antonio Borges und Gabriel Hawawini.

Ein besonderes Lob möchte ich meiner Sekretärin aussprechen. Sheila Loxham hat mir mit ihrem Humor immer wieder den Weg zur positiven Seite der Dinge gewiesen. Ihre Rolle als konstruktiver Cerberus ist unschätzbar, denn sie hält mir den Rücken von alltäglichen Verwaltungsarbeiten frei. Meine Anerkennung gebührt auch meiner wissenschaftlichen Assistentin, Elisabeth Florent-Treacy. Sie hat immer wieder eigene Projekte zurückgestellt, um mir bei akuten Forschungsproblemen zu helfen. Und nicht zuletzt schulde ich Kathy Reigstad Dank, meiner virtuellen Lektorin. (Inzwischen ist sie nicht mehr ganz so virtuell, ich habe sie einmal persönlich kennen gelernt.) Sie ist für mich eine Art Textmagierin, die das Wirtschaftschinesisch und Psychogeschwätz, das mir immer wieder unterläuft, in verdauliches Material umändert.

Die Verantwortung für den Text liegt natürlich ausschließlich bei mir. Ich mag mit mancher Aussage über das Ziel hinausgeschossen sein, aber da es nicht zu ändern ist, muss man es schweigend ertragen. Denken Sie bitte bei der Lektüre daran, dass fast alle Ideen Stiefkinder anderer Ideen sind. Und der Wert einer Idee steht oft in direktem Verhältnis zu dem Widerstand, den man dagegen entwickelt. Wenn ein Weg keine Hindernisse bereithält, führt er womöglich ins Nichts. Meiner Erfahrung nach lernt man durch Fehlschläge weit effektiver als durch Erfolge. Die Erfahrung hat mich auch gelehrt, dass die wenigsten Geister sich verschleißen, die meisten rosten ein. Oder um es mit einem arabischen Sprichwort zu sagen: »Die Menschheit teilt sich in drei Klassen: die Unbeweglichen, die Beweglichen und die, die sich bewegen.« Hoffentlich gehören Sie zur letzten Gruppe (oder schließen sich ihr an).

Vorwort

Die Erkenntnis des Eigenen ist schwierig.
Thales von Milet

Eins habe ich gelernt: Menschen, die am wenigsten wissen, wissen es meistens am lautesten.
Andy Capp

Man erfährt sehr viel schon durch bloßes Beobachten.
Yogi Berra

Ich möchte dieses Buch über das Wesen der Führung mit einer wahrscheinlich nur gut erfundenen Anekdote beginnen. Sie handelt von dem Psychiater und Psychoanalytiker Wilfred Bion, der mein Denken stark beeinflusst hat. Im Ersten Weltkrieg war Bion Panzerfahrer, und ein Panzer ist wirklich ein sehr enges »Arbeitsumfeld«. Im Dienst lernte Bion viel über das Verhalten kleiner Gruppen. Einen Weltkrieg später konnte Bion als Direktor einer Klinik für Kriegsneurosen einige seiner Erkenntnisse aus der eigenen Militärzeit anwenden.

Trotz dieser Erkenntnisse blieben viele Fragen offen. Was führte zu den neurotischen Symptomen? Welche Einzelfaktoren spielten eine Rolle, woraus genau entstanden die Probleme, mit denen sich die Patienten konfrontiert sahen? Warum erkrankten sie psychisch? Besonders wichtig: Wie konnte man ihnen helfen? Bion arbeitete mit den Patienten in kleinen Gruppen und publizierte später seine Notizen über die Beobachtungen – eine faszinierende Arbeit, aber sehr überladen geschrieben und kompliziert formuliert.

Vor vielen Jahren – Bion ist inzwischen schon längere Zeit tot – war er als Hauptredner zu einer Konferenz in London eingeladen. Die Erwartungshaltung war gespannt, die Teilnehmer interessierten sich sehr für seinen Vortrag und hofften, er würde einige der verwickelten Gedanken in seinen Schriften aufklären. Bion soll zum Rednerpult gegangen sein, einen Blick auf das dicht besetzte Auditorium geworfen und gesagt haben: »Hallo zusammen!« Sprach's, drehte sich um und ging. Ende der Vorstellung.

Beim Mittagessen trat einer der Organisatoren an Bion heran und bat höflich: »Dr. Bion, die Teilnehmer haben Ihre Rede eifrig kommentiert und waren fasziniert von Ihren Ideen. Allerdings hielten Sie Ihre Ausführung für recht knapp. Könnten Sie die Gedanken etwas weiter erläutern? Könnten Sie ein wenig mehr sagen? Hätten Sie etwas dagegen, wenn wir heute Nachmittag einen Zusatztermin anberaumen?« Bion erklärte sich für einverstanden, der Zusatztermin wurde anberaumt und der Saal war wieder gerammelt voll. Bion schritt zum Pult, sah sich um, sagte (so sagt man): »Und nochmals hallo!« Und schritt von dannen.

Wenn ich Vorträge halten soll, bin ich jedes Mal versucht, es ihm gleichzutun. Viele Gedanken gehen mir auf dem Weg zum Podium durch den Kopf; so muss es Bion auch gegangen sein. Ich frage mich: Werde ich meine Gedanken artikulieren können? Werde ich auch nichts vergessen? Werde ich die Erwartungen der Zuhörer erfüllen? Ich bin Realist und weiß, dass die Antwort wohl in allen drei Fällen Nein lautet, ich bin schließlich auch nur ein Mensch, und die Erwartungen des Publikums sind so vielfältig wie die einzelnen Personen. Kein Wunder also, dass ich jedes Mal wieder sehr gespannt bin, was ich sagen werde!

Ich unterrichte an der globalsten Business-School dieser Welt, der INSEAD mit Sitz in Frankreich und Singapur. Der Hauptcampus liegt im Wald vor Fontainebleau unweit von Paris. Das ehemalige Jagdrevier der französischen Könige ist heute Sammelplatz der geografisch wohl bunt gemischtesten Studentengruppe, die man sich vorstellen kann. Die meisten neigen beim Gehen den Kopf leicht nach links, sage ich manchmal im Scherz (ein Verhalten, das sie mit der Fakultät teilen), und diese Tendenz führt dazu, dass sie nicht selten im Kreis gehen.

Der größte Teil meiner Studenten sind »rationale« Ingenieure und Ökonomen, »logische« Denker, deren linke Gehirnhälfte überentwickelt ist. Wegen ihrer Vorliebe für Rationalität und Objektivität verlangen sie nach »harten« Fakten, um komplexe ökonomische Zusammenhänge zu analysieren. Intuition, Emotion und Subjektivität sehen sie irgendwo zwischen Wischiwaschi und Humbug, ohne zu erkennen, dass gerade die »weichen« Faktoren verdammt hart sein können. An den »soft skills« scheitert so manche Karriere, und deswegen gebe ich meinen Studenten (und Kollegen) ganz gern mal einen leichten Klapps auf den Kopf, damit ihr Gehirn wieder ins Gleichgewicht kommt und sie beide Hälften dieses lebenswichtigen Organs benutzen. Der Erfolg meiner Maßnahme ist meist nur von kurzer Dauer. Schon bald finden die »Links-Hirner« zu ihrer Normalität zurück und laufen wieder im Kreis.

In meiner wissenschaftlichen Arbeit versuche ich, zwei Disziplinen zu vereinen: die »düstere Wissenschaft« des John Maynard Keynes (früher war ich einmal Ökonom) mit dem »unmöglichen Beruf« von Sigmund Freud (ich bin ausgebildeter Psychoanalytiker). Kurzum, ich interessiere mich für die Verbindung von Management und klinischer Psychologie.

Das Buch behandelt das Thema Führung in verschiedenen Facetten, das klinische Paradigma dient mir dabei als Mikroskop, unter dem ich die Welt betrachte. (Mit »klinischem Paradigma« bezeichne ich die Sichtweise, die der Psychoanalyse und damit verwandten Bereichen eigen ist – dazu später mehr.) Anders als die meisten Organisationswissenschaftler beschränke ich mich nicht auf Unternehmensstrukturen und

Systeme. Natürlich berücksichtige ich diese Variablen in der Gleichung, aber mich interessieren eher die Menschen, aus denen eine Organisation besteht.

Wichtigstes Ziel bei meinen Untersuchungen zum Thema Führung ist, dem Menschen in Organisationen wieder zu seinem Recht zu verhelfen. Der Löwenanteil der Forschung vernachlässigt den Humanfaktor, obwohl dieser doch offensichtlich unentbehrlich ist. Zu viele Spezialisten auf diesem Gebiet bewerten Systeme und Strukturen höher als Menschen. Positivismus und Objektivität beherrschen die Organisationen, frei nach dem Motto: Was man nicht sieht, gibt es nicht. Vielleicht erklärt sich diese Ansicht zum Teil daraus, dass sich Strukturen und Systeme einfacher behandeln lassen. Menschen sind sehr viel komplizierter und viel schwerer zu ändern. (Es ist oft einfacher, Menschen auszutauschen als Menschen zu verändern.)

Der klinische Blick auf das Management hat seinen Preis. Die Geschichten, die mir die Menschen erzählen, bereichern meine Beobachtungen, aber sie komplizieren auch mein Leben. Strukturen und Verfahrensweisen erfasst man mit wesentlich weniger Aufwand als Persönlichkeiten und Biografien. Der Fokus auf den menschlichen Faktor hat außerdem dazu geführt, dass einige Organisationswissenschaftler abfällig von meiner Arbeit sprechen. Sie nehmen erzählte Geschichten nicht ernst. Realität ist in ihren Augen allein, was sich rational und statistisch erfassen lässt: Nur nachprüfbare Experimente ohne empathische Verzerrungen, die unzweideutige Zahlen liefern, beschreiben reale Phänomene. Klar, diese Auffassung erleichtert Leben und Geschäft. Die subjektive Welt des Individuums, das innere Drama und der gesamte Bereich der Intersubjektivität (die Konstellationen, in denen Menschen aufeinander einwirken), ist sehr viel schwerer zu kontrollieren.

Bei meiner Arbeit widme ich dem Innenleben der Menschen viel Zeit, und zwar jedem Einzelnen. Ich frage mich hierbei: Welche zentralen Probleme beschäftigen diesen Menschen? Was löst besonders starke Gefühle in ihm aus? Welches Skript, welches Bühnenbild gehört zu seinem inneren Drama? Aber nicht nur das Innenleben ist wichtig, auch die gesellschaftliche Situation. Sinnvoll können wir von Menschen nur im sozialen Kontext reden, niemand ist eine einsame Insel (auch wenn sich der eine oder andere nichts lieber wünscht). Menschen stehen immer in Interaktion zu anderen. Deswegen widme ich mich auch der zwischenmenschlichen Dimension, der Chemie zwischen Personen, besonders der Art und Weise, wie Führungskräfte auf Mitarbeiter wirken (und wie sich deren Miteinander gestaltet).

Bei diesem Ansatz, Menschen am Arbeitsplatz zu beobachten, die persönliche wie die zwischenmenschliche Dimension und die Stellung in der Organisation zu beachten, beherzige ich die fünf »W« der Journalisten: Wer? Was? Wo? Wann? Warum?

Das vorliegende Buch beruht auf einer Reihe von Vorträgen, die ich vor ganz verschiedenen Zuhörern an vielen Orten der Welt hielt; ich kann mich schon gar nicht mehr an alle erinnern. Meine Erläuterungen und Schlussfolgerungen beruhen zwar auf umfangreichen Forschungen, trotzdem will ich kein hoch theoretisches Werk vorlegen. Es soll ein Arbeitsbuch sein, mit dem Führungskräfte praktisch üben können, sodass sie mehr über ihr Metier und dessen Wechselfälle erfahren. Ein Arbeitsbuch, mit dem der Einzelne seine Fähigkeiten verbessern kann.

Trotz dieser praktischen Ausrichtung ist es keine schlichte Gebrauchsanleitung. Es geht mir auch um das Wesen des Führens. Viele hier vorgelegte Beobachtungen stammen aus jahrelangen Untersuchungen zu Organisationen einschließlich der Chefetagen. Leser, die den klinischen Ansatz besser verstehen wollen, verweise ich auf die Literaturvorschläge am Ende des Buches, die zugleich eine Referenzliste darstellen.

Der Leser sei gewarnt: Vieles in diesem Buch ist keineswegs neu, und manche Ideen sind sogar schon sehr alt. Zudem wirken zahlreiche Gedanken sehr selbstverständlich. Doch der Glanz der Neuheit allein ist ebenso wenig wie dessen Fehlen ein Kriterium für die Qualität einer Idee: Alte Vorstellungen mit langer Tradition sind nicht unbedingt schlechter als trendige neue Vorschläge (auch nicht unbedingt besser, sollte ich wohl ergänzen). Wichtig ist allein, welche Rolle eine Idee am Arbeitsplatz sowie im richtigen Leben von Führungskräften und Mitarbeitern spielt. Ich möchte Sie deswegen dazu ermutigen, Ihre eigenen Erfahrungen auf meine Beobachtungen anzuwenden und diese im Licht Ihrer Erfahrung zu beurteilen. Fragen Sie sich, wie Sie selbst mit dem Thema Führung umgehen. Wie bewältigen Sie Ihre Aufgaben? Welchen Führungsstil pflegen Sie? Ob Sie nun im Einzelhandel arbeiten oder an einem großen Schreibtisch in luftiger Höhe über die Stadt schauen: Was haben Sie heute getan, um Ihre Führungsqualität zu verbessern? Leben Sie die Werte, die Sie Ihren Angestellten verkünden? Strengen Sie sich an, das Beste aus sich herauszuholen?

Da gibt es die Geschichte vom Frosch, der in einem Fluss auf einem Baumstamm saß. Der Baumstamm war von Krokodilen umzingelt, und der Frosch wusste nicht, wie er heil ans Ufer kommen sollte. In dem Wäldchen am Ufer entdeckte er eine Eule und fragte: »Weise Eule, hilf mir bitte. Wie kann ich den Fluss überqueren, ohne von den Krokodilen gefressen zu werden?« »Ganz einfach«, antwortete sie. »Schlag mit den Beinen so heftig, wie du kannst. Dann fliegst du und überquerst den Fluss außer Reichweite ihrer Mäuler.« Der Frosch folgte ihrem Rat. Kurz bevor er im Rachen eines Krokodils landete, fragte er: »Warum hast du mir das geraten? Es funktioniert nicht!« Darauf die Eule: »Tut mir leid, mein Gebiet ist die Ideenfindung, mit der Umsetzung bin ich nicht befasst.«

Die Moral: Nur ein Bruchteil der in Organisationen formulierten Strategien wird adäquat umgesetzt. Selten werden Vision und Aktion richtig synchronisiert, Ideen und Ausführung aufeinander abgestimmt. Wer sich etwas ausdenkt, sollte jedoch berücksichtigen, inwieweit die Betroffenen diese Idee umsetzen können. Nabelschau reicht eben nicht über den Tellerrand. Wer gut führen will, muss Praxis und Theorie beherrschen.

Dieses Buch will Führungskräften helfen, effiziente Maßnahmen zu ergreifen. In den einzelnen Kapiteln werden folgende Themen der Führung behandelt:

- Kapitel 1, »Die dissonante Stimme der Führung«, fragt nach dem Wesen und den Auswirkungen von Führung überhaupt und stellt das klinische Paradigma vor.
- Kapitel 2, »Emotionale Intelligenz in der Arbeitswelt«, befasst sich mit dem EQ und der Bereicherung, die er für das Selbstverständnis einer Führungskraft und deren Potenzial, Mitarbeiter zu verstehen, zu motivieren und zu unterstützen, bedeutet.
- Kapitel 3, »Das Muschelsyndrom«, erörtert die natürliche Abneigung der Menschen gegen Veränderungen - eine Tendenz, die Organisationen wie Führungskräfte gleichermaßen in den Abgrund reißen kann. Außerdem werden die prinzipiellen Veränderungen in Organisationen behandelt.
- Kapitel 4, »Der Fehlerfaktor«, analysiert das Ineinandergreifen rationaler und irrationaler Kräfte im Führungsverhalten und prüft, inwiefern Phänomene wie Übertragung und Narzissmus es beeinflussen. Auch einige Wege, diese Kräfte zu überwinden, werden vorgestellt.
- Kapitel 5, »Nachfolgeregelungen«, beschreibt den Lebenszyklus von Vorstandsvorsitzenden und die Dilemmata, die aus der Suche nach einem Nachfolger oder einer Nachfolgerin nicht selten ein Drama mit ungewissem Ausgang machen.
- Kapitel 6, »Das Dilbert-Phänomen«, zeigt, wie Organisationen ihren Mitarbeitern das Mark aussaugen und wie den so Gequälten wieder Leben eingehaucht werden kann.
- Kapitel 7, »Der Fisch stinkt vom Kopf«, stellt bestimmte »neurotische« Führungsstile vor - Stile, die eine ganze Organisation »vergiften« können - und bietet einige Kuren an, um die Balance wiederherzustellen.
- Kapitel 8, »Veränderung von Individuum und Organisation«, untersucht die Wechselwirkung zwischen Individuen und deren Organisationen in Bezug auf Veränderungen.
- Kapitel 9, »Merkmale erfolgreicher Führung«, fragt, was Führen voraussetzt, und umreißt einige Kompetenzen, die gute Führungskräfte von schlechten unterscheidet.
- Kapitel 10, »Führung im globalen Kontext«, betrachtet kulturelle Differenzen und deren Auswirkungen aufs Geschäft, erörtert die spezifischen Bedingungen globaler Führung und beleuchtet Möglichkeiten, wie qualifizierte Personen für Positionen mit globalen Anforderungen gefunden werden können.
- Kapitel 11, »Rollenspiele«, konzentriert sich auf die Unterschiede von Management und Führung sowie charismatischer und architektonischer Führungsrolle und unterbreitet Vorschläge, wie sich diese widersprüchlichen, aber unverzichtbaren Anforderungen ausbalancieren oder ausgleichen lassen.

- Kapitel 12, »Nachwuchsförderung«, zeigt den Weg, auf dem Organisationen potenzielle Kandidaten und Kandidatinnen für Spitzenpositionen auswählen und ausbilden sollten.
- Kapitel 13, »Authentizotische Organisationen«, beschreibt eine neue Form von Arbeitsplätzen und fordert Unternehmen auf, dieses Modell zu übernehmen.
- Kapitel 14, »Schlussbemerkungen«, bricht eine Lanze für den »Hofnarren« in der Vorstandsetage und bringt letzte Gedanken zum Thema Führung.

Wie bereits angedeutet, ist dieses Buch gewissermaßen interaktiv angelegt. Zu diesem Zweck enthält es viele Übungen, Fragen und Tests. Ich hoffe, dass diese Elemente die Selbstreflexion erleichtern. Hinter ihnen stehen zwar solide Forschungen, aber wissenschaftlich endgültig sind sie ebenso wenig wie die Auswertungen. Sie sollten also niemals als einzige Entscheidungsgrundlage dienen, sondern nur eine Richtschnur darstellen, mit deren Hilfe die Leser über ihre Befähigung zum Führen nachdenken und an dieser arbeiten können. Die Ergebnisse sollten mit dem Erfahrungshorizont, den Lebensumständen und anderen individuellen Faktoren zusammengedacht werden. Unser Verhalten ist viel zu komplex, als dass man es auf eine Reihe einfacher Fragen im Dienst der Selbsterkenntnis reduzieren könnte. Übungen sind ganz nützlich, aber nur ein Teil des Puzzles. Es sind Indizien, keine absolut gültigen Ergebnisse.

Der leichteren Lesbarkeit zuliebe habe ich im Text auf Quellenverweise und Referenzen verzichtet. Wenn Sie etwas nachlesen oder weitere und andere Ergebnisse erfahren wollen, schauen Sie bitte in den Literaturvorschlägen am Ende des Buches nach.

1

Die dissonante Stimme der Führung

Wenn du feststellst, dass du ein totes Pferd reitest, solltest du am besten absteigen.
Sprichwort der Sioux

Nichts lässt schneller altern als der Verzicht aufs Denken.
Christopher Morley

Die schwitzenden Teilnehmer haben mehr Spaß am Spiel des Lebens als die hochnäsigen Beobachter.
William Feather

Organisationen haben eines mit Automobilen gemein: Von selbst steuern sie höchstens bergab. Ohne Menschen funktionieren sie nicht. Und es dürfen nicht irgendwelche, es müssen die *richtigen* Personen sein. Die Effizienz der Angestellten einer Organisation – insbesondere jener in Führungspositionen – bestimmt die Leistung der »Maschine«.

Einige Mitarbeiter sind so effizient, dass Vorgesetzte kaum etwas zur Steigerung ihrer Leistung einbringen können, andere entpuppen sich als hoffnungslose Fälle, in denen durch Führung ebenfalls wenig zu erreichen ist. Die Mehrheit jedoch bewegt sich zwischen diesen Extremen, die meisten Menschen erledigen übertragene Aufgaben je nach den Anforderungen, die an sie gestellt werden. Sie schwimmen im Strom mit. Was die Richtung, Geschwindigkeit und Dauer dieses Stroms betrifft, richten sie sich nach Vorgesetzten. Sie wollen in gewissem Umfang geführt werden und begrüßen Vorschläge hinsichtlich des Ziels und der Wege dahin. Untersuchungen der Verhaltensforschung im Tierreich legen nahe, dass Menschen ein Bedürfnis nach Führung verspüren. Zoologen haben ausführlich die komplexen Führungsstrukturen bei unseren direkten Verwandten, den Menschenaffen, beschrieben – eine gute Illustration dieses Bedürfnisses.

Etymologisch lässt sich die Wurzel des angelsächsischen »lead, leader, leadership« auf *laed* zurückführen, was soviel wie »Pfad« oder »Weg« heißt. Das Verb *laeden* bedeutet »reisen«. Die deutschen Worte *leiten, Leiter, Leitung* gehen über das althochdeutsche *leittan* letztlich auf dasselbe Ausgangswort zurück und haben entsprechend dieselbe Ursprungsbedeutung. Ein Leiter ist demnach einer, der den Mitreisenden den Weg zeigt, indem er vorangeht. Die Metapher des Steuermanns gilt noch heute, auch wenn die Meinungen über die konkrete Ausformung der Führungsrolle auseinander gehen. Die, wenn wir sie so nennen dürfen, »Steuermannschule« zerfällt in zwei Untergruppen: Die einen sehen eine Führungsperson als Schachspieler, der lebensgroße Figuren auf dem Brett bewegt. Die anderen glauben, dass Individuen die kollektive Fantasie ansprechen und über diesen Weg die Menschen zu freiwilligen Beiträgen anregen sollten, um für sich Führungsqualitäten beanspruchen zu können. Führer des ersten Typs bringen Mitarbeiter auf Trab, aber nur Führer des zweiten Typs vermögen sie zu ungeteilter Begeisterung und außerordentlichen Anstrengungen motivieren.

Neben der zweigeteilten »Steuermannschule« gibt es eine dritte Sichtweise. Nach dieser Auffassung gleichen Führer Galionsfiguren oder Marionetten, deren Handlungen von Umwelteinflüssen bestimmt werden. Es sei letztlich gleichgültig, wer an der Spitze stehe, behaupten die Vertreter dieses Lagers, vielmehr seien gesellschaftliche Kräfte für das Geschehen verantwortlich. Führungskräfte hingegen könnten ihre Handlungsweise nur in geringem Umfang steuern (wenn überhaupt). Ihr Spielraum sei weit geringer als der ihrer Gefolgsleute, Führerschaft mithin reine Illusion.

Überzeugt von der Macht des menschlichen Wollens und Handelns, lehne ich die Vorstellung bloß eingebildeter Führerschaft aus ganzem Herzen ab. Aber: Sowenig Führung als nichts beschrieben werden kann, sowenig kann man behaupten, Führung sei alles. Sie lässt sich nicht auf die Taten »heroischer« Individuen beschränken, sondern wächst im Zusammenspiel von Mitarbeitern und Geschäftsbereich, Branche und sozialem Umfeld. Führer, die diesen Kontext in sämtlichen Schattierungen erfassen und die Untergebenen unter Berücksichtigung dieser Umstände leiten, geben ihren Organisationen Auftrieb. Es ist keineswegs gleichgültig, wer an der Spitze steht, das belegen zahlreiche Untersuchungen. Sogar die Börse schreibt der Unternehmensleitung große Bedeutung zu und reagiert mit Kursschwankungen auf die Effizienz des jeweiligen Führungsteams.

Jeder, der eine effiziente Organisation gründen oder führen will, muss demnach die Dynamik von Führen und Folgen verstanden haben. Damit sollen andere Aspekte, etwa die Größenordnung der Produktion, die Positionierung im Markt oder technologische Errungenschaften, nicht klein geredet werden. Auch sie spielen eine Rolle – den Ausschlag gibt jedoch die Art, wie eine Organisation geführt wird. Weist die Unternehmensleitung Schwächen auf, wird das Unternehmen keinen Erfolg haben. Es kann über alle nur erdenklichen Vorteile verfügen – üppige Finanzpolster, eine beneidenswerte Marktstellung, Technologien auf der Höhe der Zeit –, wenn das Management versagt, sind diese Vorteile schnell verspielt, und das Unternehmen wird wie ein Auto ohne Fahrer bergab rasen.

Die Sicht durch das Prisma des klinischen Paradigmas

Um die Bedeutung der Führung zu erfassen, müssen wir die Ebene des unmittelbar Beobachtbaren verlassen und inneren sowie sozialen Vorgängen Aufmerksamkeit schenken. Dazu gehört das Wechselspiel zwischen der Person an der Spitze und jenen, die ihr folgen, aber auch die ebenso unbewussten wie unsichtbaren psychodynamischen Prozesse und Strukturen, die das Verhalten von Individuen, Zweierkonstellationen und Gruppen beeinflussen. Ohne diesen komplexen klinischen Hintergrund der Organisationsanalyse wird man nie verstehen, worum es in einer Organisation geht.

Anders gesagt, Führerschaft lässt sich nur mit einem dreidimensionalen (und nicht bloß zweidimensionalen) Blick auf das Leben einer Organisation begreifen - ein Blick, der unter der Oberfläche unbewusste Ängste, Hoffnungen und Beweggründe aufspürt. Und mögen auch einige Leute die Art von Arbeit, die ich tagsüber verrichte, verwerfen - weil sie die Beachtung menschlicher Bedürfnisse, Triebe, Wünsche, Fantasien und Träume für unwissenschaftlich halten -, träumen sie vielleicht nachts von mir. Das Unbewusste ist ein Teil der Gleichung.

Was verstehen Sie unter Führung?

Halten Sie folgende Aussagen für *Wahr* oder *Falsch*?

- Gute Führungspersönlichkeiten fällen rationale Entscheidungen.
- Nur ausgesprochen kompetente Menschen gelangen in Führungspositionen.
- Einmal vorn, immer vorn.
- In unserer Zeit spielt die Leitung kaum noch eine Rolle für das Unternehmen.
- Gute Führungspersönlichkeiten führen ein ausgewogenes Leben.
- Heutzutage benötigen wir Manager, nicht Führungspersönlichkeiten.
- Als Führungspersönlichkeit wird man geboren, Führen lässt sich nicht lernen.

Diese Fragen bieten einen Vorgeschmack auf die Themen dieses Buches. Wenn Sie alle mit *Ja* beantwortet haben, kommt ein hartes Stück Arbeit auf mich zu!

Grundthesen

Das Folgende dreht sich im Wesentlichen um drei Punkte:

- Ich gehe davon aus, dass »irrationales« Verhalten ein in Organisationen weit verbreitetes Muster ist und durchaus »rationale« Grundlagen hat. Diese Grundlagen geben entscheidende Hinweise auf das innere Drama von Menschen - jene Kernelemente, die Persönlichkeit und Führungsstil jedes Einzelnen bestimmen.

- Ich will verschiedene Erkenntnisse zur dunklen Seite von Führungspersönlichkeiten vorstellen und dabei den Akzent auf besonders verbreitete Verhaltensmuster legen, mit denen sich die Verantwortlichen selbst aus dem Rennen werfen.
- Ich möchte zeigen, woraus effiziente Führung besteht, wie eine fähige Unternehmensleitung eine Hochleistungsorganisation aufbauen kann und wie solche Organisationen aussehen.

Die Ratio des Irrationalen

Wenden wir uns zunächst dem »irrationalen« Verhalten in Organisationen zu. Ob man es nun wahrhaben will oder nicht, Führungskräfte sind nicht immer Musterknaben in puncto Vernunft. (Es sind schließlich auch nur Menschen!) Trotzdem werde ich zeigen, dass auch das Irrationale rational begründet ist und man diese Gründe anerkennen und in sein Handeln einbeziehen sollte. Gut gemeinte und sorgfältig geplante Vorhaben scheitern tagtäglich und weltweit, einfach weil die Kräfte, die unser Verhalten außerhalb des Bewusstseins beeinflussen, nicht bedacht wurden. Der brodelnde Kessel voll entgegengesetzter Antriebskräfte – das Unbewusste – verschafft sich Ventile, selbst wenn die Entladung zur Sabotage einer Präsentation, einer Werbeaktion oder eines Jahresplans zur Globalisierung führt.

Unser Gehirn ist zwar genetisch mit verschiedenen instinktiven Verhaltensmustern ausgestattet, aber unsere Instinkte sind nicht festgelegt. Insbesondere in den entscheidenden ersten Lebensmonaten, in geringerem Maße auch in späteren Jahren, ändert sich die Vernetzung des Gehirns je nach den äußeren Einflüssen. Aus der Kombination innerer Antriebskräfte mit den Umgebungsfaktoren (insbesondere durch Bezugspersonen wie Eltern, Geschwister und Lehrer) erwächst unsere Einmaligkeit. Die Elemente wirken zusammen, sie bereiten die Bühne vor und schreiben das Skript zu unserem persönlichen inneren Drama.

Die spezifische Zusammensetzung der Antriebskräfte bestimmt unseren Charakter und prägt das Dreieck unseres geistigen Lebens mit den Eckpunkten Kognition, Affekt und Verhalten. Jeder dieser Punkte ist unlösbar mit den anderen beiden verbunden; den Ausschlag gibt allein die Konfiguration. Das Kognitive (die verstandesmäßige, logische, argumentierende Seite des Denkens) ist ebenso essenziell wie das Affektive, dessen emotionale Klangfarben uns zu einmaligen Wesen werden lassen. Beide zusammen, Intellekt und Gefühl, bestimmen Verhalten und Handeln.

Das Schlagwort von der »emotionalen Intelligenz« bezeichnet die Fähigkeit, eigene wie fremde Antriebskräfte zu verstehen. Ihr kommt angesichts der zentralen Bedeutung in der Führungsgleichung, die das innere Drama in Bezug auf Denken, Fühlen und Handeln einnimmt, eine überragende Rolle zu. Formelhaft verkürzt kann man sagen:

Menschen mit hohem EQ haben tendenziell die besseren Führungsqualitäten. Leider lässt sich diese Fähigkeit nicht mit Bücherwissen steigern. Im Gegenteil, man gewinnt sie durch Erfahrung. Die beste Hilfestellung leisten Lebenspartner, Freunde, Kollegen oder professionelle Trainer, die uns auf die blinden Flecken in unserer Wahrnehmung stoßen und uns bewusst machen, wie wir mit anderen umgehen. (In Kapitel 2 finden Sie mehr zu diesem Thema.)

Die Schattenseiten der Führung

Die Literatur beschreibt Führungskräfte gern als Ausbund an Tugend und schildert Führungsqualitäten in leuchtenden Farben. Gestatten Sie mir, dass ich an die Kehrseite der Medaille erinnere. Eine Handvoll Namen genügt, und lange Schatten fallen auf diese Tugenden: Adolf Hitler, Idi Amin, Josif Stalin, Pol Pot, Saddam Hussein und Slobodan Milošević. Im Zusammenhang mit Unternehmen fallen uns allerdings selten sofort Beispiele ein, obwohl auch hier das Leben vieler Menschen betroffen ist.

Ich habe mir diese dunklen Seiten als zweiten Punkt meiner Grundthesen vorgenommen. Auch wenn der Ausdruck *ineffiziente Führung* einen Widerspruch enthält – Führung findet letztlich nur statt, wenn sie effizient ist –, scheitern viele Entscheidungsträger. Wir müssen uns fragen, warum das so ist, welche Gründe dazu führen. Was lässt sich über fehlgeschlagene Führungsversuche sagen? Gibt es Warnzeichen? Welche Auswirkungen haben missglückte Lenkungsmanöver auf Unternehmenskultur, Organisationsstruktur und Entscheidungsfindung? In den nachfolgenden Kapiteln biete ich Erklärungen an, darunter den psychischen Druck, der oft zu unangemessenen Verhaltensweisen führt. Weiterhin erörtere ich die Wechselbeziehung zwischen Persönlichkeit, Führungsstil, Unternehmenskultur und dem Entscheidungsprozess in einer Organisation.

Fehlerfaktoren sind ein unangenehmes Thema. Was ich dazu zu sagen habe, schmeckt vielen nicht. Das gilt insbesondere für meine Ausführungen zu bestimmten Mythen, die sich um die Führerschaft ranken, während ich eher die begrenzte Führungstauglichkeit unserer Spezies betone. Ich bin nicht annähernd so optimistisch wie die einschlägige Ratgeberliteratur, der zufolge jeder Mensch die notwendigen Fähigkeiten im Übermaß mitbringt. Jahrelange Erfahrung hat mich gelehrt, dass so mancher das Zeug zum Führer überhaupt nicht hat und gescheiterte Führer eher die Regel denn die Ausnahme sind.

Wer an die Spitze will, jedoch an sich persönliche Defizite – womöglich gar im pathologischen Ausmaß – feststellt, muss solche Äußerungen als Affront empfinden. Niemand verabschiedet sich gerne von seinen Träumen. Aber wenn wir uns der Erkenntnis verweigern, dass unsere »heldenhaften« Führer ihre Schwächen lediglich geschickter verstecken als andere, können wir nur schwer über die Gründe für ihr Scheitern sprechen.

Auf der Suche nach dem Wesen effizienter Führung

Ich bin als »Organisationspathologe« bekannt, Führungskräfte wenden sich vorzugsweise dann an mich, wenn die Dinge schon eine unheilvolle Wendung genommen haben. Deswegen befasse ich mich sehr häufig mit Menschen und Organisationen, die sich in Aufruhr befinden. Schon die Titel meiner Bücher zeigen diesen Schwerpunkt: *The Neurotic Organisation; Organisations on the Couch; Cheftypen: zwischen Charisma, Chaos, Erfolg und Versagen; Handbook of Character Studies; Führer, Narren und Hochstapler; Leben und Sterben im Business* sowie *Struggling with the Demon*.

Nachdem ich jahrelang über derartige Themen referiert hatte, fiel mir eines Tages auf, dass meine reichlich negative Schilderung des Alltags in Organisationen ansteckend wirken könnte. Während ich einen deprimierenden Aspekt nach dem anderen abhandelte, wurden die Hörer meiner Vorlesungen mitunter selbst depressiv. (Klinische Psychologen und Psychotherapeuten kleiden dieses Phänomen in schwierige Begriffe wie »projektive Identifikation« oder »Gegenübertragungsreaktion«.) Ich beschloss – wenn schon nicht um des Publikums willen, dann wenigstens für meinen eigenen Seelenfrieden – etwas gegen die Stimmung zu unternehmen, die ich um mich verbreitete. Ich musste etwas finden, mit dem ich meine Zuhörer nach der Depression wieder aufheitern konnte.

Frei nach der Devise: »Es ist so schön, wenn der Schmerz nachlässt«, änderte ich meinen Ansatz und will diese Veränderung nun auch in Buchform dokumentieren. Nachdem ich im ersten Teil die dunklen Seiten des Führens erörtert und meine Leser an den Rand der Verzweiflung getrieben habe, greife ich anschließend die großartige amerikanische Tradition der Selbsthilfe auf und kommentiere ausführlich die Möglichkeiten besserer Führung. Schließlich lesen die meisten Menschen aus eben diesem Grund Bücher zum Thema Führung.

Der dritte Themenkomplex dreht sich also um die Ingredienzen einer erfolgreichen Unternehmensleitung. In diesem Zusammenhang werden auch verwandte Fragen behandelt: Was bedeuten Charisma und transformierende Führung? Was zeichnet charismatische Führer aus? Welche Kompetenzen, Handlungsweisen und Rollen unterscheiden gute von schlechten Chefs? Wie kann man effiziente Führungsqualitäten entwickeln? Darüber hinaus bespreche ich die Psychodynamik personeller und organisatorischer Veränderungen und stelle Fragen wie: Mit welchen Hebeln wird die Veränderung ein Erfolg? Was sind die typischen Merkmale besonders leistungsstarker Organisationen?

Im weiteren Verlauf dieses Themenkomplexes werde ich zeigen, dass der individuelle Führungsstil - eine Synthese verschiedener Rollen, die man für sich akzeptiert - eine Komposition ist. Sie entsteht aus dem vielschichtigen Wechselspiel zwischen dem persönlichen Drama, das sich in bestimmten zentralen Themen ausdrückt und von Charakter und Temperament geprägt wird, und den Kompetenzen, die ein Mensch im Lauf seines Lebens erwirbt.

Die zentrale Bedeutung des klinischen Paradigmas

Meine Arbeit fußt auf dem klinischen Paradigma, das heißt, ich versuche das Verhalten von Menschen in Organisationen mit Begriffen aus der Psychoanalyse, Psychotherapie, Entwicklungspsychologie, systemischen Familientheorie und Kognitionspsychologie zu erfassen. Das klinische Paradigma geht von drei Prämissen aus:

- Die Realität ist nicht unbedingt identisch mit dem, was man sieht.
- Jedes menschliche Verhalten, so irrational es auch wirken mag, hat seinen Grund.
- Wir alle sind das Produkt unserer Vergangenheit.

Die treibende Kraft hinter diesen drei Annahmen ist das Unbewusste. Motivation und Verhalten werden in weiten Teilen nicht von unserem Bewusstsein gelenkt.

Erste Prämisse: Wahrnehmung ist nicht gleich Wirklichkeit

Die erste Voraussetzung im Rahmen des klinischen Paradigmas lautet: *Die Realität ist nicht unbedingt identisch mit dem, was man sieht.* Die Welt ist viel komplizierter, als sie oberflächlich betrachtet zu sein scheint. Viele Vorgänge spielen sich unterhalb der bewussten Wahrnehmung ab. Zur Verdeutlichung folgt ein kleiner Test, den ich in meinen Vorlesungen oft verwende.

Was nehmen Sie wahr?
Um Ihnen zu zeigen, wie Ihr Gehirn arbeitet, lesen Sie bitte einen Satz durch und zählen, wie häufig der Buchstabe F vorkommt. Der Test ist ganz einfach und ohne doppelten Boden. Lesen Sie den Satz und zählen Sie dabei möglichst schnell die F. Lassen Sie sich nicht zu viel Zeit.

»Fair fathers help in the fulfillment of emotions of the child in the first years of life.« (Gute Väter unterstützen die emotionale Erfüllung in den ersten Lebensjahren ihres Kindes.)

Wenn ich dann nach der Anzahl frage und um Handzeichen bitte, offenbart sich in der Regel ein mangelnder Konsens. Überraschend wenige Teilnehmer ermitteln die richtige Lösung. Manche zählen vier, fünf, sechs, sieben oder acht F. Es ist wirklich erstaunlich. Da stehe ich, sage ich ihnen dann, vor den klügsten Köpfen der Wirtschaft (darunter vermeintliche Zahlenasse), und sie schauen, ohne zu sehen, gerade als könnten sie nicht zählen. Sie können sich über die Menge der F in einem einfachen Satz nicht einigen.

Dieser schlichte Test belegt eine wichtige Erkenntnis: So bizarr es klingt, wir haben unsere Wahrnehmung nicht vollständig unter Kontrolle. Unbewusste kognitive Regeln laufen ab, während wir etwas anschauen, und beeinflussen unsere Wahrnehmung nicht selten so stark, dass wir zu falschen Schlüssen hinsichtlich des *tatsächlich* Gesehenen kommen. Dabei sprechen wir nur von kognitiven Verwerfungen. Wenn wir die emotionalen Verzerrungen hinnehmen, erhalten wir eine Mixtur, die die Phrase vom »rationalen Entscheidungsablauf« vollends diskreditiert und der Intuition den Vorrang einräumt.

Die wirren, aber typischen Antworten auf den F-Test sind ein Lehrstück in Sachen Demut, nicht wahr? Vielleicht sollten wir nach Hause gehen und freischaffende Künstler werden, sodass wir wenigstens nicht Rationalität heucheln müssen. (Nebenbei, falls es Sie interessiert: In dem Satz sind sieben F.)

Probieren wir es mit einer zweiten Denksportaufgabe: Wie gehen Sie mit dem logischen Paradox in folgender Drohung um, die der König gegenüber einem gerissenen Verbrecher ausstieß? »Du darfst einen Satz sagen. Wenn er wahr ist, wirst du geköpft, ist er falsch, stirbst du durch den Strang.« Der Delinquent antwortete: »Ich werde gehängt!« Mit dieser Antwort hat der König ein Problem. Es gibt keinen Ausweg aus dieser Zwickmühle, die an den berühmten Ausspruch des Epimenides erinnert, demzufolge alle Kreter lügen. Das Dilemma ist: Sagt Epimenides, selbst Kreter, die Wahrheit oder lügt er? Wir sind so sehr auf das Muster entweder/oder eingeschworen, auf ein Denken in Gegensätzen, dass uns paradoxe Situationen aus der Bahn werfen. Sätze wie »Beherrsche mich!«, »Sei spontan!«, »Beachte diese Aussage nicht!« oder »Verzeih meine ständigen Entschuldigungen!« verurteilen uns von vornherein: Wir können nicht adäquat darauf reagieren. Die argumentative Struktur eines Paradoxons zwingt uns, Stellung zu beziehen – für beide Seiten. Hoffen wir, dass Sie genug »ungesunden Menschenverstand« haben, um »diese Behauptung zu ignorieren«, während ich mich in »kreativer Unvernunft« ergehe!

Das Paradoxon ist jedoch ein wundervoller Lehrmeister: Es lehrt uns, aus gewohnten Ansichten auszubrechen – eine Lektion, die sich in Unternehmen im wahrsten Sinn des Wortes auszahlt. Am effektivsten sind die Führungskräfte, die komplexe Situationen neu bewerten können. Indem sie das Problem anders wahrnehmen, sehen sie andere Aspekte. Schauen Sie sich folgendes Rätsel an, um diesen Vorgang zu verstehen:

0

Prof.

Dr.

M. A.

Verstehen Sie den Witz? Die Lösung - drei Grad unter Null - ist, wenn man sie kennt, sehr einfach, aber man findet sie nicht, ohne das Offensichtliche in einem neuen Zusammenhang zu sehen.

Warum ist diese Neuzuordnung so wichtig? Drei Arten von Führungskräften wandeln auf dieser Erde: solche, die Regeln übernehmen, die Regeln kreieren und die Regeln brechen. Außerordentliche Arbeitsergebnisse erzielt nur die zuletzt genannte Gruppe - Menschen, die bestehende Regeln überschreiten und Probleme noch während der Entstehung neu einordnen können. Zu dieser Gruppe gehört Richard Branson. Dem Chef der Virgin Group gelingt es immer wieder, Negativerlebnisse der Kunden in etwas Positives umzuwandeln, eine Fähigkeit, die er bei der Fluglinie ebenso wie in der Unterhaltungsbranche bewies. Revolutionäre wie er fragen stets: *Was wäre wenn? Was kommt jetzt?* Sie verstehen sich auf das Jiu-Jitsu des Wettbewerbs und genießen den Kampf. Die Regeltreuen am anderen Ende des Spektrums beobachten das Geschehen vom Rand aus, unfähig, Chancen vor ihren Konkurrenten zu erkennen.

Neue Blickwinkel führen mitunter zu echten Überraschungen. Betrachten wir zum Beispiel den Fall einer Abteilungsleiterin, die unter ihrem ungehobelten, mitunter ausfällig werdenden Chef litt. Jahrelang ertrug sie den Stress, aber eines Tages wurde es ihr zu viel. Obwohl sie sich mit dem Unternehmen identifizierte, mochte sie ihr Leben nicht unter einem ungeliebten Vorgesetzten vergeuden, für den sie nicht einmal Respekt empfand. Abends erzählte sie ihrem Mann, sie wolle sich eine neue Stelle suchen, und stieß dabei auf seinen Widerstand. Bloß das nicht, sagte er, ein neuer Job hieße höchstwahrscheinlich eine neue Stadt, und da würde er nicht mitziehen, seine Arbeit sei lukrativ und fülle ihn aus, und die Kinder fühlten sich auch in ihrer Schule wohl.

Trotzdem wandte sich die Abteilungsleiterin an einen Headhunter, um ihre Chancen auszuloten. Während sie mit ihm redete, durchzuckte sie eine Idee, wie sie das Problem zur allseitigen Zufriedenheit lösen konnte. Sofort passte sie ihre Taktik dem neuen Blickwinkel an. Statt die eigenen Vorzüge herauszustreichen, lobte sie ihren Chef über den grünen Klee, schwärmte von seinen Fähigkeiten, pries sein Talent, den Bereich zu leiten, und schilderte ihn als großartige Führungspersönlichkeit. Der Headhunter biss an, nahm Kontakt zu ihrem Vorgesetzten auf und vermittelte ihn an ein anderes Unternehmen. Unsere Abteilungsleiterin wurde befördert - auf die frei gewordene Stelle ihres Chefs. Durch erfolgreiche Neuordnung des Problems hatte sie zwei Fliegen mit einer Klappe geschlagen und glasklar bewiesen, dass sie mit beiden Gehirnhälften dachte!

Ich habe mir einen Cartoon aus dem *New Yorker* aufgehoben, in dem ein Mann mit seiner Katze spricht. Im Hintergrund sieht man ein Katzenklo, und der Mann sagt mit erhobenem Zeigefinger zu dem Haustier: »Komm ja nicht auf dumme Gedanken!« Das haben schon viel zu viele von uns von den Menschen gehört, die uns geprägt haben, und um ja nicht auf *dumme* Gedanken zu kommen, halten wir uns lieber an das, was alle denken. Wenn aber schon in Heranwachsenden unkonventionelles Denken unterdrückt, der kreative Funke erstickt wird, dann erscheinen uns Neuerungen als etwas Verbotenes und wir beginnen unsererseits, vor dummen Gedanken zu warnen. Schlimmer noch, dieses selbst gewählte Denkverbot hinterfragen wir selbst dann nicht, wenn wir Innovationen anstreben, und das heißt, dass wir Veränderungen wollen, ohne etwas verändern zu wollen! Effiziente Führungskräfte nehmen diese Herausforderung an: Sie sprengen jedes Denkverbot.

Zweite Prämisse: Irrationalität ist rational begründet

Die erste Prämisse des klinischen Paradigmas lautet, wie eben gehört, dass wir die Dinge nicht notwendig so sehen, wie sie sind. Die Zweite: Es gibt für jedes menschliche Verhalten, so irrational es auch erscheinen mag, eine rationale Erklärung. Beide Annahmen verbinden sich in folgendem Satz: *Jedes menschliche Verhalten - einschließlich der individuell verschiedenen kognitiven und emotionalen Wahrnehmungsverzerrungen - lässt sich rational erklären.*

Sehen wir uns die zweite Prämisse genauer an. Schon Ashley Montagu bemerkte hintersinnig: »Menschen sind die einzigen Wesen, die im Namen der Vernunft irrational handeln können.« Auch für Sigmund Freud verknüpfen sich Vernunft und Irrationalität. Überhaupt sah er viele Äußerungen der menschlichen Psyche in ihrem Zusammenhang. Er erkannte die fließenden Übergänge vom Kind zum Erwachsenen, vom Denken im wachen Zustand zu dem während des Schlafens oder zwischen Gesundheit und Krankheit - Beobachtungen, die für das Verständnis menschlichen Handelns entscheidend sind.

Wenn wir uns diese Kontinuität eingestehen und ihren verschlungenen Pfaden zu folgen gewillt sind, bereitet uns das Verständnis selbst völlig irrationaler Verhaltensweisen weniger Mühe. Wenn sich uns ein bestimmtes Verhaltensmuster nicht erschließt, ob wir es nun an uns selbst oder an anderen beobachten, können wir doch dem Ursprung dieses Musters nachspüren. Wenn wir nur genügend Informationen über den Hintergrund und das Umfeld zusammentragen, offenbart noch das abstruseste Verhalten einen Sinn. Ich bin bekennender Rationalist: Ich glaube, dass sich alles, was

Menschen tun (oder denken oder sagen), rational erklären lässt. Es ist jedoch selten leicht, diese Gründe zu finden. Man muss ein Unternehmen schon mit detektivischem Spürsinn durchleuchten, um herauszukitzeln, was hinter den Launen dieses Managers oder der Impertinenz jenes Managers steckt. Aber mit einem wachsamen Auge und einer gesunden Dosis Ausdauer kann jeder, der emotional nicht gerade ein Analphabet ist, diese Analyse leisten. Allgemein gesprochen hängt irrationales Verhalten mit Übertragungsmechanismen - Reaktionen, in denen Zeit und Ort durcheinander geraten sind - zusammen. Der Vorgang wird in Kapitel 4 ausführlich beschrieben. Konstruieren wir der Anschaulichkeit halber einen Fall: Ein Vorstandsvorsitzender muss kurzfristig ein schwerwiegendes Problem lösen, scheut sich jedoch, die Finanzleiterin direkt auf ihre Versäumnisse bei der Durchführung des Projekts anzusprechen, weil er als Kind bei Auseinandersetzungen mit seiner Mutter mehrfach empfindlich bestraft wurde.

Überflüssig zu sagen, dass solche Übertragungsmechanismen zu den *unbewussten Beweggründen* gehören. Viele unserer Wünsche, Fantasien und Ängste sind unbewusst. Aber auch wenn sie unter der Oberfläche lauern: Sie treiben uns an. Oft genug werden unsere Handlungen von Empfindungen und Regungen unterhalb der Bewusstseinsschwelle ausgelöst. Viele Menschen hören diese Aussage nicht gern, weil sie unbewusste Beweggründe als Zeichen von Schwäche deuten. Eine verständliche Reaktion, ist es doch ausgesprochen beängstigend, wenn man sich Teilen seiner Persönlichkeit ausgesetzt sieht, derer man sich nicht einmal bewusst ist. Die meisten Menschen würden ihr Handeln am liebsten vollständig kontrollieren. Aber wir alle haben »blinde Flecken«, und es kommt darauf an, deren Zentrum zu finden.

Wenn Sie sich die Realität unbewusster Verhaltensweisen bestätigen wollen, können Sie folgenden Test durchführen: Schließen Sie die Augen und berühren Sie mit dem rechten Zeigefinger Ihre Nasenspitze. Das ist ziemlich einfach, nicht wahr? Der Zeigefinger landet auf der Nasenspitze, aber wie haben Sie das geschafft? Sie können höchstens vermuten, dass unzählige Neurotransmitter beteiligt waren, aber der Vorgang selbst läuft schnell und unbewusst ab.

Dichter, Romanciers und Denker haben die Wichtigkeit unbewusster Vorgänge ausführlich behandelt. Aber erst Sigmund Freud hat den Begriff des Unbewussten in den Mittelpunkt einer umfassenden psychologischen Theorie gestellt. Er beschrieb die zentrale Rolle, die unbewusste Fantasien - mit Gefühlen verbundene Bilder - im menschlichen Verhalten spielen. Bewusste Motive, so Freud, bestimmen bewusst gewählte Handlungen, während unbewusste Motive das Verhalten langfristig steuern. Wir assoziieren mit Menschen und Ereignissen vieles, das außerhalb unseres Bewusstseins entstand.

Sogar Charakterzüge - gute wie schlechte - können sich unserer Aufmerksamkeit entziehen. Ausgestattet mit Abwehrmechanismen, die Gedanken und Vorstellungen kontrollieren, verkennen wir oft unsere wahre Wesensart. Wir merken zum Beispiel nicht, dass wir mit einer bestimmten Angewohnheit Menschen beleidigen, selbst wenn diese mit heller Empörung reagieren. Nimmt solche Blindheit extreme Formen an, sprechen die Psychiater von einer »Persönlichkeitsstörung«. Die Menschen, auf die eine solche Diagnose zutrifft, sehen das Problem nicht und übernehmen auch keine Verantwortung dafür. Im Gegenteil, sie fühlen sich außerordentlich wohl in ihrer Haut. Sie verhalten sich mithin *egomanisch*. Unbehagen ist ihnen fremd, obwohl sie sich meisterhaft darauf verstehen, andere unglücklich zu machen. Man könnte die Persönlichkeitsstörung als ein Geheimnis bezeichnen, von dem die Betroffenen nicht wissen, dass sie es hüten. Es liegt außerhalb ihres Bewusstseins.

Charakter ist eine Form des Gedächtnisses. In ihm manifestiert sich das innere Drama einer Person und die Konfiguration der wesentlichen Persönlichkeitsmerkmale. Wie bei gesunden Menschen spiegelt auch ein gestörter Charakter alles, was diese Person gehört, gesehen, getan und gemacht hat. Jeder Mensch und damit jede Wesensart ist einmalig, auch wenn sie gestört ist. Aber es lassen sich bestimmte wiederkehrende Elemente feststellen, und diese gemeinsamen Merkmale werden in psychiatrischen Handbüchern aufgelistet und geordnet. *The Diagnostic and Statistical Manual of the Mental Disorders DSM-IV* der American Psychiatric Association etwa unterscheidet zehn Typen von Persönlichkeitsstörungen, andere Spezialisten differenzieren noch stärker. Typisierungen dienen der Beurteilung und Diagnose und erleichtern Gegenmaßnahmen. Sehen wir uns einige verbreitete Persönlichkeitsstörungen an, die uns jederzeit am Arbeitsplatz begegnen können:

- **Der narzisstische Persönlichkeitstyp:** Menschen dieses Typs haben ein übersteigertes Selbstbewusstsein, ein Bedürfnis nach Bewunderung und die Tendenz, andere auszunutzen. Echte Narzissten wissen, wie sie ihre Mitmenschen für ihre Zwecke einspannen und missbrauchen können, und sie nutzen dieses Wissen in der Regel auch. Gerade Führungskräfte, insbesondere herausragende Führungskräfte, sind ein gutes Stück weit narzisstisch veranlagt.
- **Der paranoide Persönlichkeitstyp:** Menschen dieses Typs sind extrem wachsam, misstrauisch und besorgt sowie stets auf der Hut, vorsichtig und ängstlich. Überall wittern sie versteckte Motive und Verrat.
- **Der zwanghafte Persönlichkeitstyp:** Menschen dieses Typs sind ausgesprochen ängstlich und voller Bedenken. Sie streben nach Ordnung, Perfektion, Kontrolle und Anpassung. Ihren Mitmenschen bringen sie Respekt entgegen, obwohl sie sich auch harsch und dogmatisch gebärden können.
- **Der histrionische Persönlichkeitstyp:** Menschen dieses Typs zeichnen sich durch ausgeprägte Geselligkeit aus. Sie wirken exaltiert, wollen Aufmerksamkeit erregen, neigen zu Gefühlsausbrüchen und lassen sich leicht ablenken. Mit ihrer

freundlich-verbindlichen Art fällt es ihnen nicht schwer, Kontakte zu knüpfen. Manchmal sind sie recht egozentrisch und sexuell verführerisch.

- **Der dependente Persönlichkeitstyp:** Menschen dieses Typs ordnen sich unter, sie schmeicheln sich ein, wirken scheu und demütig, heischen ständig nach Bestätigung und fühlen sich, wenn sie allein sind, verlassen und hilflos. Deswegen schätzen sie es, wenn ihnen Entscheidungen abgenommen werden. Man findet sie gehäuft unter patriarchalischen Chefs oder in Familienbetrieben.
- **Der depressive Persönlichkeitstyp:** Menschen dieses Typs sehen das Leben in ungewöhnlich schwarzen Farben, sie leiden unter dem Gefühl der eigenen Wertlosigkeit und Erniedrigung. Sie sind oft völlig freudlos gestimmt.
- **Der schizotypische Persönlichkeitstyp:** Menschen dieses Typs haben mit zwischenmenschlichen Beziehungen Probleme. Ihre Mitmenschen halten sie für Exzentriker oder Sonderlinge (weil sie chronisch misstrauisch sind, eine merkwürdige Art zu denken oder zu reden haben oder mit unangemessenen Gefühlen reagieren). Schizotypische Menschen fühlen sich in Gesellschaft unwohl.
- **Der Borderline-Persönlichkeitstyp:** Menschen dieses Typs sind impulsiv und emotional instabil bis hin zu wiederholten Selbstmorddrohungen oder -versuchen. Sie fühlen sich oft leer oder gelangweilt, wissen nicht, wer sie sind, und fürchten sich davor, dass ein möglicher Partner sie verlässt. Deswegen meiden sie enge Bindungen (einschließlich sexueller Beziehungen) und bleiben lieber allein. Ihre Fähigkeit, Gefühle auszudrücken, ist eingeschränkt, Lob oder Kritik scheint sie kaum zu berühren, nur Wutausbrüche kommen häufiger vor.
- **Der selbstunsichere Persönlichkeitstyp:** Menschen dieses Typs verhalten sich ähnlich wie Borderline-Patienten. Sie suchen die Nähe zu anderen Menschen, haben aber Schwierigkeiten damit und leiden unter dem Gefühl der eigenen Unzulänglichkeit. Furchtsam und extrem empfindlich gegenüber jeder Kritik neigen sie dazu, sich zurückzuziehen, und übertreiben die Gefahr, die in jedem Unterfangen außerhalb der täglichen Routine stecken könnte.
- **Der schizoide Persönlichkeitstyp:** Menschen dieses Typs haben, anders als der selbstunsichere Persönlichkeitstyp, kein Bedürfnis nach Nähe. Kognitive und emotionale Defizite scheinen die Entwicklung enger Beziehungen zu verhindern. Schizoide sind offensichtlich gleichgültig und auf zwischenmenschlicher Ebene passiv. Sie wirken unbeteiligt, introvertiert und sondern sich ab. Selten schließen sie Freundschaften, bevorzugen stattdessen distanzierte, eingeschränkte Kontakte. Geselligkeit ist ihnen ein Gräuel.
- **Der antisoziale Persönlichkeitstyp:** Menschen dieses Typs haben eine niedrige Frustrationstoleranz, sie sind unzuverlässig, unverantwortlich und nicht vertrauenswürdig. Sie verhöhnen Autoritäten, pfeifen auf Regeln und überschreiten mitunter die Grenze zum Kriminellen.

- **Der sadistische Persönlichkeitstyp:** Menschen dieses Typs schüchtern andere gern mit aggressivem Verhalten ein. Sie sind machtbesessen, strikt von ihrer eigenen Meinung überzeugt, kämpferisch und nicht eben zart besaitet in ihrem Umgang mit anderen.
- **Der masochistische Persönlichkeitstyp:** Menschen dieses Typs wirken ständig bekümmert. Sie neigen dazu, sich selbst zu bestrafen und zu erniedrigen. In ihrem unterwürfigen, sich selbst aufopfernden Verhalten zeigt sich die Überzeugung, nichts Besseres zu verdienen.
- **Der passiv-aggressive Persönlichkeitstyp:** Menschen dieses Typs können nicht Nein sagen. Auch wenn sie Nein meinen, sagen sie Ja und erledigen die Aufgabe dann nicht. Aufgrund dieser frustrierenden Eigenart halten sie sich meist nicht lange in einer Organisation. Sie werden schnell aufs Abstellgleis geschoben.
- **Der zyklothymische Persönlichkeitstyp:** Menschen dieses Typs erkennt man an ihren Stimmungsschwankungen. (Es handelt sich hier eher um eine affektive denn um eine Persönlichkeitsstörung.) Ihre Begeisterung kann häufig sehr ansteckend sein.

Jeder, der unter einen dieser Typen fällt, sitzt also sicher verwahrt in der Klapsmühle? Mitnichten! Man trifft sie allesamt am Arbeitsplatz – weltweit (und gelegentlich, wenn wir ehrlich sind, auch in uns selbst). Jeder von ihnen kann fürchterliches Unheil stiften. Aber da diese Persönlichkeitsstörungen egomanisch sind (also als Teil des Charakters unterhalb der Bewusstseinsschwelle bleiben), sind sie ausgesprochen stabil.

Selbsterkenntnis ist hier wie so oft der erste Schritt zur Besserung. Es kommt also entscheidend auf Feedback an. Aber auch nachdem einem Betroffenen die Verhaltensstörung bewusst geworden ist, legt er sie nicht über Nacht ab. Wir sind mit robusten Abwehrmechanismen ausgestattet, die über Jahre oder Jahrzehnte gewachsen und nur schwer zu ändern sind. In ihnen spiegelt sich unser inneres Drama.

Schutzreaktionen fallen sehr verschieden aus – von primitiv bis hin zu höchst raffiniert. Sie können völlig harmlos sein. Der osmanische Sultan Abd Al Asis beispielsweise hatte eine ausgesprochen nette Abwehrreaktion: Er betrachtete seine 159 Kilo Lebendgewicht jeden Morgen in einem Spezialspiegel, der ihn schlanker zeigte, als er war. Andere Schutzmechanismen sind sowohl für das Individuum wie für seine Mitmenschen wesentlich destruktiver.

Die meisten Abwehrreaktionen lassen sich in eine der im Folgenden aufgeführten Kategorien einordnen. Sie sind nach Komplexitätsgrad gestaffelt:

- **Spalten:** Manche Menschen kennen nur schwarz oder weiß, »wir« oder »die«. Grautöne existieren für sie nicht. Entweder man ist für sie oder gegen sie, dazwischen dulden sie nichts.

- **Projektion:** Hierbei projizieren Menschen fälschlich eigene, aber uneingestandene Gefühle, Triebe oder Gedanken auf andere. Kinder glauben oft, andere müssten genauso wie sie selbst fühlen. Wer diese Haltung auch als Erwachsener nicht abstreift, überträgt zum Beispiel sein schlechtes Gewissen auf Personen im Umfeld und ächtet diese indirekt für eigenes Fehlverhalten.
- **Ungeschehen machen:** Es gibt Verhaltensweisen, die negative Gedanken, Gefühle oder Wünsche symbolisch abwenden sollen. Ihnen ist eine magische Komponente eigen. Am verbreitetsten sind Bußübungen und zwanghafte Rituale. Lady Macbeths besessenes Händewaschen nach dem Mord an König Duncan ist ein zu Recht berühmtes Beispiel.
- **Verleugnung:** Manchmal flüchten sich Menschen in die Leugnung von Aspekten der Wirklichkeit, die für ihre Mitmenschen ganz selbstverständlich existieren. Dieses Verhalten tritt häufig bei Kindern auf, die sich vollkommen hilflos fühlen: In ihrer Fantasie erleben sie sich als stark und mächtig. Ein Kind mag sich zum Beispiel in Tarzan hineinträumen, um seine Ohnmacht auszublenden. Diese Schutzreaktion ist nicht auf die Kindheit beschränkt. Einer meiner Lieblingscartoons zeigt einen Chef hinter seinem Schreibtisch, während an der Wand mehrere Schaubilder mit fallenden Kurven zu Gewinn und Umsatz hängen. Darunter steht: »Miss Ryan, schicken Sie mir einen Sündenbock!« Dieser Mann weigert sich ganz offensichtlich, zu seiner Verantwortung zu stehen.
- **Verschiebung:** Hierbei richtet ein Mensch seine Aggression gegen eine Person, die weniger »gefährlich« ist als der eigentliche Adressat. Schreit etwa der Chef seinen Buchhalter an, streitet sich dieser wiederum mit seiner Frau, die dann ihre Kinder anbrüllt und diese treten schließlich den Hund.
- **Regression:** Nimmt ein Konflikt Ausmaße an, durch die Spannungen unerträglich werden, fallen Menschen in Verhaltensformen zurück, die sie längst als unwirksam oder unreif erkannt haben.
- **Verdrängung:** Hier kommt es zu scheinbar unerklärlichen Erinnerungslücken. Menschen »vergessen« Aufgaben, die sie erledigen müssten, weil sie ihnen lästig sind. (Damit verwandt ist die Unterdrückung - siehe unten -, die im Gegensatz zur Verdrängung jedoch bewusst abläuft.)
- **Isolierung:** Wenn Menschen Vorstellungen von den Gefühlen abkoppeln, spricht man von Isolierung. Dabei werden störende Vorstellungen in mehrere Komponenten zerlegt, Begriffe und Gefühle strikt getrennt (und damit »stumpf«).
- **Reaktionsbildung:** Statt nach den - nicht annehmbaren - eigentlichen Gefühlen und Gedanken zu handeln, flüchtet man sich in das diametrale Gegenteil. Man beteuert zum Beispiel unablässig, wie sehr man den Chef schätzt, obwohl man ihn in Wirklichkeit verachtet.
- **Konversion:** Psychische Konflikte verwandeln sich manchmal in körperliche Symp-

tome. Menschen können mit Krankheiten auf Stress reagieren. Es kommt auch zu »Sekundärgewinnen«: Ein Mann mit einem ewig nörgelnden Weib wird taub, ohne dass die Ärzte eine organische Ursache finden können. Taubsein ist zwar unangenehm, aber wenigstens muss er ihr Gemecker nicht mehr ertragen.

- **Unterdrückung:** Es gibt die Möglichkeit, störende Probleme, Wünsche, Gefühle und Erfahrungen bewusst zu ignorieren: Ich vermeide jeden Gedanken daran. Oder wenn ich auf jemand wütend bin, zeige ich meine Verärgerung nicht.
- **Rationalisierung:** Man kann sich mit ausgefeilten Erklärungen zweckdienliche, wenn auch falsche Gründe für eigenes wie fremdes Verhalten zurechtlegen: »Jeder frisiert doch das Ausgabekonto, ich wäre schön dumm, wenn ...« Doch schon Euripides hat auf den Unterschied zwischen Bauernschläue und Weisheit hingewiesen.
- **Altruismus:** Manche Menschen gehen ihre eigenen Probleme an, indem sie anderen helfen. Hat es eine Person zum Beispiel geschafft, eine sehr schwere Jugend zu verwinden, steckt sie vielleicht ihre ganze Energie in die Unterstützung benachteiligter Kinder.
- **Humor:** Humor entsteht aus der spielerischen Überwindung von Schwierigkeiten. Man kann ihn als offenen Ausdruck von Gefühlen ansehen, der keinerlei negative Auswirkungen auf andere Menschen hat.

Dritte Prämisse: Menschen sind das Produkt ihrer Vergangenheit

Mit der dritten Prämisse beruft sich das klinische Paradigma auf den Inhalt inter- wie intrapersonaler Prozesse: Wir alle sind das Produkt unserer Vergangenheit. Die Briten haben sogar ein Sprichwort dafür: »Die Hand, die die Wiege schaukelt, regiert die Welt.« Menschen sind nichts anderes als das Entwicklungsergebnis früherer Umwelteinflüsse, die sie entsprechend ihrer genetischen Anlagen formen. Dank der massiven Prägung in den ersten Lebensphasen neigen wir später dazu, bestimmte Verhaltensmuster immer wieder zu wiederholen. Der dänische Philosoph Søren Kierkegaard hat gesagt: »Die Tragik des Lebens besteht darin, dass man es nur im Rückblick verstehen, aber nach vorne gewandt leben muss.« Vergangenheit und Gegenwart bilden ein Kontinuum, ob uns das nun gefällt oder nicht.

In jedem Mann und in jeder Frau steckt unter der Oberfläche ein Kind. Ein japanisches Sprichwort sagt: »Die Seele eines Dreijährigen bleibt im Mann, und wenn er hundert Jahre alt wird.« Wir können nicht in der Gegenwart leben, ohne der Vergangenheit unsere Referenz zu erweisen.

Da gab es zum Beispiel ein kleines Mädchen, deren Vater großen Wert auf Charakter legte. Er glaubte felsenfest, er würde das Kind verderben, wenn er dessen Wünschen nachgeben würde. Wann immer seine Tochter unbedingt etwas haben wollte, verweigerte er es ihr oder gab ihr stattdessen etwas anderes. Die Kleine lernte schnell, dass ihre Wünsche sich niemals erfüllen würden und sie am besten gar keine Wünsche äußerte. Auch dass sie keine Enttäuschung zeigen durfte, wurde ihr früh zur zweiten Natur. Diese Denkmuster kristallisierten sich mit dem Erwachsenwerden als die Themen ihres inneren Dramas heraus.

Warum sollten wir das klinische Paradigma verwenden? Weil es uns hilft, das Wesen des Führens oder Leitens zu verstehen. Wir registrieren das Geschehen aufmerksamer und sind uns der Wechselwirkung zwischen Vergangenheit und Gegenwart stärker bewusst. (T.S. Eliot sagte: »Gegenwärtige Zeit und vergangene Zeit sind vielleicht beide in zukünftiger Zeit enthalten. Und zukünftige Zeit in vergangener Zeit.«) Außerdem hüllen wir uns in eine neue Intelligenzschicht: Wenn wir das klinische Paradigma anwenden, stärken wir unsere emotionale Intelligenz. Emotional intelligente Menschen wiederum können sich und andere besser motivieren. Und sie geben in Führungspositionen die bessere Figur ab, weil sie in der Lage sind, die Gründe irrationaler Verhaltensweisen zu entschlüsseln.

2

Emotionale Intelligenz in der Arbeitswelt

Misstraue dem ersten Eindruck, er ist fast immer richtig.
Charles Maurice de Talleyrand

Ahab denkt nicht, er fühlt, fühlt, fühlt.
Herman Melville

Wenn du aus dem zarten Alter der Kindheit in die herbe und bittere Welt der Erwachsenen hineinwanderst, nimm alle menschlichen Gefühle mit auf deine Reise! Stell sie nicht am Straßenrand ab, denn du kannst sie nicht später abholen.
Nikolai Gogol

Die Hirnforschung hat festgestellt, dass die linke Hemisphäre für das Sprechen und die Sprache, das Schreiben, die Logik, die Mathematik, die Naturwissenschaften und die rechte Hand, die rechte Gehirnhälfte hingegen für die räumliche Vorstellungskraft, Kreativität, Fantasie, das Kunst- und Musikverständnis sowie die linke Hand zuständig ist. Jede Hemisphäre steht daher für eine bestimmte Denkweise.

Welchen Denkstil bevorzugen Sie?

Treffen folgende Aussagen auf Sie zu? Entscheiden Sie sich für *Ja* oder *Nein*.

1. Ich verlasse mich bei Entscheidungen ganz auf meine Intuition.
2. Ich analysiere ein Problem, bevor ich etwas zu dessen Lösung unternehme.
3. Wenn ich etwas erkläre, rede ich mit Händen und Füßen.
4. Ich entscheide lieber nach Fakten als nach Gefühlen.
5. Ich stelle meine Ideen gern bildlich-visuell dar.
6. Meine Umgebung hält mich für verträumt.
7. Ich konnte schon immer gut mit Zahlen umgehen.
8. Ich plane mein Leben so genau wie möglich durch, um unangenehme Überraschungen zu vermeiden.
9. Ich träume nachts oft sehr lebhaft, und ich neige zu Tagträumen.
10. Mathematik und Naturwissenschaften gehören seit jeher zu meinen starken Seiten.
11. Meine Freunde sagen, ich sei immer sehr beherrscht.

12. Ich lese unheimlich gern Romane und Gedichte.
13. Ich kann meine Gedanken sehr gut in Worte fassen.
14. Ich mag es nicht, lange im Voraus zu planen, und unternehme lieber spontan etwas.

Wenn Sie die Fragen 1, 3, 5, 6, 9, 12 und 14 für sich mit *Ja* beantwortet haben, dominiert die rechte Gehirnhälfte Ihr Denken.

Wenn Sie bei 2, 4, 7, 8, 10, 11 und 13 *Ja* angekreuzt haben, nehmen Sie eher die linke Hälfte in Anspruch.

Wenn Ihre Antworten nicht so eindeutig ausgefallen sind, überwiegt keine der beiden Hälften.

Menschen, die vorwiegend mit der linken Hälfte ihres Gehirns denken, tendieren allgemein gesprochen zum Kognitiven, während Menschen, die eher die rechte Hemisphäre beanspruchen, das Emotionale betonen.

- **Kognitiver Denkstil (linke Hemisphäre):** Menschen, deren Denkprozesse tendenziell in der linken Gehirnhälfte ablaufen, gehen eher analytisch und logisch vor. Sie konzentrieren sich auf das Vernünftige, nutzen abstrakte Symbole, Worte und Zahlen und arbeiten lieber mit konkreten Aussagen als mit Verallgemeinerungen. Sie verarbeiten Informationen langsamer.
- **Emotionaler Denkstil (rechte Hemisphäre):** Menschen, deren Denkprozesse

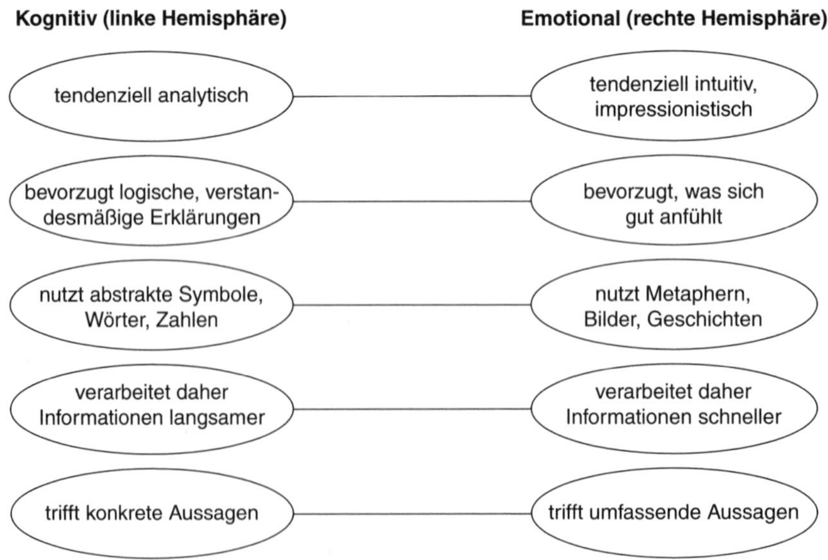

Abbildung 1: Denkstile

tendenziell in der rechten Gehirnhälfte ablaufen, bevorzugen einen ganzheitlichen, impressionistischen Ansatz. Sie sprechen Gefühlen eine wichtige Rolle bei der Entscheidungsfindung zu, benutzen ausgiebig Metaphern, Bilder und Geschichten, lieben pauschale Aussagen (hier zeigt sich, dass sie Informationen schneller verarbeiten), und da sie auch auf kaum merkliche Signale achten, fällt ihnen die Dekodierung nonverbaler Kommunikation leicht. Mit anderen Worten, sie verstehen sich darauf, »mit dem dritten Ohr zu hören« (wie der Psychoanalytiker Theodore Reik mit einer Anleihe bei Friedrich Nietzsches *Jenseits von Gut und Böse* zu sagen pflegte).

Die Kommunikation über die rechte Hemisphäre war uns allen als Säuglingen vertraut; kleine Kinder verständigen sich auf diese Weise mit ihren Eltern, die darauf mit ebenso subtilen Signalen reagieren. Leider verlernen wir den überwiegenden Teil dieser frühkindlichen Fähigkeiten im Lauf des Erwachsenwerdens. Infolgedessen liegt das Denken mit der rechten Gehirnhälfte bei den meisten von uns brach. (Abbildung 1 bietet einen Überblick über verschiedene Denkstile.)

Intelligenz hat viele Facetten

Es gibt nicht nur verschiedene Denkstile, sondern auch verschiedene Formen von Intelligenz. Howard Gardner, der in Harvard pädagogische Psychologie lehrt, unterscheidet zwischen sieben Ausprägungen: räumlich, körperlich-motorisch, musikalisch, sprachlich, logisch-mathematisch, emotional und sozial. Sehen wir uns die Formen im Einzelnen an:

- **Räumlich intelligente Menschen** erfassen problemlos Muster und Formen, sie denken in Bildern. Ihnen fällt es nicht schwer, sich in einer neuen Stadt zurechtzufinden, weil sie schon nach kurzer Zeit quasi eine dreidimensionale Karte im Kopf haben. Vorstellungen und Ideen drücken sie gern mit Zeichnungen, Fotografien oder Skulpturen aus. Nicht wenige Künstler, Web-Entwickler, Grafikdesigner und Architekten verfügen über diese Form der Intelligenz.
- **Physisch (körperlich-motorisch) intelligente Menschen** wissen genau, wie sie ihren Körper bewegen und einsetzen müssen. Ihre Motorik ist bis in subtilste Bewegungen gut koordiniert. Es fällt ihnen leicht, andere Personen nachzuahmen und deren Gestik zu kopieren.
- **Musikalisch intelligente Menschen** haben ein gutes Gehör, sie identifizieren mühelos einen Komponisten oder ein bestimmtes Musikstück. Musik ist ein wichtiger Teil ihres Lebens.

- **Sprachlich intelligente Menschen** lieben Wortspiele, lernen leicht Fremdsprachen und erkennen schnell dialektale Einfärbungen. Sie entwickeln große Sensibilität für die Bedeutung von Worten.
- **Logisch-mathematisch intelligente Menschen** können logische Rätsel lösen und mit Zahlen umgehen. Sie schneiden in herkömmlichen IQ-Tests überdurchschnittlich gut ab.
- **Sozial intelligente Menschen** können sich in andere Menschen einfühlen, denn sie spüren deren innere Verfassung. Sie kommen gut mit anderen aus, sind gut in Teamarbeit und im Delegieren.
- **Emotional intelligente Menschen** verstehen sich besser als andere auf ihre eigenen Emotionen. Ihr Gefühlsleben ist im Normalfall sehr intensiv, und sie wissen, was sie umtreibt und warum sie sich so verhalten, wie sie sich verhalten. Mitunter sind sie sehr intuitiv.

Welcher Intelligenztyp sind Sie?

Wie ist Ihre Intelligenz beschaffen? Wie würden Sie sich selbst in Gardners sieben Begabungsschwerpunkte von *1 (niedrig)* bis *5 (hoch)* einordnen?

	1	2	3	4	5
• Räumlich:					
• Sprachlich:					
• Musikalisch:					
• Körperlich-motorisch:					
• Logisch-mathematisch:					
• Sozial:					
• Emotional:					

Je höher Sie sich in einer dieser Dimensionen einschätzen, desto wendiger ist Ihre Intelligenz in diesem Bereich. Die Fragen sind allerdings rein diagnostisch und sollten nicht verabsolutiert werden. Insbesondere die letzten beiden Dimensionen lassen sich kaum mit schriftlichen Tests ermitteln.

Trotz der vielfältigen Ausprägungen von Intelligenz steht doch die logisch-mathematische noch immer im Vordergrund. Es ist die Intelligenzform, die sich mit einem IQ-Test messen lässt, sie wird von uns geschätzt, sie ist sozial anerkannt, und wir trachten danach, sie uns und anderen einzuträufeln. Aber der Intelligenzquotient ist nicht alles. Wer ein Einser-Abitur hinlegt, kann trotzdem im Leben scheitern. Einige Forscher behaupten, dass der IQ höchstens 20 Prozent zum beruflichen wie persönlichen Erfolg eines Menschen beiträgt. Viele weitere Faktoren spielen eine Rolle, Glück und glückliche Zufälle ebenso wie andere Formen der Intelligenz.

Insbesondere für das Führungsverhalten in einem Unternehmen ist ein hoher IQ kein Erfolgsgarant. Erstens treffen Überflieger beim IQ-Test nicht notwendig gute Entscheidungen. Zwischen beidem – IQ und Entscheidungsfindung – lässt sich nur eine schwache Verbindung erkennen. (Wenn allein der IQ den Ausschlag gäbe, würden die Headhunter doch wohl den Mathematik-Fachbereichen die Türen einrennen und Mathematiker anheuern, oder?) Zweitens tappen Menschen mit hohem IQ häufig in die Intelligenzfalle und »intellektualisieren« falsche Entscheidungen. Drittens sind Menschen mit hohem IQ häufig Großmeister beim Kritisieren ihrer Mitmenschen, und sie vernachlässigen darüber konstruktive Lösungen.

In der Geschäftswelt ist emotionale Intelligenz – ein Amalgam von Gardners sozialer und emotionaler Intelligenz – mindestens so wichtig wie logisch-mathematische Intelligenz. Ein hoher EQ (Emotionsquotient) triumphiert häufig über einen hohen IQ (Intelligenzquotient).

Wie hoch ist Ihr EQ (Emotionsquotient)?

Entscheiden Sie sich bei folgenden Szenarien für die Antwort, die Ihrer Reaktion vermutlich am nächsten kommt.

1. Die Woche ist bis zum Zerreißen mit wichtigen Abgabeterminen gespickt; Sie wissen ohnehin schon nicht, wie Sie das ohne übernatürliche Kräfte schaffen sollen. Da tritt einer Ihrer beiden Chefs ins Büro und will Ihnen ein weiteres Projekt anvertrauen. Sie wissen, dass Sie Ihre nächste Beförderung ohne die Unterstützung dieses Vorgesetzten vergessen können. Was tun Sie?
   - A Sie übernehmen die neue Aufgabe und planen stillschweigend Abstriche bei den laufenden Projekten, die Sie für den anderen Chef betreuen.
   - B Sie sagen, dass Sie überlastet sind, und fragen ihn, welche Arbeit Sie seiner Meinung nach zurückstellen können.
   - C Sie arrangieren ein Treffen mit beiden Vorgesetzten, um die Prioritäten abzuklären.
   - D Sie klagen über den anderen Chef, der Sie mit Feuerwehraufträgen zugeschüttet habe, und sagen, Sie könnten keine weiteren Aufgaben übernehmen.
2. Sie leiten ein Meeting, in dem einige Ihrer Mitarbeiter die Einzelheiten zu einem neuen Programm ausdiskutieren sollen. Das Programm steht nach heftigen internen Kontroversen kurz vor der Einführung. Zwei Teammitglieder geraten bei der Sitzung so sehr aneinander, dass einer der beiden Kontrahenten, zu Ihnen gewandt, schnaubt: »Dieses Arschloch geht mir nur noch auf die Nerven.« Was tun Sie?
   - A Sie überhören die Aussage – schließlich kann einem im Eifer des Gefechts schon mal etwas herausrutschen – und fahren fort.
   - B Sie bitten um eine Pause und nehmen den verärgerten Mitarbeiter beiseite, um mit ihm über seine Gefühle zu sprechen.
   - C Sie unterbrechen die Diskussion zum Projekt und thematisieren die Gefühle der Teilnehmer.

D Sie sagen dem verärgerten Mitarbeiter, sein Benehmen sei unangemessen und werde hier nicht toleriert.

3. Sie sind zu einem Treffen mit Ihrem Chef eingeladen, einer sehr dominanten Persönlichkeit. Es soll um Ihre nächste Aufgabe gehen, und Ihnen ist klar, dass man Ihnen mit hoher Wahrscheinlichkeit eine Stelle in Tokio anbieten wird. Ihre Kinder könnten derzeit kaum die Schule wechseln, Ihr Ehepartner hat einen interessanten Job - aber wenn Sie die Stelle ablehnen, würde das einen Knick in Ihrer Karriere bedeuten. Was tun Sie?

   A Sie lehnen die Stelle rundheraus ab und hoffen, dass Ihnen daraus keine schlimmen Folgen erwachsen.

   B Sie erklären Ihrem Chef Ihre familiäre Situation und appellieren an sein Verständnis.

   C Sie halten es von vornherein für aussichtslos, Ihren Chef zu überzeugen, und stellen Ihre Unterlagen für einen Personalvermittler zusammen.

   D Sie gehen bei dem Gespräch in die Offensive und erzählen ihm von einer dringenden Aufgabe am Firmensitz, für die Sie die geeignetste Person im Unternehmen sind.

Hier Ihre Auswertung:

1. Problem Arbeitsplanung: Bei der ersten Frage wäre Antwort C die emotional intelligenteste Lösung. Sie sind in einer Zwickmühle, die sich mit einigen allgemeinen Regeln besser regulieren ließe. Indem Sie um ein Treffen bitten, um die Abgabeprioritäten zu klären, arbeiten Sie an der Lösung Ihrer Kalamitäten. Antwort B hat ebenfalls ihre Verdienste, weil damit einem Ihrer Vorgesetzten Ihre Schwierigkeiten deutlich werden. Antwort D ist sehr direkt, aber äußerst unklug, denn wenn Sie den abwesenden Chef kritisieren, wird sich der anwesende unwillkürlich fragen, was Sie wohl über ihn erzählen, sobald er den Raum verlassen hat. Bei Antwort A laufen Sie Gefahr, Ihren zweiten Chef gegen sich aufzubringen.
2. Der aufbrausende Mitarbeiter: Auch bei der zweiten Frage ist Antwort C die emotional intelligenteste. Es könnte sein, dass in der Gruppe Unstimmigkeiten herrschen, von denen Sie nichts wissen, und wenn Sie der Sache auf den Grund gehen, verschaffen Sie sich die nötige Klarheit. Auch B und D kommen infrage, gehen jedoch nicht weit genug, denn Sie stellen damit nur klar (privat oder öffentlich), dass es so nicht geht. Antwort A mag, auch wenn Sie sich für eine andere Antwort entschieden haben, Ihre spontane Reaktion sein. Leider führt diese Möglichkeit in ein Desaster, durch Wegschauen lösen sich Probleme nicht. Wenn Sie den dominanten Störenfried nicht in seine Schranken weisen, wird er Ihnen früher oder später wieder auf der Nase herumtanzen.

3. Die Stelle in Tokio: Es ist schwierig, den verschiedenen Optionen hier einen Wert zuzuordnen. Option B ist die wohl naheliegendste Wahl, Ihre Erfolgsaussichten hängen jedoch von der Unternehmenskultur und der Art ab, wie Ihr Chef mit der Karriereplanung umgeht. Antwort D kann trotz der machiavellistischen Note funktionieren; indem Sie der Situation neue Seiten abringen, mögen Sie Ihren Vorgesetzten davon überzeugen, dass er Sie am besten zu Hause einsetzt. Antwort A birgt große Risiken, denn in so manchem Unternehmen bringt eine abgelehnte Auslandsposition die Karriere zum totalen Stillstand. Antwort C ist ziemlich defätistisch.

Was ist emotionale Intelligenz?

Daniel Goleman berichtet für die *New York Times* über Entwicklungen in den Sozialwissenschaften. 1995 verfasste er den Bestseller *Emotionale Intelligenz* und setzte damit ein neues Thema auf die Tagesordnung. In vielen Unternehmen ist es inzwischen ein wichtiger Diskussionspunkt, und immer mehr Führungskräfte erkennen seine Bedeutung. Gefühle und ihr Potenzial, Menschen zu »bewegen«, beherrschen inzwischen die Titelseiten.

Das Wort »Emotion« leitet sich aus dem lateinischen Wort für »bewegen«, *movere,* ab. Und Gefühle bewegen Menschen in der Tat, am Arbeitsplatz ebenso wie in allen anderen Lebensbereichen. Zahlreiche Organisationen haben inzwischen akzeptiert, dass ein Gramm Gefühl mehr bewirken kann als tonnenweise Fakten.

Die wichtigsten Bestandteile der emotionalen Intelligenz sind

- das Wissen um die eigenen Gefühle,
- die Fähigkeit, diese Gefühle zu lenken, und
- die Fähigkeit, die Gefühle der Mitmenschen zu erkennen und mit ihnen umgehen zu können.

Das Wissen um die eigenen Gefühle

Selbsterkenntnis ist der erste Schritt auf dem Weg zu emotionaler Intelligenz. Wer sich selbst nicht kennt, verrennt sich schnell in unangemessenen Verhaltensweisen (und schätzt zudem andere Menschen häufiger falsch ein).

Deswegen ist Selbsterkenntnis auch der erste Schritt auf dem Weg zu effizienter Führung.

Einmal im Jahr veranstalte ich ein Seminar unter dem Titel »Führung als Herausforderung: Erkennen Sie Ihre emotionale Intelligenz«. Über sechs Monate verteilt treffen sich 20 Topmanager (meist Männer) drei Mal für fünf Tage. Oft veranstalten wir ein oder mehrere Folgetreffen. Angesichts der Dauer des Seminars und der knappen Zeitbudgets der Teilnehmer wird nicht so viel über das Wetter und die letzten Fußballergebnisse geredet, man kommt ohne Umschweife zur Sache.

Im Zentrum stehen Fälle, die das »Leben« schrieb, sprich die Probleme der Teilnehmer. Wenn die Rede in der Eröffnungssitzung auf Gefühle kommt, sagt so manche Führungskraft sinngemäß: »Ich weiß nicht, was ich fühle. Meine Frau [beziehungsweise Sohn oder Assistent] erzählt mir, wie es mir geht!« Für einige Teilnehmer ist es ganz normal, dass sie überhaupt keinen Kontakt mehr zu ihrem eigenen Erleben haben. Die langen Jahre der Anpassung haben die Unterscheidung zwischen ihren Gefühlen und den Gefühlen, die man von ihnen erwartet, verwischt. Wenn diese überwiegen, entsteht ein »falsches Selbst«, die Karikatur einer »guten Führungskraft«. Das falsche Selbst: Ein Mann geht mit seiner Frau einkaufen, probiert einen Anzug an und fragt sie: »Was meinst du, gefällt mir der Anzug?« Der eigentliche Mensch ist verkümmert, deswegen gewinnt das falsche Selbst die Oberhand. Im Seminar sollen die Teilnehmer wieder lernen, ihre Gefühle zu entdecken (und effizienter zu nutzen), sie sollen kognitive und emotionale Verbiegungen gerade rücken und die Welt, von Wahrnehmungsverzerrungen befreit, richtig interpretieren. Kurz, sie sollen ihre emotionale Intelligenz steigern. Die Worte über dem Portal des Apollo-Tempels in Delphi – »Erkenne dich selbst« – bilden den Leitfaden meines Führungsseminars.

Die Kunst der Selbstbeherrschung

Der nächste Schritt in der Entwicklung emotionaler Intelligenz ist die Steuerung eigener Gefühle – wir müssen lernen, das gesamte Spektrum unserer Gefühle anzuerkennen und zuzulassen (auch wenn wir bestimmte Regungen an uns überhaupt nicht mögen). Wenn wir Zugang zu diesen Vorgängen haben, können wir sie auch in unserem Sinn einsetzen, uns mit anderen Worten selbst motivieren.

Gerade für Menschen, die eine Organisation führen wollen, ist die Moderation der Gefühle – man könnte auch von Kontrolle über die eigene Stimmung sprechen – entscheidend. Ein koreanisches Sprichwort warnt: »Wenn du vor lauter Ärger einen Stein trittst, verletzt du dir den Fuß.« Führungskräfte, die mit ihren Gefühlen nicht zurechtkommen – zum Beispiel ihren Ärger in Wutanfällen abreagieren –, produzieren eine ganze Kaskade von Effekten, die bis in die untersten Schichten ihrer Organisation durchdringen. In einem meiner Führungsseminare ärgerte sich ein Teilnehmer über verschiedene Untergebene, die ihn gebeten hatten, doch bitte nicht mit Telefonen zu werfen, wenn er verärgert war! Solche Exzesse wirken lange und intensiv nach. Führungskräfte müssen Gefühle wie Ärger, Frustration und Sorgen zulassen und in etwas Konstruktives umwandeln, statt sie einfach nur aus dem Bauch heraus abzureagieren. Wenn diese Gefühle unerwartet hochkommen, könnten Vorstandsvorsitzende zum Beispiel eine Sitzung unterbrechen oder andere um ihre Meinung bitten und in dieser Zeit versuchen, ihre Ruhe wiederzugewinnen.

Die Gefühle der Mitmenschen einbeziehen

Die nächste Phase bei der Entwicklung emotionaler Intelligenz besteht darin, die Gefühle von Mitmenschen zu erkennen und damit umzugehen lernen. Empathie - verstehen, wie andere fühlen - kann gelehrt und gelernt werden. Auf sich selbst konzentrierte Führungskräfte haben oft Schwierigkeiten, sich in andere hineinzuversetzen. Sie können sich nicht vorstellen, wie die Welt aus fremden Augen aussieht. Ist diese Klippe genommen, können Leitende ihre Mitarbeiter über Gefühle lenken und sie mit emotionalen Mitteln zu beeinflussen versuchen.

Während der IQ nach dem zwanzigsten Lebensjahr relativ stabil bleibt - die kristallisierte Intelligenz (Handlungstypen, in denen sich die Summe des Lernens ausdrücken) nimmt zu, während die veränderliche Intelligenz (Kurzzeitgedächtnis, abstraktes Denken und Denkgeschwindigkeit) abnimmt -, entwickelt sich der EQ während des gesamten Lebens. Auch wer sich die Grundlagen der eben besprochenen drei Bereiche - die Kenntnis der eigenen Gefühle, ihre Beherrschung und der Umgang mit den Gefühlen der Mitmenschen - erarbeitet hat, kann seine emotionale Intelligenz weiter steigern. Man muss sich nur der Fähigkeiten bedienen, aus denen sich unser EQ zusammensetzt.

Sinnesschärfung im Dienst des EQ

Die drei wichtigsten Einzelfähigkeiten, aus denen sich unsere emotionale Intelligenz zusammensetzt, sind aktives Zuhören, nonverbale Kommunikation und Empathie.

Aktives Zuhören

Wieder gibt es ein passendes Sprichwort: »Wir haben zwei Ohren und einen Mund, damit wir doppelt so viel zuhören wie reden.« Wohl wahr! Viele von uns würden davon profitieren, weniger zu reden und mehr zuzuhören - wirklich zuzuhören.

Absolut zentral für die Entwicklung emotionaler Intelligenz ist das so genannte »aktive Zuhören«. Gemeint ist nicht bloß die Höflichkeit, den Gesprächspartner ausreden zu lassen. Es geht vielmehr darum, »ganz Ohr zu sein«, also um ein Zuhören, wie es die Psychotherapeuten als Arbeitsmittel verwenden. Dies erfordert die Konzentration auf das, was eine Person zu sagen hat, um es (einschließlich dessen, was sie *nicht* sagt) in seiner ganzen Bedeutung zu erfassen.

Auf diese Weise hören die wenigsten Menschen zu, weder zu Hause noch am Arbeitsplatz. Kommunikationswissenschaftlern zufolge liegt unsere Sprechgeschwindigkeit im Schnitt zwischen 125 und 150 Wörtern pro Minute, obwohl wir zwischen 750 und 1200 Wörtern pro Minute aufnehmen und verarbeiten können. Vielleicht sind wir wegen dieses Ungleichgewichts so schlechte Zuhörer. Unsere Gedanken haben zwischen den Wörtern zu viel Zeit, spazieren zu gehen.

Mentale Spaziergänge sind noch die mildeste Form von schlechtem Zuhören. Fast schon beleidigend sind Zuhörer, die nebenbei E-Mails verschicken, eine Notiz fertig schreiben oder einen Anruf annehmen, der durchaus Zeit gehabt hätte. Wieder andere befleißigen sich einer Art des »Pseudo-Lauschens«, sie wahren den Schein, halten Blickkontakt und nicken eifrig, aber in Wirklichkeit denken sie über etwas ganz anderes nach. Sie hören, ja, aber sie hören nicht zu. Sie nehmen die Fakten auf, aber nicht die Bedeutung des Gesagten, den Subtext. Besonders ungeduldige Menschen geben ihrem Gegenüber nicht den Raum, um Gedanken auszuformulieren, sie unterbrechen den Gesprächspartner, wann immer ihnen eine eigene Idee durch den Kopf fährt. Und dann gibt es noch jene, die so sehr in ihre eigene Gedankenwelt eingesponnen sind, dass sie nur hören, was sie hören wollen, und am laufenden Band selbsterfüllende Prophezeiungen produzieren.

Im Gegensatz dazu konzentrieren sich aktive Zuhörer auf eine Sache: auf das Gesagte. Das ist keineswegs gleichbedeutend mit Schweigen. In regelmäßigen Abständen fassen sie das Gehörte zusammen, um sicherzustellen, dass die Botschaft unverfälscht bei ihnen angekommen ist. »Wenn ich recht verstanden habe, sagten Sie ... « oder »Wenn ich kurz Ihren Gedankengang zusammenfassen darf ...« sind in diesem Zusammenhang typische Einleitungssätze. Außerdem achten aktive Zuhörer auf Implikationen und vergewissern sich mit Rückfragen: »Was meinen Sie mit ...« oder »Sagen Sie das, weil ...«. Und sie laden den Redenden ein weiterzusprechen, etwa indem sie sich erkundigen: »Und was geschah dann?« oder »Welche Auswirkungen hatten diese Unannehmlichkeiten?« Dabei kümmern sie sich auch um die Gefühle, die mit den Ereignissen einhergehen, und reagieren mit Aussagen wie: »Wenn mir das passiert wäre, wäre ich bestimmt wütend geworden.« oder: »Wie haben Sie sich dabei gefühlt?« oder »Das muss Ihnen doch richtig gut getan haben«.

Sind Sie ein aktiver Zuhörer?

Beantworten Sie die folgenden Fragen mit *Ja* oder *Nein*.

- Lassen Sie andere ausreden, ohne sie zu unterbrechen?
- Fragen Sie nach, wenn etwas unklar bleibt?
- Achten Sie auf das, was gesagt wird, und halten dabei Blickkontakt?
- Sind Sie geistig offen für das, was gesagt wird?
- Achten Sie auf nonverbale Signale?
- Fassen Sie das Gesagte zusammen, um sicherzustellen, dass Sie den Gesprächspartner verstanden haben?
- Bedenken Sie die Implikationen des Gesagten, signalisieren Sie dem Gesprächspartner Verständnis?
- Versuchen Sie, die Gefühle hinter den Worten herauszufinden?

Wenn Sie die Fragen überwiegend mit *Nein* beantwortet haben, bereitet Ihnen das Zuhören wahrscheinlich Probleme. Unabhängig von Ihren Antworten wäre es sinnvoll, wenn Sie Ihnen nahe stehende Personen um deren Einschätzung bitten.

Mit den Augen hören

Ein türkisches Sprichwort sagt: »Öffne nicht den Mund, sondern die Augen.« Gemäß dieser Maxime zeigen gute Zuhörer die angemessene Körpersprache und achten ihrerseits auf die Körpersprache ihres Gesprächspartners. Welche Signale angemessen sind, hängt vom Kontext ab. In westlichen Kulturen bemüht man sich, dem Redner in die Augen zu sehen. Wer den Blickkontakt meidet, gilt hier als verschlagen. In Japan, Korea, Taiwan, Indien und im Mittleren Osten hingegen würde Blickkontakt als aggressiver Akt gelten. Im Westen nickt man beim Zuhören und lehnt sich in Richtung des Redenden.

Wichtiger Bestandteil der emotionalen Intelligenz ist die Beachtung nonverbaler Kommunikation. Mimik, Gestik, Versprecher – all das spielt eine Rolle. Kaum wahrnehmbare Bewegungen werden nahezu unbewusst interpretiert. Stellen Sie sich zum Beispiel vor, Sie sitzen mit einer Freundin im Restaurant und bemerken Essenskrümel in ihrem Mundwinkel. Sie können es ihr natürlich rundheraus sagen, taktvoller wäre jedoch, wenn Sie mit der Serviette Ihren eigenen Mund abwischen und Ihr Gegenüber dabei anschauen. Mit hoher Wahrscheinlichkeit wird Ihre Freundin es Ihnen nachmachen. Auslöser und Reaktion sind so beiläufig, dass ihr vielleicht nicht einmal auffällt, warum sie sich den Mund abgewischt hat.

Zu den Belegen, welche Macht die Körpersprache hat, gehört der Blickkontakt. Wenn Sie mit jemandem reden möchten, der in ein Gespräch mit einem Dritten verwickelt ist, müssen Sie den Betreffenden eigentlich nur geradeheraus ansehen, um ihm Ihren Wunsch mitzuteilen. Der Betreffende wird den Blick spüren und sich zu Ihnen umdrehen.

Empathie

Aktives Zuhören und Körpersprache sind wichtige Elemente im Repertoire emotional intelligenter Menschen. Wichtig ist jedoch auch das Verstehen und Lenken von Gefühlen. Man sollte meinen, dass Ärger leicht von Sorge oder Beunruhigung zu unterscheiden ist. Aber manche Menschen sind in Bezug auf ihre eigenen Gefühle völlig farbenblind, sie merken einfach nicht, was mit ihnen los ist.

Wie breit ist Ihr Gefühlsspektrum?

Beantworten Sie folgende Fragen:

- Was ärgert Sie? Denken Sie an das letzte Mal, als Sie böse geworden sind. Wie sind Sie mit dieser Situation zurechtgekommen? Hätten Sie anders, vielleicht besser reagieren können?
- Worüber werden Sie traurig? Können Sie verschiedene traurige Situationen schildern? Wie erleben Sie solche Situationen?
- Was beschämt Sie? Beschreiben Sie Situationen, in denen Sie sich geschämt haben.
- Was macht Sie glücklich? Können Sie eine Reihe von Glücksmomenten benennen?

Halten Sie Ihre Antworten schriftlich fest und denken Sie darüber nach. Sie können daraus etwas über Ihre Nähe zu Ihren Gefühlen erfahren und Ihr Gefühlsleben besser verstehen lernen.

Jeder emotionale Zustand hat seine Vor- und Nachteile. Ärger zum Beispiel gehört zu den so genannten negativen Gefühlen. Er entfremdet uns oft von der Person, über die wir uns ärgern, verhindert, dass wir unsere eigene Rolle in der Angelegenheit kritisch betrachten, und mündet in körperlicher Anspannung. Ärger hat aber auch eine Schutzfunktion für unser Selbstwertgefühl: Wir sind überzeugt, im Recht zu sein, und wir werden motiviert, etwas zu unternehmen. Auch Trauer hat zwei Seiten. Einerseits ist das Gefühl sehr unangenehm; es unterbindet realistisches, wirkungsvolles Handeln und lässt uns anfälliger werden für Krankheiten. Andererseits reißt es uns aus dem Alltag, und diese Distanz kann zu einer Neubewertung des Lebens führen. Scham – unabhängig von dem auslösenden Vorfall – zwingt uns, Dinge endlich zu tun und nicht ständig vor uns herzuschieben. Sie kann eine aktive Phase einleiten, leider aber auch Passivität und Selbstmitleid.

So genannte positive Emotionen haben ebenfalls ihre guten wie schlechten Seiten. Sie sind angenehm, sie fördern gute Beziehungen zu Mitmenschen und unsere Abenteuerlust, sodass wir womöglich zu neuen Ufern aufbrechen. Weniger schön ist die Tendenz positiver Emotionen, dass sie zu Übermut und unrealistischen Erwartungen verleiten und damit Enttäuschungen provozieren.

Um die positiven Effekte zu maximieren und die negativen möglichst zu minimieren, sollten wir unsere Gefühle schnell erkennen und üben, sie konstruktiv auszudrücken. Wer in Führungsverantwortung steht, sollte denselben Einfluss auf die Mitarbeiter anstreben.

Der Nutzen emotional intelligenter Handlungsweisen

Meiner Erfahrung nach haben Menschen mit ausgeprägter emotionaler Intelligenz

- intensivere zwischenmenschliche Beziehungen,
- die Fähigkeit, sich und andere besser zu motivieren,
- eine aktivere, innovativere und kreativere Vorgehensweise,
- einen effizienteren Führungsstil,
- eine geschicktere Art, Stress abzufedern,
- weniger Schwierigkeiten mit Veränderungen und
- sie sind häufiger mit sich im Reinen.

Je höher eine Person auf der Karriereleiter steht, desto wichtiger wird die emotionale Intelligenz (und desto unwichtiger werden technische Fähigkeiten). Die erste Stelle erhält man, weil man bestimmte formale Anforderungen erfüllt, aber sobald man die Stufen hinaufklettert, entscheidet die emotionale Intelligenz über das Fortkommen. Aus ihr erklärt sich der Unterschied von erfolgreichen und stagnierenden Laufbahnen. Scheitern Karrieren kurz vor der Unternehmensspitze, sind fast immer Mängel in der emotionalen Intelligenz schuld.

Vor allem Empathie und die Wahrnehmung eigener Gefühle fördern das berufliche Fortkommen.

Wie bewerten Sie Ihre emotionale Intelligenz?
Stellen Sie sich folgende Fragen und bewerten Sie Ihre eigenen Fähigkeiten auf einer Skala von *ganz schwach (1)* bis *sehr stark (5)*. Bitten Sie, wenn möglich, eine Ihnen nahe stehende Person um deren Einschätzung Ihrer Fähigkeiten. Der Blick von außen verhindert Verzerrungen, die sich aus der reinen Binnenperspektive ergeben.

	1	2	3	4	5
• Können Sie sich in die Sichtweise anderer Menschen hineinversetzen?					
• Wie sensibel registrieren Sie die Gefühle Ihrer Mitmenschen?					
• Schließen Sie leicht Freundschaften?					
• Äußern Sie Ihre Gefühle im Beisein von anderen?					
• Wie entwickelt ist Ihre Fähigkeit, Konflikte zu lösen?					
• Fällt es Ihnen leicht, sich an veränderte Umstände anzupassen?					
• Lädt Ihr Verhalten andere Menschen dazu ein, Ihnen mit Herzlichkeit zu begegnen?					
• Erkennen Sie Ihre Wirkung auf andere (auch wenn diese sich nichts anmerken lassen)?					
• Können Sie mit verwirrenden Situationen umgehen?					
• Wie reagieren Sie auf Fragen nach Ihrem Privatleben?					
• Wissen Sie, wer Ihnen im Fall des Falles zuverlässig helfen kann?					
• Sind Sie es gewohnt, über Ihre Handlungen nachzudenken?					

Wenn Sie (und andere) überwiegend die hohen Zahlen angekreuzt haben, gehören Sie wahrscheinlich zu den Menschen mit hohem EQ. Wenn nicht, lohnt sich die Mühe, diese grundlegenden menschlichen Fähigkeiten auszubauen. (Widmen Sie Ihre Aufmerksamkeit insbesondere den Bereichen, in denen Ihre Selbsteinschätzung von der Fremdeinschätzung abweicht. Wenn es sich um einen großen Abstand handelt, täuschen Sie sich entweder über Ihre eigene Person oder Sie senden verwirrende Signale an Ihre Mitmenschen.

Ein Wort zur Vorsicht: Ich möchte betonen, dass Fragebögen hinsichtlich der Messung emotionaler Intelligenz von begrenztem Wert sind, weil viele Elemente des EQ von den Sinnen abhängen (Gehör, Geruchs- und Tastsinn). Diese entziehen sich schriftlichen Tests. Außerdem beeinflussen Vorstellungen davon, was gesellschaftlich erwünscht ist, das Ergebnis: Die Probanden antworten nicht wahrheitsgemäß, sondern so, wie sie gern wahrgenommen würden.

Wie man sieht, bedeutet ein hoher EQ nicht unbedingt, dass man besonders nett ist, und erst recht nicht, dass man seinen Gefühlen freien Lauf lässt. Ein hoher EQ heißt vielmehr, dass man sich und andere realistisch einschätzt, das Menschliche in seiner ganzen Vielfalt akzeptiert und Gefühle adäquat nutzt.

Der Lohn ist groß: Ein hoher EQ lässt uns die besseren Entscheidungen finden, anderen Menschen mit angemesseneren Erwartungen begegnen und weniger Enttäuschungen erleben.

Wenn es zu weit geht: extreme Gefühle

Emotionsmanagement gehört zu den entscheidenden Führungsqualitäten. Die Ironie will es, dass zu wenig Gefühl ebenso unerwünschte Folgen zeitigt wie zu viel. Mit einem stummen Fisch lebt es sich ungemütlich, mit einem reißenden Tiger nicht minder. Viele Menschen tendieren zu einem dieser beiden Extreme. Aber die Wirkung von extremen Affekten oder Stimmungsschwankungen auf andere ist enorm.

Denken Sie kurz über die folgenden Personen nach: Was haben sie gemeinsam (abgesehen davon, dass sie alle Führer waren, dem männlichen Geschlecht angehören und längst tot sind)?

- König Saulus,
- Martin Luther,
- Teddy Roosevelt,
- Benito Mussolini,
- Winston Churchill,
- General George Patton.

Alle neigten zu extremen Stimmungswechseln. Klinisch gesehen zeigten sie Symptome einer bipolaren Störung. Dies ist eine Gemütskrankheit, deren Stärke erheblich variiert (ebenso wie die sich daraus ergebenden Verhaltensweisen und Konsequenzen). Häufig bleibt sie unbemerkt, angesichts der hohen Selbstmordrate ein problematischer Fakt. Auch in der Arbeitswelt ist sie weit verbreitet, insbesondere in ihren milderen Formen, der Hypomanie oder Zyklothymie (mehr zu diesen Begriffen weiter unten).

Etwa ein Viertel der Bevölkerung leidet irgendwann in ihrem Leben unter einer affektiven Störung, am häufigsten unter Depressionen (eine affektive, jedoch keine bipolare Störung). Zyklothymie tritt mit einer Häufigkeit von vier bis fünf Personen pro 100 Personen auf, manisch-depressive Störungen bei einer von 100. Die zuletzt genannte Störung ist die gefährlichste: 15 Prozent der Erkrankten töten sich im Lauf ihrer Krankheit selbst.

Die Bezeichnung »bipolare Störung« umfasst ein breites Spektrum von affektiven Störungen, die dem Schweregrad nach von Hypomanie (einer »milden« Manie, das heißt hyperaktiven Phase der Stimmungsstörung) über Zyklothymie (heftige, jedoch nicht lebensbedrohliche Umschwünge in Stimmung, Verhalten und Denkweise) bis hin zu der extrem gefährlichen voll entwickelten manischen Depression reichen. Charakteristisch für diese Krankheitsbilder sind zyklische Stimmungsschwankungen: Die Betroffenen sind ebenso häufig niedergeschlagen und überempfindlich wie hochgestimmt.

Menschen mit einer bipolaren Störung weisen eine eigentümliche Mischung von Gefühlen auf: Mal sprühen sie vor ansteckender Lebensfreude, mal fühlen sie sich leer und einsam. Während der guten Phasen erfüllt sie eine geradezu übermenschliche Energie, ungezügelte Begeisterung, ein unstillbarer Hunger nach Geselligkeit, tiefe Gefühle, ein unbezwingbarer Sinn für das Schicksalhafte sowie der feste Glauben an sich selbst und die eigenen Ideen (der an Selbstüberschätzung grenzt). Sie reißen andere mit, überzeugen sie von ihrem Standpunkt und sind bereit, Dinge zu tun, vor denen andere zurückschrecken. Ihr Optimismus schillert ins Exaltierte. Erhöhte Wachsamkeit und Wahrnehmungsfähigkeiten, Mut und Risikofreude (bis hin zur Unvernunft) kontrastieren mit unvermittelten, unerklärlichen Stimmungsumschwüngen, Ungeduld und verkürzten Aufmerksamkeitsphasen.

Wie steht es um Ihre Gemütsverfassung?

Beantworten Sie die folgenden Fragen mit *Ja* oder *Nein* – und seien Sie ehrlich mit sich selbst.

- Reden Sie öfter mal zu viel?
- Fühlen sich Ihre Mitmenschen von Ihnen überrumpelt, erscheinen Sie mitunter als aufdringlich?
- Hat man Ihnen je gesagt, dass Ihre Scherze deplatziert sind und Ihr Gelächter stört?
- Posaunen Sie lautstark hinaus, dass es Ihnen gut geht?
- Finden andere Sie allzu selbstgewiss?
- Hat man Ihnen schon Größenwahn vorgeworfen?
- Empfinden andere Ihre Pläne als unrealistisch?
- Hält man Ihre Urteilsfähigkeit für unterentwickelt?
- Lassen Sie sich leicht ablenken, sind Sie nie lange bei der Sache?
- Sind Sie oft ruhelos, haben Sie ein ausgeprägtes Bewegungsbedürfnis?
- Werden Sie schnell böse, wenn etwas nicht so läuft wie gewünscht?
- Sind Sie eher kämpferisch und streitbar?
- Arbeiten Sie an zu vielen Dingen gleichzeitig?
- Haben Sie das Gefühl, über unbegrenzte Energien zu verfügen?
- Benötigen Sie sehr wenig Schlaf?
- Lässt Ihre Selbstkontrolle zu wünschen übrig?

- Sind Sie sexuell recht freizügig?
- Verschwenden Sie – tendenziell – Ihr Geld oder legen es ungünstig an?

Wenn Sie häufig mit *Ja* geantwortet haben (und Personen in Ihrer Umgebung diese Einschätzung bestätigen), könnte bei Ihnen eine leichte Form der Manie vorliegen. Falls Ihnen Ihre Gemütsverfassung problematisch erscheint, wäre unter Umständen professionelle Hilfe die richtige Lösung.

Die für die bipolare Störung charakteristische Hochstimmung mit dem ganzen Enthusiasmus und der emotionalen Intensität wirkt verführerisch und lässt die Betroffenen als charismatische Persönlichkeiten voller Anziehungskraft erscheinen, die andere Menschen zu inspirieren und motivieren verstehen. Die manisch-depressive Anlage hilft faktisch jenen, die sie besitzen (oder von ihr besessen sind), Führungspositionen zu erreichen. Ihre in der manischen Phase gesteigerte Lebensfreude, die umtriebige Geselligkeit und der Charme, aber auch die Fähigkeit, wunde Punkte bei ihren Mitmenschen aufzuspüren und zu nutzen, die Wahrnehmungsfähigkeit auf bewusster wie unbewusster Ebene und die Leichtigkeit, mit der sie zwischenmenschlich wie auch in Gruppen Prozesse anstoßen, all das kann die Performance eines Unternehmens positiv beeinflussen und Mitarbeiter zu außergewöhnlichen Anstrengungen bewegen. Aber wie der Rattenfänger können sie Organisationen auch auf Abwege führen, die letztlich für beide Teile ausgesprochen kostspielig werden.

Das Privatleben der »Bipolaren« ist oft genauso turbulent wie ihr berufliches Dasein. Sie sind häufig sexuell besonders aktiv und freizügig, die üblichen Hemmungen sind bei ihnen eher unterentwickelt. Sexuelle Gedanken, Fantasien, Abenteuer werden mitunter zur Obsession. Bei diesen Voraussetzungen überrascht es nicht, dass die Ehen von hypomanisch veranlagten Menschen oft in Scheidung enden und alles andere als ein ruhiger Hafen sind. Verbreitet sind außerdem finanzielle Extravaganzen, erbitterte persönliche Auseinandersetzungen, Drogen- und Alkoholprobleme. In extrem manischen Phasen neigen die Betroffenen überdies zu völlig überzogenen Zornesausbrüchen, die zur Entfremdung von ihnen nahe stehenden Personen beitragen. Schließlich droht ständig Gefahr von der nächsten Depression mit der Hoffnungslosigkeit, der bodenlosen Traurigkeit, den Selbstmordgedanken, der Melancholie und der Selbstverachtung und -beschuldigung, die damit einhergehen.

Unsere Stimmungen – gut oder schlecht, extrem oder ausgewogen – bieten Einblick in unsere Persönlichkeit. Aber vieles bleibt verborgen, auch für uns selbst. Doch die inneren Bilder, die unser Verhalten motivieren, können wir nur mit Geduld und Hartnäckigkeit aufspüren. Wie erreichen wir dieses Ziel? Wie erkennen wir, worum sich alles in uns dreht? Wie können wir das zentrale Thema dekonstruieren?

Das zentrale Beziehungskonflikt-Thema

Der französische Maler Eugène Delacroix malte einst den biblischen Kampf von Jakob mit dem Engel. Jahre vor diesem Kampf, so steht es im Alten Testament, hatte Jakob mit List und Tücke seinem älteren Bruder Esau Recht und Segen des Erstgeborenen entwunden und war aus Furcht vor dessen Rache zu einem Onkel nach Mesopotamien geflohen. Als Jakob beschloss, heimzukehren und seinen Bruder um Vergebung zu bitten, peinigte ihn die Sorge, wie dieser reagieren würde.

Jakob entsandte Boten mit Geschenken und schickte Frau und Kinder voraus. In der Nacht vor der ersten direkten Begegnung durchlebte er eine tiefe Krise, die sich in dem Kampf mit dem geheimnisvollen Fremden, einem göttlichen Wesen, symbolisiert. Bis kurz vor Tagesanbruch rang Jakob mit dem Engel. Er wollte ihn nicht gehen lassen, bevor er ihn nicht gesegnet hatte. Anschließend traf Jakob Esau, versöhnte sich mit ihm und ließ sich in seiner Heimat Kanaan nieder.

Die Geschichte lässt sich als Metapher für die Widersprüche lesen, die unser Innenleben charakterisieren. Primitive Impulse und Abwehr stellen sich gegen unser »rationales« Wesen. Wir alle ringen von Zeit zu Zeit mit dem Engel und sind in einen fortwährenden inneren Dialog verstrickt, der manchmal angenehm, manchmal schmerzlich ist. Dieser Dialog gehört zu unserem Menschsein. Wir müssen uns mit den inneren Kräften aussöhnen, die uns prüfen und in Versuchung führen. Jeder Mensch steht vor der Aufgabe, diese Kräfte zu verstehen, aber für Menschen mit Führungsverantwortung stellt sie sich mit besonderer Dringlichkeit.

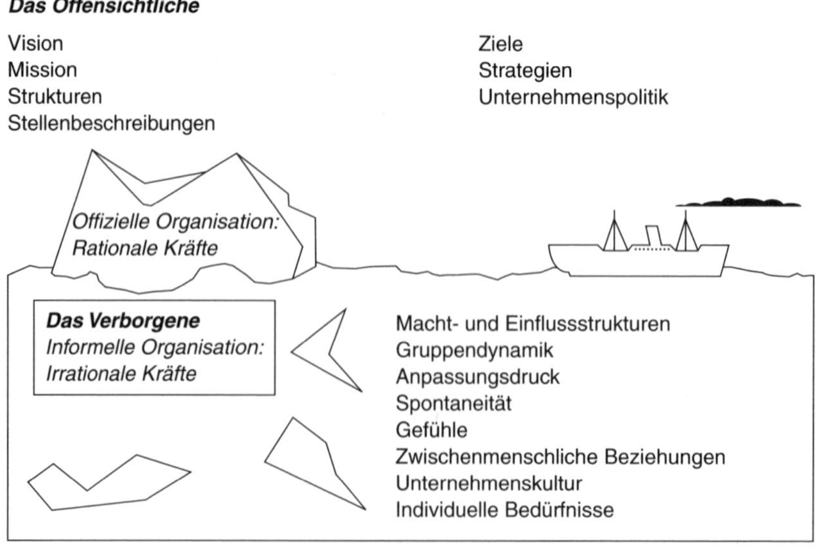

Abbildung 2: Interne Vorgänge

Stellen wir uns für einen kurzen Moment Organisationen als Eisberg vor. Die überwiegende Zahl der Managementtheoretiker betrachtet nur die Spitze des Eisbergs (siehe Abbildung 2) und schenkt den unterschwelligen Kämpfen wenig Aufmerksamkeit. Aber indem sie sich auf das Offensichtliche beschränken, vermeiden sie den Kampf mit dem Engel und beschäftigen sich ausschließlich mit Oberflächenphänomenen wie Mission, Vision, Zielen, Strategien, Tätigkeit, Stellenbeschreibungen, Aufgaben, Rollen, Auswahlverfahren, Kontroll- und Anerkennungssystemen sowie Prüfrhythmen. Sie konzentrieren sich, kurz gesagt, auf die rationale Dimension des betrieblichen Lebens.

Zweifelsohne sind diese Faktoren wichtig. Auch ich schenke ihnen Beachtung. Aber im Grunde ist mir wichtiger, was in den tief unter Wasser befindlichen Schichten des Eisbergs geschieht. Welche informellen Vorgänge lassen sich dort beobachten? Welche Dynamik liegt ihnen zugrunde? Welche »irrationalen« Variablen speisen die Unternehmenskultur? Nach welchen Kriterien wird wirklich entschieden? Faktoren wie unterschwellige Werte, Macht- und Einflussstrukturen, Gruppendynamik, zwischenmenschliche Beziehungen, Verhalten unter Stress spielen ihre Rolle, aber auch das so genannte »zentrale Beziehungskonflikt-Thema« der wichtigsten Entscheidungsträger.

Der Begriff wurde von dem Psychotherapieforscher Lester Luborsky in Philadelphia entwickelt. Unser Verhalten, so seine Grundannahme, beruht weitgehend auf einem Beziehungsmuster, in dem sich die innersten Überzeugungen manifestieren. Es bildet sich in frühester Kindheit heraus, beeinflusst von den Botschaften, die uns unsere Bezugspersonen und die Umwelt schicken, und liefert gleichsam das Drehbuch zu unserem Innenleben.

Das zentrale Beziehungskonflikt-Thema (ZBKT) durchdringt unser Privatleben und steht im Zentrum wiederholter Beziehungskonflikte. Es färbt natürlich auch alles, was wir am Arbeitsplatz erleben. Das ZBKT von Führungsverantwortlichen bestimmt darüber hinaus die Unternehmenskultur und die Entscheidungsfindung innerhalb einer Organisation.

Wenn wir demnach das ZBKT von Vorstandsvorsitzenden oder Betriebsinhabern erkennen – sein oder ihr persönliches Beziehungsmuster – dann dringen wir nicht nur zu der Persönlichkeit, sondern auch zum Arbeitsstil vor. Aber wie geht man eine solche Aufgabe an? Analysieren wir zunächst das ZBKT selbst. Es besteht aus drei Komponenten:

- dem Wunsch, den wir an eine Beziehung herantragen,
- unserer Erwartung, wie andere auf diesen Wunsch reagieren werden, sowie
- unser bewusstes Verhalten oder affektive Gegenreaktion auf diese Reaktion von anderen.

Klingt einfach, nicht wahr? Die Dinge liegen jedoch komplizierter, hauptsächlich, weil die Vergangenheit die Gegenwart verfälscht. Unsere aktuelle Erwartung, wie andere Menschen reagieren werden, wird von Gefühlen, Haltungen und Verhaltensweisen gegenüber wichtigen früheren Bezugspersonen gefärbt. (Dieser Übertragung genannte Punkt kommt in Kapitel 4 ausführlich zur Sprache.) Als wäre das nicht schon schlimm genug, provozieren wir mitunter unbewusst auch noch das Verhalten, das wir erwarten. Wir tragen, anders gesagt, selbst dazu bei, dass unsere Befürchtungen wahr werden, und verwandeln Erwartungen damit in selbsterfüllende Prophezeiungen.

Es genügt nicht, eine Beziehungsepisode zu analysieren, um die drei ZBKT-Komponenten zuverlässig zu ermitteln; das Muster schält sich erst anhand mehrerer Vorfälle heraus. Fünf bis sieben wichtige Ereignisse mit besonders schlechtem oder besonders glücklichem Ausgang sollten es schon sein, wenn wir unser zentrales Beziehungskonflikt-Thema erkennen wollen. Nachdem wir uns die Episoden wieder vergegenwärtigt haben, betrachten wir sie im Licht verschiedener Fragen:

- Um die erste Komponente des ZBKT - den Wunsch, den wir an eine Beziehung herantragen - zu erkennen, fragen wir: Mit welchen Absichten und Wünschen sind wir auf andere Beteiligte zugegangen? Welche Kernüberzeugungen kamen zum Tragen? Was haben wir erwartet? Was haben wir uns erhofft?
- Um die zweite Komponente - unsere Erwartung, wie andere auf diesen Wunsch an eine Beziehung reagieren werden - herauszufinden, fragen wir: Welche Reaktion haben wir von der Gegenseite in Bezug auf unsere Wünsche erwartet, welche haben wir befürchtet? Haben wir erwartet, dass die Person freundlich, feindlich, verschlossen, distanziert reagiert? (Unabhängig von der Sachlage gibt hier die Erwartung den Ausschlag, sie bestimmt unsere Lebenseinstellung, also ob wir im Allgemeinen vertrauensvoll oder misstrauisch sind, ob wir uns gern an die Hand nehmen lassen oder Vorschriften hassen und so weiter.)
- Um die dritte Komponente des ZBKT - unsere Reaktion auf die Reaktion von anderen - zu erkennen, müssen wir unsere Gefühle und Handlungen ehrlich bewerten und genau differenzieren: Haben wir auf eine tatsächlich vorhandene oder auf eine erwartete Reaktion reagiert (im ersten Fall zudem, ob wir die Reaktion selbst provoziert haben)?

Die drei Komponenten sind universal und gelten über die Grenzen von Geschlecht, Kultur und Alter hinweg, nicht jedoch ihr Inhalt. Jeder Mensch hat ein einmaliges ZBKT. Unser innerster Wunsch und unsere Handlungen und Gefühle im Zusammenhang mit diesem Wunsch machen uns zu der Person, die wir sind, machen uns einzigartig. Trotzdem lassen sich Gemeinsamkeiten feststellen - etwa Wünsche wie: geliebt und verstanden zu werden, sich zu distanzieren und Konflikte zu vermeiden, andere zu verletzen, etwas zu erreichen, anderen zu helfen, sich zu widersetzen und das Heft in die Hand zu nehmen, geleitet zu werden und die Verantwortung abgeben zu können, sich durchzusetzen und unabhängig zu sein sowie der Wunsch, sich angenehm und behaglich zu fühlen.

Wie heißt Ihr ZBKT?

Die Ermittlung Ihres persönlichen ZBKTs erfordert mehrere Übungen, die der Selbsteinschätzung dienen. Die Erste konzentriert sich auf Ihre Stärken und Schwächen, die Zweite ist stärker dem eigentlichen ZBKT gewidmet.

Einschätzung Ihrer Persönlichkeit

1. Notieren Sie die Eigenarten Ihrer Persönlichkeit, mit denen Sie besonders zufrieden sind.
2. Notieren Sie die Eigenarten Ihrer Persönlichkeit, mit denen Sie besonders unzufrieden sind.
3. Welche Anteile Ihrer Persönlichkeit bringen Sie am häufigsten in Schwierigkeiten? Was würden Sie gern an sich ändern? Inwiefern stimmt Ihre Selbsteinschätzung mit den Klagen überein, die Ihnen nahe stehende Personen über Ihr Verhalten äußern?
4. Wie wollen Sie diese Änderungen bewerkstelligen? Entwerfen Sie einen Plan einschließlich Zeitrahmen. Um Sie dabei zu unterstützen, folgt hier eine Liste mit Dingen, die Ihr Wohlbefinden beeinflussen könnten.
   Mein Plan beinhaltet:
   - Ich will eine bessere Beziehung zu meinem Partner/meiner Partnerin aufbauen.
   - Ich will meinen Kindern ein besserer Vater/eine bessere Mutter sein.
   - Ich will nicht aufgearbeitete Vorfälle mit anderen Familienmitgliedern aus der Welt schaffen.
   - Ich will meine Karriere energischer fördern.
   - Ich will meine Geldschwierigkeiten lösen.
   - Ich will mich für die Allgemeinheit engagieren.
   - Ich will neue Freunde gewinnen und alte Freundschaften pflegen.
   - Ich will mich verstärkt Dingen widmen, die mir Spaß machen.
   - Ich will mich mehr um meine Gesundheit kümmern.
   - Ich will mein Inneres besser verstehen lernen.
   - Ich will meinen Beitrag zur Gesellschaft leisten.

Nach dieser Übung sind Sie auf die Bestimmung Ihres ZBKT vorbereitet. Die anhand der nächsten Übungen gewonnenen Einsichten könnten Ihren Plan noch einmal ändern.

Bestimmung Ihres ZBKT

Erinnern Sie sich an verschiedene Vorfälle mit anderen Menschen. (Empfohlen werden fünf bis sieben Episoden.) Achten Sie auf Muster in Ihren eigenen Wünschen, in Ihren Erwartungen hinsichtlich der Reaktionen und in Ihren Reaktionen auf die Reaktion der anderen. Unterlaufen Sie die für Menschen typischen Verdrängungsmechanismen, indem Sie Ihre Ergebnisse von einer Person »kontrollieren« lassen, die Ihnen nahe steht.

Fragen Sie sich erstens, was Sie von Ihrem Gegenüber in Bezug auf jede der vergegenwärtigten Episoden wirklich wollten. Was war Ihre Absicht, was haben Sie sich gewünscht? Was hätte Ihrem Wunsch nach geschehen sollen?

Fragen Sie sich zweitens, was Sie von Ihrem Gegenüber angesichts Ihres Wunsches erwartet haben. Was haben Sie schlimmstenfalls befürchtet?

Wie haben Sie auf Ihr Gegenüber reagiert? Was haben Sie gesagt oder getan? Wie haben Sie sich dabei gefühlt?

Das innere Drama besser verstehen

Neben dem ZBKT gibt es weitere Möglichkeiten, uns selbst (und unsere Wirkung auf andere) besser zu verstehen. Im Folgenden schauen wir uns verschiedene Tests und Träume an.

Tests zum inneren Drama

Die Psychologen nutzen eine Reihe von Tests, teils mit Papier und Bleistift, teils projektiver Natur, um das Skript zum inneren Drama einer Person zu entschlüsseln. Meistens setzen sie nicht einen, sondern gleich eine ganze Batterie von Tests ein (und erhalten vertiefte Einsicht vornehmlich deswegen, weil die Diskussion der Testergebnisse zu einer Diskussion der Lebensthemen führt). Tests sind nicht der Weisheit letzter Schluss, aber sie stoßen einen Dialog an, der innere Beweggründe, Bedürfnisse, Wünsche und Fantasien zutage fördert.

Jeder Test hat seine Nachteile. Bereits angedeutet wurde, dass insbesondere schriftliche Tests dazu einladen, verfälschte Antworten nach sozialen Wunschvorstellungen zu geben. Die Probanden versuchen verständlicherweise, sich in möglichst gutem Licht zu präsentieren. Das geschieht häufig unbewusst. Andere Menschen verfälschen die Antworten ganz bewusst und tricksen die Tests geschickt aus. Wieder andere antworten falsch, weil sie gerade in diesem Moment in einer eigenartigen Stimmung sind, ihnen ungewöhnliche Dinge durch den Kopf gehen oder sie ihre eigenen Gefühle und Verhaltsweisen nicht richtig kennen. Außerdem sind schriftliche Tests notgedrungen zu einfach: Komplexe Verhaltensmuster lassen sich kaum in einer kurzen Antwort zusammenfassen, sodass diese häufig verzerrt ausfällt.

Tests, die nicht auf einem Ja/Nein-Schema beruhen oder nach dem Muster von Multiple Choice gestrickt sind, sondern auf der Interpretation von Bildern oder Tintenklecksen beruhen, nennt man projektive Tests. Die Theorie dahinter besagt, dass Menschen in solche visuellen Elemente unbewusste oder bewusste Gedanken, Bedürfnisse, Ängste, Konflikte, Wünsche und Überzeugungen projizieren. Bei der Interpretation von mehreren Bildern kristallisieren sich spezifische Themen heraus, und die Geschichten, die Menschen anhand dieser Tests erzählen, enthalten ebenfalls diese spezifischen Themen.

Wenn sie auch für Manipulationen durch die Testperson weniger leicht zugänglich sind, unterliegen projektive Tests jedoch ebenfalls Verfälschungen, allerdings eher seitens der Person, die den Test durchführt. Deren Fantasien können die Interpretation durch den Probanden überlagern, sodass persönliche Sichtweisen das Ergebnis einfärben. Aus klinischer Perspektive sind projektive Tests interessanter, weil sie die Innenwelt eines Individuums mit höherer Wahrscheinlichkeit öffnen.

Zu den bekannteren projektiven Tests gehören der TAT (Thematischer Apperzeptionstest, in Harvard von dem Psychologen Henry Murray entwickelt) und der Rorschach- oder Kleckstest (entwickelt von dem Schweizer Psychiater Hermann Rorschach). Beim TAT werden die Probanden gebeten, zu verschiedenen Bildern jeweils eine Geschichte zu erfinden. Ein Bild zeigt zum Beispiel einen Jungen, der nachdenklich eine Violine anschaut. Die Probanden werden gefragt: Was macht der Junge Ihrer Meinung nach? Was geht da vor? Können Sie eine Geschichte über den Jungen erzählen? Was denkt er gerade? Wie fühlt er sich? Aus den Geschichten zu den verschiedenen Bildern erkennen erfahrene klinische Psychologen die Themen, die die Probanden leiten und motivieren.

Der Rorschach-Test funktioniert ähnlich. Man legt den Probanden Tintenkleckse vor, jeweils einen pro Blatt, und fragt sie, woran sie der Fleck erinnert. Da die Bilder nicht eindeutig sind, ist der Anteil eigener Deutung noch größer als beim TAT. Probanden, die in einer Form einen Schmetterling erkennen, erfahren etwas anderes über sich selbst als jene, die einen Kochtopf, zwei tanzende Frauen oder ein Skelett identifizieren. Auch hier verdichtet sich für den erfahrenen klinischen Psychologen die Summe der Einzeldeutungen zu den entscheidenden Themen, die das Innenleben der Probanden bestimmen.

Die Rolle der Träume

Einen anderen Weg zum inneren Drama bieten Träume und Tagträume. Freud nannte sie den »Königsweg zum Unbewussten«, gleichsam eine Abkürzung in die Innenwelt. Ganz ohne Interpretation enthüllen Träume die Punkte, die uns beherrschen. Jeder Mensch träumt. Wir schlafen ungefähr ein Drittel und träumen ungefähr ein Zwölftel unseres Lebens. Pro Nacht sind es normalerweise vier bis sechs Träume, pro Jahr 1 500 bis 2 000.

Träume fallen in eine Phase, die von raschen Augenbewegungen begleitet wird und nach der englischen Bezeichnung dafür (»rapid eye movement«) REM-Schlaf heißt. In dieser Zeit ist unser Körper – dem Schlafforscher William Dement zufolge abgesehen von Herz, Lungen, Penis und Augen – vollkommen paralysiert, und das mit gutem Grund: So werden wir daran gehindert, unsere Träume auszuagieren (wie es bei Schlafwandlern der Fall ist).

Nicht jeder vertraut auf die Aussagekraft von Träumen. Manche Menschen sehen darin nicht mehr als ein zufälliges »Rauschen« im neurologischen System. Aber stimmt das? Ist der Inhalt unserer Träume kompletter Unsinn? Offensichtlich nicht. Untersuchungen in Schlaflabors ergaben, dass die Hirnrinde (beziehungsweise die Stirnlappen) während der Traumphasen aktiv ist, also der Teil des Gehirns, der für die Sprache, das Denken, Planen und Organisieren und das Bewusstsein verantwortlich ist. Schon deswegen müssen Träume mehr als eine zufällige Erscheinung sein. Außerdem sichern Träume die Funktionsfähigkeit unseres Gehirns: Sie räumen den Wust an Informationen auf, der sich im Lauf eines Tages in uns ansammelt.

Es gibt die Vorstellung, Träume seien Zukunftsboten. Wir finden sie zum Beispiel in der Bibel, etwa wenn Joseph den Traum des Pharao von den sieben mageren und den sieben fetten Kühen interpretiert. Und daran mag etwas Wahres sein, denn Träume enthüllen uns die Themen, die uns bewusst oder unbewusst beherrschen. Wenn wir noch einmal das Alte Testament bemühen: Im alten Ägypten waren Hungersnöte keine Seltenheit und spielten von daher sicher eine große Rolle im Denken eines Pharaos. Ob sie nun die Zukunft vorhersagen mögen oder nicht, in jedem Fall spiegeln Träume unsere wichtigsten Sorgen. Wir schicken gleichsam einen Brief an uns selbst und erinnern uns auf diese Weise an Dinge, die wir nicht vergessen dürfen. Und da Träume bewegte Metaphern sind, sprechen sie eine Sprache, die das Herz berührt.

Wenn wir den Sinn unserer Träume entschlüsseln wollen, müssen wir nach Mustern suchen. Leiden wir unter Albträumen? Träumen wir einen Traum immer wieder? Die Bildwelt von Albträumen erschreckt uns meistens so sehr, dass wir davon aufwachen. Sie unterbrechen den Schlaf, der unserem Körper Ruhe verschafft. Wiederholt auftretende Träume sind demzufolge Versuche der Bewältigung oder Konfliktlösung. Sie erinnern uns an etwas, das wir im Alltagsstress nicht wahrhaben wollen. Wiederkehrenden Albträumen schließlich liegen meistens traumatische Erlebnisse zugrunde: Episoden, die wir wieder und wieder durchleben, um ihren Ausgang zu ändern oder sie akzeptieren zu können.

Träume unterstützen auch kreative Prozesse, denn sie versetzen uns in eine andere Welt, welche Einsichten bietet, die ohne Logik gewonnen werden. Wir träumen wilde, surreale Bilder, vermischen Menschen und Vorfälle, die weder zeitlich noch räumlich etwas miteinander verbindet, leben ein zweites Leben, in dem die fantastischsten Dinge geschehen. Jeder von uns erlebt Nacht für Nacht diese kreativen Funken! Der wunderliche Inhalt unserer Träume zeigt, dass jeder Mensch eine gesunde Dosis Kreativität mitbringt. Fragt sich nur, was wir aus diesen kreativen Funken machen. Viele ignorieren die Traumwelt. Manche Künstler zum Beispiel nutzen diese fantastische Traumwelt für ihre Werke und lassen sich von ihren Bildern der Nacht inspirieren.

Leider erinnern sich viele Menschen nicht an ihre Träume (obwohl sie natürlich auch träumen). Das gilt insbesondere für Führungskräfte, die als Gruppe gesehen ein eher dickes Fell haben. Ihre Schutzmechanismen sind so ausgeprägt, dass Traumbilder nicht an die Oberfläche dringen können, sondern »wegschmelzen« und rasch vergessen werden. Umgekehrt gelten viele Künstler zu Recht als »dünnhäutig«. Sie erinnern sich nicht nur an ihre Träume, sondern nutzen sie aktiv für ihre Arbeiten. William Styrons Roman *Sophies Wahl* beruht auf einem Traum, Robert Louis Stevenson schrieb die berühmte Geschichte von Dr. Jekyll und Mr. Hyde nach einem Traum und Isabel Allende schreibt alle ihre Bücher aufgrund von Träumen. Maler schildern ihre Träume häufig in ihren Bildern, allen voran Salvador Dali, Max Ernst und René Magritte. Dali bezeichnet seine eigenen Arbeiten als handgemalte Traumfotografien. Auch Ingmar Bergmans Filme sind von seinen Träumen beeinflusst, Richard Wagners *Rheingold* geht auf einen Traum zurück. Nicht wenige wissenschaftliche Entdeckungen entstanden in Träumen oder Tagträumen. Zu den berühmtesten Beispielen gehört der Benzolring von Friedrich Kekule, das Periodensystem der chemischen Elemente von Dmitri Mendelejew und die Relativitätstheorie von Albert Einstein.

Was verraten Ihre Träume?

Denken Sie an einen Traum oder Tagtraum, der nicht allzu lange zurückliegt, oder an einen Traum, den Sie immer wieder träumen. Können Sie ein bestimmtes Ereignis identifizieren, auf das der Traum zurückgeht? Welche Gefühle haben den Traum begleitet? Welche Assoziationen verbinden Sie mit dem Traum?

Die Fragen sind leicht gestellt, aber schwer zu beantworten. Lassen Sie die Gedanken schweifen. Denken Sie assoziativ. Wenn Sie an einen Nachttraum denken, überlegen Sie, ob er von einem bestimmten Vorfall am Vortag ausgelöst wurde. Versuchen Sie, die Bedeutung der Bilder und deren Metaphorik zu entschlüsseln, erzwingen Sie nichts, sondern lassen Sie sich Zeit. Traumdeutung hat große Ähnlichkeit mit einem Puzzle und verlangt viel Detailarbeit. Wenn sich die Teile jedoch zusammenfügen, betreten Sie Neuland, und der Traum wird eine neue Bedeutung annehmen. Die Geschichten hinter Ihren Träumen werden Ihnen etwas Neues über sich selbst verraten.

Der Ausbruch aus dem seelischen Kerker

Viele Führungskräfte vernachlässigen ihr Innenleben. Sie sind immerzu beschäftigt (mithilfe eines »manischen Schutzwalls«), nur damit sie nicht nachdenken müssen. Das geschieht selten bewusst, aber es ist und bleibt eine Vermeidungsstrategie. Die Vielbeschäftigten verstricken sich immer tiefer in der Zeitfalle, ohne nachzudenken, welchem Ziel die ganze Hektik eigentlich gilt und wo das alles hinführen soll - sie gleichen einem Hamster im Laufrad.

Ich habe mit zahlreichen Verantwortlichen gesprochen, die faktisch Gefangene ihrer eigenen Psyche sind. Fluchtversuche aus dieser selbst gezimmerten Strafanstalt sind jedoch extrem selten. Die Betroffenen haben sich in einem Sumpf alter Handlungsweisen häuslich eingerichtet. Psychoanalytiker nennen dies einen Wiederholungszwang, das heißt einen (unbewussten) Zwang, unangenehme Szenarien erneut aufzuführen in der Hoffnung, die Wiederholung würde sie irgendwann von eben diesem Bedürfnis befreien. Ansonsten hoch intelligente Menschen befleißigen sich eines magischen Denkens: Sie glauben, wenn sie etwas wieder und wieder tun, würde das Ergebnis irgendwann anders ausfallen - das alte indianische Sprichwort »Wenn du feststellst, dass du ein totes Pferd reitest, solltest du am besten absteigen« hat sich ihnen nicht in seinem tieferen Sinn erschlossen.

Menschen, die in einer solchen Situation gefangen sind, stellt sich die Aufgabe, einen Ausweg zu finden - einen anderen, besseren Weg. Zwar ist die Persönlichkeit mit 30 Jahren zu etwa zwei Dritteln oder drei Fünfteln ausgeformt (wenn man den Schätzungen der Entwicklungspsychologen glauben darf), aber es bleibt immer genug Raum für Veränderungen. Geistig gesund sein heißt, die Wahl zu haben. Und wir haben immer die Wahl. Unser inneres Drama verändert sich kaum, bestimmte Voraussetzungen können wir nicht hintergehen, aber wir können anders mit unseren zentralen Wünschen umgehen.

Wir sind die Architekten unseres Schicksals, die Autoren unseres eigenen Drehbuchs - oder könnten es zumindest sein. Wenn wir es anderen Menschen überlassen, leben wir nicht wirklich, sondern spielen nur eine Rolle. Wie viel schöner wäre es, über das eigene Leben selbst zu bestimmen. Es steht uns frei - wenn wir uns den Unwägbarkeiten des Wandels öffnen.

3
Das Muschelsyndrom

Die Wissenden schweigen, die Unwissenden reden.
Laotse

Niemand steigt zweimal in denselben Fluss.
Heraklit

Austern sind schöner als jede Religion ... Kein Element des Christentums oder des Buddhismus reicht an die sympathische Uneigennützigkeit einer Auster heran.
Saki

Die niedere Gattung der Schalenweichtiere hält so manche Lektion über Wandel und Beharrung für uns bereit. Muscheln treffen im Leben nur eine einzige existenziell bedeutsame Entscheidung - die Stelle, an der sie sich niederlassen. Ist dieser Punkt geklärt, heftet sie sich mit dem Kopf fest an einen Fels. Das Tier verharrt für den Rest seines Lebens an Ort und Stelle. Mir ist aufgefallen, dass viele Menschen ähnlich sind: Sie widerstehen Veränderungen in einem Maß, dass sie sich ebenso gut an einem Platz einzementieren könnten. Wenn Führungskräfte diesen Zug aufweisen - wenn sie am »Muschelsyndrom« leiden -, kann sich das zerstörerisch auf die Organisation auswirken.

Leiden Sie unter dem Muschelsyndrom?
Beurteilen Sie die folgenden Aussagen mit *Ja, Nein* oder *Weiß nicht*. Antworten Sie so ehrlich wie möglich. (Die Übung ist nicht einfach!)

- Ich behalte mir die Entscheidungsgewalt in der Organisation weitgehend selbst vor.
- Bei Entscheidungen verhalte ich mich zögerlich; ich presche nicht gern vor.
- Man hat mir schon Fantasielosigkeit vorgeworfen.
- Ich schätze es nicht sonderlich, wenn man mir widerspricht.
- Mir reißt schnell der Geduldsfaden, viele Menschen reden schrecklich umständlich.
- Ich irre mich eigentlich nie.

- Es gelingt mir nicht immer, meine Prioritäten zu verdeutlichen.
- Ich behalte Informationen zu Geschäftsverlauf und Finanzlage des Unternehmens lieber für mich.
- Ich begegne meinen Mitmenschen mit einem gerüttelt Maß Misstrauen.
- Man weiß, dass ich schlechte Nachrichten alles andere als gelassen aufnehme.
- An mir scheiden sich die Geister – man ist entweder für oder gegen mich.
- Ich halte Menschen gern in Abhängigkeit.
- Meine Meinung über die Zukunft des Unternehmens unterscheidet sich deutlich von jener der anderen.
- Ich suche gern Sündenböcke, wenn etwas schief läuft.
- Ich bin schnell beleidigt.
- Ich posaune Erfolge gern hinaus.

Wenn Sie häufig mit *Ja* geantwortet haben, sollten Sie Ihre Art, im Unternehmen Entscheidungen zu treffen, überprüfen. Sie gehören zur Muschelsyndrom-Risikogruppe und könnten mit einem festgefahrenen Führungsstil sowie Ihrem Widerstand gegen Veränderungen das Unternehmen in seiner Existenz gefährden.

Das Muschelsyndrom und die Folgen

Das Muschelsyndrom ist in Unternehmen sehr präsent. Sehen wir uns den Zusammenhang an. Seit 1983 veröffentlicht *Fortune* jeweils im Februarheft eine »Hitparade« der beliebtesten Unternehmen Nordamerikas. Die Reihenfolge bemisst sich nach Qualität des Managements, Produktqualität oder Qualität der Dienstleistungen, Kreativität, Innovation, langfristiger Anlagewert und finanzielle Solidität. Das Wirtschaftsmagazin stellt die Liste nach den Aussagen von ungefähr 11 000 Personen zusammen.

1983 stand IBM auf Platz 1, war 1997 jedoch auf Platz 102 abgerutscht. Wo das Unternehmen heute steht, lässt sich schwer sagen, weil die Beurteilungskriterien 1998 geändert wurden. (Die Unternehmen werden nun nach Branchen eingeteilt, abgesehen von den obersten Zehn.) Im neuen Jahrtausend wird IBM auf jeden Fall besser gemanagt, trotz der gewaltigen Kapitalvernichtung. Einen vergleichbaren Absturz hat Eastman Kodak hingelegt, von Platz 4 im Jahr 1983 auf Platz 77 im Jahr 1997. Das Unternehmen hat sich noch nicht erholt, eine Umstrukturierung jagt die nächste. Dramatische Ausmaße hatte der Absturz von Digital Equipment Corporation: Von Platz 7 fiel der EDV-Ausrüster innerhalb des14-Jahres-Zeitraums auf Platz 386. 1998 schluckte Compaq den Konkurrenten.

Warum führte der Weg dieser Unternehmen so steil bergab? Welche Fehler zogen eine derart massive Abwertung nach sich? Stellen wir die Frage konkreter: Was geschah mit Digital Equipment Corporation (DEC)? Welche internen Vorgänge verursachten den

Niedergang? Die Hauptprobleme von DEC waren der Mann, der das Unternehmen einst zum Erfolg geführt hatte, und die Unternehmenskultur, die auf ihn zurückgeht. Kenneth Olson gründete DEC 1957 und bewies in den Anfangsjahren, wie entscheidend eine effiziente, zeitgemäße Führung für die Zukunft einer Organisation ist. Leider bewies er anschließend, dass sich derselbe Führungsstil zu einem späteren Zeitpunkt verheerend auswirken kann.

Auf dem Cover von *Business Week* oder *Fortune* abgebildet zu werden ist - das habe ich gelegentlich behauptet - das Schlimmste, was einem Wirtschaftskapitän passieren kann. Das vordergründig beneidenswerte Ereignis ist oft genug der Beginn einer Hybris mit all den blinden Flecken (und dem entsprechenden Mangel an emotionaler Intelligenz), den Verhärtungen, der Suche nach Sündenböcken (sprich der Ablehnung persönlicher Verantwortung) und dem Wirklichkeitsverlust, die dazugehören. Diese Züge zerstören das Gleichgewicht in den Werten und der Eigendynamik der Unternehmenskultur, Stärken des Unternehmens verwandeln sich in Schwächen. Darin liegt das Paradoxe: Nichts garantiert den Niedergang effektiver als eine lange Erfolgssträhne. Rückschläge sorgen für eine gewisse Dosis Demut, das wirksamste Mittel gegen Arroganz, und fördern eine tatkräftige Begeisterung.

Olson, der am eigenen Erfolg scheiterte, kennt dieses Paradox nur zu gut. Sein Konterfei zierte das Titelblatt des *Fortune*, und danach stieg ihm der Ruhm zu Kopf. Beim Aufbau von DEC hatte er viele ungewöhnliche Ideen ausprobiert, nun aber verknöcherte er zusehends. Kein Zweifel: Er büßte jede Beweglichkeit ein und hielt an Produkten fest, die sich überlebt hatten. Der Markt befand sich im Umbruch, aber er wähnte sich im Besitz des Steins der Weisen. Selbstherrlich hörte er weder auf die Kunden noch auf seine eigenen Leute. 1977 »prophezeite« er: »Privatpersonen haben überhaupt keine Veranlassung, sich einen PC in die Wohnung zu stellen.« Olson umgab sich mit Ja-Sagern, mit Mitarbeitern, die ihm nach dem Mund redeten. Währenddessen zog der Markt weiter, aber das Unternehmen konnte sich erst, nachdem sein Gründer ausgeschieden war, umorientieren und mit neuen kulturellen Werten experimentieren - zu spät, um die Übernahme zu verhindern.

Ist die Geschichte von Olson und DEC ein Einzelfall? Keinesfalls, sie wiederholt sich Tag für Tag. In einem Unternehmen nach dem anderen fällt die Person an der Spitze dem Muschelsyndrom anheim. Sind die betroffenen Unternehmen auf Untergang programmiert? Ist der Niedergang unvermeidlich? Mitnichten, aber an Erfolge lässt sich nur anknüpfen, wenn eine Organisation zur Veränderung bereit ist.

Wo wird Ihre Organisation in drei Jahren stehen?
Wagen Sie Prognosen, wie sich Ihr Unternehmen (und das Marktumfeld) in den nächsten drei Jahren entwickeln werden. Was halten Sie für das wahrscheinlichste Szenario?

	Heute	In drei Jahren
• Organisationsform:		
• Kernkompetenzen:		
• Führungsstil:		
• Zusammenarbeit:		
• Kunden:		
• Marktumfeld:		

Vergleichen Sie Ihre Prognosen mit denen anderer Unternehmensmitglieder und versuchen Sie, einen Konsens zu erreichen. Sie können auch Außenstehende einbeziehen, um weitere Sichtweisen auf wahrscheinliche Entwicklungen zu erhalten.

Veränderte Unternehmensformen

Die Welt ändert sich und mit ihr Unternehmens- und Führungsgepflogenheiten. Im 20. Jahrhundert orientierten sich Unternehmen am Vorbild der katholischen Kirche oder der Armee. General Motors war ein Prototyp der »modernen« Organisation und bewies gleichzeitig eine erstaunliche Langlebigkeit. Alfred Sloans *Meine Jahre mit General Motors* war für Generationen von Business-School-Absolventen und Führungskräften eine Art Bibel: aufgebaut wie eine Pyramide, hierarchisch strukturiert, Stabsabteilung, Top-Down-Entscheidungen, Funktions- und Spartenorganisation und positionsgebundene Machtbefugnisse.

Als das Buch erschien, herrschten die Technokraten: Kundenwünsche wurden unter ferner liefen behandelt, die Bedingungen in den Unternehmen waren stabil, bürokratische Führungsstrukturen die Regel und der Begriff Shareholder-Value praktisch unbekannt. Heute, im postindustriellen Zeitalter, entstehen mit dem Heraufdämmern der »New Economy« neue Prototypen, die besser zu den Anforderungen durch verstärkte Globalisierung und zur Informations- und Kommunikationsrevolution passen.

Inzwischen ist Diskontinuität normal, und das alte Führungs- und Organisationsschema verliert zunehmend an Bedeutung. Es hat vielerorts zu einer autokratischen Unternehmensleitung, blühender Bürokratie, aufgeblähten Unternehmenszentralen sowie starren Grundsätzen und Abläufen geführt. Je größer die »klassischen« Organisationen wurden, desto stärker neigten sie zur Nabelschau, desto fühlbarer schoben sich machtpolitische Fragen in den Vordergrund und desto mehr gerieten äußere Faktoren, Kunden, Wettbewerber und Aktionäre in Vergessenheit. Viele dieser Unternehmen sind untergegangen.

Angesichts des Bedeutungsverlustes der herkömmlichen Modelle stellt sich natürlich die Frage: Welche Führungs- und Organisationsstruktur passt zum 21. Jahrhundert? Auch wenn Prognosen in Zeiten des Umbruchs schwierig sind, zeichnen sich am Horizont doch einige Trends ab. Sehen wird, uns den Einstellungswandel und zwei weitere Entwicklungen aus der Nähe an.

Der Paradigmenwechsel

Die drei neuen Schlagwörter sind: Ideen, Information, Interaktion. Unternehmen, in denen Kontrolle, Hierarchien und die Einteilung in Zuständigkeitsbereiche dominieren, werden von »3-I-Firmen« überholt. Der Fokus verschiebt sich auf Menschen und Prozesse. Im »Cyber-Zeitalter« hängt das Überleben eines Unternehmens vom Wissen der Angestellten ab. Engpässe entstehen bei den qualifizierten Mitarbeitern, die mit strategischen Innovationen zurechtkommen, weniger beim Kapital. Menschen mit Unternehmergeist sind gefragt, solche mit den Fähigkeiten und den Kenntnissen, ohne die Führung in der globalen Welt nicht mehr möglich ist.

Wir sind Zeitzeugen eines Paradigmenwechsels am Arbeitsplatz. Bisher galten Stabilität, nationale (statt globale) Bedürfnisse, das technisch Mögliche, Hierarchien und die Allgewalt eines oder weniger Entscheidungsträger als Leitbild. Künftig stellt man sich eher auf Veränderungen ein, ob sie sich nun kontinuierlich oder plötzlich vollziehen, auf weltweites Agieren, auf Kundenwünsche. Statt starrer Rangordnungen sind Netzwerke Gleichgesinnter gefragt, statt autoritärer sind nun autoritative Führer angesagt, mit anderen Worten: Respekt und Anerkennung ersetzen auf hierarchischer Stellung beruhende Machtbefugnisse.

Der Paradigmenwechsel verlangt völlig neue Organisationsformen. Es gibt bereits verschiedene Prototypen: das »virtuelle« Unternehmen (das sich aus lose verbundenen Teilen zusammensetzt), das Konzept der »chemischen Ursuppe« (in der sich ständig neue Kombinationen ergeben) und die »Amöben«-Organisation (die sich immer wieder teilt). Virgin, Southwest Airlines, Gore Associates, Oticon, Patagonia und Goldman Sachs entsprechen den neuen Mustern. Hierarchien spielen in diesen Unternehmen eine untergeordnete Rolle, sie sind flach und organisch, nicht ausdifferenziert und festgefügt. Da die Organisationsform Wettbewerbsvorteile bringen kann, probieren viele Unternehmen innovative Konzepte aus. Getreu dem Motto »schnell oder tot« sind sie äußerst beweglich und handlungsorientiert – schließlich geben Geschwindigkeit und Entscheidungsstärke den Ausschlag.

Vom psychologischen Vertrag zum Paradox der Beschäftigbarkeit

Mit dem neuen Paradigma verändert sich oft der so genannte »psychologische Vertrag« - die unausgesprochenen, impliziten Verpflichtungen sowohl von Arbeitnehmer- wie von Arbeitgeberseite. Nach der bisherigen Auffassung wurde die Loyalität zum Arbeitgeber mit einem sicheren Arbeitsplatz bis zur Pensionierung und danach mit einer guten Rente vergolten. Angesichts der wachsenden Brüche im Umfeld wurde es für die Organisationen zusehends schwieriger, diese Verpflichtungen zu erfüllen. Der Vertrag wurde so häufig gebrochen, dass sich keine Seite noch darauf beruft; er wird derzeit neu ausgehandelt und den neuen Verhältnissen angepasst.

Die paternalistische Abhängigkeit, die dem alten psychologischen Vertrag zugrunde liegt, ist nicht mehr lebensfähig. Das neue Modell steht irgendwo zwischen wechselseitiger Abhängigkeit (aus der Perspektive ins Trudeln geratener Unternehmen) und Individualismus (so die Sicht betrogener Angestellter). Organisationen behandeln ihre Mitarbeiter heutzutage nicht mehr fürsorglich, die Unterstützung in allen denkbaren Lebensbereichen spielt praktisch keine Rolle. »Hire and fire« ist zwar nicht allgegenwärtig, aber doch sehr weit verbreitet. Wer sich nicht einbringt, ist schnell wieder draußen.

Die Treue zum Unternehmen büßt ohne den psychologischen Vertrag ihren Sinn ein. Im Informationszeitalter ist die »Beschäftigbarkeit« für die Unternehmen wichtiger als Loyalität. Sie handeln nach dem Slogan: »Wir bieten unseren Mitarbeitern Chancen, aber was sie daraus machen, ist ihre Sache.« Regelmäßige Beförderungen und eine ordentliche Rente sind dem Unternehmensbürger (»corporate citizen«) nicht länger garantiert und die Beziehungen zwischen Arbeitgeber und Arbeitnehmer im Ergebnis weniger familiär. Das neue Verhältnis ist sozusagen vollinhaltlich ein Verhältnis zwischen Erwachsenen, und es hält die abhängig Beschäftigten dazu an, Fortbildungs- und sonstige Lernangebote des Unternehmens auszuschöpfen. Unerwünschtes Beiprodukt des Loyalitätsverlustes: Arbeitnehmer werden auch ermutigt, ihre Chancen anderswo auszuloten.

Es gibt ein chinesisches Sprichwort, in dem das Paradox der Beschäftigbarkeit deutlich wird: »Gib einem Mann einen Fisch, und er wird für einen Tag satt. Zeig einem Mann das Fischen, und er wird sein Leben lang satt.« Trotz der gelockerten Bindung ermuntern die Unternehmen ihre Mitarbeiter zu bleiben. Der neue psychologische Vertrag sieht insbesondere Fortbildungs- und Schulungsmöglichkeiten vor. Wenn die Arbeitnehmer dieses Angebot zum Erhalt ihrer Beschäftigbarkeit wahrnehmen, sodass sie für jeden Arbeitgeber attraktiv bleiben, nutzen sie de facto ihr Unternehmen für die Arbeitsplatzsicherheit. (Immer vorausgesetzt, dass der Arbeitgeber gut ausgebildete und hoch motivierte Angestellte schätzt.) Umgekehrt gilt eine Organisation, die ihren Angestellten zahlreiche Schulungen und Entwicklungsprogramme bietet, als attraktiver Arbeitgeber: Das so geschaffene anspruchsvolle Klima mit hoch motivierten Kollegen verlässt man nicht gern.

Klingt gut, nicht wahr? Leider ignoriert der neue psychologische Kontrakt, der Arbeitnehmer als gleichwertige Partner behandelt, das menschliche Bedürfnis nach Unterordnung. Ohne Dependenz stellt sich kein Zugehörigkeitsgefühl ein, und ohne Zugehörigkeitsgefühl glauben die Menschen nicht, dass das Unternehmen sie fair behandelt. Fehlt jedes Zeichen von Fürsorglichkeit, wachsen in der Organisation Zynismus und Entfremdung auf allen Ebenen. Mit der gestiegenen Nachfrage nach Spezialisten für Informationstechnologie oder Investment-Banking und dem neuen Reichtum durch Aktienoptionen haben entsprechende Führungskräfte wenig Anlass, bei einem herzlosen Arbeitgeber zu bleiben. Die Unternehmensleitung muss stärker denn je Mittel und Wege finden, um die Mitarbeiter zu halten.

Vom autokratischen Paternalismus zu neuen Formen der Führung

Der Paradigmenwechsel geht von Männern und Frauen aus, die dem überkommenen Bild ihrer Vorgänger in Führungspositionen nicht mehr entsprechen. Der Patron, der selbstherrliche Chef ist nicht mehr ihr Vorbild. Wer heute ein Unternehmen führt, muss vom Entscheiden und vom Durchsetzen ebenso viel verstehen wie vom Wissen und der Wissensvermittlung. Ein gutes Beispiel für diesen Typus des Topmanagers ist der frühere Chairman von General Electric, Jack Welch. Er erkannte, dass das diversifizierte Portfolio seines Versorgungsunternehmens nur mit Technologietransfer und Best Practices zu bewältigen war.

Gute Chefs der neuen Generation sollten außerdem gute Geschichtenerzähler sein. Geschichten motivieren und spornen zu Leistungen noch über die Vision hinaus an. Richard Branson, der von den Briten als bester Geschäftsmann gewählt wurde, hat es auf den Punkt gebracht: »All business is show business.« Und wenn die ganze Wirtschaft ein einziges Theater ist, stehen Vorstandsvorsitzende auf der Bühne im Rampenlicht und wirken (im Alltag ebenso wie mit gelegentlichen symbolischen Handlungen) als Stichwortgeber: Sie müssen die Themen anschneiden, in denen sie die Zukunft des Unternehmens sehen. Jack Welch drückte diesen Zusammenhang recht unverblümt aus: »Eine Organisation ohne Zukunft ist die Organisation, die mit dem Gesicht zum CEO und dem Hintern zum Kunden steht.«

Der Mann oder die Frau an der Spitze ist außerdem für die Architektur der Infrastruktur verantwortlich. Percy Barnevik hat sich auf neue Führungsmodelle für Unternehmen spezialisiert. Als er ASEA Brown Bovery (ABB) mit der seinerzeit größten (und schnellsten) grenzüberschreitenden Fusion bildete, schuf er eine wahrhaft globale Organisation mit 230 000 Mitarbeitern, 1 300 rechtlich selbstständigen Einheiten und 5 000 Profit-Centern in 136 Ländern. Seiner Überzeugung nach kommt es darauf an, auf Kundenwünsche reagieren zu können. Barnevik soll gesagt haben, Kunden zu »entzücken« sei ähnlich anstrengend wie »ein zentnerschweres Gorillaweibchen zu befriedigen: Wenn sie langsam in Fahrt kommt, bist du schon längst fix und fertig.« Nah am Kunden ist seiner Meinung nach, wer kleine Einheiten baut; deswegen bevorzugt er »Unternehmen im Unternehmen« und strebt »glokale« Organisationen an: Global denken, lokal handeln. Und damit seine Leute auch wirklich handeln und nicht nur denken, sagt er: »Besser ungefähr richtig als genau falsch.«

Der Chief Executive Officer (CEO) sollte aber nicht nur Chefstratege, sondern auch Chefmotivator sein. Jorma Ollila glänzt in dieser Rolle. Der Chef von Nokia leitet ein unglaubliches Multimillionen-US-Dollar-»Start-up«, ursprünglich ein diversifizierter Papier- und Gummistiefelhersteller, und versteht sich als einer, der »Menschen verbindet«. Cisco-CEO John Chambers nennt sich auch CCO – Chief Coaching Officer. Er sieht seine wichtigste Aufgabe darin, seine »Schäfchen« beisammenzuhalten: Schließlich sind Cisco-Mitarbeiter auf dem Arbeitsmarkt gefragte Leute. »CCOs« wie Chambers investieren viel Zeit in Schulung und Entwicklung, und sie helfen ihren Angestellten, mit den enormen Belastungen durch die neue globale Wirtschaftsweise fertig zu werden.

Flache Hierarchien und organische Strukturen zwingen heutige Führungskräfte, Prozessen wesentlich mehr Aufmerksamkeit zu schenken und unter anderem persönliche Beziehungen und die Zusammenarbeit zwischen verschiedenen Funktionsbereichen zu fördern. Die Komplexität globaler Unternehmen ist zudem ohne vereinfachte und beschleunigte Entscheidungswege nicht mehr beherrschbar (andernfalls kommt es zu Engpässen, die ihre Ursache fast immer ganz oben – sprich an der Spitze der Organisation – haben).

Eine befriedigende Lösung versprechen einzig und allein innovative Führungsideen. Aber trotzdem sollten wir ein schmutziges kleines Geheimnis nicht vergessen: Trotz Netzwerken und dem Ende der Autokraten benötigen auch flache Hierarchien ein gewisses Maß an Autorität und Disziplin. Ohne klar ausgesprochene Regeln und Verfahren funktioniert keine Organisation. Zudem gehören Hierarchien zur Conditio humana. Das Tier, das in jedem Menschen steckt, verlangt nach einer »Hackordnung«. Wir müssen, wie im ersten Kapitel schon gesagt, nur die Primaten als unsere nächsten Verwandten anschauen, um diese Aussage zu bestätigen.

Wo steht Ihre Organisation?

Schätzen Sie die Einstellung der Angestellten in Ihrem Unternehmen ein. Kreuzen Sie auf der folgenden Skala an, wo Ihrer Meinung nach die Position der Belegschaft liegt.

	1	2	3	4	5
• Die Mitarbeiter schätzen:	Stabilität				ständige Veränderung
• Die Mitarbeiter denken vorrangig in:	nationalen Kategorien				globalen Kategorien
• Die Mitarbeiter orientieren sich an:	technischen Möglichkeiten				Kundenwünschen
• Das Unternehmen ist eher:	hierarchisch geordnet				auf Netzwerke ausgerichtet
• Die Unternehmenskultur beruht auf:	Abhängigkeit				wechselseitiger Abhängigkeit
• Die Unternehmensleitung agiert:	autokratisch				autoritativ

Je höher die vergebenen Werte, desto stärker glauben Sie, dass die Mitarbeiter Ihrer Organisation das neue Paradigma mittragen (und desto höher sind die Überlebenschancen des Unternehmens, falls Ihre Einschätzung zutrifft).

Langfristig erfolgreiche Unternehmen

Weiter oben wurde die Frage angeschnitten, warum Firmen wie DEC in der *Fortune*-Hitliste der erfolgreichsten Unternehmen abstürzten: Das Muschelsyndrom hinderte die Verantwortlichen an den notwendigen Paradigmenwechseln. Schauen wir uns die Sache von der anderen Seite an: Welche Unternehmen konnten sich seit der Einführung der Hitliste in den oberen Rängen halten? 2001 gab es vier Unternehmen, die zehn Mal oder häufiger unter den Top 10 vertreten waren: Merck, Coca-Cola, Procter & Gamble und 3M. Was unterscheidet sie? Wodurch sind sie so erfolgreich?

Die Unternehmen, die über Jahre Spitzenplätze in der *Fortune*-Hitliste belegten, gehören nicht den jüngsten High-Tech-Branchen an. Wir sprechen also nicht von Strohfeuern, nicht von Outperformern, die ihren Erfolg allein vorübergehenden Marktmoden verdanken. Schaut man sich die Gründungsdaten an, wird dieser Umstand überdeutlich: 3M besteht seit 1902, Merck seit 1899, Coca-Cola seit 1886, Procter & Gamble sogar seit 1837. Offenbar gelingt es ihnen, sich immer wieder selbst neu zu erfinden. Sie erkennen Veränderungen und reagieren rechtzeitig, und sie scheitern nicht an Paradigmenwechseln.

Wie sieht ein erfolgreiches, langlebiges Unternehmen aus? Was unterscheidet es von jenen, die auf der Strecke bleiben? Ich kann die Frage natürlich nicht abschließend beantworten, aber bei meinen Untersuchungen bei besonders leistungsfähigen Organisationen sind mir zehn gemeinsame Eigenschaften aufgefallen:

- Diese Unternehmen konzentrieren sich gewöhnlich auf eine Geschäftstätigkeit oder haben ein eng gefasstes Portfolio. In stark diversifizierten Unternehmensgebilden trägt die Zentrale relativ wenig zur Wertsteigerung bei. Die wenigsten Menschen kennen sich in mehreren Branchen gut genug aus, um einen solchen Gemischtwarenladen zum Erfolg führen zu können. *Erfolgreiche Führungspersönlichkeiten beschränken sich.*
- Diese Unternehmen reagieren sehr empfindlich auf das Umfeld, in dem sie agieren, mit anderen Worten, sie sind nach außen orientiert. Ihrer Aufmerksamkeit entgehen selbst geringfügige Verschiebungen der Nachfrage nicht, und sie verfolgen auch die eher abseitigen Techniken genau (trotz kleiner Marktanteile und schmaler Kundenbasis). *Unternehmensführer dürfen den Kontakt zum Kunden nicht verlieren.*
- Trotz der Entfremdung durch das Konstrukt der »Beschäftigbarkeit«, die in vielen Organisationen den früheren psychologischen Vertrag ersetzt, wahren diese Unternehmen den Zusammenhalt mit einer starken Unternehmenskultur, einer allen Mitarbeitern gemeinsamen Vision und einem Denken in Systemen. Dieser Zusammenhalt ergänzt den »Klebstoff«, den Informationssysteme bereithalten. *Ihre Führungskräfte sehen sich als »Hohepriester« der Unternehmenswerte und handeln im Einklang mit der Unternehmenskultur.*
- Diese Unternehmen glauben fest daran, dass ihre Geschicke nicht nur von einigen Auserwählten gelenkt werden dürfen. Als Befürworter einer »breit gestreuten« Führung steht nicht die Chefetage im Mittelpunkt, vielmehr begrüßt man Beiträge aus allen Ebenen. Die Mitarbeiter merken, dass sie etwas verändern können, sie Einfluss haben, ihre Stimme gehört wird und ihre Meinung zählt. Sie wissen, was im Unternehmen vorgeht. *Führung findet nicht hinter verschlossenen Türen statt*, deswegen müssen Informationen breit gestreut sein und Geheimhaltung auf ein Minimum reduziert werden. *Führungskräfte müssen sich an ihre Rolle als Coach und Mentor erinnern. Ihre Aufgabe ist es, die Führungsqualitäten der Mitarbeiter zu fördern.*
- Charakteristisch für diese Unternehmen sind immer neue Produktideen. Innovation ist ihr Lebenselixier. Sie sind erpicht auf Neuheiten, frei nach dem Motto: »Lieber um Verzeihung bitten als um Erlaubnis fragen.« *Unternehmensführer dürfen niemals vergessen, dass ein Unternehmen ohne Innovation stirbt und dass sie wie ein Katalysator Neuentwicklungen und Unternehmertum beschleunigen müssen.*
- Diese Unternehmen halten ihre Belegschaft bei Laune. Die Mitarbeiter üben ihre Tätigkeit gern aus, und ihre Freude ist ansteckend: Glückliche Angestellte sorgen für glückliche Kunden. Schlecht gelaunte Mitarbeiter vermögen die Kunden schwerlich zu begeistern. *Die Führenden spielen eine Schlüsselrolle, wenn es um ein gutes Betriebsklima geht.*
- Diese Unternehmen wissen um die Bedeutung von hoch zufriedenen Kunden. Blieben die Kunden weg, stünde das Unternehmen vor dem Aus, und deswegen hören

sie einzig und allein auf das Orakel ihrer Kunden. Alle Vorgänge im Unternehmen sind daher darauf ausgerichtet, Kunden zu begeistern. *Die Führenden müssen bei der Erfüllung von Kundenwünschen mit gutem Beispiel vorangehen.*

- Diese Unternehmen kultivieren das Lernen. Ohne Fehler keine Entscheidungen, das eine ist mit dem anderen untrennbar verbunden, und deswegen sind Fehler in diesen Unternehmen akzeptiert. Menschen lernen aus Fehlern und wachsen an ihnen, und abgesehen davon gibt es nicht einen allein richtigen Weg. Vielfalt in Denken und Handeln ist in diesen Unternehmen daher erwünscht. Zur Erfolgskontrolle werden quantifizierbare Maßstäbe gesucht, externe und interne Benchmarks. So fallen Leistungslöcher beziehungsweise Differenzen zwischen Soll und Ist auf. *Die Führenden verantworten die Weitergabe von Wissen im Unternehmen und sollten entsprechend handeln.*
- Diese Unternehmen denken in Systemen. Sie wissen um die Verflechtung der einzelnen Abteilungen und streben vorrangig nach Synergien. *Die Führungskräfte sind Brückenköpfe zwischen den einzelnen Bereichen einer Organisation und sollten dafür sorgen, dass die Abteilungen voneinander lernen können.*
- Diese Unternehmen neigen zu konservativem Finanzgebaren und meiden unnötige Risiken. In der Verantwortung für die Verteilung der Ressourcen sollten Führungskräfte die wichtigsten Finanzindikatoren nicht aus den Augen verlieren.

Hat Ihr Unternehmen den Paradigmenwechsel vollzogen?

Überlegen Sie zu jedem der aufgeführten Punkte, ob Ihr Unternehmen im heutigen Marktumfeld richtig liegt und ob es den Erfolgskurs auch in dem noch stärker globalisierten Markt von morgen halten wird. Sie können ein Kreuz unter *Heute* und/ oder unter *Morgen* setzen, je nachdem.

Ich glaube, unsere Organisation hat	Heute	Morgen
• die »richtige« Vision:		
• die »richtige« Strategie:		
• die »richtigen« Kernkompetenzen:		
• die »richtigen« Fähigkeiten, Einstellungen und Verhaltensweisen, um ihre strategischen Absichten auszuführen:		
• das »richtige« Führungsteam:		
• den »richtigen« Ansatz, Innovation zu fördern:		
• die »richtige« Kostenstruktur:		
• die »richtige« Art, die Kunden zu beachten:		

Wenn in der Spalte *Morgen* gähnende Leere herrscht, sollten die Grundlagen der Organisation überdacht werden. Ein Paradigmenwechsel könnte fällig sein. Vergleichen Sie die Ergebnisse mit der Einschätzung von Kollegen. Diskutieren Sie über ähnliche und abweichende Auffassungen.

Die zehn gemeinsamen Eigenschaften aller erfolgreichen Unternehmen schützen nicht vor Fehlschlägen. Bill Gates hat einmal gesagt: »Wir stehen immer zwei Jahre vor dem Bankrott.« Der Microsoft-Gründer weiß genau, dass der Erfolg von heute das Scheitern von morgen bedeuten kann. Vielleicht ist ihm diese Gefahr angesichts der juristischen Schritte gegen den Softwareriesen bewusster als anderen. Erfolg hat, das zeigen uns die im *Fortune*-Rating tief gefallenen Unternehmen, oft beängstigende Folgen. Das gilt insbesondere dann, wenn Erfolg Arroganz oder Lethargie hervorruft. »An der Spitze ist immer Platz, weil die meisten, die oben ankommen, einschlafen und herunterfallen.«

Welche Zeichen weisen auf die Gefahr hin, dass der Erfolg sauer wird? Die gewitzte Führungskraft überwindet den »Gesottener-Frosch-Faktor«. Was soll das schon wieder sein, werden Sie fragen. Stellen Sie sich vor, Sie wären ein Frosch. (Nicht einfach, aber versuchen Sie es!) Und jetzt stellen Sie sich vor, da stünde ein großer Topf auf dem Herd, voll mit kochendem Wasser. Es dampft und zischt, der Koch wirft Sie hinein. Was tun Sie? Heraushüpfen, wenn irgend möglich. Sie werden sich nicht mit philosophischen Betrachtungen zum Sinn des Lebens aufhalten. Für existenzialistische Erwägungen bleibt jetzt keine Zeit.

Nun – Sie stecken immer noch in der Haut unserer Beispielamphibie – stellen Sie sich vor, jemand stellt einen Topf mit kaltem Wasser auf den Herd und dreht die Flamme auf allerkleinste Stufe. Weil sich das Wasser ganz, ganz langsam erwärmt, merken Sie nicht einmal, dass es sich peu à peu seinem Siedepunkt nähert. Wenn die Neuigkeit zu Ihnen durchdringt, ist es zu spät: Sie können nicht mehr hüpfen.

Und genau das widerfährt Menschen wie Unternehmen gar nicht so selten. Wenn sie nicht mit Argusaugen jede notwendige Veränderung registrieren, werden sie lebendig gesotten. Viele der großen Unternehmen von heute werden morgen nicht mehr existieren, weggefegt vom Wechsel der Umstände. Der »Gesottener-Frosch-Faktor« symbolisiert den schleichenden Wandel, der die Unternehmensleitung die frühen Warnzeichen für den Niedergang viel zu spät erkennen lässt.

Werden Sie ein Opfer des »Gesottener-Frosch-Faktors«?

Leidet Ihre Organisation an einem der folgenden Symptome? Antworten Sie mit *Ja* oder *Nein*.

- Das Unternehmen leidet unter einer Kontrollmentalität, Regeln und Anweisungen dominieren alles.
- Das Unternehmen pflegt eine Kultur des Misstrauens.
- Das Unternehmen leidet unter einem Tunnelblick, alle naselang sind Feuerwehreinsätze nötig.
- Das Unternehmen wird von Grabenkämpfen zerrissen.
- Das Unternehmen handelt gemäß der Devise: »Bloß keine Wellen schlagen.«

- Das Unternehmen ist arrogant, die »Das-wissen-wir-doch«-Einstellung herrscht vor.
- Das Unternehmen wehrt sich gegen Best Practices aus anderen Unternehmen.
- Das Unternehmen glaubt nicht an Personalentwicklung.
- Die Unternehmensleitung gibt sich unnahbar.

Wenn Sie fast alle Aussagen mit *Ja* beantwortet haben, sind das Unternehmen und seine Leitung in ernsten Schwierigkeiten. Wenn sich die Lage nicht entspannt, wird es kaum zu den Überlebenden zählen.

Womit wir wieder bei den Menschen sind: Die Art, wie Führungskräfte in einer Organisation handeln, bestimmt über Erfolg oder Misserfolg dieser Organisation. Im nächsten Kapitel sehen wir uns das Wesen der Führung genauer an.

4

Der Fehlerfaktor

Gerate lieber unter die Geier als unter die Schmeichler;
denn jene verschlingen nur Tote, diese jedoch die Lebenden.
Antisthenes

Hüte dich vor dem, was du dir wünschst - denn du wirst es bekommen.
Ralph Waldo Emerson

Er war ein Selfmademan, der seinen Misserfolg niemandem schuldete.
Joseph Heller

Im vorigen Kapitel haben wir die Allgegenwärtigkeit von Veränderungen in der Arbeitswelt besprochen sowie das neue Paradigma, mit dem Organisationen auf diese Veränderungen reagieren müssen. Die Dimensionen der Anforderungen wurden dabei deutlich und zugleich die Grundlagen für unsere Erörterungen gelegt. Jetzt wenden wir uns wieder dem Thema Führen zu. Was umfasst Führung? Woraus besteht sie? Worauf beruht sie? Was wird von Führern erwartet? Vielleicht sollte ich die Frage einfacher und persönlicher stellen: Was tun *Sie,* wenn Sie morgens in Ihr Büro kommen? Was ist Ihnen wichtig? Welche der schwer fassbaren Führungsqualitäten manifestieren sich in Ihrem Berufsalltag?

Wie sieht Ihr Arbeitstag aus?

- Beschreiben Sie einen typischen Arbeitstag (falls so etwas für Sie existiert).
- Für welche Tätigkeiten wenden Sie die meiste Zeit auf?
- Wenn Sie diese Tätigkeiten systematisieren müssten (Arbeitgeber-Arbeitnehmer-Beziehungen, Kundendienst, Marktforschung oder Coaching), in welche Kategorien würden Sie sie einteilen?

Führungskräfte: Mythos und Wirklichkeit

Viele Führungskräfte haben Mühe, die schlichte Frage nach ihrem Arbeitsalltag zu beantworten. Es fällt ihnen schwer, ihre beruflichen Aufgaben zu beschreiben, und sie finden kaum wiederkehrende Muster. Eigentlich wissen sie gar nicht, was es heißt, Vorstand oder Geschäftsführer zu sein. In groben Zügen können sie natürlich ihre Arbeit schildern, vielleicht mit kleinen Anleihen bei Henri Fayol (einem der Gründungsväter der Managementtheorie): Führungskräfte *planen, koordinieren, kontrollieren und organisieren*. Aber was steckt in Wirklichkeit hinter dieser weit gefassten Beschreibung?

Es gibt einen Witz, der nicht eben für ein übertrieben großes Vertrauen in die Person an der Unternehmensspitze plädiert: Eine Frau will einen Papagei kaufen. Sie geht in eine Zoohandlung, sieht ein besonders elegantes Exemplar und fragt den Besitzer: »Wie viel kostet der?« »2 000 US-Dollar«, antwortet er. »Das ist viel Geld«, sagt die Frau ausweichend. »Ja«, gibt der Händler zurück, »aber er spricht Deutsch, Französisch, Italienisch und Spanisch und kennt sich bestens mit den Gesetzen zur Europäischen Gemeinschaft aus.« Die Frau schüttelt den Kopf. »Zu teuer«, befindet sie und sieht sich weiter um. »Wie viel kostet der da drüben?«, will sie wissen. »3 000 US-Dollar«, sagt der Eigentümer, »er spricht Japanisch, Chinesisch und Arabisch und ist perfekt für das 21. Jahrhundert gerüstet.« Die Frau entdeckt weiter oben in der Voliere noch einen Vogel. »Und der?«, fragt sie. »5 000 US-Dollar«, sagt der Besitzer stolz. »Mein Gott, ist der teuer. Was macht er Besonderes?«, ruft sie. »Nichts«, gab der Händler zurück. »Aber die anderen Papageien nennen ihn Chairman.«

Die Beschreibung, was die Verantwortlichen an der Unternehmensspitze faktisch *tun,* ist also nicht leicht (auch wenn viele Vermutungen im Umlauf sind). Mein alter Freund und langjähriger Kollege Henry Mintzberg wollte es genau wissen. Natürlich hatte er Henri Fayol gelesen und zweifelte an der Aussagekraft dieser schwammigen Kategorien. Fayol beschrieb, was Führungskräfte tun sollen, Mintzberg wollte wissen, was sie tatsächlich tun. Er steht mit diesem Ansatz in der Tradition von Sune Carlson und Rosemary Steward, die ebenfalls Feldforschung betrieben (statt künstliche Versuche zu arrangieren oder Planspiele auf dem Papier zu veranstalten).

Mein Freund packte also Stoppuhr und Notizheft ein und knöpfte sich die nächstbeste Firma vor, die ihm in den Sinn kam. Mintzberg fuhr nach Cambridge, Massachusetts, stellte den Fuß in die Tür einer Unternehmensberatung und fragte General Gavin, damals President von Arthur D. Little, ob er sich an seine Fersen heften und ihn eine Woche lang beobachten dürfe. General Gavin muss Humor gehabt haben, denn er sagte Ja. Mintzberg dehnte seine Studie auf vier weitere CEOs aus.

Was fand er heraus? Führungskräfte »rennen hin und her«. Ihre Arbeit ist nicht halb so geordnet, wie Henri Fayol es gern gehabt hätte. Nach Mintzberg zerfällt sie in zusammenhanglose, abgehackte, ungefähr siebenminütige Aktivitätsschübe. (Fans von Bewegungszeit-Studien behaupten, Führungskräfte verbrächten pro Woche durchschnittlich 17 Stunden in Sitzungen, sechs Stunden mit der Vorbereitung von Sitzungen und eine unbekannte Zahl von Stunden mit der Regeneration vom Sitzungsstress.)

Mintzberg beließ es nicht bei dem pauschalen »Hin-und-Her-Rennen«. Als großartiger Verhaltensforscher katalogisierte er haarklein, was CEOs und Vorstandsvorsitzende währenddessen erledigen: Sie übernehmen zwischenmenschliche Aufgaben, verarbeiten Informationen und treffen Entscheidungen. Genauer gesagt, sie sind Galionsfiguren, Führer, Kuppler, Kontrolleure, Multiplikatoren, Sprachrohr, Unternehmer, Störfallbeheber, Allokatoren und Unterhändler – je nach Sachlage.

Mintzberg legte seine Erkenntnisse schriftlich nieder, zuerst als Doktorarbeit, später als Buch und schließlich in einem Beitrag zur *Harvard Business Review.* Dieser Artikel wurde von McKinsey als der beste des Jahres ausgezeichnet und in der Folge zu einem zeitlosen Klassiker. Was war an Mintzbergs Entdeckungen so aufregend? Was schätzten Führungskräfte an seinem Zeitschriftenaufsatz so sehr? Sicherlich liegt ein Grund darin, dass sie sich darin wiederfanden und dass auch scheinbar unwichtige Bestandteile ihrer Arbeit sehr wohl ihren Sinn hatten. Da denkt man, man vergeudet seine Zeit mit der Kopiermaschine, aber weit gefehlt, man erfüllt gerade die Rolle des Störfallbehebers. Da denkt man, man schwätzt bloß ein bisschen am Telefon, wieder falsch: Man gibt den Unterhändler. Man denkt, die paar unschuldigen E-Mails, aber ganz kalt: Man betätigt sich als Kuppler!

Mintzberg ist ein besonnener Wissenschaftler und ein ausgesprochen rationaler Mensch. Das spiegelt sich in seinen Schriften. Er widmete sich dem feststellbaren Verhalten und hielt es für das einzig wirkliche. Aber besteht Verhalten tatsächlich ausschließlich aus dem, was sich beobachten lässt? Gibt es nur Gesten, Kommentare, Worte?

Nach vielen Jahren, in denen ich das Verhalten von Führungskräften begleitet habe, glaube ich: Nein. Menschen haben eine Fassade, sie spielen in der Öffentlichkeit eine Rolle, sind eine Person im ursprünglichen Sinn des Wortes (Maske, Rolle in einem Theaterstück). Die Handlungen der Person sind für alle Welt sichtbar, aber drinnen, tief in uns, geschieht unter Umständen etwas ganz anderes. Unser eigentliches Ich (oder die Schattenseite) liegt versteckt, und das öffentliche Ich, für das wir uns entschieden haben, hat in der Regel wenig mit ihm gemein. Ja, das eigentliche Ich ist mitunter so gut versteckt, dass selbst sein Eigentümer es nur oberflächlich kennt.

Deswegen ist es so schwer, die Tätigkeit von Führungskräften zu erfassen. Ihr Verhalten ist nicht unbedingt rational (oder, genauer gesagt, es wird nicht als rational empfunden), sie wissen nicht unbedingt, warum sie tun, was sie tun, und verraten (selbst wenn sie es wissen) den wahren Grund nicht unbedingt, sondern liefern auf Nachfrage lieber eine nachträgliche Rationalisierung. *Viele ihrer Handlungen entstehen nicht aus bewusstem Kalkül oder sind nicht für die Augen der Öffentlichkeit bestimmt.*

Rationales und irrationales Verhalten

Ich will Ihnen mit einem Multiple-Choice-Test zeigen, wie irrational das Verhalten der Chefs sein kann. Als Beispiel nehme ich bekannte und auf den ersten Blick ziemlich unkomplizierte Persönlichkeiten.

Beginnen wir mit Walt Disney. Was aß er normalerweise zum Frühstück?

- Eine Schale Kumyss (vergorene Stutenmilch, ein mongolisches Getränk).
- In Whiskey gestippte Donuts.
- Sushi (roher Fisch ist schließlich gut für den Kreislauf).

Richtig ist Antwort 2, die gestippten Donuts. Haben Sie es gewusst? Natürlich sollte man dem Lieblingsfrühstück keine übertrieben große Bedeutung beimessen, aber es ist doch verräterisch. Der Mann hat schließlich öffentlich verkündet: »Kein Alkohol in meinem Unternehmen!« (und genehmigte sich gleichwohl seine tägliche Dosis Donuts mit Whiskey). Der Zeichentrick-Pionier verlangte auch: »Kein Gesichtshaar in meinem Unternehmen!«, trug aber einen Schnurrbart. Und er war FBI-Sonderagent. Disney hatte eindeutig seine wunderlichen Seiten und entsprach nicht hundertprozentig dem Rationalitäts-Paradigma. Trotzdem lässt sich nicht leugnen, dass er kreativ, beharrlich und visionär war. Sein Bruder Roy sagte: »Mach bloß keinen kurzen Ton-Zeichentrickfilm«, und Walt produzierte *Steamboat Willy.* Sein Bruder Roy sagte: »Mach bloß keinen abendfüllenden Zeichentrick-Spielfilm«, und Walt produzierte *Schneewittchen.* Sein Bruder Roy sagte: »Lass um Himmels willen die Finger von Themenparks«, und Walt plante Disneyland.

Und was ist mit dem verstorbenen Medienmogul Robert Maxwell, den einige britische Bankiers scherzhaft den »dicken Tschechen« nannten? Er wählte vor den Canary Islands den Freitod, sprang von seiner Jacht. Es war ruchbar geworden, dass er sich bei dem Pensionsfonds eines seiner Unternehmen selbst bedient hatte. Welche der folgenden Aussagen spiegelt Ihrer Meinung nach Maxwells Vorstellung von Mitarbeiterbeteiligung wider?

- Die Telefonanlage im Büro abhören zu lassen.
- Die Angestellten über die Finanzperformance seines Imperiums regelmäßig zu informieren.
- Verabredungen pünktlich einzuhalten.

Haben Sie es geraten? Antwort 1 ist richtig. An Antwort 2 war nicht zu denken: Maxwell informierte seine Mitarbeiter ganz bestimmt nicht über die Unternehmensperformance, er glaubte vielmehr an die Pilzzucht – hübsch im Dunkeln lassen und mit »Dung«

bewerfen. Pünktlichkeit zählte auch nicht zu seinen Tugenden. Er kam prinzipiell zu spät und legte zudem mehrere Verabredungen auf einen Termin, sodass ständig mehrere Menschen auf ihn warteten.

Letzte Frage, diesmal zu einem Lebenden. Ich denke an einen Mann, der zahlreichen Luxusartikeln seinen Stempel aufgedrückt hat und fast 200 000 Menschen beschäftigt. Er heißt Pierre Cardin. Wie, glauben Sie, entspannt sich Cardin am liebsten, wenn er Stress hat?

- Er geht ins Maxim, einem Restaurant in seinem Besitz, und betrinkt sich.
- Er lässt eine Prostituierte zu sich kommen.
- Er stellt in seinem Wohnhaus das Mobiliar um und putzt den Keller.

Angesichts der beiden vorigen Fragen überrascht es Sie wohl kaum noch: Richtig ist Antwort 3. Daraus lässt sich explizit nichts über die Art ableiten, wie er sein Unternehmen führt. Aber es sagt etwas über seine Persönlichkeit.

Das simple Quiz soll veranschaulichen, wie wenig rational Führungskräfte agieren. Sie haben ihre Verrücktheiten, und Disney, Maxwell und Cardin sind nur Beispiele. Wenn wir uns nur Fayols Kategorien anschauen - Planen, Organisieren, Koordinieren und Kontrollieren - werden wir enttäuscht. Auch wenn wir Mintzbergs ausführlichere Taxonomie hinzuziehen, fehlt die irrationale, dunkle Seite des Führungsverhaltens - die Schattenseite mit ihren negativen Auswirkungen auf die Mitarbeiter, im Extremfall auch auf die Organisation.

Wo liegt der Ursprung dieser Schattenseite? Warum verwandeln sich vollkommen normal wirkende Führungskräfte in Problemfälle, die ihre Umgebung ins Chaos stürzen? Im weiteren Verlauf dieses Kapitels soll darauf eine Antwort versucht werden. Halten wir zunächst fest, dass die Irrationalität im Führungsverhalten überwiegt. 70 Prozent aller Führungskräfte gaben in meinen Umfragen fehlgeschlagene Führungsversuche als wichtigste Stressquelle an, und ebenso häufig wurde dies als Grund für das Verlassen eines Unternehmens genannt. Mehrere Forscher, die sich mit dem Phänomen Führung beschäftigt haben, schätzen die Quote von Fehlschlägen in diesem Bereich auf 50 Prozent, eine Schätzung, die sich mit meinen Beobachtungen deckt. Summa summarum kann man also von einer beachtlichen Ineffizienz ausgehen.

Welchen Führungsstil pflegen Sie?

Antworten Sie mit *Ja* oder *Nein* auf folgende Fragen, je nachdem was Ihren Verhältnissen am nächsten kommt.

- Gehen Sie Konflikten gern aus dem Weg?
- Werden Sie gelegentlich ausfällig?
- Kommen Sie oft vom Hundertsten ins Tausendste?

- Rasen Sie von einem Feuerwehreinsatz zum anderen?
- Ist es schwierig, Sie zu sprechen? Machen Sie sich gern rar?
- Finden Sie, dass Sie sich zu viel mit internen politischen Fragen auseinander setzen müssen?
- Haben Sie immer noch keinen Nachfolger?

Wenn Sie überwiegend *Ja* geantwortet haben, reißen Sie Ihr Unternehmen womöglich in den Ruin. Wenn dem so sein sollte (und die Einschätzung von Personen, die Sie gut kennen, bestätigt wird), sollten Sie Ihren Führungsstil überprüfen und ändern.

Führungsschwäche und ihre Ursachen

Man ist schnell verleitet, die Verantwortung für den Fehlerfaktor bei Führungskräften externen Kräften zuzuschreiben, frei nach Euripides - wen die Götter vernichten wollen, den treiben sie zunächst in den Wahnsinn! Wir sollten aber erst einmal vor der eigenen Haustür fegen, auf der Schattenseite unseres Selbst. Sehen wir uns die häufigeren unter den Gründen für das Scheitern von Führungskräften an.

Konfliktscheu

Gemeinhin stellt man sich Führungskräfte als beherzt und unerschrocken vor. Trotzdem scheuen sie häufig vor Konflikten zurück. Viele haben das geradezu verzweifelte Bedürfnis, anerkannt und geliebt zu werden. Dieses »Schmuse«-Bedürfnis gehört zu den wichtigsten Elementen ihres ZBKT, es bildet das Echo auf jede einzelne Zeile in ihrem inneren Drama. Aus Angst vor Anerkennungsverlust schrecken sie vor schwierigen Entscheidungen zurück oder üben ihre Autorität nicht aus. Sie halten die Fassade aufrecht, ignorieren aber die Tatsache - und es ist eine Tatsache -, dass Grenzen setzen manchmal wichtiger ist als Nettigkeit. Konfliktvermeidung ist ein weder erfolgreicher noch letzten Endes beliebter Führungsstil: Wer ihm huldigt, füttert gleichsam die Krokodile in der Hoffnung, dass sie ihn zuletzt fressen. Nettigkeit ist völlig in Ordnung, aber früher oder später kommt der Punkt, an dem eine Führungskraft sagen muss: »Wir machen das jetzt so und nicht anders«. Ich habe kein Patentrezept für Erfolg, aber ich weiß, wie man garantiert scheitert: Indem man versucht, es jedem recht zu machen.

Anschauliches Beispiel für diesen Fehler ist der letzte Präsident der USA, Bill Clinton. Ich habe verschiedentlich behauptet, dass die beste Informationsquelle zu einer männlichen Führungsfigur seine Mutter ist. Mit ein bisschen Glück gibt sie uns den Schlüssel zur Persönlichkeit ihres Sohnes an die Hand. Bei Clinton haben wir dieses Glück. In ihrer Autobiografie schreibt die inzwischen verstorbene Präsidentenmutter: Wenn ihr Sohn in einem Raum mit 100 Personen wäre, von denen 99 ihn mögen und einer ihn ablehnt, würde er seine ganze Zeit und Energie einsetzen, um diesen letzten Zweifler auf seine Seite zu ziehen. Clinton kannte seine Schwäche allerdings und überließ unangenehme Entscheidungen während seiner Präsidentschaft dem Personalchef.

Richard Branson ist ähnlich veranlagt. Er sieht sich als Ombudsmann seiner Organisation. Er will, dass ihn die Angestellten mögen. Wie Clinton weiß er um seine Schwäche und schanzt den unangenehmen Teil seiner Arbeit anderen Entscheidungsträgern zu. Mehrfach stellte er Mitarbeiter, die diese auf die Straße gesetzt hatten, wieder ein.

Schreckensherrschaft

Von Inkompetenz zeugt auch, wenn sich der Vorgesetzte wie ein Tyrann gebärdet – die Dschingis Khans der Arbeitswelt, die (mitunter sadistischen) Haudegen auf dem Chefsessel, die ihre höheren Managementweihen offensichtlich bei Josif Stalin erworben haben. Menschen, die »den Geruch von Napalm in der Morgenluft« lieben. Robert Maxwell ist mit seiner Neigung zu Wutausbüchen ein Meister dieser Klasse. Die frühere Premierministerin Margaret Thatcher weist tyrannische Charakterzüge auf. Von ihr sind Sätze überliefert wie: »Meinetwegen können die Minister reden, was sie wollen, Hauptsache, sie tanzen nach meiner Pfeife«, oder: »Ich bin extrem geduldig, wenn es letzten Endes nach meinen Vorstellungen läuft«. Die »eiserne Lady« hatte die Aura eines Bulldozers.

Ein jüngeres Beispiel für den destruktiven Führungstypus liefert Al Dunlop alias »Kettensägen-Al«, Ex-CEO von Scott Paper, später von Sunbeam. Er verfocht das Prinzip des Shareholder-Value bis über die Grenze zum Absurden hinaus und huldigte der Kurzfrist-Perspektive. Was mit dem Unternehmen aufgrund seiner Interventionen auf lange Sicht geschah, war ihm schlicht gleichgültig. Von den acht Unternehmen, die mit ihm das Vergnügen hatten, sind sechs untergegangen. Bei Scott Paper entließ er gleich zu Anfang 70 Prozent der Topmanager und 30 Prozent der Arbeiter in einem Aufwasch. Er sagte: »Wer in diesem Metier Freunde haben will, ist fehl am Platz … Wenn man einen Freund sucht, sollte man sich einen Hund anschaffen. Ich gehe auf Nummer sicher: Ich habe zwei Hunde!« Sein Führungsstil schlug zuletzt auf ihn zurück, die übrigen Mitglieder des Boards setzten ihn an die Luft, nachdem er mit einigen »kreativen« Buchführungstricks die Zahlen geschönt hatte.

Das Schikanieren von Untergebenen führt manchmal zu einer Reaktion, die Anna Freud »Identifikation mit dem Aggressor« genannt hat. Durch unbewusste Nachahmung des »Angreifers« (hier der tyrannische Chef) kopieren Untergebene die Haltung des Leitenden und verwandeln sich von hilflosen Opfern in mächtige Täter: Scheinbar selbst nicht länger bedroht, bedrohen sie andere. Es ist ein Verteidigungsmechanismus, eine Methode, mit der Angst fertig zu werden. Wer dem Tyrann unmittelbar untersteht, will sich eine Scheibe von dessen Macht abschneiden, erreicht aber nur, dass die Aggressivität im Unternehmen insgesamt wächst.

Mikromanagement

Häufige Ursache verfehlter Führungsanstrengungen ist auch das Mikromanagement. Manche Führungskräfte geben nichts aus der Hand. Noch die nebensächlichste Kleinigkeit wollen sie kontrollieren, niemand kann es ihnen recht machen: Sie können nicht delegieren. Zu meinen Klienten gehörte ein Unternehmer, der seinen Betrieb mit viel Erfolg aufgebaut hatte, seinen Mitarbeitern allerdings regelrecht nachspionierte. Er öffnete zum Beispiel eigenhändig die ganze Post und bestand darauf, dass sämtliche E-Mails an ihn weitergeleitet wurden. Solange sich das Unternehmen in der Aufbauphase befand, war der Arbeitsanfall noch zu bewältigen, aber mit einem Umsatzvolumen von 20 Millionen US-Dollar hemmte das mangelnde Vertrauen des Unternehmers in die Fähigkeiten seiner Mitarbeiter die Entwicklung der Organisation.

Dasselbe Dilemma aus anderer Perspektive zeigt eine Karikatur, in der ein Unternehmensleiter nach Hause kommt und seiner Frau sagt: »Ich hab's getan: Ich habe alle 324 gefeuert und werde in Zukunft den Betrieb alleine führen.« Der Mikromanager animiert seine Mitarbeiter nicht zu Höchstleistungen, er ruiniert vielmehr ihre Arbeitsmoral und zerstört die Organisation.

Hansdampf in allen Gassen

Führungskräfte, die scheinbar unerschöpfliche Energiebündel sind, treiben sich und ihre Mitarbeiter zum Äußersten. Aber in ihrer Hyperaktivität verkennen sie mitunter die Folgen ihres Tuns (selbst wenn diese verheerend sind). Es ist der gewaltige Unterschied zwischen schwer schuften und intelligent arbeiten. Wieder kommt mir eine Karikatur in den Sinn. Zwei Manager reden über einen Kollegen. Sagt der eine zum anderen: »Ja, er hat ein Tor geschossen, nur leider ein Eigentor!«

Die Folgen manischen Betragens zeigen sich exemplarisch in der Geschichte von Xerox. 1976 war der Hersteller mit ungefähr 88 Prozent aller verkauften Kopiergeräte Marktführer, sechs Jahre später lag der Anteil bei 15 Prozent. Die Xerox-Verantwortlichen machten frisch-fröhlich weiter. Während das Unternehmen die häufigen Störungen an seinen Maschinen immer besser und schneller reparierte und mehr Kopierpapier absetzte, verschwendete es an technische Neuerungen keinen Gedanken. Niemandem fiel auf, dass die Kunden von den wartungsintensiven Geräten nicht ganz so begeistert waren wie das Management. Im Gegenteil, die Nutzer bevorzugten störungsfreie Maschinen! Ein japanischer Konkurrent erkannte die Schwäche von Xerox und setzte zur Aufholjagd an. Innerhalb von kürzester Zeit beherrschte Canon den Markt.

Manisches Verhalten kappt den Kontakt zum eigentlichen Auftrag des Unternehmens. Manische Führer sind so sehr auf die Binnensicht konzentriert, dass sie die Basis des Geschäfts vergessen: die Kunden. Führungskräfte sollten nicht in den Spiegel, sondern aus dem Fenster schauen! Nur die unverstellte Sicht nach draußen sorgt für die nötige Nähe zum Kunden.

Unnahbarkeit

Unnahbarkeit ist ein durchaus verbreitetes Führungsproblem. Die Brust so mancher Vorstandsmitgliedes ist von der eigenen Bedeutung so geschwellt, dass er für andere keine Zeit hat. Solchen Topmanagern fiele niemals ein, durch ihr Beispiel auf die Mitarbeiter zu wirken oder mit der Produktion oder dem Markt Tuchfühlung zu halten. In luftiger, unerreichbarer Höhe verschanzen sie sich hinter einer kleinen Armee von Sekretären und Assistenten und betreiben eine Politik der geschlossenen Tür. Bei einem der von mir betreuten Unternehmen hieß es: »Unser Boss ist wie der Yeti, er wird gelegentlich in schwindelerregender Höhe gesichtet.« Wünschen diese Führungskräfte nur mit höchst bedeutenden Persönlichkeiten Kontakt zu haben oder fürchten sie, dass das Fußvolk aus der Nähe ihre Mittelmäßigkeit entdecken könnte?

Die Spielernaturen

Jede Organisation hat ihre Machiavellisten – »Falschspieler«, die mit Meisterschaft die Klaviatur der Macht spielen. Wie manische und unnahbare Führer kennen Spielernaturen nur ein Thema: sich selbst. Reden andere, schwindet ihre Aufmerksamkeit (es sei denn, man redet über sie). Ihre persönlichen Ziele spülen die Ziele der Organisation fort.

Spieler haben ihre eigene goldene Regel: Kein Triumph dem Mitarbeiter! Sie schlachten Untergebene lieber für eigene Erfolge aus, stehlen ihnen die Aufmerksamkeit, unterstützen sie auf keinen Fall in ihrer Entwicklung, drängen sich – koste es, was es wolle – ins Rampenlicht und trachten nach der Aufmerksamkeit der Höhergestellten. Eine Nachfolgeregelung ist ihnen unmöglich, denn sie neiden jedem seinen Platz. Ihr Personalverschleiß ist, wen würde es wundern, enorm. Sie täten gut daran, Ann Landers

Ratschlag zu beherzigen: »Nimm die Bewunderung deines Hundes nicht für den unschlagbaren Beweis deiner Großartigkeit.«

All diese Verhaltensmuster fördern zwei typische Begleiterscheinungen von Managementfehlern: Misstrauen und Unbehagen. Die Nagelprobe für effiziente Führung ist das Vertrauen, das die Belegschaft der Unternehmensleitung entgegenbringt. Tendiert das Vertrauen gegen Null, wird es ungemütlich. Die genaue Ausformung ist von Firma zu Firma verschieden, aber der Zusammenhang ist eindeutig und das eine oder andere Symptom universal: Das kreative Denken wird unterdrückt, jeder ist sich selbst der Nächste und die Papierflut steigt (weil alles und jedes dokumentiert werden muss). Misstrauen und Unbehagen zerstören ein Unternehmen; je weiter oben in der Hierarchie ihr Schlupfloch angesiedelt, desto dramatischer werden die Folgen ausfallen.

Was ist in diese Menschen gefahren, die dem Misstrauen die Tür aufhalten? Wie kommt es, dass sich nette Männer und Frauen in Monster verwandeln? Einen Teil der Antwort kennen wir durch die bisherigen Erörterungen schon, den Rest liefert uns die Übertragungsfalle.

Die Übertragungsfalle

Managementseminare mit »neuen« Führungskonzepten gibt es wie Sand am Meer, und doch bieten sie in der Regel unter schicken neuen Namen nur aufgewärmte, altbekannte Rezepte an. Wenn wir uns erst gar nicht mit den modischen Trends aufhalten, können wir in den altbewährten Theorien schneller nützliche Ratgeber gewinnen. Die Philosophen Sokrates, Plato und Aristoteles beispielsweise haben viele interessante Dinge über Organisationen und deren Leitung gesagt, und sie erklären ganz gut, warum Herrscher ihre selbst gesetzten Ziele verfehlen.

Wie die Übertragungsfalle zuschnappt

Das erklärungskräftigste Konzept für das geheimnisvolle Scheitern von Führungskräften ist wahrlich steinalt. Es prägt zwischenmenschliche Beziehungen seit der Entstehung unserer Spezies, obwohl es explizit erst am Anfang des 20. Jahrhunderts formuliert und begrifflich gefasst wurde. Der Fachbegriff lautet *Übertragung.* Nach Freud und Jung ist die Übertragung das A und O der Arbeit mit Patienten. Die meisten Psychotherapeuten dürften diesen Begriff für den wichtigsten ihrer Disziplin halten. Nicht weniger bedeutsam ist das Konzept in der »wirklichen Welt«. Jeder Versuch, zwischenmenschliche Begegnungen jenseits des rein intuitiven Einfühlens zu verstehen, scheitert ohne ein Verständnis der Übertragung.

Übertragung heißt, dass keine unserer Beziehungen eine *neue* Beziehung ist; jede Beziehung ist gefärbt von früheren Beziehungen. Und die Beziehungen mit der stärksten Langzeitwirkung, die fast unser ganzes Leben bestimmen, sind die in unseren ersten Lebensmonaten. Deswegen behandeln wir Menschen in der Gegenwart wie Menschen aus der Vergangenheit. Wir verhalten uns beispielsweise wie Kinder gegenüber ihren Eltern und vergessen, dass wir inzwischen erwachsen sind.

Ohne uns dessen auch nur bewusst zu sein, vermischen wir Personen, Zeit und Raum. Wieder und wieder durchleben wir die frühesten Beziehungen, und dabei entstehen stereotype Muster. Unser heutiges Verhalten wurzelt in den privilegierten Bindungen an unsere Eltern oder jene Menschen, die uns an Eltern statt aufgezogen haben. Das Leben kennt nur wenige Universalien, aber die Übertragung ist ein allgegenwärtiges Element der Conditio humana: Auf diese Weise verarbeiten wir Informationen und organisieren unsere Erfahrung.

Vielleicht wäre ein Beispiel hilfreich. Wenn man einen ziemlich herrischen Vater und als Heranwachsender massive Konflikte mit ihm hatte und dann als Erwachsener jemanden trifft, der dem Vater ähnelt, dann stehen die Chancen gut, dass man in die Haltung des rebellierenden Teenagers zurückfällt. Ohne die Ursache zu verstehen (Übertragungsreaktionen finden auf unbewusster Ebene statt), klettert man in den Ring und kann sich das eigene Verhalten später selbst nicht mehr erklären. »Ich weiß nicht, welcher Teufel mich da geritten hat«, sagt man dann, »ich habe den neuen Vertreter völlig grundlos angegriffen!« Auch unsere Mitmenschen können unverständlich reagieren. Wenn der Chef seinen Assistenten freundlich und aufmunternd um eine kleine Korrektur in einem Dokument bittet und dieser in Tränen ausbricht, ist mit hoher Wahrscheinlichkeit eine Übertragungsreaktion am Werk.

Warum haben die frühen Beziehungen so nachhaltige Macht über uns? Sehen wir uns deren Dynamik an. Begeben Sie sich auf eine Zeitreise und stellen Sie sich vor, Sie säßen auf dem Dreirädchen und ratterten damit fröhlich über den Weg hinter Ihrem Elternhaus. Plötzlich sehen Sie sich mit einem Hund konfrontiert – einem riesigen Bullterrier. Wie reagieren? Der Hund ist schneller, Flucht verspricht also wenig Erfolg. Vielleicht halten Sie unter Aufbietung Ihres gesamten Muts die Stellung und denken: »Ich sag's Papa (oder Mama, meinem großen Bruder oder meiner großen Schwester), der wird mich beschützen.« Eine normale Reaktion angesichts Ihrer Hilflosigkeit: Sie borgen sich Macht von denen, die Ihnen mächtig erscheinen, und das sind zunächst einmal die Eltern.

Solche Reaktionen sind die erste Form der Identifizierung, Idealisierung und Internalisierung der wichtigen Bezugspersonen. Dieser Prozess gehört unabdingbar zur narzisstischen Entwicklung, also zur Entwicklung von Ich und Selbstwert. Kleine Kinder ahmen ihre Eltern nach, die Eltern erkennen sich in ihren Kindern wieder, hören ihre eigene Art zu sprechen. Diese Introjektion oder Internalisierung (der Fachausdruck ist »Spaltung von Objekten«) wird »verwandelt«, jedes Kind drückt ihnen seinen eigenen Stempel auf.

Der dreiteilige Vorgang, der in der Internalisierung der für uns wichtigsten Menschen endet, enthält als wichtigen Bestandteil der Übertragung das »Spiegeln«. Versetzen Sie sich noch einmal zurück: Zum ersten Mal fahren Sie auf einem Fahrrad und fallen nicht hin. »Schaut nur, schaut, wie ich Fahrrad fahre!«, rufen Sie begeistert. Und Vater oder Mutter sagen wahrscheinlich: »Toll machst du das! Prima!« Wenn Sie Pech haben, schreien die Eltern: »Steig sofort ab, du könntest dich verletzen!« Aber die meisten Eltern bestätigen ihre Kinder, indem sie deren Begeisterung zurück»spiegeln« und sie damit bestärken. Der erste Spiegel, in den ein Kind blickt, ist das lächelnde Auge seiner Mutter. Sie ist eine Quelle der Ich-Bestätigung.

Fassen wir zusammen: Während wir Selbstwertgefühl – ein Gefühl der inneren Sicherheit – entwickeln, internalisieren (»introjizieren«) wir unsere Bezugspersonen (als Objekte) und ermutigen diese, unser Tun zu »spiegeln« und uns zu bestätigen, indem sie unsere Fähigkeiten anerkennen. Übertragungsreaktionen nehmen sehr verschiedene Formen an, aber Idealisierung und Spiegeln sind die frühesten Manifestationen. Sie stehen am Anfang des Weges, an dessen Ende wir als gewachsene Persönlichkeiten heute stehen.

Als Erwachsene – inzwischen leiten wir eine Abteilung oder ein Büro oder ein ganzes Unternehmen, wir haben uns Schritt für Schritt Macht und Autorität verschafft – müssen wir uns nicht mehr mit Mächtigen identifizieren, um uns zu schützen. Andere identifizieren sich mit uns. Trotzdem treten unabhängig von unserem Alter und unserer Stellung im Unternehmen bestimmte Verhaltensmuster – die für uns typischen Muster – immer wieder auf. Das Wechselspiel zwischen Idealisierung und Spiegeln verschwindet nicht, nur weil wir die Karriereleiter hinaufgeklettert sind. Einige Menschen sind (und werden es immer sein) stärker auf Spiegelungen erpicht, andere eher auf Ideale, anders gesagt: Die einen wollen sich in anderen spiegeln, suchen ein Feedback nach ihrem Geschmack, und dieses Feedback stärkt ihr Selbstwertgefühl. Die anderen suchen Menschen, die sie bewundern oder »idealisieren« können – in der Hoffnung, dass ein bisschen von deren Glanz auf sie selbst abfärbt. Dieses Beispiel zeigt, dass Idealisieren und Spiegeln die häufigsten und langlebigsten Übertragungsmuster sind.

Wenn wir beiden am Arbeitsplatz nachspüren, müssen wir uns klarmachen, dass die Familie die erste »Organisation« ist, die wir erleben. Der Umgang mit Macht und Autorität in der Familie bestimmt unser späteres Verhältnis zu Mächtigen und Autoritätspersonen. Die in der Kindheit erlebten Interaktionsmuster werfen lange Schatten sowohl über den ursprünglichen Idealisierungs- und Spiegelungsvorgang wie über spätere Wiederholungen dieses Vorgangs. Anders gesagt, als Erwachsene replizieren wir schnell unser kindliches Verhalten gegenüber Autoritätspersonen. Insbesondere unreflektierte Übertragungen von Idealisierungen und Spiegelungen können verheerende Folgen in einer Organisation nach sich ziehen. Menschen, die das Sagen haben, verfügen über die geradezu unheimliche Fähigkeit, in sich und anderen Übertragungsprozesse wachzurufen.

Wie reagieren Sie, wenn ein Polizist Sie wegen Geschwindigkeitsüberschreitung anhält? Verlegen Sie sich auf Beschwichtigungen oder gehen Sie zum Angriff über? Wenn Sie dem Vorstandsvorsitzenden in der Zentrale ein neues Projekt vorstellen sollen, gehen Sie locker oder verkrampft in das Gespräch? Welche Reaktion ist für diese Autoritätspersonen akzeptabel? Was geschieht in Ihnen? Spielen Spiegeln und Idealisieren eine Rolle? Anhand der Antwort auf diese Fragen können wir auf unser Verhältnis zu den Autoritäten unserer Kindheit schließen.

Die Welt ist voller Lügner

Betrachten wir ein anderes Beispiel für die Folgen von Übertragungsprozessen. Der Geschäftsführer leitet eine Sitzung. Nach den Schlussworten gehen mehrere Teilnehmer zu ihm und beglückwünschen ihn zu der gelungenen Gesprächsleitung. Ein schönes Kompliment, aber der Belobigte fragt sich unwillkürlich, ob die Angestellten es ernst meinen und die Sitzung wirklich für außergewöhnlich gut halten oder ob sie sich nur einschmeicheln. Letzteres hieße, dass sie bewusst Pluspunkte bei ihrem Vorgesetzten sammeln wollen. Aber es kann genauso gut sein, dass eine unbewusste Übertragungsreaktion am Werk ist. Vielleicht schauen sie gern zu anderen auf und folgen ihrem »Idealisierungstrieb«.

Die Übertragung ist auch auf Seiten des Chefs nicht ausgeschlossen. Wenn er sich gern in anderen spiegelt, kann er regelrecht süchtig werden nach Bestätigungen dieser Art. Der Egozentriker in ihm verlangt Futter, in ausgeprägten Fällen sogar Menschenopfer: Wenn ihn ein Angestellter nicht täglich lobt und bewundert, wird diesem gekündigt. Für »Spiegelsüchtige« ist die Tagesration Bewunderung so nötig wie die Luft zum Atmen. Ins Extrem verlängert wird aus diesem Verhalten eine narzisstische Persönlichkeitsstörung (die als bloße Tendenz gesellschaftlich durchaus akzeptiert wird).

Was zeigt uns dieses Beispiel? Erstens wird klar, dass alle Führer von »Lügnern« umgeben sind. Menschen, die Höhergestellten berichten, »lügen« mehr oder weniger ausgeprägt, entweder bewusst (aus Berechnung) oder unbewusst (aufgrund einer Übertragungsreaktion). Ein hierarchisches Gefälle lädt dazu ein, dem Vorgesetzten nur das zu sagen, was er oder sie vermutlich hören will. Wer sich das nicht eingesteht, lügt sich in die eigene Tasche. Offenheit und autoritäres Betragen schließen sich aus, und deswegen gilt: Wenn Führungskräfte nicht aufpassen, sind sie schnell von Kofferträgern umgeben. Davor können sie sich nur mit einer Unternehmenskultur schützen, in der ein unverblümtes Feedback gefördert wird. Sie müssen sich immer wieder fragen, ob ihr Hunger nach Bewunderung nicht beim »Fußvolk« Unehrlichkeit provoziert.

Ein Beispiel: Der bekannte amerikanische Filmmagnat Samuel Goldwyn war nicht eben zart besaitet – ein extrem selbstherrlicher Mann. Er ist berüchtigt für Sprüche wie: »Lassen Sie mich erst ausreden, bevor Sie Ja sagen.«, »Ich ertrage Ja-Sager nicht, meine Leute sollen mir die Wahrheit sagen, auch wenn es sie den Job kostet.« und »Wenn ich Ihre Meinung hören will, sag ich Ihnen, welche.«. Sätze, die nicht unbedingt eine offene Atmosphäre schaffen. Goldwyn war ein Egozentriker, ein Schicksal, das jeden Mächtigen bedroht.

Ich habe viel Zeit mit CEOs verbracht und weiß, wie sehr die Insignien der Macht Menschen einschüchtert, wie sehr Macht Abhängigkeit erzeugt und Menschen sogar krank macht. Wahrscheinlich haben die Manager Recht, die sagen: »Ich habe keine Magengeschwüre, die kriegen andere wegen mir.« Wenige Unternehmensleiter sind sich über das Ausmaß der Fantasien bewusst, die die Menschen auf sie projizieren, wie sehr Untergebene aus einem Gefühl von Unsicherheit und Hilflosigkeit dazu neigen, ihnen nur nette Dinge zu sagen, wie gern sie einem Menschen Qualitäten allein aufgrund seiner Position zusprechen. Und selbst jene Führungskräfte, die sich dessen bewusst sind, unternehmen nicht notwendig etwas gegen diese Tendenzen. Dieses Versäumnis kann ein Unternehmen auf abschüssiges Gelände führen. Glücklich ist die Organisation, die solches überlebt.

Jonathan Swift schrieb einst: »Der einzige Nutzen der Schmeichelei: Wir hören, was wir nicht sind, und könnten daraus lernen, wie wir sein sollten.« Aber ich habe meine Zweifel, ob Führungskräfte mit einem Faible für Ja-Sager Schmeichelei in diesem Licht sehen. Es wäre viel gewonnen, wenn sie ihren Untergebenen sagen würden: »Sagen Sie mir nicht, was *ich* denke. Ich weiß, was ich denke. Sagen Sie mir, was *Sie* denken.« Oder etwas in der Art: »Ihr bietet so wenig Widerstand. Warum lasst ihr mich nicht mal eine richtig harte Nuss knacken, indem ihr nach meinen Aktienoptionen fragt oder ob ich Entlassungen plane oder warum ich eure Gehälter nicht erhöhe.«

Wie sehr die Führungsrolle auf Zuschreibung beruht – auf der Annahme, dass Autoritätspersonen kraft ihres Amtes wertvolle Menschen sind – fängt der Film *Being There* mit Peter Sellers in der Hauptrolle gut ein. Jerzy Kozinsky selbst hat das Drehbuch anhand eines seiner Romane geschrieben. *Being There* schildert das Leben eines einsiedlerischen, zurückgebliebenen Analphabeten, der sich plötzlich in einer völlig fremden Umgebung wiederfindet. Der Gärtner Chance überquert die Straße, wird angefahren. Die Fahrerin des Unglückswagens nimmt ihn mit nach Hause und stellt ihn ihrem Mann, einem Finanzgenie, vor.

Als der Gastgeber Chance fragt, was er von der Wirtschaft hält – der arme Mann hat keinen Schimmer, worum es geht –, nimmt dieser Zuflucht zu der kleinen Welt seines Gartens, der einzigen, die er kennt, und sagt etwas wie: »Man muss immer bei der Wurzel anfangen.« Der schlichte Satz wirkt auf den Hausherrn wie eine Offenbarung. Chance wird am Ende infolge seiner »Weisheit« dem Präsidenten der Nation vorgestellt und von diesem ebenfalls nach seiner Ansicht über die Wirtschaft gefragt. Diesmal antwortet der Gärtner nach einigem Nachdenken: »Auf den Winter folgt der Frühling.« Ab sofort hält jeder Chance für einen tiefen Denker. Er gerät in die Schlagzeilen, seine Autobiografie wird für ihn geschrieben (er selbst ist ja Analphabet), und das Ausland hetzt Spione auf seine Fersen. Die Parodie zeigt ihn zum Schluss als Präsidentschaftskandidat. Hatte nicht George Bernard Shaw einst gesagt: »Könige werden nicht geboren, sondern durch universale Halluzination gemacht«?

Ich habe einmal mit Sir John Harvey Jones, der damals für eine BBC-Sendung Fernsehinterviews zu Unternehmensfragen führte, ein Symposium geleitet. Vor seiner Journalistenlaufbahn war er Chairman von ICI. Nachdem er an die Spitze des Pharmariesen gewählt worden war, sagte man ihm, er sollte sein altes gegen ein neues Auto eintauschen. Und zwar nicht gegen irgendeins, sondern gegen einen Rolls-Royce, um Vertrauen in die britische Industrie zu zeigen, wie er mir erzählte.

Diese und andere Versuche, ihn nach einem bestimmten Bild zu formen, zeigten ihm, dass die Menschen ihre eigenen Fantasien auf ihn projizierten. Er sollte würdevoll wirken und mit allem Drum und Dran den Mann an der Spitze eines bedeutenden Unternehmens repräsentieren und überzeugend Autorität ausüben. Man drängte ihn in diese Rolle, um selbst ein Stückchen von seiner Macht zu erhaschen.

Es war für John Harvey Jones nicht leicht, dem Druck zu widerstehen, aber es gelang ihm. Er war entschlossen, sich selbst treu zu bleiben und nicht in eine Art »Rausch« zu verfallen. Zum Glück half ihm seine Frau, auf dem Teppich zu bleiben. Spitzenmanager, denen diese Art von Unterstützung zu Hause oder durch Freunde fehlt, benötigen unter Umständen (professionelle) Hilfe, um ihre Identität zu bewahren.

Die symbolische Ausstattung, die mit hohen Ämtern einhergeht, erleichtert Untergebenen die Projektion eigener Fantasien auf den Mann oder die Frau an der Spitze eines Unternehmens. Große, gediegene Büros, Firmenwagen mit Chauffeur, Privatflugzeuge, dynamische Assistenten und diensteifrige, aufmerksame Sekretärinnen schaffen eine Aura der Ehrfurcht. Ehrfurcht an sich ist nicht schlecht. Erst wenn Führungskräfte an ihre eigene Propaganda glauben und sich danach verhalten, fangen die Probleme an. Die alten Römer hatten ein einfaches Mittel gegen die Selbstherrlichkeit: Wenn ein siegreicher General auf seinem Streitwagen durch den Triumphbogen zog, stand hinter ihm ein Sklave und flüsterte ihm zu: »Du bist ein Mensch, Caesar, du bist ein Mensch.« Allerdings hörten nicht alle auf ihren Sklaven.

Ohne diese Einflüsterung korrumpiert uns die Macht so schleichend, dass uns unsere Menschlichkeit unversehens abhanden kommt. Die Hauptakteure in diesem Spiel – die Topmanager als Objekt der Fantasie und die Untergebenen mit ihrem Bedürfnis nach Idealisierung – merken nicht, wie ihnen geschieht und wie sehr sie vereinnahmt werden. Führer am narzisstischen Ende der Ich-Bestätigung sehen in ihren Untergebenen die Verlängerung ihrer selbst. Sie sind wie eine Mutter, die, weil sie selbst Hunger hat, ihr Kind fragt: »Du bist hungrig, nicht?« Und das Kind hat Hunger, es will ja dem Wunsch der Mutter entsprechen.

Wie man der Übertragungsfalle entgeht

In *Catch-22* beschreibt Joseph Heller Angehörige eines amerikanischen Bombergeschwaders und deren mehr oder minder selbstmörderische Kommandos. Der Roman fängt die groteske Absurdität einer Luftwaffeneinheit, die während des Zweiten Weltkriegs auf einer Mittelmeerinsel stationiert ist, gut ein. Mit der Zeit gerät das eigentliche Ziel des Krieges - die Kampfhandlungen so schnell und mit so geringen Verlusten in den eigenen Reihen wie möglich zu beenden - aus dem Blick. Interne Abläufe und das »Handwerkliche« überlagern das Wesentliche, für die Offiziere zählen nur noch die geflogenen Einsätze und die Bombenabwürfe. Die Piloten, deren Leben auf dem Spiel steht, sind verständlicherweise zunehmend frustriert.

Leutnant Scheißkopf - was für ein wunderbar bezeichnender Name - will eines Tages von seinen Piloten wissen, warum Marschleistung und Arbeitsmoral am Boden sind. Clevinger will gegen den Rat seines gewiefteren Freundes Yossarian eine ehrliche Antwort geben.

> »Ich will, dass ihr es mir sagt«, bat Leutnant Scheißkopf weihevoll. »Wenn es an mir liegt, *will* ich es wissen.«
> »Er will, dass es ihm jemand sagt«, sagte Clevinger.
> »Er will, dass jeder sein Maul hält, du Idiot«, antwortete Yossarian.
> »Hast du nicht zugehört?«, sagte Clevinger.
> »Ich habe zugehört«, gab Yossarian zurück. »Er hat laut und deutlich gesagt, dass jeder von uns die Klappe halten soll, falls ihm sein Leben lieb ist.«
> »Ich bestrafe euch nicht«, schwor Leutnant Scheißkopf.
> »Er sagt, er bestraft mich nicht«, sagte Clevinger.
> »Er wird dich kastrieren«, sagte Yossarian.
> »Ich schwöre, ich werde euch nicht bestrafen«, sagte Leutnant Scheißkopf. »Ich werde dem Mann, der mir die Wahrheit sagt, dankbar sein.«
> »Er wird dich hassen«, sagte Yossarian. »Bis zu seinem letzten Atemzug wird er dich hassen.«

Clevinger bleibt bei seiner Meinung, tappt in die Falle und sagt Leutnant Scheißkopf die Wahrheit. Der Zorn seines Vorgesetzten bringt ihn vors Kriegsgericht. Die Anklage lautet auf Anstiftung zur Meuterei unter den Piloten. Seine Hoffnung auf bessere Verhältnisse - das Ende von *Catch-22* - war vergebens.

Menschen in Führungspositionen (ob beim Militär oder in Wirtschaftsunternehmen) sagen oft »konstruktive Kritik«, wenn sie »Lob« meinen. Sie bestrafen den, der ihnen offen die Meinung sagt. »Sag dem Boss, was du denkst, und die Wahrheit befreit dich« – von deinem Arbeitsplatz. Dummerweise haben Lügen auch nicht den gewünschten Erfolg. Die Ironie will es, dass die Angestellten, egal ob sie die Wahrheit oder die Unwahrheit sagen, widersprüchliche Signale empfangen und senden: Sag die Nachricht, verschweig die Nachricht. Die doppelbödige Kommunikation führt zu Konfliktscheu und faulen Kompromissen, verhindert Initiativen und wechselseitiges Vertrauen und paralysiert die Entscheidungsfähigkeit.

Betrachten wir ein anderes Beispiel. Vor kurzem leitete ich einen Workshop für einige Führungskräfte aus einem Pharmaunternehmen, das erheblich mit den Folgen einer Fusion zu kämpfen hat. Besonders glücklich wirkten die Teilnehmer nicht, sie standen unter enormem Druck und mussten unter schwierigen Bedingungen für gute Zahlen sorgen. Ich bat sie unter anderem, den Spaß an der Arbeit auf einer Skala von eins bis zehn einzuordnen, wobei zehn Spaß total bedeutete. Die Antworten schwankten zwischen eins und vier, die Arbeitsmoral war mithin sehr schlecht, überwiegend wegen der laufenden Umstrukturierungen. Nach dem Seminar drückte ich dem Personalleiter, der zu den Teilnehmern gehörte, meine Besorgnis aus.

Knapp eine Woche später wiederholte ich das Seminar mit einer anderen Gruppe aus dem Unternehmen, die wiederum einen willkürlichen Querschnitt bildete. Es gab einen Unterschied: Der Vorstandsvorsitzende des frisch fusionierten Konzerns sah sich die Sache an, er wollte hören, was ich zu sagen habe. Als ich die Frage nach dem Spaßfaktor stellte, fielen die Antworten erstaunlicherweise anders aus: Sie bewegten sich im oberen Bereich der Skala. Bei meinem nächsten Gespräch mit dem Personalleiter erwähnte ich den bemerkenswerten Stimmungsumschwung im Unternehmen. Und das in so kurzer Zeit! Wie schon gesagt, Offenheit und autoritäres Betragen schließen sich aus.

Zu den wichtigsten Aufgaben in jeder Organisation zählt ein Klima, in dem sich die Angestellten im Umgang mit Leitenden nicht eingeengt fühlen. Effiziente Unternehmensstrukturen schaffen einen gesunden Mangel an Respekt vor »denen da oben« und die Möglichkeit, Gefühle und Meinungen offen zu äußern. Es darf freundlich gelästert werden, und die Vorgesetzten hören sogar zu. Der jiddische Schriftsteller Sholem Aleichem sagte einmal: »Wenn dir einer sagt, du hast Ohren wie ein Esel, hör nicht hin. Aber wenn zwei Leute dir das sagen, kauf dir einen Sattel.«

Das Rundum-Feedback gehört zu den effektivsten Mitteln, mit denen man in Organisationen dieses Maß an Offenheit herstellen kann. Bei diesem System erhalten die Beteiligten nicht nur (wie in den klassischen Belobigungsverfahren) von ihren Vorgesetzten Rückmeldung, sondern auch von Kollegen und Untergebenen. Durch die damit einsetzende Kommunikation wird das Verhältnis zwischen »oben« und »unten« neu definiert, eine offenere Unternehmenskultur gestärkt, der konstruktive Dialog angeregt, ein Frühwarnsystem für eventuell notwendige Veränderungen installiert und die Sensibilität der Beteiligten für ihre blinden Flecken geschärft.

Zwei Führungskräfte treffen sich auf dem Gang. Sagt der eine zum anderen: »Die Rundum-Beurteilung macht mir keine Angst, nur der Rundumschlag, der danach kommt.« Wenn man Repressalien fürchten muss, kann das Feedback von allen Seiten nicht funktionieren. Der Witz zeigt, dass dieses System sinnvoll nur dann eingeführt werden kann, wenn die Unternehmensleitung den Mut hat, sich auch unangenehme Wahrheiten ins Gesicht sagen zu lassen. Ein umfassendes Schulungsprogramm ist nötig, in dem die Teilnehmer im geschützten Raum Ehrlichkeit »üben« können. Es muss gewährleistet sein, dass niemand für aufrichtige Kritik bestraft wird, und die Leitenden sollten sich nicht länger herausreden, sondern etwas gegen ihre Schwächen unternehmen. Die Umstellung fällt nicht leicht, aber sie ist möglich. General Electric, Intel, 3M, Nokia und Goldman Sachs haben das 360-Grad-System eingeführt, mit der ausdrücklichen Maßgabe: »Widersprich deinem Boss!«.

Schätzungsweise 10 Prozent aller Führungskräfte schätzt sich selbst richtig ein. Und von der 90-prozentigen Mehrheit überschätzen sich zwei Drittel, während sich nur ein Drittel unterschätzt. 70 Prozent der Führungskräfte glauben, dass sie zum oberen Viertel ihres Berufs gehören! Viele leiden unter blinden Flecken, und die Schwächen, die ihrer Aufmerksamkeit entgehen, hemmen die Entwicklung des Unternehmens. Führungskräfte können dieses Defizit jedoch schnell ausgleichen. In der ersten Rundum-Beurteilung liegen sie noch weit daneben, wenn sie ihre eigenen Fähigkeiten einschätzen sollen. In der zweiten Runde kommen sie der Wahrheit schon sehr viel näher.

Beschließen wir den Abschnitt mit einigen Schlaglichtern auf die Offenheit, die mit Autorität nicht zusammengeht: George Bush Senior wurde nach seiner Amtsniederlegung als Präsident der USA gefragt, was sich in seinem Leben seither verändert habe. »Nun«, antwortete er, »ich gewinne nicht mehr jedes Golfspiel.« Auch die Beobachtung von General George Patton spricht für sich: »Wenn alle das Gleiche denken, denken nicht alle!« Und Adlai Stevenson, Mitte des vorigen Jahrhunderts US-Präsidentschaftskandidat, hat gesagt: »Schmeichelei geht in Ordnung, solange man sie nicht inhaliert.« Nur haben meiner Erfahrung nach ziemlich viele sehr tief eingeatmet. Einige wenige wissen, wie wichtig Offenheit für die Effizienz einer Organisation ist.

Notwendiger Narzissmus

Nachdem wir uns die Übertragungsfalle (und die einzige Möglichkeit, ihr zu entgehen - Ehrlichkeit) angesehen haben, wenden wir uns dem Phänomen zu, das ihr zugrunde liegt: dem Narzissmus. Von ihm war bereits im Allgemeinen die Rede, jetzt packen wir unser Mikroskop aus und sezieren ihn.

Das Beispiel mit dem Dreirad hat gezeigt, wie früh die Ausformung der Persönlichkeit beginnt. Kinderpsychologen sind sich einig, dass die Entscheidungen in den ersten drei Jahren fallen: In ihnen wird der Kern unserer Persönlichkeit geprägt, danach sind wir eine Person mit einem Bezug zu unserem Körper, geschlechtlicher Identität, Namen, Verstand und persönlicher Geschichte. In diesen frühen Jahren werden die Fundamente für unsere Persönlichkeit gelegt (Fundamente, die ein Leben lang Bestand haben werden). Natürlich ist auch die spätere Lebenserfahrung wichtig, aber sie hat nicht mehr dieselbe Macht wie unsere frühesten Erfahrungen. In dieser Zeit sind wir am formbarsten, und alles, was wir sehen, tun und fühlen, prägt uns. Der klinische Begriff für diese Veränderungen in den ersten Lebensjahren heißt »narzisstische Entwicklung«. Das Wort ist in der Umgangssprache negativ besetzt, aber der Narzissmus ist gleichsam der Motor, der Menschen antreibt. Und Narzissmus und Führerschaft sind besonders eng verwoben.

Für unsere Zwecke müssen wir über den Alltagsgebrauch des Wortes hinausgehen. In der Psychologie bedeutet Narzissmus ein Stadium der kindlichen Entwicklung, das jeder Mensch durchläuft, das Stadium, in dem das Kind Vergnügen durch seinen Körper und dessen Funktionen empfindet. Es ist eine heikle Phase. Die Art, wie das Kind jetzt behandelt wird, färbt seine Sicht der Welt bis ins Erwachsenenalter.

Das Dreirad- und Fahrrad-Beispiel erinnern daran: Kinder wollen den vollkommenen Zustand der ersten Tage über die unvermeidlichen Frustrationen des Heranwachsens hinüberretten. Deswegen schaffen sie ein übersteigertes, exhibitionistisches Selbstbild und ein allmächtiges, idealisiertes Bild ihrer Eltern (die in die Rolle von Erlösern und Beschützern schlüpfen). Das Erste nennt man »grandioses Ich«, das Zweite das »idealisierte Elternbild«. Wenn das Kind genügend Fürsorge erfährt, werden diese beiden Elemente, aus denen sich das »bipolare Ich« bildet, von den Mächten der Wirklichkeit gezähmt. Trotzdem haben Reste des Grandiosen und der Idealisierung ein Leben lang Bestand und zeigen sich gelegentlich in zwischenmenschlichen Beziehungen.

Eltern, Geschwister und andere Bezugspersonen spielen eine herausragende Rolle bei der narzisstischen Entwicklung. Sie beeinflussen die exhibitionistische Darbietung des Kindes, kanalisieren die grandiosen Fantasien von Macht und Ruhm in geeignete Bahnen und legen damit das Fundament für realistische Ambitionen, stabile Werte, genau umrissene Karriereabsichten und ein sicheres Gespür für den eigenen Wert und die eigene Identität. Dieser Vorgang wird gestört, wenn die narzisstische Befriedigung des Kindes durch Vernachlässigung, eine lieblose Erziehung oder massive Verlusterfahrungen nicht ausreicht. Die Unterstützung der Eltern ist das Entscheidende. Lesen Sie die Zuneigung, die folgende Zeilen durchtränkt:

> Mein lieber Junge, ich mache mir solche Sorgen wegen deiner Erkältung. Wo hast du dich angesteckt? Du hast deine Winterkleidung doch noch nicht weggepackt?

Es ist auch gefährlich, in diesen kalten Nächten ohne Feuer ruhig zu sitzen. Sieh dich vor, mein lieber Junge, mir zuliebe. Du wirkst niedergeschlagen, aber das liegt sicher an deiner Unpässlichkeit. Du musst nicht denken, dass du unbeliebt bist. Jeder hier mag und bewundert dich. Ich kann dir gar nicht alles wiedergeben, was an schmeichelhaften und freundlichen Dingen über dich gesagt wird, von jedem, der dich kennt. An Freunden, auch an sehr guten, wird es dir in Wilmington nicht mangeln. Offenbar gibt es dort ungewöhnlich viele junge, herausragende Leute deines Alters, und sie sind willens, sich für dich in ungewöhnlich hohem Maße zu interessieren. Mein lieber Junge, man muss dich einfach gern haben, selbst wenn man es nicht will. Ich habe schreckliche Kopfschmerzen heute Morgen und versuche daher nicht, dir einen Brief zu schreiben. Ich wollte meinem fernen Jungen nur schreiben, dass ich ihn liebe, aus ganzem Herzen liebe.

Diesen Brief an den späteren US-Präsident Woodrow Wilson hat seine Mutter geschrieben, während ihr Junge nicht zu Hause war (nachzulesen in Arthur Link: *The Papers of Woodrow Wilson*). Mit solcher Unterstützung konnte Wilson kaum missraten, trotz seines perfektionistischen Vaters (der für seinen Sohn großen Ehrgeiz entwickelte und den Wilson niemals ganz zufrieden stellen konnte). Wilson wurde Professor, Präsident der Princeton University und später Präsident der Vereinigten Staaten. Er musste viele Rückschläge und Enttäuschungen verkraften, hat aber sein Leben gut gemeistert.

Sein Erfolg wurzelt in der Unterstützung liebender Eltern. Diese Unterstützung bildet die Basis seiner Persönlichkeit. Sie war nicht vollkommen, sondern durchtränkt mit Ehrgeiz. Und eben diese Mängel sind der Hintergrund seiner späteren Rückschläge. Sein Charakter wurde in einer Weise geformt, die bestimmte Probleme vorhersehbar macht, seine Kämpfe mit dem Kongress oder seine Schlacht gegen den Senat wegen des Versailler Friedensvertrages. Er war bei bestimmten Themen nicht zu Zugeständnissen bereit.

Zum Glück hat kein Mensch perfekte Eltern. Unvollkommenheit ist ein guter Lehrmeister. Wer seine Kinder vor allen Unbilden des Lebens schützt, schützt sie letztlich gar nicht. Auch die besten Eltern könnten dem Erwachsenwerden nicht die Klippen nehmen. Das Leben wird einfach nicht mehr so bequem wie die vorgeburtliche Existenz im Uterus, in dem für alles gesorgt war. Heranwachsen bringt unvermeidlich Unannehmlichkeiten mit sich. Damit die Entwicklung normal verläuft, sollten diese Frustrationen allerdings in verträglichen Dosen auftreten. Wächst ein Kind mit »genügend« Liebe auf, kann es Konflikte verarbeiten und wird im Erwachsenenalter eine relativ ausgeglichene Persönlichkeit sein.

Nicht immer erfährt ein Kind das richtige Maß an Zuneigung. Manche Eltern überschütten ihren Nachwuchs mit Liebe (und versäumen es, Grenzen zu setzen), die Enttäuschungen werden damit verlängert; andere nehmen ihre Kinder nicht an (sie sind emotional kalt, kritisieren zu viel, sind depressiv oder abwesend); wieder andere legen ein widersprüchliches, willkürliches Verhalten an den Tag. Die Fehler der Eltern verursachen bei den Kindern narzisstische Kränkungen. Kommen noch Gewalt und Missbrauch hinzu, ist die Bühne reif für ein inneres Drama mit bösartigen Hauptfiguren.

Kinder, die solcher Fürsorge ausgesetzt waren, könnten den Schluss ziehen, dass auf Liebe und Loyalität kein Verlass ist. Auch als Erwachsene werden sie dieser Erkenntnis folgen. Sie behaupten, sich selbst zu genügen, aber in ihrem Innersten empfinden sie Verlust, Wut und Leere. Diese Gefühle und ihre Unsicherheit verwandelt die narzisstischen Bedürfnisse in Obsessionen. Solche Menschen sind besessen von Macht, Schönheit, Status, Prestige oder Überlegenheit. Sie versuchen, andere dahin zu bringen, ihr schwankendes Selbstwertgefühl zu stützen, und sie sind besessen von dem Gedanken, sich für als Kind erlittene Kränkungen (reale oder eingebildete) schadlos zu halten. Für sie ist ein übersteigertes Gefühl der eigenen Größe und Einzigartigkeit typisch, häufig bilden sie sich viel auf ihr Talent ein oder hegen grandiose Fantasien. Egozentriker gehen mit einem übersteigerten Ich einher: Ihnen ist die Fahrtrichtung gleichgültig, solange sie am Steuer sitzen.

Halten Sie Ihren Narzissmus in Schach?

Beantworten Sie die folgenden Fragen so ehrlich wie möglich mit *Ja* oder *Nein*.

- Fühlen Sie sich im Vergleich zu anderen überlegen?
- Übertreiben Sie gern, wie gut Sie sind?
- Geben Sie manchmal an?
- Haben Sie häufig grandiose Fantasien?
- Wünschen Sie sich viel Aufmerksamkeit?
- Halten Sie andere für egozentrisch?
- Hat man Sie der Arroganz beschuldigt?
- Nutzen Sie andere für Ihr Fortkommen, ohne sich dankbar zu zeigen?

Je häufiger Sie mit *Ja* geantwortet haben, desto ausgeprägter dürften Ihre narzisstischen Neigungen sein.

Reaktiver und konstruktiver Narzissmus

Wie schon erwähnt, ist Narzissmus umgangssprachlich negativ besetzt. Der mythologische Narziss (ein Jüngling, der sich in sein Spiegelbild auf einem Teich verliebte, diesem zu nahe kam und ertrank) gilt als warnendes Beispiel, sich nicht zu intensiv mit sich selbst zu befassen. In Maßen ist Narzissmus jedoch notwendig, damit wir Selbstwertgefühl und Identität entwickeln können. Als Voraussetzung für Dominanz, Selbstvertrauen und Kreativität ist er zudem in moderaten Mengen für Führungspersönlichkeiten unerlässlich. Nicht nur ein Zuviel, sondern auch ein Zuwenig an Narzissmus zerstört also das innere Gleichgewicht eines Menschen.

Oscar Wildes Bonmot, die Liebe zu sich selbst sei der Beginn einer lebenslangen Romanze, ignoriert leider die Schattenseite mit dem schädlichen Egoismus, der zerstörerischen Egozentrik und der übersteigerten Selbstliebe. Aber wie viel Narzissmus ist *zu* viel?

Um diese Frage zu klären, finde ich die Unterscheidung zwischen »konstruktivem« und »reaktivem« Narzissmus hilfreich. Konstruktiver Narzissmus entsteht in Reaktion auf »genügend« Fürsorge: Die Eltern unterstützen ihr Kind, beachten dessen Toleranzniveau (und muten ihm nur so viel Frustration zu, wie es seinem Alter nach verträgt). Sie bieten den verschiedenen Gefühlsreaktionen des Kindes eine »stützende Umgebung«, sodass es eine ausgewogene Persönlichkeit und ein gesundes Selbstvertrauen entwickelt.

Reaktiver Narzissmus entsteht im Gegensatz dazu bei Menschen, die auf die eine oder andere Art »verletzt« wurden. Manche Kinder bekommen durch ein Übermaß oder einen Mangel an Fürsorge beziehungsweise aus anderen, oben bereits diskutierten Gründen nicht die Aufmerksamkeit, die für eine ungestörte Entwicklung notwendig ist. Überhaupt führen falsche Beziehungsmuster zwischen Eltern und Kindern im späteren Leben zu Problemen. Als Erwachsene verhalten sie sich immer noch wie das hungrige, wimmernde Baby, das sie einst waren – Babys, die ungehört schrieen und Aufmerksamkeit einfordern.

Ein beachtlicher Prozentsatz der Unternehmensführer wird von reaktivem Narzissmus angetrieben. Das ergab meine ausführliche Untersuchung. Diese Menschen wurden aus negativen Gründen zu dem, was sie sind. Ihr Bedürfnis, Kränkungen aus einer frühen Lebensphase auszugleichen, treibt sie voran. Als Kind missachtet, misshandelt oder anderen schlimmen Erfahrungen ausgesetzt, wollen sie als Erwachsene den anderen beweisen, dass sie es zu etwas gebracht haben. Wenn diese Entschlossenheit bei dem Wunsch nach Anerkennung beziehungsweise im Bemühen um Wiedergutmachung endet, kann der reaktive Narzissmus gute Früchte tragen. Wenn sie in Neid, Hass und Rachsucht umschlägt, wird die Ernte bitter.

Der Monte-Christo-Komplex

Menschen, die frühkindliche Kränkungen mit Rachsucht und Hass zu kompensieren versuchen, leiden unter dem Monte-Christo-Komplex. Die Psychologen haben diese Wahl – und es ist eine Wahl, wenn auch eine unbewusste – nach dem gleichnamigen Graf, der Hauptfigur in Alexandre Dumas' berühmten Roman benannt. Das Buch erzählt die mitreißende Geschichte eines Mannes, dem schreckliches Unrecht getan wurde und der Gleiches mit Gleichem vergilt, mit Zins- und Zinseszins. Des Grafen leidenschaftlicher Wunsch nach Rache bringt in vielen Menschen eine Saite zum Klingen. Jeder kennt dieses Gefühl, zumindest vorübergehend. Die Universalität des Rachegedankens ist vielleicht die Erklärung für den Erfolg von Lee Iaccoccas Autobiografie, in der er seine Rache an Henry Ford II. thematisiert.

Menschen, die am Monte-Christo-Komplex leiden, empfinden Rache nicht als vorübergehende Anwandlung. Rache ist vielmehr die Hauptantriebsfeder ihres Lebens. Sie ist ihnen wichtiger als Reichtum und Macht. Es ist anstrengend, so zu leben, denn Körper und Geist befinden sich ständig im Alarmzustand. Unter den Politikern gehören Adolf Hitler, Saddam Hussein und Slobodan Milošević zu den Beispielen für den Monte-Christo-Komplex. Im Geschäftsleben wäre Pierre Cardin zu nennen.

Der Pariser Modeschöpfer wuchs in Frankreich auf. Als gebürtiger Italiener wurde er von den anderen Kindern gehänselt – »Macaroni« war noch das harmloseste Schimpfwort, das er sich anhören musste. Cardins Familie hatte fast ihren gesamten Besitz im Zweiten Weltkrieg verloren, sein Vater wechselte häufig den Arbeitsplatz. Zurücksetzung lässt sich schwer ertragen, sei es aus ethnischen Gründen, Armut oder beidem.

Der junge Cardin ging seinen Weg trotz des Chaos um ihn herum, weil ihn seine Mutter förderte. (Was an Sigmund Freuds berühmte Aussage erinnert, wer der unbestrittene Liebling seiner Mutter gewesen sei, behalte lebenslang die Gefühle des Eroberers und das Vertrauen in seinen Erfolg, das oft wirklichen Erfolg bewirkt.) Wir können jedoch davon ausgehen, dass die schwierige Kindheit in Cardin den Wunsch weckte, zum Erlöser seiner Familie aufzusteigen und eines Tages im Triumph zu seinen Peinigern zurückzukehren. Das ist ihm gelungen. Insofern hat sein Erfolg den Beigeschmack der Rache. Zumindest weist er in eine interessante Richtung: Hatten die Nachbarn einst auf ihn und seine Familie herabgeschaut und sich als etwas Besseres gefühlt, wurde er ein Meister der Nivellierung. Er demokratisierte die Mode und machte Haute Couture für den Normalbürger erschwinglich.

Sein Führungsstil vereint allerdings bizarre Elemente, die aus seinem Kontrollbedürfnis erwachsen. Cardin unterschreibt immer noch alle Schecks eigenhändig, gibt Informationen nicht weiter, sondern behält sie für sich – eine seltsame Art, ein Multimillionen-US-Dollar-Imperium zu leiten – und er regiert nach dem Motto »teile und herrsche«. So mancher Beobachter behauptet, er führe sein Unternehmen wie einen Harem: Alle Abteilungsleiter wollen seine Aufmerksamkeit erregen und versuchen, sich gegenseitig in seiner Gunst auszustechen.

Wiedergutmachung

Rache ist die negative Reaktion auf frühkindliche Kränkungen. In gewisser Weise rückt sie die Verhältnisse wieder gerade, aber sie frisst den Betroffenen innerlich auf und produziert ein zerstörerisches Verhalten. Die konstruktive Variante ist der Versuch nach Wiedergutmachung. Dahinter stehen Gedanken wie: »Ich hatte keine schöne Kindheit, aber meine Kinder sollen es besser haben, dafür werde ich sorgen.« Wiedergutmachung setzt normalerweise im persönlichen Umfeld an, gilt jedoch auch am Arbeitsplatz. Hier versuchen Menschen, erlebte Härten durch Verbesserungen im Unternehmen zu mildern. Wiederum könnte man Pierre Cardin als Beispiel nennen. Wie erwähnt, setzte er seinen Wunsch nach sozialer Gleichstellung in eine erfolgreiche Geschäftsidee um.

Viele Unternehmensleiter fallen unter die Reparationszahler. Ihnen sind in Bezug auf die narzisstische Entwicklung nicht selten folgende Züge eigen:

- Oft fehlte der Vater, sei es, dass er nicht mit der Mutter zusammenlebte, sei es, dass er tot war. Die Mutter ist stark und liebevoll. (Die Konstellation gilt für männliche Führer. Für weibliche lassen sich - mangels Masse - keine klaren Kriterien aufstellen. Der *Fortune 500* führt zum Beispiel nur eine Frau im Amt eines CEO auf.)
- Sie mussten früh die Rolle des Familienoberhaupts übernehmen (besonders wenn der Vater früh gestorben war) und wuchsen in eine Verantwortung hinein, die ihrem Alter nicht angemessen war.
- Sie sind kämpferisch (ein Verhalten, das sich mit zunehmendem Alter nicht verliert) und sagen ihre Meinung frei heraus, auch wenn sie damit Autoritätspersonen widersprechen.
- Weil sie Menschen kennen gelernt haben, die an sie glauben und sie unterstützen, beweisen sie bei Fehlschlägen viel Mut und Widerstandskraft. Sie lassen sich kaum einschüchtern und glauben an Fairness.

Viele Führer, die ich in meine Untersuchung einbezogen habe, fallen in diese Kategorie. Die Mutter von Richard Branson (Virgin) war ein Energiebündel; kurz nach seiner Geburt zeigte sie ihren Sohn den Nachbarn und sagte: »Er wird später Premierminister.« Als er älter wurde, legte sie die Latte sehr hoch und erzog ihn zur Selbstständigkeit. Wie konnte er da keinen Erfolg haben?

Der frühere Chairman von General Electric, Jack Welch, wurde auf der »falschen« Seite der Schienen geboren. Sein Vater, ein Zugführer, war nicht oft zu Hause und wenn, dann kaum ansprechbar. Die irischstämmige Mutter kränkelte, hielt ihren Sohn aber dazu an, sein Bestes zu geben, sei es beim Sport, in der Schule oder auf der Arbeit. Als in *Fortune* ein Artikel mit dem Titel »Die Gedanken des Jack Welch« (The mind of Jack Welch) erschien, stand seine Mutter auf dem Foto hinter ihm.

Ich könnte weitere Beispiele nennen. Etliche meiner Gesprächspartner in den Chefetagen großer Unternehmen erzählten, dass sie am Anfang ihrer Laufbahn als Einzige offen gegen einen schwierigen Chef auftraten - in ihrer damaligen Position eine riskante Mutprobe oder, positiv ausgedrückt, eine beherzte Tat. Als sich dann später in der

Organisation eine interessante Gelegenheit ergab, wurden sie aufgrund ihrer Courage für die Stelle ausgewählt.

Narzissmus und Widerstandskraft

Ich habe mich schon immer gefragt, warum manche Menschen trotz Handicaps ihren Weg gehen und andere nicht. Woher kommt ihre Widerstandskraft? Dieser klinische Begriff beschreibt Menschen, die mehr als ein Hindernis erfolgreich überwunden haben. Allgemein lässt sich sagen, dass widerstandsfähige Menschen Widrigkeiten aktiv angehen, Erfahrungen positiv umdeuten, sich mit viel Fantasie einen optimistischen Blick in die Zukunft ausmalen, sich Zeit zum Nachdenken über sich selbst lassen und viel Energie in die Bewahrung ihres Freundeskreises stecken.

Studien an Kindern aus ärmlichen Verhältnissen legen nahe, dass diejenigen ihren Weg gehen und Widerstandskraft entwickeln, für die sich jemand aufrichtig interessiert hat, der sie unterstützt, an sie geglaubt und sie zu Leistungen angetrieben hat. Am besten füllt natürlich die Mutter diese Rolle aus, aber auch der Vater zählt, Großeltern, andere Familienmitglieder, Lehrer, Pfadfindergruppenleiter und so weiter.

Kinder von Verlierern sind meist erfolgreicher als Kinder von extrem erfolgreichen Vätern. Offenbar geben familiäre Vorbilder nicht den Ausschlag. Das Schlimmste, was einer Durchschnittsnatur widerfahren kann, ist ein Ausnahmemensch als Vater. Ein solcher Vater ist zu dominant, er erstickt die Entwicklung des Kindes. Zum Glück kann die Mutter ein Gegengewicht bilden und seinen Einfluss neutralisieren. Napoleon hat einmal gesagt: »Das Schicksal des Kindes liegt in der Hand der Mutter.« (und damit wahrscheinlich zu sehr vereinfacht). Er dachte zwar an einen positiven Einfluss, aber viele Kinder werden gerade durch dominante, übermächtige Mütter zum Erfolg getrieben. Und Untersuchungen zeigen, dass eine beachtliche Zahl erfolgreicher Menschen aus zerrütteten Verhältnissen, einer gewalttätigen oder durch physische Behinderung eingeschränkten Umgebung stammt. Schwierigkeiten dieser Art bringen Kinder dazu, Auswege aus ihrer Lage zu suchen.

Wie widerstandsfähig sind Sie?

Kreuzen Sie Aussagen an, die Ihre Situation spiegeln.

- Ich gehe schwierige Probleme aktiv an.
- Ich ziehe aus Erfahrungen immer das Positive.
- Mit meiner Fantasie male ich mir ein optimistisches Bild der Zukunft.
- Ich lasse mir Zeit zum Nachdenken über mich selbst.
- Ich arbeite massiv an der Aufrechterhaltung eines Netzwerks von unterstützenden Beziehungen.

Wenn Sie viele Aussagen ankreuzt haben, sind Sie widerstandskräftig. Das Gute daran: Damit sind Sie auch besser als die meisten Ihrer Kollegen gegen den Stress und die Nöte des Alltags gefeit.

5
Nachfolgeregelungen

Wenn man auf den König schießt, muss man ihn töten.
Ralph Waldo Emerson

Junge Männer halten alte Männer für Narren,
aber alte Männer wissen,
dass junge Männer Narren sind.
George Chapman

Es ist nie zu spät, der zu sein, der man hätte sein können.
George Eliot

Menschen sind wie Wein: Manche entfalten mit dem Altern erst ihr volles Aroma, andere werden sauer wie Essig. Man könnte sagen, manche Menschen wurden »nicht richtig gelagert«. Führungskräfte haben damit genauso viel (wenn nicht mehr) Probleme wie die Bevölkerung insgesamt.

Vor vielen Jahrhunderten wurden folgende Zeilen geschrieben:

Dem Höhepunkt des Lebens war ich nahe,
da mich ein dunkler Wald umfing und ich,
verirrt, den rechten Weg nicht wiederfand.
Wie war der Wald so dicht und dornig,
o weh, dass ich es nicht erzählen mag
und die Erinnerung daran mich schreckt.

Wenn Sie mit italienischer Literatur vertraut sind, kennen Sie die Verse wahrscheinlich. Sie stammen aus Dantes *Inferno* (und sind nachzulesen in Dante Alighieris *Die Göttliche Komödie, Die Hölle - Erster Gesang*). Ganz persönlich gesehen, spiegelt dieser Abschnitt aus der *Divina Commedia* die Erfahrungen des Dichters im Exil, fern seiner Heimatstadt Florenz. Aber man kann ihn auch als Allegorie lesen, die Dantes Reise von Dunkelheit und Irrtum zur Offenbarung des göttlichen Lichts durch Hölle, Fegefeuer und Paradies beschreibt, seine Midlife-Crisis, wenn Sie so wollen. Die Metapher vom Alleinsein im dunklen Wald ist also ausgesprochen angemessen.

Dante ruft in seiner Verzweiflung nach göttlicher Hilfe, um aus dem Wald zu finden. Eine Erscheinung nähert sich ihm: Vergil als Inbegriff menschlichen Wissens. Der römische Dichter begleitet Dante auf dem ersten Teil seines Weges aus dem dunklen Wald. Die gute Nachricht: Es gibt einen Weg hinaus. Die schlechte: Er führt mitten durch die Hölle. Wie Dante sehen sich viele Führungskräfte ratlos und in einer Situation, aus der es kein leichtes Entkommen gibt, allein gelassen.

Nebenbei lebten in Dantes dunklem Wald drei Tiere: der Löwe als Symbol von Macht und Ehrgeiz, der Panther als Symbol der Wollust und eine Wölfin als Symbol der Gier. Offenbar hat sich seit Dantes Zeiten nicht viel geändert, denn als ich MBA-Anwärter nach ihren Lebenszielen befragte, antworteten sie: Macht, Sex und Geld, wenn auch nicht notwendig in dieser Reihenfolge (oder mit diesen Worten). Einige ergänzten die Liste mit dem Wunsch nach einem ausgewogenen Lebensstil, aber da die meisten bei Firmen wie McKinsey, Bain, Goldman Sachs oder Morgan Stanley anfingen, Firmen, die ihren Mitarbeitern 150-prozentigen Einsatz abverlangen, gebe ich nicht viel auf diese Aussage.

Ins höhere Management steigt man meist in mittleren Jahren auf. (Wenigstens galt das, bevor die Dotcom-Welle mit ihren »Portfolio-Karrieren« über den Horizont fegte. Karrieren, die sich radikal von dem bisher Gültigen unterscheiden.) Die mittleren Jahre bringen jedoch eine Reihe von Sorgen, die nichts mit dem beruflichen Fortkommen zu tun haben. Der französische Schriftsteller und Regisseur Jean Cocteau benennt eine sehr plastisch: Jedes Mal, wenn er in den Spiegel schaue, sehe er den Tod. Bis zum 30. Lebensjahr fühlen wir uns unsterblich, unsere innere Zeitrechnung misst die Zeit seit der Geburt. Das verschiebt sich um den 35. Geburtstag herum. Zunehmend sehen wir die Zeit als Zeit, die zum Leben bleibt. Wir spüren, dass uns die Zeit davonläuft, uns wird immer stärker bewusst, dass wir sterben müssen. Dieser Wechsel der Perspektive verleiht unerfüllten Träumen und Hoffnungen Dringlichkeit: Wir wollen sie einlösen, bevor es zu spät ist.

Das Midlife-Dilemma

In der Mitte des Lebens ähnelt unser Dasein den dreiteiligen Spiegeln auf diesen altmodischen Toilettentischchen: großes Mittelteil und zwei schmale, einklappbare Seiten. Die rechte (oder linke) Seite zeigt die Kinder, und mit ihnen spiegelt sie viele Erinnerung aus der eigenen Kindheit. Sie wollen Klein-Johnny sagen: »Mach das nicht«, aber Sie beißen sich auf die Zunge, fällt Ihnen doch wehmütig ein, wie viel Ihnen damals verboten wurde.

Das andere Seitenteil zeigt die Eltern. Das Gleichgewicht zwischen Eltern und Kindern verschiebt sich, wenn die Kinder in mittlerem Alter und die Eltern alt sind. War man früher von ihnen abhängig, nahm man früher ihren Rat und ihre Hilfe an und genoss eine gewisse Narrenfreiheit, so übernimmt man nun selbst zunehmend die Rolle des Beraters und hilft ihnen. Die einst scheinbar so mächtigen Eltern sind in wachsendem Maß von ihren Kindern abhängig, und das bleibt nicht ohne Wirkung auf die innere Landkarte der Kinder. Sie fühlen sich mit dem Rollentausch nicht wohl und fragen sich: »Werde ich in ein paar Jahrzehnten auch so unselbstständig und passiv sein?« Die Karikatur der eigenen Zukunft vor unseren Augen jagt uns Angst ein.

Der große Mittelteil des Spiegels ist jedoch das Fürchterlichste. In ihm sehen wir uns selbst, so wie wir heute eben aussehen. Da sitzt eine Person, kahlköpfig beziehungsweise mehr oder minder stark ergraut, im Gesicht die ersten Falten, mit einem Ansatz von Bierbauch oder deutlich schlafferen Brüsten. Ein Mensch, der zum Lesen eine Brille braucht und Probleme mit den Zähnen hat. Angesichts dieses Verfalls ist es kein Wunder, dass der eigene Körper in der Midlife-Crisis zum Thema wird. Männer sprechen es zwar selten laut aus (sondern verstecken es in schmutzigen Witzen oder ergehen sich beim Psychiater in Andeutungen), aber sie fürchten den Verlust ihrer sexuellen Potenz: Don Giovanni ade. Viagra hin oder her, die Potenz lässt nach – diese Einsicht verursacht eine große narzisstische Kränkung. Auch die Frauen bleiben nicht verschont: Sie hadern mit der Menopause und der Einsicht, dass die Jahre der Empfängnisbereitschaft vorüber sind.

Männer wie Frauen denken über die Zukunft ihrer Ehe nach, besonders wenn sie früh geheiratet haben. Die Beziehung ist vielleicht nicht mehr so harmonisch, die Partner haben sich womöglich unterschiedlich schnell oder in verschiedene Richtungen entwickelt. Was mit 20 passte, muss mit 40 nicht mehr das Richtige sein. Die Interessen laufen auseinander, man hat kaum gemeinsame Hobbys oder sonstige Aktivitäten. Es gibt Paare, die nur noch von den Kindern im Haus zusammengehalten werden. Und so mancher Teenager, der als »Ehekitt« herhalten muss, füllt seine Rolle geradezu heroisch aus: Er (oder sie) verwandelt sich in einen »Problemfall«, als würde er unbewusst spüren, dass die Ehe der Eltern zerbricht, sobald er aus dem Haus geht. Besuchen Töchter und Söhne das College oder stehen auf eigenen Füßen, gefährdet das »leere Nest« das eheliche Gleichgewicht. Worüber soll man sich unterhalten, wenn die Kinder kaum noch Gesprächsstoff abgeben? Das Paar muss sich mit sich selbst beschäftigen.

Die Ängste vor Krankheiten wachsen, und hypochondrische Anwandlungen bleiben nicht aus. Wenn gute Freunde erkranken oder sterben, steht die Frage im Raum: Wer wird der Nächste sein? Das Phantomalter – »Man ist so alt, wie man sich fühlt.« – passt sich mehr und mehr dem tatsächlichen Alter an, selbst wenn man gelegentlich um seine »verlorene Jugend« trauert. Das Spiegelbild verhindert zuverlässig jede Selbsttäuschung.

Die mittleren Jahre erzwingen mit ihren Bedenken bezüglich Überarbeitung (»Burnout«) und Effektivitätsverlust eine Neudefinition der Karrierewünsche. Berufliche Laufbahn und Lebenslinie geraten außer Takt. Am Anfang der Karriere haben wir alle Ziele, die wir erreichen möchten, und Träume, die wir nur sehr engen Vertrauten verraten. Und während wir unsere Herzenswünsche Sprosse um Sprosse hoch halten, erkennen wir immer deutlicher, dass Unternehmen wie Trichter sind, die auf dem Kopf stehen: Oben wird es eng. Unter Umständen zu eng für uns. Mit der Zeit dämmert uns, dass wir dort nicht ankommen, wenn nicht noch ein Wunder geschieht.

Nicht wenige Menschen, die das letzte Ziel ihrer Karrierewünsche nicht erreichen - und die wenigsten Menschen verwirklichen all ihre Träume - richten ihren Ärger darüber gegen andere Mitglieder der Organisation. Sie sind neidisch auf die nachfolgende Generation und hegen eine Abneigung gegen die jungen »Emporkömmlinge«. Wie Kronos, der seine Kinder frisst, schicken sie fähige Mitarbeiter nach »Sibirien« oder setzen sie wegen angeblicher Inkompetenz an die Luft - ein »Mord« par excellence - und rationalisieren deren Schicksal dann so geschickt, dass sie selbst völlig davon überzeugt sind, der Organisation und den Mitarbeitern einen Gefallen erwiesen zu haben. Sie lecken sich noch die Lippen, sprechen aber stolz von der »lernenden Organisation« und prahlen mit den herausragenden Entwicklungsmöglichkeiten für den Führungsnachwuchs.

Eine Karikatur im *New Yorker* zeigt einen mächtigen Boss mit dicker Zigarre an seinem Schreibtisch. Vor ihm steht ein junger, ergeben lauschender Mann. »Collins, Sie erinnern mich an mich, wie ich früher war. Sie sind entlassen.« Dieser narzisstische Boss wird ganz offensichtlich vom Generationsneid getrieben. Und er steht nicht allein. Viel zu viele Führungskräfte bieten dem Nachwuchs kaum Aufstiegschancen. Sie stellen eigene Interessen über die Interessen der anderen, treten ihre Verantwortung für das Unternehmen mit Füßen und nutzen die jungen Leute nur als Verlängerung ihrer selbst aus. Solange die jungen Leute diese Rolle akzeptieren, ist alles gut. Wollen sie jedoch eigene Wege gehen, schlägt der Neid zu - wie in der Karikatur. Bosse mögen »Deserteure« nicht (hatten sie doch als junge Kerle selbst Übernahmefantasien), sie fürchten um ihre eigene Stellung.

Der Lebenszyklus eines Vorstandsvorsitzenden

Das Wort Lebenszyklus wird häufig verwandt, um die Entwicklungsstadien von Organismen (Pflanzen, Tieren oder Menschen) zu beschreiben. Es lässt sich auf die Laufbahn von Topmanagern übertragen. Der Lebenszyklus von Vorstandsvorsitzenden kennt drei Stadien: Einstieg, Konsolidierung, Niedergang. Nicht nur von Vorstandsvorsitzenden, seien sie nun männlich oder weiblich. Ich konzentriere mich auf diese, weil sie die weithin sichtbaren Galionsfiguren sind. Meine Beobachtungen gelten auch für Personen, die sich nicht aus dem Unternehmen selbst auf die Spitzenposition vorgearbeitet haben. Auch Leitende, die (noch) nicht in der Chefetage sitzen, sollten dieses Kapitel daher aufmerksam lesen. Als designierter Anwärter kann man über viele Fallstricke stolpern.

Erste Phase: Der Einstieg

Vorstand oder Aufsichtsrat spielen in der Einstiegsphase die wichtigste Rolle, weil sie den neuen Vorstands- oder Aufsichtsratsvorsitzenden wählen und ihn im Unternehmen einführen. (Alles, was jetzt in der männlichen Form gesagt wird, gilt ebenso in der weiblichen.) Das Gremium entscheidet, wer die Organisation künftig am besten führen könnte - eine Entscheidung, die vom aktuellen Standpunkt und dem angestrebten Ziel abhängt. Allgemein gesprochen verspricht man sich von einer Führungspersönlichkeit, die aus dem Unternehmen selbst stammt, eine evolutionäre Entwicklung, während man von externen Kräften (möglichst mit intimen Kenntnissen der Branche) Revolutionäres erwartet.

Das Erste, was ein frisch eingeführter Vorstandsvorsitzender entdeckt, ist das neue Licht auf der eigenen Karriere: Wer ganz oben steht, kann nicht noch höher streben (mal abgesehen von den Portfolio-Karrieren). Man ist zum Erfolg verdammt, die einzige Alternative heißt Scheitern. Mehrere CEOs, die ich befragt habe, sagten: »Ich habe mein Ziel erreicht, und jetzt stehe ich im Finale.« Das kann eine Reihe von Ängsten auslösen, insbesondere wegen der Einsamkeit und der (selten eingestandenen) Sorge, ob der Job nicht eine Nummer zu groß ist. Es kann aber auch Fantasien darüber auslösen, welches »Denkmal« man sich setzen will, um an die eigene »Regierungszeit« zu erinnern.

Diese Zweifel rücken im Alltagsstress meist in den Hintergrund, aber andere psychologische Kräfte treten an ihre Stelle. Ein neuer Vorstandschef sollte sich darüber im Klaren sein, dass sein Vorgänger mehr oder weniger kritisch über sein Erbe wacht. Der scheidende Amtsinhaber mag den Machtverlust wie eine Verurteilung zum Tode empfinden, die nur mit einem großzügigen Vermächtnis kompensiert werden kann. Verständlich, dass er dieses Vermächtnis vor Zerstörung und mangelndem Respekt seitens seines Nachfolgers bewahren will. Bewusst oder unbewusst könnte er versucht sein, dem Neuen ein Bein zu stellen (besonders, wenn dieser sehr dynamisch auftritt). Die Sabotage wird umso wahrscheinlicher, wenn der scheidende Vorstandsvorsitzende in den Aufsichtsrat wechselt, was häufig der Fall ist.

Schwierigkeiten kann auch die menschliche Neigung zur Verklärung bereiten. Wir streichen unangenehme Dinge gern aus dem Gedächtnis. Besonders in Stressmomenten schwanken wir zwischen Abwehr durch Leugnen und der Macht der Erinnerung. In dem Roman *Rebecca* von Daphne du Maurier schlingt sich die glorifizierte Erinnerung an die erste Gattin wie ein Geist um die zweite Ehefrau. Auch ein neuer Vorstandsvorsitzender kann von dem idealisierten (und damit verfälschten) Bild seines Vorgängers genarrt werden.

Außerdem ist da noch das Problem mit unrealistischen Erwartungen. Neue Führungskräfte (besonders wenn sie aus einem anderen Unternehmen kommen) werden oft für Retter aus der Not gehalten, die alle Versäumnisse in kürzester Zeit aufholen und die Dinge schon richten werden. Je massiver der Leidensdruck unter dem Vorgänger, desto hoch gespannter die Anforderungen an den Nachfolger. Aber da die Erwartungen unrealistisch sind, schlägt die aus Verblendung erwachsene Idealisierung schnell in bodenlose Enttäuschung um. Der »Messias« wider Willen wird, ehe er sich versieht, vom Podest gestoßen. Und die »waidwunden Prinzen« – Aspiranten auf das Amt, die bei der Besetzung übergangen wurden – nutzen die Gunst der Stunde, um ihre Rachegelüste auszuleben und den Heilsbringer zum Sündenbock zu stempeln.

Kein Zweifel: Der Einstieg ist mit Ängsten belastet. Ein neuer Vorstandsvorsitzender fürchtet nicht nur, dass er Erwartungen enttäuscht, mehr oder minder stark verwirren ihn auch die Anforderungen der neuen Rolle. Wenn er aus einem anderen Unternehmen kommt, muss er die formalen und informellen Kommunikations- und Organisationsstrukturen rasch verinnerlichen und verstehen, welche Kräfte in seinem neuen Wirkungsfeld intern für Dynamik sorgen. Aber es gibt keine Schonzeit. Vom ersten Tag an steht er unter einem enormen Leistungsdruck. Man erwartet Taten. Und man hofft auf Antworten: Wie soll es in Zukunft weitergehen? Selbst wenn er die »Visionsgeschichte« im Unternehmen zu fassen versucht, fragen ihn die Mitarbeiter nach *seiner* Vision. »Welche Performanceziele werden Sie vorgeben?«, wollen sie wissen, »Was werden Sie zuerst ändern?«.

Ungeachtet der vehementen Einforderung von Taten und Antworten muss ein unternehmensfremder Vorstandsvorsitzender vor allem eins: Zuhören. Und sich im zweiten Schritt weiter umhören. Er muss verstehen, wie die Organisation »tickt« und wie er am effektivsten zur Wertsteigerung beitragen kann. Dieses Verständnis erwirbt er nur, wenn er mit allen Interessenvertretern spricht. Wer dem Erwartungsdruck nachgibt und blindem Aktionismus verfällt, gewinnt nichts als die Gewissheit, später eigene Entscheidungen revidieren zu müssen.

Neue Vorstandsvorsitzende müssen die zentralen Figuren entdecken, ohne die ihre Amtszeit nicht gelingen kann. Selbst wenn sie eigene Vertraute mitbringen, können sie diese Mitarbeiter nicht auf Schlüsselpositionen hieven. Probleme sind vorprogrammiert, wenn die zweite Reihe nicht mit Insidern besetzt wird. Das heißt nicht, dass die »waidwunden Prinzen« umworben, mit prestigeträchtigen, verantwortungsvollen Positionen »gekauft« werden sollten. Im Rückblick versicherte mir mehr als ein CEO, dass er sich dieser übergangenen Konkurrenten viel früher hätte »entledigen« sollen. Der Versuch, sie ins Boot zu holen, verschlang Zeit und Energie, die direkt im Unternehmen besser investiert gewesen wäre.

Mit all seinen Unwägbarkeiten ist der Einstieg oft von Experimenten gekennzeichnet. Ein Vorstandsvorsitzender wird meist aufgrund der besonderen Fähigkeit gewählt, die das Unternehmen zu diesem Zeitpunkt am dringendsten benötigt. Dieses sind etwa besondere Fähigkeiten im Personalmanagement, bei der Entwicklung globaler Strategien, im Bereich Finanzen oder in der Bewältigung von Umbruchphasen. Während er sich in die vom Vorstand an ihn herangetragenen Aufgaben stürzt, geht der neue Vorsitzende in der Herausforderung auf und widmet sich mit allen Fasern seines Seins dem Neuen. Es ist eine intensive, spannungsreiche Zeit, in der er sich ganz auf die Arbeit konzentriert.

Bewusst oder unbewusst sucht er in dem neuen Umfeld nach Themen, die zu der Vorlage in seinem inneren Drama passen. Anders gesagt, er sucht nach einer Korrespondenz zwischen seinem persönlichen Stil und einer in dem vorgefundenen geschäftlichen Umfeld sinnvollen Strategie. Er verwandelt seine Träume und Obsessionen in ein Organisationsszenario. Ist dieses übereinstimmende Thema gefunden, beginnt die zweite Phase.

Zweite Phase: Konsolidierung

Wenn seine Arbeit die ersten Früchte trägt und sich die Kennziffern des Unternehmens bessern, genießt der neue Mann an der Spitze das Gefühl der Macht. Das ist das Kennzeichen der Konsolidierungsphase. Mit einer gesicherten Herrschaftsbasis, der Unterstützung des Vorstands, dem Arbeitseinsatz des Führungsteams und einem Netzwerk wichtiger Verbündeter sieht sich der Vorstandschef zunehmend in die Lage versetzt, seine Träume zu verwirklichen. Er erreicht den Zenith, und wenn er nicht in der Lage ist, sich neu zu erfinden, hält er die Performance auf einem bestimmten Niveau. Das kann über Jahre anhalten.

Aber, wie überall, kann im Erfolg schon der Keim zur Niederlage enthalten sein. Mit der Zeit kristallisiert sich unter Umständen für den CEO ein alles beherrschendes Thema heraus, das tief sitzende Wünsche berührt und deswegen zur Obsession wird. Die Gefahr (wie im Fall von Kenneth Olson, siehe Kapitel 3) besteht, dass *das zentrale Thema nicht mehr mit dem Umfeld des Unternehmens übereinstimmt. Inflexibilität droht, der Vorstandschef wird blind für die Sichtweise anderer Menschen.* »Wenn dein Kopf ein Hammer ist, siehst du nur Nägel.«

Wenn sich Führer nicht neu erfinden, schlittert ihr Unternehmen womöglich in den Konkurs.

Dritte Phase: Niedergang

Damit sind wir in der Phase des Niedergangs. Verschiedene Merkmale charakterisieren deren Beginn:

- Kurzsichtigkeit und Arroganz auf der Chefetage,
- die Verwechslung von Umtriebigkeit und Führung,
- die Ablehnung neuer Ideen,
- Konzentration auf Interna zulasten der äußeren Faktoren,
- unhinterfragte Geltung eines Paradigmas,
- wachsende zentralistische Bürokratie,
- nachlassende Dringlichkeit bei der Erledigung von Aufgaben,
- wiederholte Bezugnahme auf die alles beherrschende Manie,
- schwindende Begeisterung,
- schwindsüchtige Kennziffern,
- wachsende Kassenbestände.

An Henry Ford lässt sich dieser Verfall sehr anschaulich zeigen. 19 Jahre lang, von 1908 bis 1927, verweigerte er sich jeder Änderung an dem Modell T. Als ihm seine Ingenieure einige mögliche Neuerungen an dem Wagen vorstellten, trat er diesen buchstäblich in Stücke. Er wollte ein billiges Auto produzieren, um das Leben der Bauern zu erleichtern. (Überrascht es Sie, dass Fords Vater Farmer war und die beiden ein sehr ambivalentes Verhältnis hatten?) Ford hatte seine Sicht der bäuerlichen Bedürfnisse – »ihnen aus der Patsche zu helfen« – und dieses wiederholte Thema seines inneren Dramas verhinderte jede Anpassung. Ihn kümmerten weder das gewandelte Geschäftsumfeld in Gestalt neuer Kundenwünsche (die Auswahl und jährliche Modellwechsel bevorzugten) noch die wachsende Konkurrenz.

Leitende, die sich auf eine Formel, eine Richtung festlegen, würgen intern neue Entwicklungen ab und verhindern »frisches Blut« von außen. Sie halten an der alten, müden Riege der Entscheidungsträger fest, die sich auf die vorgegebene Linie eingeschossen hat (zumindest verbal, in der Regel aber auch inhaltlich). Einfallslos und unwillig, neue Ideen aufzugreifen, horten sie Finanzmittel, statt sie in neue Projekte zu investieren.

Ohne Gegengewicht hat diese dritte Phase verheerende Auswirkungen auf das Unternehmen, schlimmstenfalls droht der Konkurs. Während die Spitze an überholten Themen festhält oder sich ihre Erfolgserlebnisse auf Nebenschauplätzen holt (etwa mit Privilegien wie einem Privatjet, exotischen Reisen, der Jagd auf Fusionspartner und Akquisitionen, mit gemeinnütziger, sozialer oder politischer Arbeit), könnte nur strategische Innovation die Organisation retten. Unabhängig von den Formen, die der

Niedergang im Einzelnen annimmt, müssen Vorstand und Aufsichtsrat einschreiten und ihre Kontrollfunktion wahrnehmen. Keine leichte Aufgabe, wenn man über Jahre eng mit jemand zusammengearbeitet hat.

Wie schmerzlich die Amtsübergabe für den scheidenden Inhaber und das Unternehmen wird, hängt von vielen Faktoren ab (darunter von den beteiligten Persönlichkeiten und der Marktlage). Eine geplante Nachfolgeregelung ist im Allgemeinen leichter zu verkraften und ein gleitender Übergang allemal günstiger als ein Bruch, auch wenn so mancher Vorstandsvorsitzende nur ungern seinen Nachfolger einarbeitet - er ist für ihn die personifizierte Niederlage.

Ist die Übergabe abgeschlossen, beginnt der ganze Zyklus von vorne.

Generationsneid

Gefragt, wie lange eine Führungskraft an der Spitze stehen sollte, antworten die meisten Vorstandsvorsitzenden sieben Jahre (plus/minus zwei). In Bezug auf die eigene Karriere sieht die Sache schon anders aus: Ein großer Prozentsatz möchte überhaupt nicht zurücktreten. Einige werden mit den Füßen nach vorn von ihren Chefsesseln getragen. Armand Hammer verließ Occidental Petroleum auf diese Weise, und schätzungsweise 16 Prozent der Unternehmensleiter wollen ihr Amt anscheinend im Sarg verlassen. Angesichts des wachsenden Drucks, den Shareholder-Value zu steigern, sinkt die Lebenserwartung der CEOs allerdings rapide.

Es fällt den wenigsten Topmanagern leicht, das Zepter weiterzureichen. Viele bewusste wie unbewusste Kräfte wirken zusammen und münden in massiven Stress. Da Vorstandsvorsitzende jedoch in der Regel Ängste und Gefühle gut verbergen, ranken sich mehr Geheimnisse um die Amtsübergabe als Hecken um Dornröschen. Wir müssen im *Wall Street Journal* oder in der *Financial Times* zwischen den Zeilen lesen, um eine Ahnung von den Schwierigkeiten mit der Nachfolgeregelung zu erhaschen.

Die Aussicht auf den Machtverlust, den der Rücktritt mit sich bringt, bedroht den tief sitzenden Wunsch nach Unsterblichkeit in uns. Sehen wir den Tatsachen ins Gesicht: Die Nachfolgeregelung weckt die Angst vor dem Tod. Viele Leitende vermeiden aus diesem Grund jeden Gedanken daran, und loyale Mitarbeiter schrecken vor dem Thema »Rücktritt« zurück, weil sie nicht in den Ruf kommen wollen, das Verscheiden des CEOs zu beschleunigen. Dank dieser Ausweichmanöver bleiben viele Vorstandsvorsitzende viel zu lange im Amt und basteln an den Feinheiten ihres Vermächtnisses. Andere harren aus, weil sie den Ärger und die Enttäuschung von Kollegen fürchten, die bei der Beförderung übergangen wurden.

Mancher Unternehmenschef drückt sich mit einem Wahlausschuss vor dem Unvermeidlichen, meist mit Billigung des Vorstands. Die Suche nach dem perfekten Nachfolger zieht sich endlos hin, weder innerhalb noch außerhalb der Organisation findet sich ein Mensch, der die Ansprüche erfüllt – abgesehen natürlich von dem derzeitigen Amtsinhaber, dessen Vertrag daher noch einmal verlängert wird. 30 Prozent der Unternehmensleiter kümmern sich überhaupt nicht um ihre Nachfolge. Aber gerade diejenigen, die sich intensiv damit befassen und zu diesem Zweck umständliche und verwickelte Pläne aufstellen, können häufig am wenigsten von ihrem Amt lassen. Ihnen würde sich vielleicht die Pointe in folgender Karikatur nicht erschließen: Eine Gruppe alter Männer hockt beisammen, und einer sagt: »Es ist also beschlossen und verabschiedet, dass das Rücktrittsalter auf 95 angehoben wird.«

Selbst jene Leitenden, die von sich aus einen »Kronprinzen« benennen, durchleben eine schwierige Zeit, wenn sie ihn einarbeiten sollen. Der Hauptgrund liegt in der Logik der Macht: Unternehmensführer sind fast per definitionem Machtmenschen, Macht gehört zu ihrem Handwerk, und sie wissen, wie sie diese Eigenschaft erwerben und einsetzen. Kommt ein Nachfolger ins Spiel, verschiebt sich die Gleichung. Ein Teil der Macht strömt, sobald der Name fällt, zu dem neuen Mann oder der neuen Frau, und die Strukturen verschieben sich ab diesem Zeitpunkt unterschwellig. Mitarbeiter orientieren sich um, Beziehungen werden anders gestrickt, neue Verhältnisse bilden sich heraus. Ich habe oft ironisch gesagt, dass ein CEO vor allem potenzielle Nachfolger aufspüren und diese Bastarde kaltstellen müsse. Dummerweise wirkt sich diese Maxime auf das Unternehmen tragisch aus.

Es kommt vor, dass Vorstandsvorsitzende noch nach der Ernennung des Nachfolgers ihre Meinung ändern und im Amt bleiben. Wie bereits erwähnt, registrieren zurücktretende Topmanager jede noch so geringfügige Kräfteverschiebung, und manche finden sich mit dem Machtverlust schlicht und ergreifend nicht ab. Dafür gibt es viele Beispiele, besonders in Familienunternehmen. Man denke nur an den alten Ford und seinen Sohn Edsel. Fast jede Empfehlung, mit der Edsel die Produktion modernisieren wollte, wurde vom Vater mit dessen Veto ausgehebelt. Henrys Starrsinn könnte durchaus zu dem Magenkrebs beigetragen haben, an dem Edsel starb. Seine Witwe sagte dem Alten auf der Beerdigung ins Gesicht: »Du hast meinen Mann umgebracht.«

Ein anderes Beispiel ist der Fall von Marcel Dassault, der den französischen Waffenproduzenten in Familienbesitz bis zu seinem Tod mit 94 Jahren leitete, ohne seinen Sohn Serge einzubinden. Oder der Geschäftsführer einer Firma, die ich vor einigen Jahren beriet. Der Mann war über 90 Jahre alt und bat um Unterstützung bei der Übergabe der Leitung an seinen Sohn. Der Sohn bereitete jedoch ebenfalls schon seinen Ruhestand vor!

Die Statistiken, wie viele Familienunternehmen Bestand haben, enthüllen ein niederschmetterndes Bild. Die meisten stolpern über Nachfolgeprobleme. Eine von drei Firmen schafft den Übergang in die zweite, nur jede zehnte den zur dritten Generation. Von hundert auf null in drei Generationen, sagt man. Manchmal rate ich Geschäftsinhabern (im Spaß natürlich), nicht zu heiraten und wie ein Mönch zu leben. Wenn keine Kinder da sind, gestaltet sich die Situation viel einfacher. Inhabern, deren Kinder bereits erwachsen sind - insbesondere wenn erwachsene Söhne da sind, die ihre Machtposition und Autorität bedrohen -, habe ich scherzhaft schon empfohlen, sich scheiden zu lassen und eine Jüngere zu heiraten. Kleinkinder aus der zweiten Ehe gelten selten als Gefahr.

Männliche Unternehmer haben besonders große Schwierigkeiten mit erwachsenen Söhnen. (Töchter sind viel einfacher, aber das ist eine andere Geschichte.) Sie haben die Neigung, ihren Ältesten zu »kastrieren«, ihn bei jeder Gelegenheit herunterzuputzen. Der bereits erwähnte Edsel Ford war ein Opfer dieses Musters. Das Alte Testament bemisst, offenbar in Anerkennung der Probleme der Erstgeborenen, deren Erbe auf das Doppelte der übrigen Kinder. Erwachsene, im Unternehmen mitarbeitende Söhne bedrohen immer symbolisch und manchmal real die Machtbasis des Unternehmers. Der Chef fürchtet (mitunter zu Recht) die Übernahme durch den Sohn. Der Vatermord ist nicht zufällig ein beliebtes literarisches Thema.

Doch nicht nur in Familienunternehmen spielen sich die großen Nachfolgedramen ab. Auch Aktiengesellschaften sind, wenn auch in geringerem Maße, von ähnlichen Entwicklungen betroffen. Der verstorbene William Pailey, bekannt für »wandernde Augen und wandernde Hände« feuerte trotz seiner sexuellen und anderen Abenteuer, die ihn völlig von dem Geschäft entfremdeten, einen Nachfolger für die Topposition bei CBS nach dem anderen. Peter Grace ist ebenfalls ein berüchtigtes Beispiel. Der Chef von W.C.Grace »tötete« seinen Nachfolger noch vom Sterbebett aus - indem er den jüngeren Mann fälschlich sexueller Belästigung bezichtigte. Oder AT&T: Vor einigen Jahren fanden Bob Allen und seine Vorstandskollegen keinen Nachfolger gut genug (nachdem sie bereits einige verschlissen hatten). Schließlich griffen die Aufsichtsratsmitglieder ein und bestellten einen neuen CEO, Don Armstrong, der heute seine eigenen Probleme hat.

Wie es nach ihrem Ausscheiden weitergeht, ist der Lackmustest für jede Führungskraft: Wie reibungslos klappt der Übergang? Gelingt er ohne allzu großes Drama? Liefert das Unternehmen weiterhin gute Zahlen? Vielleicht sollten Sie sich und die anderen Verantwortlichen fragen: Gibt es einen Nachfolger, falls ich heute vom Bus überfahren werde? Wenn nicht, denken Sie über Charles de Gaulles Ausspruch nach: Die Gräber der Welt sind voller unentbehrlicher Männer. Wenn Sie dann immer noch glauben, unentbehrlich zu sein, halten Sie Ihren Finger in ein Glas Wasser: Was geschieht, wenn Sie ihn wieder herausziehen?

Niemand ist unersetzlich. Der Leiter eines Unternehmens sollte seine Nachfolge regeln, aber da Nachfolgefragen mit schwerem, unbewusstem Gepäck belastet sind, sollte er diese Entscheidung nicht allein treffen. Wie schon erwähnt, ist es günstig, wenn sich Vorstand und Aufsichtsrat intensiv um diese Angelegenheit kümmern und potenzielle Kandidaten innerhalb wie außerhalb des Unternehmens im Blick behalten. Prämien, die das Engagement des Vorsitzenden in der Nachfolgefrage und die Entwicklung fähiger Mitarbeiter belohnen, sind durchaus hilfreich.

Hat Ihr Unternehmen Nachfolgefragen sinnvoll geregelt?

Die Fragen richten sich an Vorstandsmitglieder oder Spitzenmanager. Antworten Sie mit *Ja* oder *Nein*.

- Vorstandsvorsitzender und Vorstand erörtern zweimal im Jahr, wer im Fall einer unvorhergesehenen Krise die Leitung übernehmen sollte.
- Aufsichtsrat und Vorstand sind intensiv mit der Nachfolgeregelung befasst.
- Aufsichtsrat und Vorstand vergleichen regelmäßig interne Kandidaten mit externen Anwärtern.
- Alle infrage kommenden Kandidaten treffen sich regelmäßig mit Aufsichtsrats- und Vorstandsmitgliedern.
- Vielversprechende Kandidaten erhalten vom Vorstand Gelegenheit, ihr Können unter Beweis zu stellen.
- Die Vergütung des Vorstandsvorsitzenden ist an die Entwicklung von Kandidaten und Planung der Nachfolge gekoppelt.
- Der Vorstandsvorsitzende fördert die Nachfolgekultur, indem er aussichtsreichen Kandidaten die Möglichkeit einräumt, sich zu bewähren.

Je mehr Aussagen Sie bejahen konnten, desto besser ist die Nachfolgefrage in Ihrem Unternehmen geregelt.

Unternehmen mit Bestand – wie Procter & Gamble, Coca-Cola, General Electric und Merck – kümmern sich in der Regel systematischer um die Nachfolge als die weniger überlebensfähigen Konkurrenten. Sie verwenden einen beträchtlichen Teil der Ressourcen für die Entwicklung von Führungskräften, und zwar kontinuierlich und umfassend. Sie kürzen das entsprechende Budget nicht jedes Mal, wenn finanzielle Schwierigkeiten am Horizont aufscheinen, im Gegenteil, in ihren Augen sind solche Schwierigkeiten ein Grund mehr, in die Personalentwicklung zu investieren.

6

Das Dilbert-Phänomen

Ärztliche Maßnahmen werde ich nach Kräften und gemäß meinem Urteil zum Nutzen der Kranken einsetzen, Schädigung und Unrecht aber ausschließen.
Hippokrates

Fleiß allein genügt nicht, fleißig sind die Ameisen auch. Es kommt darauf an, was wir mit Fleiß verfolgen.
Henry Thoreau

Jeder Mensch braucht Zeit zur geistigen Erneuerung.
Whitt Schultz

Die Dilbert-Cartoons von Scott Adams sind heutzutage sehr populär. Ein nicht abreißender Strom von E-Mails vorsorgt den Autor mit Anregungen für seine Parodie des Büroalltags. Dilberts Beliebtheit spiegelt die Entfremdung und den Zynismus, mit denen viele Menschen im derzeitigen Umfeld ihren Beruf erleben. Sie spüren die Kluft zwischen der Rhetorik und den Tatsachen und hören Sprüche wie »Menschen sind unser größtes Kapital.« oder »Wir von der Unternehmensleitung sind dazu da, Ihnen zu helfen.« oder »Schulungen haben höchste Priorität.« mit einem gerüttelt Maß an Skepsis. Wie Dilbert sehen sich Menschen in aller Welt mit bürokratischen Auswüchsen und idiotischen Managemententscheidungen konfrontiert, während sie in ihrer Zelle (sei sie nun metaphorisch oder real) ums Überleben kämpfen. Auch wenn im Jahresbericht stolz verkündet wird, das Unternehmen achte seine Mitarbeiter – sie sind kleine Rädchen und werden genau so behandelt. Ungeachtet der Rhetorik halten die Organisationen ihr »Humankapital« für selbstverständlich, das »Humankapital« verliert jedoch angesichts der Heuchelei jedes Interesse an der Arbeit.

Wie gut kennen Sie Ihre Mitarbeiter?
Womit beschäftigen sich Ihre Mitarbeiter, wenn sie nicht arbeiten? Können Sie das für fünf oder mehr Angestellte sagen, aus dem Kopf oder gesprächsweise nachgefragt?

So mancher Vorgesetzte entdeckt mit Staunen, wie kreativ, loyal, energiegeladen und fantasievoll Mitarbeiter sind – außerhalb jener acht Stunden, die sie an ihrem Arbeitsplatz verbringen.

Wie in Kapitel 3 erörtert, hat die Restrukturierungsmanie den psychologischen Vertrag zwischen Arbeitnehmer und Arbeitgeber gebrochen. Die Treue zum Unternehmen wird nicht mehr mit stetigen Lohnerhöhungen, regelmäßigen Beförderungen, lebenslangen Beschäftigungsverhältnissen und finanzieller Sicherheit vergolten. Durch den Wandel des Organisationsparadigmas sind Unternehmen nicht mehr die sicheren Häfen, die sie in der Vergangenheit waren. Menschen, die auf die langfristige Fürsorge ihres Arbeitgebers vertrauten, werden bitter enttäuscht. Und so manche Führungskraft manövriert sich auf der Karriereleiter selbst in vorhersehbare Frustration. Mit 40 oder 50 wird klar, dass sich bestimmte Träume einfach nicht erfüllen werden. Dilbert ist allerorten.

Sorgen und Nöte des Berufsalltags fordern ihren Tribut. Wenn Führungskräfte nicht die Möglichkeit haben (oder sie nicht ergreifen), sich zu erneuern, leiden sie schließlich unter Monotonie und fühlen sich ausgebrannt. Alle 25-Jährigen sind begabt (sagt ein Sprichwort), die Kunst besteht darin, mit 40 noch Talent zu haben. Wer diese Marke überschritten hat, geht oft wie ein Schlafwandler durchs Leben. Robert Frost fasste es mit dichterischer Präzision: »Das Gehirn ist ein wunderbares Organ: Es schaltet sich mit dem Aufwachen ein und erst dann wieder aus, wenn man im Büro ist.« Das Phänomen der inneren Kündigung ist keineswegs auf die unteren Ränge beschränkt. So manche Führungskraft spart sich sämtliche Energien für die Freizeit auf. (Das gilt in weit höherem Maß für Männer wie für Frauen. Diese werden wegen der anders verlaufenden Biografie häufig erst in der Lebensmitte beruflich richtig aktiv, und außerdem verteilen sie in der Regel ihre Interessen geschickter).

Fühlen Sie sich ausgebrannt?

Kennzeichnen Sie folgende Aussagen als *Wahr* oder *Falsch*. Antworten Sie mit größtmöglicher Ehrlichkeit.

- Ich bin meistens deprimiert oder schlecht gelaunt.
- Ich bin ständig müde.
- Ich schlafe nicht gut.
- Ich habe selten Hunger.
- Ich beschwere mich dauernd.
- Ich stehe beruflich unter massivem Druck.
- Ich bin fast immer frustriert und verärgert.
- Ich fühle mich der Situation am Arbeitsplatz hilflos ausgeliefert.
- Es kümmert niemanden so recht, was mit mir los ist.
- Meine Pflichten überfordern mich.
- Ich habe das Gefühl, dass ich kurz vor dem Zusammenbruch stehe.

Wenn Sie mehr als drei Aussagen für sich bejaht haben, leiden Sie vielleicht unter dem Burnout-Syndrom. Prüfen Sie Ihre familiäre wie berufliche Situation und suchen

Sie nach Wegen zur Erneuerung. Nehmen Sie im Zweifelsfall professionelle Unterstützung in Anspruch.

Innerlich wie abgestorben

Für die folgende Erörterung sind die psychiatrischen Begriffe *Alexithymie* und *Anhedonie* relevant. Der erstgenannte Neologismus wurde von dem Psychiater Peter Sifneos 1970 aus dem Griechischen gebildet und bedeutet buchstäblich »kein Wort für Gefühle«. Auch der zweite Begriff stammt aus dem Griechischen und bezeichnet die Unfähigkeit, sich an Dingen zu freuen, die normalerweise Vergnügen bereiten. Die dazugehörige theoretische Diskussion haben zwei französische Psychiater mit dem Konzept des *pensée operatoire* angestoßen.

Alexithymie

Mit dem Wort Alexithymie bezeichnen die Psychiater Menschen, die ungefähr so viel Lebensgeist wie ein toter Fisch zeigen, von deren Feuer nur noch die Asche übrig geblieben ist. Den Betroffenen gelingt es kaum noch, ihre Gefühle und Stimmungen zu verstehen, und die Nuancen entziehen sich ihrer Wahrnehmung völlig. Da sie nicht wissen, was sie fühlen, können sie ihre Gefühle auch nicht ausdrücken. Statt Gefühle zu zeigen, werden sie krank. (Magengeschwüre bekommen wir bekanntlich weniger von dem, was wir essen, als vielmehr von dem, was uns auffrisst.)

Trotz des kapriziösen Namens lässt sich Alexithymie ohne Schwierigkeiten diagnostizieren. Zu den Symptomen zählen verarmte Fantasie, eingeschränktes Gefühlsleben, Freudlosigkeit und eine kleinschrittige, extrem sachliche Ausdrucksweise. Das fast mechanische Betragen verhindert jede Spontaneität. (Winston Churchill charakterisierte den russischen Politiker Wjatscheslaw Michailowitsch Molotow so: »Ich habe keinen Menschen kennen gelernt, der der modernen Vorstellung von einem Roboter so exakt entsprochen hätte.«) Alexithymiker lassen Erfahrungen, die andere Menschen erschüttern würden, scheinbar kalt. Ein Todesfall in der Familie, die Untreue des Lebenspartners, bei einer Beförderung übergangen zu werden – nichts scheint sie zu berühren. Erfahrungen gleiten an ihnen ab und fallen in ein schwarzes Loch.

Weder haben sie Mitgefühl noch ein Gespür für sich selbst. In Kombination mit ihren mechanischen, roboterhaften Reaktionen auf Konflikte erweisen sie sich als psychologische Analphabeten. Für Alexithymiker zählen nur Fakten, Fakten, Fakten. Metaphern, Anspielungen und tiefere Bedeutung sind ihnen ein Buch mit sieben Siegeln.

Zahlreiche Branchen bieten Arbeitsplätze, die Alexithymikern sehr entgegenkommen. Der Alltag in Banken und Versicherungen verleitet nicht zu Neugier, Staunen oder Freude. So manches Unternehmen bietet ein lebloses, stagnierendes Umfeld, das Führungskräften die Unterdrückung jedweder Emotion abverlangt und damit bereits viel Energie abzieht. Es ist, als müssten sie schwere Gewichte stemmen. Früher oder später sind sie erschöpft.

Wie lebendig fühlen Sie sich?

Denken Sie über folgende Aussagen nach und antworten Sie mit *Ja* oder *Nein*.

- Fällt es Ihnen schwer, mit Menschen zu reden?
- Beschreiben Sie einen Vorgang lieber in allen Einzelheiten, statt Ihre Empfindungen dazu preiszugeben?
- Flüchten Sie sich in Aktionismus, wenn Sie Gefühle ausdrücken sollen?
- Können Sie Ihre Gefühle in angemessene Worte kleiden?
- Kommt es vor, dass Sie ein Gefühl nicht richtig zuordnen können?
- Haben Sie Schwierigkeiten, die Gefühle, die andere in Ihnen auslösen, zu beschreiben?
- Reden Sie lieber über körperliche Gebrechen denn über seelische Nöte?
- Spielen Träume und Tagträume in Ihrem Leben eine untergeordnete Rolle?
- Entscheiden Sie sich an der Kinokasse für den Thriller und gegen das Psychodrama?
- Beunruhigen Sie Vorfälle in Ihrer Umgebung stärker als Gefühle und Veränderungen in Ihrem Inneren?
- Langweilen Sie sich oft?
- Sind Sie selten richtig begeistert?
- Meiden andere Menschen Ihre Gesellschaft?

Wenn Sie mehrheitlich mit *Ja* geantwortet haben (und Menschen, die Ihnen nahe stehen, Ihre Einschätzung bestätigen), sind Sie vermutlich mehr oder weniger blind für Gefühle.

Was die Zulässigkeit von Emotionen betrifft, geht ein Riss durch heutige Organisationen: Je höher man die Managementleiter hinaufklettert, desto verpönter sind Gefühlsregungen. Ganz allgemein haben sich – von der Chefetage bis in den Keller, in dem die Registratur untergebracht ist – strenge Maßstäbe der Selbstbeherrschung durchgesetzt, vielleicht weil die Welt der Angestellten und der Dienstleistungssektor als Norm gelten. Viele Unternehmen bestehen auf einer bestimmten Gefühlslage. Disneyland etwa, die »Smile-Factory«, wünscht sich vor Glück strahlende Mitarbeiter. Andere Arbeitgeber stellen klar, dass tiefe, intensive Gefühle nicht angemessen sind. Nur wenige Unternehmen haben bisher erkannt, dass die Unterdrückung von Gefühlen (oder extreme Selbstbeherrschung) Regression, infantiles Betragen und Stress fördert.

Wie stressig ist Ihr Arbeitsplatz?

Stresssymptome sind leichter zu erkennen als Symptome der Alexithymie. Insofern ist die Anspannung am Arbeitsplatz ein wichtiger Hinweis auf unerkannte Leiden.

Kreuzen Sie zu den folgenden Aussagen die jeweilige Häufigkeit an. 1 bedeutet *selten*, 2 *gelegentlich*, 3 *häufig* und 4 *immer*.

	1	2	3	4
• Ich habe eine klare Vorstellung von der Richtung, in die sich unsere Organisation entwickeln soll.				
• Ich bin mir meiner Stellung im Unternehmen sicher.				
• Ich glaube, dass ich den Verlauf meiner Karriere beeinflussen kann.				
• Ich habe viele Möglichkeiten, Eigeninitiative einzubringen.				
• Mein(e) Chef(s/in) sorgen für Motivation und Anregung.				
• Teamwork wird in unserem Unternehmen groß geschrieben.				
• Im Unternehmen herrschen Vertrauen und gegenseitiger Respekt.				
• Die Atmosphäre unter den Mitarbeitern ist sehr offen.				
• Die Mitarbeiter kennen und schätzen meine Leistung.				
• Mein Beitrag ist für das Unternehmen wichtig.				
• Die Arbeit macht richtig Spaß.				
• Unternehmenspolitik und -organisation sind auf Fairness ausgelegt.				
• Die Mitarbeiter fühlen sich für ihr Unternehmen verantwortlich.				
• Das Unternehmen bietet mir viele Möglichkeiten, Neues zu lernen.				
• Leistungszulagen werden sehr gerecht verteilt.				
• Ich kann meine Arbeitsbelastung weitgehend selbst steuern.				
• Die Mitarbeiter sind von den Vorteilen eines ausgewogenen Lebensstils überzeugt.				

Addieren Sie die Punktzahl. Wenn Sie

- weniger als 34 Punkte erreichen, ist Ihr Arbeitsplatz ausgesprochen stressig.
- 35 bis 51 Punkte erreichen, ist der Arbeitsplatz stressig, aber erträglich.
- 52 Punkte und mehr erreichen, sollten Sie sich glücklich schätzen, in einer so entspannten Umgebung zu arbeiten.

Anhedonie

Die in hellenistischer Zeit entwickelte Theorie des Hedonismus vertritt die These, Vergnügen - die Erfüllung sinnlicher Wünsche - sei das höchste Gut. Auch wenn viele Menschen dieser Doktrin anhängen, leiden andere unter *Anhedonie*, dem Verlust der Lebensfreude. Apathisch und interesselos ziehen sie sich von allen angenehmen Dingen zurück, sie sind innerlich wie abgestorben. Es verlangt sie nicht nach neuen Erfahrungen. Ihre Aufmerksamkeit hat stark nachgelassen und ihr Lebenshunger tendiert gegen Null.

Die klinische Form der Anhedonie ist eine ernste seelische Erkrankung. Hier geht es mehr um eine Art Quasi-Anhedonie, die gemilderte Form bei Menschen, die durchaus Freude und Vergnügen empfinden könnten (und bislang empfunden haben). Auch diese mildere Abart kann, wenn sie bei Topmanagern auftritt, ein Unternehmen in den Untergang reißen, weil die Unternehmensleitung zu viel Energie verschlingt. Ein »toter Fisch« hat nicht das nötige Etwas, um die Truppen zum Sieg zu führen.

Wiederbelebungsmaßnahmen

Wie gewinnen wir Lebensfreude und Begeisterung zurück? Wie können wir uns neu entdecken oder neu erfinden? Wenn menschliche Einbildungskraft das wichtigste Pfund ist, mit dem Unternehmen wuchern können, wie können wir unsere Kreativität und die von Kollegen und Untergebenen anzapfen?

Der Flow

Mihaly Csikszentmihalyi sprach vom »Flow«, dem Fließen freudiger, konzentrierter Hingabe, das uns die Zeit vergessen lässt. Dieses Gefühl vollkommener Anteilnahme gilt es wiederzuentdecken. Aber wie?

- Erstens brauchen wir eine Herausforderung. Wenn wir angespannt an etwas arbeiten, das wir bewältigen können, stellt sich dieses »Everest«-Hochgefühl ein. Übersteigt oder unterschreitet die Aufgabe unsere Kräfte, dann haben wir ein Problem. Zielvorgaben sollten erreichbar sein: Sind sie zu hoch gesteckt, geben wir überlastet, überfordert oder ausgebrannt auf. Sind sie zu lasch, langweilen wir uns und »bauen ab«. Ohne Herausforderung lernen wir nichts. Menschen sind von Natur aus neugierig, und diese Gier nach Neuem kann nur durch Lernen gestillt werden (siehe Kapitel 13). Unternehmen, die Lernen groß schreiben und damit Kreativität und Innovation Tür und Tor öffnen, fördern zugleich die Lebendigkeit.

- Zweitens benötigen wir Etappenziele. Kleine »Geländegewinne« sind wichtig. Die Meilensteine auf dem Weg zu den großen Zielen motivieren durch regelmäßige Erfolgserlebnisse und vermitteln das Gefühl, die Dinge in der Hand zu haben. Und wir können unterwegs den Fortschritt feiern.

Wie sieht der »Fluss« am Arbeitsplatz aus? Gefragt, was ihnen als besonders aufregend und spannungsreich in Erinnerung ist, antworten die meisten Menschen: Etwas Neues aufbauen. Wer an der Entwicklung der Macintosh-Computer mitgearbeitet hat, beschreibt dies als eine der wichtigsten Erfahrungen im Leben. Der Umbau eines Unternehmens erfüllt Menschen mit Stolz, und sie denken gern daran zurück. Wer mit Geschick und Leidenschaft als Mentor wirkt, vergisst diese Momente nicht. Solche Höhepunkte werden noch intensiver erlebt, wenn ein ganzes Team beteiligt ist.

Spüren Sie den Flow?

- Wie war das, als Sie 5, 10, 16 und 21 Jahre alt waren? Wie haben Sie sich Ihre Zukunft vorgestellt? Was ist aus Ihren Träumen geworden?
- Schließen Sie die Augen. Versetzen Sie sich erneut in die Kindheit zurück, als Sie fünf oder zehn Jahre alt waren. Wann haben Sie sich richtig lebendig gefühlt? Bei welchen Tätigkeiten haben Sie jedes Gefühl für die Zeit verloren?
- Gibt es heute noch Dinge, bei denen Sie die Zeit vergessen? Die Sie ähnlich stark mitreißen?
- Notieren Sie drei angenehme Dinge, die Sie gern einmal ausprobieren würden. Lassen Sie Ihrer Fantasie freien Lauf. Nehmen Sie den am einfachsten durchführbaren Punkt und gehen Sie die Sache noch heute an.

Wir müssen wissen, welche Tätigkeiten uns das Gefühl vermitteln, dass wir leben. Aber das Wissen allein reicht nicht: Seine Batterien lädt nur der auf, der solchen Aktivitäten regelmäßig nachgeht.

Der Höhepunkt Ihrer Karriere?

Die Antworten auf die vorigen Fragen können bei der folgenden Übung hilfreich sein. Sie sollen jetzt den Punkt in Ihrer Leitungstätigkeit festhalten, der Sie mit besonderer Genugtuung erfüllt.

- Beschreiben Sie die Zeit, als Sie in Ihrer Führungsposition die besten Leistungen gebracht haben.
- Wodurch wurde die Situation zur Herausforderung?
- Wodurch ist Ihnen die Situation so nachdrücklich in Erinnerung geblieben?
- Was haben Sie getan? Was charakterisiert das Herausragende an Ihrer Leistung?
- Welche Lehren haben Sie aus dieser Erfahrung gezogen?

Behalten Sie, während Sie die einzelnen Stationen Ihrer Laufbahn Revue passieren lassen, Ihre Antworten auf die vorigen Fragen im Hinterkopf. Wenn Sie zusammendenken, was Ihnen am meisten Spaß macht, Ihre Produktivität steigert und Ihre Leistungskraft in der Führungsposition stärkt, dann treffen Sie bei der nächsten anstehenden Entscheidung vielleicht die klügere Wahl.

Der Fluss in den Zeiten der Restrukturierungsmaßnahmen

Es ist nicht einfach, den Spaß an der Arbeit aufrechtzuerhalten, während das Business Reengineering fröhliche Urstände feiert. Die Erfahrung verschont die Chefetagen nicht. Reengineering bedeutet fast immer Entlassungen und gebiert damit eine neue Spezies des Unternehmensbürgers: den *Homo reductus.* Die Fusionswelle mit ihren Begleiterscheinungen - Konsolidierung, Zusammenlegung von vergleichbaren Abteilungen - ist häufig der Auslöser, auch Kostensenkung und Skaleneffekte tragen zur Ausbreitung dieser Modeerscheinung bei.

Die Managementliteratur diskutiert im Zusammenhang mit dem »Downsizing« vor allem zwei Parteien: die »Opfer«, die um ihren Arbeitsplatz gebracht werden, und die »Überlebenden«, deren Arbeitsfähigkeit vom Schuldgefühl beeinträchtigt wird. Über die dritte Leidensgruppe wird selten gesprochen: über die »Täter«, also jene, die sich die Hände schmutzig machen. Selbst wenn die Entlassungen schönfärberisch umschrieben werden (»Straffung«, »Verschlankung«, »Freisetzung«), der Job des Scharfrichters ist nicht gut für die Seele. Es mag Sadisten geben, die den Kahlschlag genießen, aber die meisten Vollstrecker leiden unter Depressionen und Dissoziation (das heißt, vorgeblich nehmen sie Anteil, obwohl sie gar nicht bei der Sache sind) und zeigen Anzeichen von Alexithymie und Anhedonie.

Wenn Topmanager solche Symptome zeigen, können sie den richtigen Kurs für ihr Unternehmen kaum noch erkennen. Noch weniger sind sie in der Lage, die Begeisterung und die Kraft aufzubringen, ohne die sie das Gespür für den Flow verlieren. Eigene Sorgen binden zu viel Energie.

Aber als Symbolträger, die als lebendes Beispiel vorangehen müssen, kommt es entscheidend auf ihre emotionale Ausdruckskraft an. Ist ihr Gefühlsleben blockiert, verlieren sie den Kontakt zu der eigenen Befindlichkeit. Man kann natürlich so tun als ob, aber das funktioniert nur für einen begrenzten Zeitraum. Früher oder später werden Kollegen und Mitarbeiter herausfinden, dass man nicht richtig bei der Sache ist und mit der emotionalen Distanz auch jede Lust an der Arbeit und damit den nötigen Schwung verloren hat.

Wer eine Führungsposition bekleidet, ist demnach verpflichtet, solche Symptome erst gar nicht zu entwickeln oder Hilfe in Anspruch zu nehmen (sei es von Kollegen oder von professionellen Kräften). Nur wer Probleme frontal in Angriff nimmt, kann führen, ohne die Lebendigkeit im Unternehmen zu ersticken.

Hier und jetzt oder später leben?

Der Umgang mit Problemen am Arbeitsplatz beeinflusst, wie beschrieben, das Wohlergehen einer Führungskraft. Aber auch wer sich im Job Herausforderungen stellt und engagiert bei der Sache ist, bringt keine Höchstleistung, solange die Balance zwischen Beruf und Privatleben nicht stimmt. »Welches Privatleben?«, fragen Sie. Genau das meine ich.

Ist Ihr Leben im Gleichgewicht?

Beantworten Sie folgende Fragen für sich. Bitten Sie Ihren Mann oder Ihre Frau, die Fragen ebenfalls zu beantworten. Besprechen Sie Übereinstimmungen und Differenzen.

- Wie teilen Sie sich Ihre Zeit zwischen Beruf und Privatleben ein?
- Wie viel Zeit verbringen Sie mit dem Lebenspartner und den Kindern?
- Wie gut sind die Beziehungen zu anderen Menschen? Finden Sie bei Ihnen emotionalen Rückhalt?
- Wie bewerten Sie in Bezug auf diesen emotionalen Rückhalt das Verhältnis von Geben und Nehmen?
- Denken Sie manchmal über Ihre Lebensziele nach und überlegen sich in regelmäßigen Abständen, wie realistisch diese noch sind?
- Wie gut bewältigen Sie Stress und Sorgen?
- Haben Sie außerhalb der Arbeit Interessen und Hobbys?

Die Antwort auf einige dieser Fragen mag schwer fallen, aber es ist wichtig, sich mit den darin angesprochenen Themen zu befassen. Wenn Ihnen Ihre Antworten (und die Reaktion Ihres Partners) problematisch erscheinen, sollten Sie dem nachgehen und gegebenenfalls die Hilfe eines Coaches, Psychotherapeuten oder anderweitige Unterstützung in Anspruch nehmen.

Eine Balance zwischen Arbeit und Leben zu finden gehört eindeutig zu den Dingen, die leichter gesagt als getan sind. Schon die Annäherung an das Ideal ist eine Herausforderung. Folgende Schritte liefern den Grundstock dazu.

- Geben Sie Ihren Lebenszielen Raum. Denken Sie darüber nach, was Sie in Ihrem Leben erreichen wollen, und nehmen Sie sich die Zeit, um das, was Ihnen besonders wichtig ist, zu erreichen.

- Messen Sie Ihr Leben nicht quantitativ – gelebte Jahre, Preise und Prämien, Beförderungen. Betrachten Sie vielmehr die Qualität Ihres Lebens.
- Markieren Sie nicht den Überflieger. Räumen Sie mit unerreichbaren Zielen auf.
- Streben Sie nicht nach einem Ideal, konzentrieren Sie sich lieber auf Zufriedenheit.
- Lernen Sie, Nein zu sagen. Fühlen Sie sich vor allem nicht schuldig, wenn Sie Nein gesagt haben. Es ist Ihr gutes Recht, Grenzen zu setzen.
- Verbringen Sie mehr Zeit für sich. Auch wenn Alleinsein manchen schreckt: Nur so finden Sie heraus, was Ihnen wichtig ist.
- Verbringen Sie Zeit mit den Mitgliedern Ihrer Familie, und zwar mit jedem einzeln. Machen Sie etwas gemeinsam, versuchen Sie herauszufinden, was die anderen in ihrer Einmaligkeit auszeichnet.
- Meiden Sie Streber, die aus allem einen Wettkampf machen, meiden Sie sie vor allem in Ihrer Freizeit. Freunden Sie sich lieber mit Menschen an, die das Leben entspannter angehen.
- Räumen Sie der Erholung Priorität ein. Erholung heißt, dass Sie zu sich selbst finden. Von da aus können Sie sich dann neu erfinden.
- Kultivieren Sie Ihren Sinn für Ästhetisches. Genießen Sie die schönen Dinge: Musik, Kunst, Theater, Literatur, Natur.

Wer eine Karriere anstrebt, lebt oft ganz ernsthaft nach dem Motto: Jetzt schuften wie ein Tier, damit man später ein schönes Haus, ein tolles Auto und eine satte Rente genießen kann. Das mag für den Anfang angehen (und notwendig sein), aber es mündet unvermeidlich in Enttäuschung.

Ich gebe die Worte eines Betroffenen wieder:

> »Als ich zu arbeiten anfing, sagte ich zu meiner Frau und meinen Kindern, dass ich mich für die nächsten paar Jahre auf die Arbeit konzentrieren würde und dass wir dann alle besser leben könnten. Die Jahre vergingen, und ich war beruflich wahnsinnig erfolgreich. Aber meine Kinder kennen mich nicht mehr, und ich bin ihnen auch egal. Sie sind aus dem Haus und leben ihr eigenes Leben. Ich bin für sie ein Fremder. Und meine Frau, na ja, meine Ex-Frau ist mit einem anderen Mann zusammen. Wenn ich meine Wahl im Rückblick betrachte, weiß ich, dass ich mein Leben hätte anders leben sollen. Es ist deprimierend.«

Könnte dieser Mann die Zeit zurückdrehen, würde er sich sicher für eine ganzheitliche Option entscheiden: Berufliche und private Ziele gleichzeitig anstreben.

Dummerweise ist diese – für sich genommen schon schwierig genug einzulösende – Absicht, auch auf dem Höhepunkt der Karriere sein Privatleben nicht zu vernachlässigen, nur die halbe Miete. Auch ein Vorstandsvorsitzender muss sich privat in einen Ehemann, Vater, Freund, Sohn, eine Vorstandsvorsitzende in Ehefrau, Mutter, Freundin, Tochter zurückverwandeln. Welche Herausforderung das bedeutet, zeigt folgende - sehr typische - Aussage:

> »Wenn ich aus dem Büro komme und mich meiner Familie widme, fällt mir der Wechsel von dem Weisungsstil, aus dem die Gefühle so weit wie möglich herausgenommen werden, zu der Fürsorglichkeit, die gerade auf der emotionalen Ansprechbarkeit beruht, sehr schwer. Was im Büro funktioniert, führt zu Hause zu massiven Problemen. Es ist wirklich schwer, den Chef auszuschalten und nicht jedem zu sagen, was er zu tun hat.«

So mancher, der nicht umschalten kann, schickt sich bauernschlau in sein Schicksal: Er ist zwar zu Hause, schert sich aber nicht um Kommunikation. Die Methode erinnert mich an eine Karikatur. Der Mann liegt auf dem Sofa, die Frau spricht mit jemand anders und sagt: »So viel ich weiß, stellt er in der Firma alles auf den Kopf.« Vielleicht erkennen Sie sich in dem Bild wieder.

In der ersten Woche meines dreiteiligen Führungsseminars reden die Teilnehmer nahezu ausschließlich von ihrer Arbeit. Das ändert sich in der zweiten und dritten Woche. Sobald sie sich an den Rahmen und aneinander gewöhnt haben, wollen sie über den Eiertanz zwischen Arbeit und Familie reden - darüber, wie sie ihr Leben ins Gleichgewicht bringen können. Wenn ich frage: »Wenn Sie noch sechs Monate zu leben hätten, wie würden Sie Ihre Zeit verbringen?« (eine schwierige Frage), denken die wenigsten an berufliche Projekte. Es stimmt schon: Niemand würde auf dem Totenbett sagen: »Ich hätte mehr Zeit im Büro verbringen sollen.«

Die Tragödie von Erfolg und Beinahe-Erfolg

Nach allem, was ich von Unternehmensleitern im Lauf der Jahre erfahren habe, kennt das Leben zwei Tragödien: Keinen Erfolg zu haben und, paradox genug, Erfolg zu haben. Wir alle haben zu oft gesehen und gespürt, wie sich Misserfolg anfühlt, als dass man über das Tragische daran lange reden müsste. Aber wieso bringt Erfolg Unglück?

Das Faust-Syndrom

Wer es an die Spitze geschafft hat, leidet nicht selten unter dem »Faust-Syndrom« (so genannt nach Goethes *Faust*), der Melancholie oder der Trauer, die den befällt, der seine Ziele erreicht hat. Diese Führungskräfte hatten Erfolg, sind Vorstandsvorsitzende oder CEO oder was immer sonst sie anstrebten, sie sind angekommen. Trotzdem sind sie deprimiert. War das alles, fragen sie sich. Dafür habe ich mein Leben eingesetzt? Hat es sich gelohnt?

Ich erinnere mich an einen CEO, der seine Familie quer über den Globus gezerrt hat, um diese Position zu ergattern. Er war als CEO extrem beschäftigt, er war in all den Jahren, während er die Karriereleiter Sprosse um Sprosse erklomm, extrem beschäftigt, er hatte kaum Zeit, um sich auch noch mit seiner Familie zu beschäftigen. Seine Frau, die vor ihrer Hochzeit selbst im Beruf Erfolg hatte, musste ihren Job an den Nagel hängen, um die gute Gastgeberin und Ehefrau zu spielen und sich um die Kinder zu kümmern. Nun hatte er zum zweiten Mal ein Melanom entfernen lassen müssen, und obwohl der Hautkrebs in seinem Fall relativ harmlos war, führte die Diagnose zu einem Überdenken von Leben und Karriere. »Vielleicht sollte ich versuchen, mehr Zeit mit meiner Frau und den Kindern zu verbringen«, sagte er in der Gruppe. »Sie sind mir eigentlich wichtiger als mein Beruf.« Die Reaktion der anderen war brutal offen: »Meinst du, sie wollen dich noch?«

Torschlusspanik

Während die einen verzweifeln, weil sie ihre Ziele erreicht haben, verzweifeln andere, weil sie ihre Ziele nicht erreichen, auch wenn ihre Laufbahn nach dem Urteil Normalsterblicher erfolgreich war. Sie treibt um, was die Deutschen Torschlusspanik nennen. Die Erkenntnis, dass ihre Träume noch nicht verwirklicht sind (und sich, schlimmer noch, wahrscheinlich nie erfüllen werden), weckt die Angst, dass ihnen die Zeit davonläuft. Einige werfen dann die Flinte ins Korn, andere verfallen in hektische Aktivität und erreichen ihr Ziel meistens doch nicht. Die einen wie die anderen sind am Ende niedergeschlagen. Durch übermäßige Arbeit können sie die Depression hinausschieben, aber wenn die Ziele nicht überprüft und angepasst werden, lässt sie sich auf Dauer nicht verhindern.

In einem meiner Führungsseminare war ein Mann, der seinem Unternehmen wie ein »treuer Soldat« gedient hatte. Während eines Workshops wurde ihm etwas bewusst, was er seit Jahren verdrängte: Er stieg zwar stetig in der Hierarchie auf, aber seine Laufbahn konnte in der ihm verbleibenden Zeit nicht mehr bis zum Vorstand reichen, denn mehrere andere Kandidaten vor ihm waren besser qualifiziert. Die Erkenntnis stürzte ihn in eine fast tödliche Depression. Nach dem Seminar gelang es ihm jedoch mithilfe eines Coaches, seine Karriere neu auszurichten. Er wechselte schließlich auf einen höheren Posten in einer anderen Firma.

Hochstapler, eingebildete und richtige

Andere, die es auf eine Position an der Unternehmensspitze geschafft haben, fühlen sich wie Hochstapler, stellen ihre Fähigkeiten infrage und halten sich für weniger kompetent oder intelligent, als sie nach außen wirken. Manchmal haben sie damit leider Recht. Einige wenige Topmanager mogeln sich an die Spitze (siehe Chance, den Gärtner, in Kapitel 4, dem der Zufall zu seinem Aufstieg verhalf) oder nutzen Familienbeziehungen. Nicht selten sind sie gute Kunden von Beratungsfirmen, die ihnen den Glanz nach außen erhalten.

Andere Selbstzweifler sind in jeder Hinsicht exzellent, nur nicht mit Blick auf ihre Selbsteinschätzung. Sie halten sich für Hochstapler, obwohl sie kompetent sind. Sie schreiben ihren Erfolg dem Glück zu, der Arbeit, mit der sie ihre vermeintlichen Mängel auszugleichen suchten, und Oberflächenfaktoren wie ihrem Aussehen oder ihrer Liebenswürdigkeit. Dass sie tatsächlich über intellektuelle Fähigkeiten und Gaben verfügen, wollen sie nicht einsehen. Sie denken, dass ihre Mängel jedermann klar vor Augen stehen müssten. Ständig leben sie in Angst, ihr Betrug könnte entdeckt werden, sie würden die Erwartungen, die andere in sie setzen, enttäuschen und die Katastrophe nähme ihren Lauf. Ihr Perfektionismus macht sie überempfindlich gegen Ablehnung und gesellschaftliche Fehltritte. Der Zweifel an ihren Fähigkeiten, in frühen Jahren eingeimpft, verfolgt sie.

Ich muss an eine Frau denken, eine der fähigsten Führungskräfte, die ich je kennen gelernt habe, aber auch unglaublich gut darin, ihr Licht unter den Scheffel zu stellen. Sie war nie mit sich zufrieden und entdeckte Fehler, wo es keine gab, und selbst wenn absolut nichts auszusetzen war, versuchte sie, den Verdienst anderen zuzuschreiben. Dass sie die Organisation zum Erfolg führte, konnte sie einfach nicht zugeben.

Der Nobelpreis-Komplex

Es gibt Menschen, die paralysiert sind, sobald sie die Spitze erreichen. Jahrelang haben sie eine bestimmte Position angestrebt (zum Beispiel den Vorstandsvorsitz), und wenn sie am Ziel ihrer Wünsche sind, zittern sie aus Furcht vor dem Neid der anderen. Dieser Zustand wurde als »Nobelpreis-Komplex« beschrieben – sie »entreißen dem Sieg eine Niederlage«, haben Angst, exponiert zu sein und im Blickfeld der anderen zu stehen. Das führt manchmal zu selbstzerstörerischem Verhalten.

Der frühere amerikanische Präsident Richard Nixon ist ein schlagender Beleg für diesen Zusammenhang. Er empfand Erfolg als zweischneidiges Schwert. Die Watergate-Affäre ist nur das bekannteste Beispiel für seine unglaubliche Fähigkeit, sich selbst ein Bein zu stellen. Nixons Vater war ein aufbrausender, gewalttätiger, hartherziger Mann, der nichts zu einem guten Ende brachte. Die dominante, herrische Mutter hegte große Ambitionen für ihren Sohn und hatte so ihre Methoden, um dem schwierigen Ehemann beizukommen. An der Hilflosigkeit und Angst, die Nixon gegenüber dem Vater empfand, kann man seine Identifikation mit der Mutter ablesen. Doch die Familiendynamik hinterließ ein Kontrollbedürfnis sowie den Geschmack von Wut, Bitterkeit, unterdrückter Feindseligkeit und versteckten Manipulationen.

Manchmal löst sich die Ambivalenz gegenüber eigenen Erfolgen nur auf, wenn man die Familie hinter sich lässt und Distanz zu ihr schafft. Menschen, die ihre zwiespältigen Rivalitätsgefühle zu Eltern und Geschwistern nicht verarbeitet haben, empfinden weltliche Triumphe als »ödipal«: ebenso ersehnt wie gefürchtet. Die Vergeltung des ödipalen Wettbewerbers folgt, so wähnt der Betroffene, auf dem Fuß, jeder Sieg ist bestenfalls ein Pyrrhussieg. Führungskräfte, die unter diesen Vorzeichen auf dem Chefsessel Platz nehmen, werden von Schuldgefühlen und der Furcht vor Rache geplagt.

Die Einsamkeit des Befehlshabers

Nicht jeder erträgt die »Einsamkeit des Befehlshabers«. So sentimental der Ausdruck klingen mag, es ist doch viel Wahres daran. Wer im mittleren Management arbeitet, kann mit Kollegen reden, die vor ähnlichen Herausforderungen und Rückschlägen stehen. An der Spitze hingegen steht man allein. Das fein gesponnene Netzwerk wechselseitiger Abhängigkeiten in den unteren Rängen zerreißt. Den früher Gleichgestellten ist stets präsent, dass der Aufsteiger nun auch über sie entscheidet – über ihre Beförderung, ihre Gehaltssteigerung und so weiter. Deswegen halten sie Abstand. Ohne Anknüpfungspunkte für ihr normales Bedürfnis nach Kontakt und Austausch verlieren Spitzenführungskräfte das Gefühl dazuzugehören. Wenn sie nicht aufpassen, werden sie wirklichkeitsfremd und können ihre Wahrnehmungen nicht mehr an der Realität überprüfen.

Das mag angesichts der Kämpfe, die auf dem Weg nach oben durchzustehen waren, wie ein Klacks wirken, ein nebensächliches Detail. Das stimmt nicht. Auch der Mann oder die Frau an der Spitze benötigt Gesprächspartner, sie dürfen ihr Bedürfnis nach emotionaler Nähe nicht ignorieren und müssen die Ängste, die mit ihrer Arbeit verbunden sind, aussprechen dürfen. Was können sie tun?

Einige pilgern zu der berühmten Konferenz in Davos, auf der Hunderte von CEOs und Vorstandsvorsitzende zusammenkommen und entzückt feststellen, dass sie mit ihren Problemen nicht allein sind. Andere besuchen mein Führungsseminar. Viele Teilnehmer sagten mir, es sei für sie die erste Gelegenheit gewesen, über die Einsamkeit an der Spitze zu reden. Sie waren dankbar, hier Freunde zu finden, mit denen sie ihre Sorgen teilen können. Wieder andere bezahlen einen Berater oder einen Coach. »Kümmere mich um die Herzen einsamer Manager« steht natürlich nicht auf der Visitenkarte, ist aber nichtsdestoweniger eine wichtige Dienstleistung von Unternehmensberatern. Menschen brauchen Vertraute, mit denen sie reden können, die eine »stützende Umgebung« bieten.

Das Revitalisierungsrezept

Der Internist Sir William Osler soll Anfang des 20. Jahrhunderts gesagt haben, etwas Besseres als ein leichter Herzinfarkt könne einem in der Lebensmitte schwerlich passieren. Der empörende Satz enthält viel Wahres. Wer mit Schläuchen an Maschinen angeschlossen im Krankenhausbett liegt, ist gezwungen, über seine Prioritäten nachzudenken und herauszufinden, woran ihm wirklich etwas liegt.

Wer nicht mit einem Herzinfarkt »gesegnet« ist, muss sich in regelmäßigen Abständen hinsetzen, seine Lebensziele überprüfen und Zwischenbilanz ziehen. Wir sollten gleichsam unseren seelischen Puls messen, um unsere emotionale Verfassung zu bestimmen, und entsprechend der Diagnose nach Heilmitteln suchen, sodass wir uns mit uns selbst und unserer Situation wohler fühlen. Gesund ist, wer

- auf sich selbst neugierig ist und an sich wachsen will;
- sich und andere noch überraschen kann;
- Privatleben und Beruf geschickt ausbalanciert;
- fürsorgliche und vertrauensvolle Beziehungen zu anderen pflegt;
- körperlich aktiv bleibt und
- Herr über das eigene Leben ist.

Dieses Gerüst kann man wie folgt unterfüttern: Im Privatleben sollte man seinen Partner »wiederentdecken« und wann immer möglich die Routine durchbrechen, die sich in jeder Partnerschaft einschleicht. Entdecken Sie gemeinsam neue Aktivitäten! Die Energie gewinnt zurück, wer sich intensiv mit den Kindern und Enkeln beschäftigt, neue Freund- und Bekanntschaften schließt, durchaus auch mal mit Menschen, die anders als der bisherige Kreis sind. Auch die Entdeckung ästhetischer Interessen hilft - man erhält Anregungen und kann sich dabei entspannen.

Im öffentlichen Leben sollte man nach Wachstumsimpulsen in neuen Herausforderungen suchen: Engagieren Sie sich für kurz- und langfristige Projekte, die über Ihren Schreibtisch laufen; seien Sie Jüngeren ein Mentor und genießen Sie deren Erfolg, wenn er sich denn einstellt; verfolgen Sie lang gehegte (und lang zurückgestellte) Träume, wie etwa Gaugin, der seine Arbeit in der Bank mit dem Malen in der Südsee vertauschte; beteiligen Sie sich an gemeinnützigen Projekten.

Stagnation - privat oder im Beruf - oder fehlende Ausgewogenheit zwischen beiden Bereichen provoziert Stress. Und der fordert seinen Tribut. Etwa 20 Prozent der Führungskräfte leiden unter psychiatrischen Symptomen - einer von fünf Topmanagern ist psychisch krank! Depressionen und Drogen- oder Tablettenmissbrauch führen die Liste an, besonders bei den Männern. (Frauen leiden eher unter Depressionen und sind seltener alkoholabhängig.)

Darunter leidet auch das Unternehmen. Wie soll ein depressiver (alkoholkranker, übermäßig aggressiver, rachsüchtiger, arroganter, hinterhältiger, selbstsüchtiger, unnahbarer ...) Leiter eine kreative, fruchtbare Unternehmenskultur schaffen? Die Karikatur, bei der die Ehefrau dem Boss morgens beim Abschied sagt: »Tschüs Liebling, sei gnädig«, ist witzig, aber leider allzu häufig Realität. Im nächsten Kapitel nehmen wir uns die Unternehmenspathologie vor - und sehen, in welche Tiefen ein beeinträchtigter Topmanager das Unternehmen reißen kann.

7

Der Fisch stinkt vom Kopf

Wer sich selbst überzeugt, überzeugt noch nicht seinen Gegner.
Robert Half

Die Welt ist voller Kakteen, aber man muss sich nicht draufsetzen.
Will Foley

Je größer die Unwissenheit, desto starrsinniger die Lehrmeinung.
Sir William Osler

Jeder Mensch denkt, empfindet und verarbeitet Gefühle anders. Ganz allgemein gibt es verschiedene Wege, subjektive Erfahrungen zu sammeln, und verschiedene Arten, wie sich neurotisches Verhalten äußert. Oben wurde bereits ausgeführt, dass sich diese Einmaligkeit aus tief verwurzelten Mustern ergibt, die alles durchdringen und schwer verändert werden können. Ohne diese »Fantasien« oder Skripte zum inneren Drama – die stereotypen, sattsam erprobten, ständig wiederholten Verhaltensmuster, die unsere individuellen Denk- und Gefühlskoordinaten bestimmen – erschließt sich die Persönlichkeit nicht.

Vor Jahren schrieb ich mit Danny Miller zusammen *Unstable at the Top.* Wir wollten zeigen, dass in Unternehmen mit stark zentralisierter Macht eine bemerkenswerte Korrelation zwischen der Person und dem Führungsstil des Leiters sowie der Unternehmenskultur, Strategie und Struktur besteht. Als Ausgangspunkt wählten wir das DSM IV (*Diagnostic and Statistical Manual for the Mental Disorders*) und ähnliche Handbücher zur Ergänzung unserer eigenen Beobachtungen. Unser Interesse galt verschiedenen Organisationsgestalten (im gestalttheoretischen Sinn des Wortes), also der strategischen und strukturellen Konfiguration.

In diesem und einem früheren Buch (*The Neurotic Organization*) unterschieden wir zwischen *dramatischen, misstrauischen, unnahbaren, depressiven* und *zwanghaften* Unternehmen und Führungsstilen. Jeder dieser Stile hat seine Vorzüge, führt jedoch exzessiv angewandt zum Scheitern. Menschen handeln in der Regel eher grau denn schwarz-weiß: Diese Stile kommen selten in Reinkultur vor. Allerdings praktizieren Führungskräfte zwar je nach Situation mal den einen, mal den anderen Ansatz, bevorzugen aber unter dem Diktat ihres inneren Skripts einen persönlichen Stil (ihren

»neurotischen« Stil oder ihr vorherrschendes ZBKT). Drängt sich ein Stil besonders stark in den Vordergrund, kann das auf eine Psychopathologie mit ernsten Folgen für die Funktionsfähigkeit des Unternehmens hindeuten.

So wie einzelne Menschen einen bestimmten »neurotischen Stil« bevorzugen, haben auch Gruppen ihre Vorlieben, die sich in Stresssituationen besonders deutlich abzeichnen. Ich halte es deswegen für hilfreich, wenn man Parallelen zwischen Individualpathologie - der exzessive Gebrauch eines neurotischen Stils - und Organisationspathologie - die letztlich auf schlechte Unternehmenszahlen hinausläuft - zieht.

Ein spanisches Sprichwort reflektiert den Zusammenhang von unzureichender Führung und Verfall: »Fisch stinkt vom Kopf aus.« In stark zentralisierten Unternehmen - in denen die Entscheidungsgewalt in einer Hand oder bei einer kleinen, homogenen Gruppe liegt - ist der Bezug Person-Organisation so eng, dass jeder Tick sich von der Spitze abwärts rasend schnell verbreitet. In Organisationen mit dezentralen Strukturen beeinflussen viele Führungskräfte Strategien und Kultur, hier besteht nur ein loser Zusammenhang zwischen Führungsstil und Organisationspathologie.

Neurotische Persönlichkeiten und Organisationen

Strategie, Struktur und auch die Kultur einer Organisation hängen oft in hohem Maß von dem Mann oder der Frau an der Spitze ab. In der einschlägigen Literatur stützen viele Beispiele dieses Wechselspiel. Meistens wurden jedoch nur einzelne Persönlichkeitsmerkmale herangezogen und mit einer oder zwei Organisationsvariablen in Beziehung gesetzt. Damit wurden äußerst vielschichtige Phänomene allzu sehr vereinfacht. Um den Bezug von Leiter und Unternehmen zu betrachten, konzentriere ich mich lieber auf Cluster von Verhaltensmustern, das heißt, einen persönlichen Stil, der anders als einfache Verhaltensweisen über Jahre Bestand hat. Cluster gestatten uns eher, die Verbindung zwischen dem inneren Drama und dem tatsächlichen Verhalten einer Person herzustellen.

In diesem Kapitel vertrete ich die These, dass die vorherrschende psychologische Ausrichtung der Schlüsselpersonen in einer Organisation die wichtigsten Determinanten des neurotischen Stils dieser Organisation bildet. Aufgrund ihres zentralen Beziehungskonflikt-Themas (ZBKT, vgl. Kapitel 2) erzeugen Führungskräfte »kollektive Fantasien«, die auf allen Hierarchieebenen präsent sind, die Unternehmenskultur beeinflussen und dem vorherrschenden Unternehmensstil zugrunde liegen (der seinerseits auf Strategie- und strukturelle Entscheidungen durchschlägt). Je stärker die Persönlichkeit der Vorstandsvorsitzenden, desto stärker beeinflusst ihr Verhalten die Kultur, Struktur und Strategien des Unternehmens. Das gilt, wie gesagt, vor allem für stark zentralisierte Organisationen.

Pathologische Organisationsstile spiegeln oft die Schwächen, die ein individuelles neurotisches Verhalten mit sich bringt. Aber die Organisationspathologie ist nicht notwendigerweise das Ergebnis pathologischer Führung. Sie kann viele Gründe haben, einen einzelnen wie mehrere in Kombination. Das depressive Muster kann zum Beispiel durchaus mit einer »gesunden« Führung einhergehen, wenn die gesamte Branche Schwierigkeiten hat, die Märkte unter dem Druck der ausländischen Konkurrenz einbrechen, die Firma übernommen wurde oder einen neuen Mehrheitsgesellschafter hat oder wenn die Ressourcen des Unternehmens nicht ausreichen, um den Turnaround zu finanzieren.

Auf den folgenden Seiten erörtere ich eine Reihe weit verbreiteter und etablierter intrapsychischer Themen und neurotischer Stile. Zu jedem stelle ich Mutmaßungen über den Zusammenhang von Stil, vorherrschender motivierender Fantasie, Unternehmenskultur sowie Strategien und Strukturen in der Organisation insgesamt an (vergleiche auch Tabelle 1). Diese Gestalten trifft man in zahlreichen vom Scheitern bedrohten oder in Konkurs gegangenen Firmen an, aber es sind nicht die einzigen möglichen Fehlfunktionen. Außerdem vermischen sich die Stile meistens, und das ist gut so: Gesunde Unternehmen weisen fast immer eine Mischung verschiedener Stile auf.

Die dramatische Persönlichkeit und Organisation

Das Bedürfnis nach Prachtentfaltung

Der Wunsch aufzufallen, und Fantasien, die sich um Pracht und Macht drehen, stehen im Zentrum des dramatischen Stils. Schlüsselmerkmal ist der ausgeprägte Narzissmus der Betroffenen, möglich sind aber auch histrionische und zyklothymische Tendenzen. Die »Theatermacher« unter den Führungskräften wollen beeindrucken und die Aufmerksamkeit auf sich lenken. Daher übertreiben sie ganz gern ihre Leistungen und Fähigkeiten ebenso wie ihre Gefühlsäußerungen. Ihr massives Bedürfnis nach Abwechslung und Anregung geht zulasten von Disziplin und Konzentration, und sie neigen zu Überreaktionen.

Dramatisch Veranlagte hegen häufig ein gewisses Anspruchsdenken, sie nehmen ihre Mitmenschen als gegeben hin und nutzen sie in ihrem Sinn – und nicht selten auch aus. Oberflächlich geben sie sich warm und herzlich, aber ihnen fehlt die Verbindlichkeit, das Einfühlungsvermögen und die Achtung vor anderen. Zudem schwanken sie zwischen den Extremen – Vergöttern oder Verteufeln. Ihre Beziehungen sind von daher eher instabil. Fühlen sie sich in ihrem Hunger nach Macht, Erfolg und öffentlichem Ansehen zurückgesetzt, rasen sie mitunter vor Zorn und Wut und gebärden sich rachsüchtig.

Der dramatische Führer sorgt im Unternehmen für eine bestimmte Rollenverteilung. In seinem Unternehmen sind dependente, also abhängige Mitarbeiter überproportional häufig vertreten. Sie fühlen sich zu dem umtriebigen, prachtliebenden Stil hingezogen, weil dieser ihre eigenen Defizite überdeckt, sorgen für den reibungslosen Betrieb und ordnen eigene Bedürfnisse denen des Vorgesetzten unter. Was dabei meist herauskommt, beschreibt der folgende Abschnitt.

Charismatische Kultur, dramatische Unternehmen

Untergebene idealisieren dramatische Führer gern, sie ignorieren deren Fehler und betonen deren Stärken. (Die Idealisierung wird häufig von der Unsicherheit und dem Gefühl der Wertlosigkeit motiviert, die sich in Abwesenheit eines entsprechenden Objektes einstellen.)

Die Abhängigkeit von dem idealisierten Vorgesetzten ist groß, ebenso das Bedürfnis, ihn zu unterstützen, sich auf ihn zu beziehen und sich mit ihm gut zu stellen. Einige lobende Worte, und sie fühlen sich ungeheuer geschmeichelt, der Hauch einer Andeutung von Kritik, und sie sind am Boden zerstört: Sie sind leicht zu lenken und lassen sich problemlos für fremde Zwecke einspannen. Das mögen dramatische Führer. Sie lechzen danach, von ihren Mitarbeitern bestätigt und bewundert (»gespiegelt«) zu werden. Dieser Hunger nach Spiegelung ist es, der förmlich nach dependenten Mitarbeitern schreit, weil ein dramatischer Führer nicht nur Bestätigung, sondern auch Lob und Bewunderung einfordert.

In der charismatischen Unternehmenskultur dreht sich alles (einschließlich der Hoffnungen und Ambitionen anderer Führungskräfte) um den »Theatermacher«. Das ist natürlich kein Zufall: Der umtriebige dramatische Führer setzt unerbittlich und zielstrebig sein Ziel durch, das damit zum zentralen Ziel für die Gefolgschaft wird.

Das Charisma des Chefs untermauert seinen Anspruch auf Alleinherrschaft. Dank dieser unangefochtenen Autorität entsteht unter den Angehörigen des Unternehmens ein unhinterfragendes, vertrauendes Klima der Unterordnung. Fanatisierte Anhänger umgeben den Chef mit einer Aura von Unfehlbarkeit. Mitarbeiter und mittleres Management verschwenden ihre Zeit nicht mit kritischer Reflexion oder Analysen. Jeder verlässt sich blind auf das Urteil von oben. Und das ist gut so, unabhängige Geister würden sich in einem solchen Klima nicht lange halten, sondern der (formalen wie informellen) Macht des Führers (die sich in ebenso kühnen wie einsamen Entscheidungen ausdrückt) zum Opfer fallen.

Dramatische Unternehmen sind hyperaktiv, impulsiv, Abenteuern nicht abgeneigt und gefährlich hemmungslos. Sie begünstigen auf allen Ebenen spontane Entscheidungen und stellen Mutmaßungen und Eindrücke über die Fakten. Eine planvolle Vorgehensweise sollte man von ihnen nicht erwarten, eher beispielsweise bunt zusammengewürfelte Absatzstrategien auf verschiedenen Märkten. Wegen der Machtbündelung haben Mitarbeiter in Schlüsselpositionen das Privileg, sich auch ohne breite Unterstützung auf waghalsige Geschäfte einzulassen.

Dreistigkeit, Risikofreude und Diversifizierung, das sind die Themen der dramatischen Organisation. Statt auf das ökonomische Umfeld zu reagieren, schafft der dramatische Entscheidungsträger lieber ein Umfeld nach eigenem Gusto, verlässt einen Markt zugunsten eines anderen, probiert es mit neuen Produkten und verbannt ältere aus dem Programm. Ein großer Teil des Unternehmenskapitals steckt in riskanten Operationen; Ziel ist ungestümes Wachstum, das den Narzissmus und die Wünsche nach Aufmerksamkeit und Beachtung des Topmanagers befriedigen würde. Das kann auf Zersplitterung und überdimensionierte (oft utopische) Mega-Projekte hinauslaufen.

Häufig sind dramatische Organisationen angesichts ihrer breit gestreuten Märkte viel zu primitiv strukturiert. Erstens ist die Macht in den Händen des Chefs konzentriert, der selbst Routinevorgängen noch seinen Stempel aufdrücken (oder als sein Verdienst herausstreichen) will, sich also in alles einmischt. Das zweite Problem erwächst aus diesem übertriebenen Zentralismus: Informationen werden nicht systematisch kommuniziert. Die Kommunikation mit der Außenwelt liegt im Argen, weil die Unternehmensleitung das geschäftliche Umfeld praktisch nie analysiert, sondern sich lieber auf die eigene Intuition verlässt. Die interne Kommunikation leidet unter der Dominanz des Chefs: Informationen fließen überwiegend von oben nach unten.

Um die Balance wiederherzustellen, sollten dramatische Firmen folgende Schritte unternehmen:

- Profil schärfen und Verlustbringer eliminieren,
- kohärente Strukturen schaffen,
- zuverlässige Koordination und Kontrollen einführen,
- Kerngeschäft wiederbeleben und Mega-Projekte einstampfen,
- Führungsnachwuchs entwickeln und die Nachfolge planen.

Die misstrauische Persönlichkeit und Organisation

Den misstrauischen Stil prägt die verinnerlichte Fantasievorstellung, man könne niemandem trauen, eine bedrohliche höhere Macht sei »hinter einem her«. Wachsam und auf jeden Angriff vorbereitet sein, ob real oder eingebildet, das ist die größte Sorge.

Der Verfolgungswahn

Den misstrauischen Führungsstil kennzeichnen Verdächtigungen, übermäßige Empfindlichkeit, äußerste Aufmerksamkeit, Heimlichtuerei, Neid und Feindseligkeit. Misstrauische Führungskräfte sind jederzeit bereit zum Gegenangriff. Sie lassen sich schnell provozieren und reagieren mit Wut. Stets auf der Hut vor heimlichen Motiven und Doppeldeutigkeiten interpretieren sie Handlungen falsch und bauschen kleinere Nachlässigkeiten auf. Die Bereitschaft, überall List und Tücke zu wittern, wird von ihrer Fähigkeit gestützt, »Beweise« für die schlimmsten Befürchtungen zu finden. Engstirnig, aber in dieser Beschränktheit extrem aufmerksam, wirken sie oft kalt, rational und gefühllos. Meiner Erfahrung nach verbindet sich dieser Führungsstil meist mit einem paranoiden Unternehmen.

Paranoide Kulturen, paranoide Firmen

In Organisationen, die unter der Leitung eines misstrauischen Menschen stehen, finden zwischenmenschliche Beziehungen überwiegend unter dem Motto »Verfolgung« statt. In einer Art Vorwärtsverteidigung verhält sich eine Führungskraft, die sich verfolgt fühlt, feindselig gegen die Untergebenen. Das kann bis zu dem Wunsch gehen, diese zu verletzen oder anzugreifen. Vor sich rechtfertigt sie die eigene Aggression mit der Bösartigkeit und Inkompetenz der Angestellten: Die Leute wollen ohnehin nur provozieren. Misstrauische Führer artikulieren ihre Feindseligkeit in einem der folgenden zwei Extreme:

- **Strikte Kontrolle durch möglichst lückenlose Überwachung des Personals, formale Vorschriften und Einschränkungen sowie drakonische Strafen:** Diese Reaktion treibt den Führungskräften in den unteren Hierarchieebenen jede Eigeninitiative aus und raubt ihnen die Selbstachtung oder provoziert ein Kräftemessen mit der Unternehmensleitung. Wegen der mangelnden Entwicklungsmöglichkeiten verlassen die fähigsten Nachwuchsmanager die Firma.
- **Aggressives Verhalten, besonders gegenüber Untergebenen, die ihre Meinung frei äußern:** Diese Reaktion bewirkt, dass die Mitarbeiter emotional wie materiell nur das absolute Minimum an Zuwendung erhalten. Aggressive Führer klammern sich an die Macht und sitzen daher immer »am längeren Hebel«. Die Organisation verwandelt sich in einen »Polizeistaat«. Die Angestellten fühlen sich auf Schritt und Tritt beobachtet und bringen sich daher nicht vorbehaltlos ein, was wiederum Arbeitsmoral und Produktivität beeinträchtigt. Die Mitarbeiter wollen sich auf keinen Fall exponieren und versuchen vor allen Dingen, sich vor Ausbeutung zu schützen.

Misstrauische Topmanager schaffen eine Unternehmenskultur, die ihre Vertrauensdefizite und Verdächtigungen spiegelt. In dieser »Krampf/Kampf«-Kultur fürchtet die Belegschaft dieselben Dinge wie die Unternehmensleitung. Die Angst vor Angriffen vergiftet die Atmosphäre, die Energie fließt zu großen Teilen in die Enttarnung von Feinden, die für alles verantwortlich gemacht werden. Führer und Untergebene bewerten Menschen in Holzschnittmanier: Wer in unserem Sinn handelt, ist gut, wer uns zuwiderhandelt, ist böse. Dank des klaren Feindbilds lässt sich bequem die eigene Verantwortung leugnen, kein loyales Unternehmensmitglied muss sich über persönliche Schwächen und Versäumnisse Gedanken machen.

Hat man den Feind im Visier, wird er energisch analysiert und mit einer Gegenstrategie bedacht. Die gegen den Feind mobilisierte Energie erfüllt die beteiligten Unternehmensmitglieder mit der wohligen Sicherheit, dass sie richtig handeln. (Wer würde sich schon gern fragen müssen, ob die ganze Mühe umsonst war?) Es gibt jedoch nicht nur äußere, sondern auch innere Feinde. Paranoia ist ansteckend. Misstrauische Führer bestallen, belohnen und befördern nur Menschen, die ihre Ansichten teilen. Wer anders denkt, kann in ihren Augen nicht vertrauenswürdig sein, gleichgültig, welchen Ruf er im Unternehmen genießt. Folglich wird er geflissentlich übergangen. Die herrschende Koalition – selbstredend eine kleine Gruppe, denn »man kann eigentlich niemandem trauen« – denkt genauso, hegt dieselben Ängste und hat dieselben Feinde.

Die misstrauische Atmosphäre vergiftet die Beziehungen zwischen Menschen wie zwischen Abteilungen. Wissen ist Macht, Information wird belohnt: Deswegen hortet jeder seine Kenntnisse über ein Projekt oder ein Problem und betreibt damit einen schwunghaften Tauschhandel. Da die Mitarbeiter von Abteilungen und Geschäftsbereichen sich weigern, allgemeine Probleme zu besprechen, bilden sich Fronten: Mann gegen Mann, Abteilung gegen Abteilung, Geschäftsbereich gegen Geschäftsbereich, Unternehmensteil gegen Unternehmensteil. Geheimnisse wuchern und nehmen überhand, und jeder sieht zu, dass er seine Haut rettet.

Das Misstrauen der Unternehmensleitung schlägt sich auch in dem Nachdruck nieder, mit dem Spionage und Kontrollmechanismen zum Einsatz kommen. Die Führungsriege entwickelt ausgefeilte Informationssysteme, um potenzielle Gefahren seitens der Regierung, der Wettbewerber oder der Kunden frühzeitig zu identifizieren. Mit Budgets, Profit-Centern, Controlling und ähnlichen Methoden werden interne Abläufe überwacht. Der ausgefeilte Informationsverarbeitungsapparat spiegelt den Wunsch, stets wachsam und auf alles gefasst zu sein. Zu den Vorsichtsmaßnahmen gehört häufig auch Produktdiversifizierung: Man will sich keinesfalls von einem Markt abhängig machen. Damit werden noch ausgefeiltere Steuerungs- und Informationsverarbeitungssysteme erforderlich – der Verfolgungswahn erhält neue Nahrung.

Die Paranoia überträgt sich auch auf die Entscheidungsfindung. Die unablässige Feindsuche, auf die »institutionalisiertes Misstrauen« hinausläuft, führt zu einem Denken in Stereotypen, und wer in Stereotypen denkt, sieht keine Nuancen. Entsprechend starr wird entschieden. Zudem kehren die Entscheidungsträger ihr Misstrauen lieber nach außen, statt sich gegenseitig Informationen vorzuenthalten. Gemeinsam versuchen sie, Probleme des Unternehmens aufzudecken und alternative Lösungsmöglichkeiten zu wählen. Maßvoll angewandt ist dieser Ansatz nützlich, übertreibt man es jedoch, schafft er mehr Probleme, als damit gelöst werden. Holt man eine Information bei fünf Stellen ein, weil ja eine falsche Quelle darunter sein könnte, dann verfünffacht sich der Arbeitsaufwand.

Manchmal gehen paranoide Zustände auf spezifische Umstände zurück: Wenn das Unternehmen etwa von einem traumatischen Markteinbruch heimgesucht wird, ein starker Konkurrent auftritt oder neue Gesetze die Geschäftstätigkeit torpedieren. Der so verursachte Schaden kann der Führungsriege Angst und Misstrauen einflößen, die Verantwortlichen um ihre Contenance bringen oder ihnen klarmachen, dass sie bessere Frühwarnsysteme benötigen.

Unternehmen, in denen das Misstrauen grassiert, sollten mit folgenden Maßnahmen die Balance wieder herstellen:

- Entscheidungswege und Berichtswesen vereinfachen,
- Informationsfluss stärken und Geheimniskrämerei eindämmen,
- vertrauensbildende Maßnahmen einleiten,
- Strategiebildung mit mehr Initiative angehen.

Die unnahbare Persönlichkeit und Organisation

Wenden wir uns nun den Auswirkungen zu, die eine sehr distanzierte Führungskraft auf die Funktionsweise der Organisation hat.

Das Distanzierungsbedürfnis

Manche Menschen geben sich unnahbar, in ihrer Fantasie finden sie in der äußeren Welt keine Befriedigung. Auf andere Menschen ist kein Verlass, wer sich mit ihnen einlässt, wird schließlich den Kürzeren ziehen. Besser also, man hält von vornherein Distanz. In Kapitel 1 wurden die Persönlichkeitsstörungen besprochen, die am Arbeitsplatz häufig vorkommen. Zwei davon, der selbstunsichere und der schizoide Charakter, weisen Züge sozialer Isolierung auf.

Selbstunsichere Menschen erfuhren als Kleinkinder Ablehnung und Verachtung. Diese prägenden Erlebnisse lassen sie noch als Erwachsene vor allzu engen Kontakten zurückscheuen. Trotzdem sehnen sie sich nach Nähe und Anerkennung. Schizoide Persönlichkeiten (oder Menschen mit schizoiden Tendenzen) hingegen haben kognitive oder emotionale Defizite, ihre soziale Isolation ist ihnen gleichgültig. Das Verhalten beider Typen ähnelt sich jedoch so stark, dass die Unterscheidung zwischen ihnen schwer fällt, beide sind in Gesellschaft gehemmt, und man entlockt ihnen nur mit Mühe eine Reaktion.

Unbeteiligtheit und Rückzug charakterisieren den unnahbaren Stil. Unnahbare Menschen wehren sich aus Angst vor sozialer Ächtung entschieden gegen emotionale Bindungen. Sie sind lieber allein und haben kein Bedürfnis nach Austausch (oder wissen nicht, wie sie es ausleben sollen). Nach außen hin scheinen sie von Lob, Kritik oder den Gefühlen anderer Menschen unbeeindruckt: Meist verstecken sie hinter dieser Maske ihre Angst, verletzt zu werden. Aus welchen Gründen auch immer sie so handeln, im Ergebnis sind sie Außenseiter, emotional lau, unfähig, Begeisterung oder Freude auszudrücken und Verächter des Gebens und Nehmens in menschlichen Beziehungen.

Unnahbar geben sich mitunter auch eigentlich gesunde Führungskräfte, die sich angesichts von Alltagstrott und langjähriger Routine langweilen. Alles (soziales oder politisches Engagement zum Beispiel) ist besser als die Arbeit, der Mann oder die Frau verbringt entsprechend weniger Zeit als früher im Büro. Derartiges Verhalten ähnelt oft dem von Menschen mit schizoider oder selbstunsicherer Persönlichkeitsstörung.

Politisierte Kulturen, schizoide Organisationen

Politisierte Unternehmenskulturen entstehen meist dann, wenn die Verantwortlichen ihre Verantwortung nicht mehr wahrnehmen. Unnahbar agierende Entscheidungsträger delegieren die Unternehmensführung an Führungskräfte in der zweiten Reihe. Damit verwischen sich Autorität und Verantwortlichkeiten, denn die Männer und Frauen in der zweiten Reihe befassen sich vorrangig mit internen Machtkämpfen und versuchen, die »Rivalen« in den anderen Abteilungen auszustechen. Sie werden zu »Spielern«, die das Machtvakuum zur Lobbyarbeit in eigener Sache nutzen. Wer könnte sich die Gelegenheit, eine Hausmacht aufzubauen und die Startposition für eigene Ambitionen auf den Spitzenplatz zu sichern, entgehen lassen? Koordinationsprobleme, mangelnde Kooperation, Scharmützel zwischen den Abteilungen und häufige Strategiewechsel sind die Folge. Die Implementierung und Pflege von Unternehmenswerten wird gänzlich vernachlässigt.

Strategische Entscheidungen werden in schizoiden Organisationen von wechselnden Koalitionen von Karrieristen aus der zweiten Reihe getroffen, die Einflussnahme auf die entscheidungsschwache Unternehmensspitze mit dem Vorantreiben eigener Steckenpferde und der Sicherung ihres Herrschaftsbereichs verbinden wollen. Die Firma »wurschtelt sich durch« und treibt führungslos. Massive Änderungen in einem Segment werden nach kurzer Zeit revidiert, weil eine andere Clique einflussreicher wird; überhaupt neutralisiert oder hemmt die Initiative einer Managementgruppe den Vorstoß einer anderen.

Die Brüche innerhalb der Organisation verhindern eine effektive Koordination und Kommunikation. Informationen werden als Machtquelle gesehen und nicht für notwendige Anpassungen genutzt, faktisch errichten die Führungskräfte Barrieren, die den freien Austausch von Informationen hemmen. Das ist nicht das einzige Problem. Auch die Informationen über das Geschäftsumfeld sind lückenhaft. Das Unternehmen konzentriert sich auf sich selbst, weil durch den internen Machtkampf die Binnensicht überwiegt, und das heißt hier vor allem, jeder versucht, die Wünsche des oder der Unnahbaren zu erraten und - neben den eigenen Wünschen - zu erfüllen. Ereignisse, die kein gutes Licht auf ihr Verhalten werfen oder den Wünschen der Führungsspitze zuwiderlaufen, werden von Managern der zweiten Reihe schlicht ignoriert.

Unternehmen, deren Leitung sich zu stark zurückgezogen hat, können mit folgenden Maßnahmen die Balance wieder herstellen:

- die Unternehmensspitze erneuern und stärken,
- einen strategischen Schwerpunkt setzen,
- den internen Informationsfluss verbessern,
- Maßnahmen zur Bildung einer Unternehmenskultur verstärken,
- sich für Veränderungen im Geschäftsumfeld sensibilisieren.

Die depressive Persönlichkeit und Organisation

Jeder Mensch kennt Phasen, in denen er sich hoffnungs- und hilflos fühlt. Einige Menschen allerdings versinken regelrecht in Hoffnungslosigkeit: Sie sind depressiv.

Hilflosigkeit und Hoffnungslosigkeit

Jeder Versuch, das Leben zu verändern, ist von vornherein zum Scheitern verurteilt, man ist einfach nicht gut genug - das ist die Fantasie, die eine depressive Persönlichkeit beherrscht. Depressive Führungskräfte haben zu wenig Selbstvertrauen und Initiative, ihr Selbstwertgefühl ist unterentwickelt, sie neigen zu Abhängigkeit und bedürfen wegen dieser Abhängigkeit in hohem Maß der Zuwendung und Fürsorge.

Gefühle von Schuld, Wertlosigkeit und Deplatziertheit sind im depressiven Stil omnipräsent. Depressive Menschen setzen sich selbst herab, sie verachten sich selbst und halten sich für minderwertig, für nicht fähig genug und für unbegabt. Aufgrund dieser Stimmung scheuen sie Verantwortung und lassen andere Menschen über wichtige Bereiche ihres Lebens und ihrer Arbeit bestimmen. Sie suchen den Messias, also Menschen, die sie beschützen: Deswegen idealisieren sie andere, mit denen sie häufig Kontakt haben - Unternehmensberater, Bankberater, Direktoren. Depressive wollen sich mit allen gut stellen und passen ihr Verhalten an, auch wenn sie dafür ihre Individualität zurücknehmen müssen.

Depressive Führer (wenn der Ausdruck hier überhaupt passend ist) fühlen sich aufgrund früherer unangenehmer Erfahrungen machtlos. Die Wut über diese Machtlosigkeit fördert Schuldgefühle, aber auch Vorsicht gegenüber anderen. Häufig richten sie ihre Aggressionen gegen sich selbst, das Phänomen hat Freud 1924 den »moralischen« Masochismus genannt. Die seelische Qual wird als Erlösung empfunden, als Einlösung einer Schuld. Wenn sie etwas wünschen oder fühlen, was sie als ungehörig wahrnehmen, kommt die Niederlage einer Belohnung gleich.

Depressive zeigen nach außen Inkompetenz und Fantasielosigkeit. Sie warten, bis andere die Initiative ergreifen und fürchten den Erfolg, er könnte die Mitmenschen ja neidisch und feindselig stimmen. Gelegentlich ziehen sie eine gewisse Befriedigung aus einem Sieg, aber normalerweise sind sie passiv, handlungsunwillig und einsiedlerisch.

Selbstunsichere Kulturen, depressive Organisationen

Die Kultur, die sich in einem von Depression regierten Unternehmen entfaltet, lässt sich am ehesten als selbstunsicher beschreiben. Der oder die Vorstandsvorsitzende schafft ein Klima der Negativität und Lethargie, und die übrigen Führungskräfte tragen diese Stimmung weiter. Manchmal geht die Hoffnungslosigkeit wirklich nur von der Person an der Spitze aus, manchmal tragen äußere Umstände ihr Scherflein bei. Durch den Tod eines Gründers oder eine Übernahme können eigentlich gesunde Führungskräfte an sich verzweifeln, verlieren Selbstachtung und Autorität und infolgedessen auch die Handlungsfähigkeit. So oder so prägt die unmotivierte, unbeteiligte Führung das selbstunsichere Unternehmen. Es gilt als Maschine, die man nur regelmäßig füttern muss. Entsprechend reduziert sich die Aufmerksamkeit auf ein Minimum. Jeder schiebt den anderen die Schuld in die Schuhe, Verzögerungen sind an der Tagesordnung, und das Schlimmste ist, dass am eingeschlagenen Weg auch dann noch festgehalten wird, wenn Kundenschwund und Markteinbußen schon Realität sind.

Die selbstunsichere Kultur depressiver Unternehmen bedeutet Passivität, Mangel an Vertrauen, extremer Konservatismus, Isoliertheit und Orientierungslosigkeit. Fertiggestellt wird nur noch, was einprogrammiert, durch Routine eingeschliffen und ohne besondere Initiative zu erreichen ist.

Depressive Unternehmen sind in der Regel etabliert und bedienen einen reifen, von Handelsabkommen, Handelsbeschränkungen oder Festpreisen geprägten Markt, dessen technische Basis seit Jahren unverändert besteht und in dem sich ebenso lange dieselben Wettbewerber tummeln. Durch Kontinuität, fehlende Konkurrenz und homogene Käuferschichten ist die administrative Seite leicht zu bewältigen.

Formal ist die Autorität zentralisiert und beruht mehr auf der hierarchischen Stellung denn auf Befähigung. Aber Macht spielt in depressiven Firmen eine untergeordnete Rolle. Kontrolliert wird mit Routineprogrammen und -verfahren, nicht durch Managementinitiativen. Veränderungsvorschläge werden abgeschmettert, Maßnahmen unterbunden, denn an der Spitze herrscht das Gefühl, man könne nichts unternehmen oder würde, wenn doch, daran scheitern. Es fehlt die Kraft zu einem Neubeginn.

Depressive Organisationen, zufrieden mit dem Status quo, unternehmen praktisch nichts, um die zentralen Gefahren und Schwächen der Märkte zu erforschen (oder gar darauf zu reagieren). Ob nun die Stagnation zur Vernachlässigung der Informationsbeschaffung führt oder umgekehrt, lässt sich schwer sagen. Beide Phänomene gehen auf jeden Fall Hand in Hand.

Die genügsame Apathie der Topmanager verhindert jeden Versuch, dem Unternehmen eine Richtung oder Ziele vorzugeben. Strategien werden nie explizit erörtert, deswegen verändert sich auch nichts Wesentliches. Die Produkte von gestern sind die Produkte von heute, nicht aufgrund eines erklärten Konservatismus, sondern einfach aus Trägheit. Leitung besteht überwiegend aus dem Feilen an Einzelheiten, während die wichtigen Entscheidungen auf die lange Bank geschoben werden. Übermäßig depressive Unternehmen sollten mit folgenden Maßnahmen die Balance wieder herstellen:

- Führung wiederbeleben und kräftigen,
- strategische Ausrichtung neu bestimmen,
- leistungsorientierte Unternehmenswerte einführen und erhalten,
- Strukturen und Abläufe vereinfachen,
- verstärkt auf Kundenwünsche reagieren,
- Produktlinien modernisieren,
- Kundendienst verbessern,
- sich Unternehmen mit herausragender Performance als Benchmark setzen.

Die zwanghafte Persönlichkeit und Organisation

Zwanghafte Persönlichkeiten »beißen« sich nicht selten bis zur Spitze durch. Obwohl sie in bestimmten Bereichen echte Überflieger sind, kann ihr Wirken insgesamt doch eher brutale Folgen zeitigen.

Der Kontrollzwang

Zwanghafte Führungskräfte hassen es, von Menschen oder Ereignissen abhängig zu sein. Deswegen setzen sie alles daran, alles und jedes zu kontrollieren. Nichts Unerwartetes soll in ihrem Leben geschehen. Beziehungen beschreiben sie ausschließlich in den Begriffen von Über- und Unterordnung; wenn irgend möglich, sollen sich die anderen nach ihren Vorstellungen richten. Höhergestellten begegnen sie mit Respekt und Schmeichelei (wenn auch widerwillig), wechseln aber blitzschnell zu herrischem Betragen, wenn sie Untergebenen begegnen.

Ihr Hang zum Perfektionismus gerät in Konflikt mit der Fähigkeit, das Ganze zu sehen. Belanglose Details, Regeln und Vorgaben führen sie auf Abwege; ihre Vorliebe für Routinen erschwert jede Abweichung vom Plan; sie sind weder spontan, noch können sie sich entspannen. Alles Ungewohnte empört, die Form wird wichtiger als der Inhalt. Peinliche Genauigkeit, festgefügte Meinungen und Starrsinn sind häufig Charakterzüge zwanghafter Menschen, deren Sinnen und Trachten auf Ordnung, Organisation und Effizienz gerichtet ist. Aus Angst vor Fehlern und Einbußen bei der über alles geschätzten Effizienz sind sie entscheidungsschwach und schieben wichtige Dinge gern vor sich her. Sie wirken äußerst fleißig, weil sie ständig beschäftigt sind, aber ihr Betragen ist inflexibel und fantasielos, und sie wiederholen sich bald. Schwerstarbeit ist eben nicht unbedingt intelligente Arbeit. In dieser Gruppe findet man nicht zuletzt viele Workaholics: Sie kennen kein anderes Vergnügen, und ihre zwischenmenschlichen Beziehungen sind unproduktiv.

Bürokratische Kulturen, zwanghafte Organisationen

Welche Organisationsart schaffen Führungskräfte dieses Typs? Im zwanghaften Unternehmen herrscht hochgradiges Misstrauen zwischen Unternehmensspitze und unteren Positionen. Die Unternehmensleitung verlässt sich nicht gern auf den guten Willen, gemeinsame Ziele oder die Talente eines Managementteams, sondern setzt für die Zusammenarbeit auf formale Anweisungen und unmittelbare Überwachung. Verdächtigungen und Intrigen umwehen daher fast jede Entscheidung. Die im Machtzentrum vorherrschende Furcht vor Kontrollverlust beraubt die Mitarbeiter zudem ihrer Urteilsfähigkeit, Eigeninitiative, Anteilnahme, Verantwortlichkeit und Begeisterung.

Der Bürokratismus ist entseelt und starr, und die bürokratische Organisation spiegelt die Anstrengungen im Topmanagement, Angestellte, Geschäftstätigkeit und Geschäftsumfeld zu überwachen. Für jedes Detail gibt es Vorschriften, Abläufe sind bis ins Kleinste geregelt, die Abarbeitung von Aufgaben ist genauestens festgelegt, und die Mitarbeiterführung erfolgt strikt nach Plan. Alles ist nur Mittel zum Zweck der Kontrolle. Die Unternehmensleitung führt mit einem Regelwerk, nicht mit persönlichem Vorbild oder Anweisungen (auch wenn viele Regeln Erbe der Vergangenheit sind und die Auffassung des Gründers, wie das Unternehmen erfolgreich zu führen sei, festschreiben).

Zwanghafte Firmen wappnen sich mit umfassender Kontrolle gegen alles Unvorhergesehene. Als Führungskraft werden in einer solchen Umgebung nur Bürokraten glücklich, die sich gern auf höhere Weisung berufen und ungern selbst aktiv werden. Unabhängige Geister merken bald, dass ihnen die Hände gebunden sind, und verlassen das Unternehmen. Selbst wenn sie sich auf ein hervorragendes Team stützen könnte, will die Unternehmensleitung nicht genug Befugnisse über die Geschäftstätigkeit aus der Hand geben, um eine Teilhabe an Entscheidungen zu ermöglichen. Da sich die Unternehmenspolitik nicht an äußeren, objektiven Erfordernissen ausrichtet, sondern nach Maßgabe der Zwangspersönlichkeit an der Spitze, ist jede Diskussion darüber ausgeschlossen.

Die internen Abläufe sind in hohem Maß ritualisiert und stark von der Binnensicht geprägt. Jede Einzelheit der Geschäftstätigkeit wird im Voraus durchgeplant und nach Vorgabe ausgeführt. Auf gründliche, vollständige und stets gleichbleibende Erledigung wird größter Wert gelegt.

Dem misstrauischen und dem zwanghaften Unternehmen ist das Übergewicht von formalen Vorschriften und Informationssystemen gemein, aber es gibt einen wichtigen Unterschied: Im zwanghaften Unternehmen liegt der Akzent auf interner Überwachung der Geschäftstätigkeit (Produktivität, Kosten, Terminierung und Performance von Projekten und so weiter), das misstrauische Unternehmen kontrolliert schwerpunktmäßig externe Bedingungen. Der zwanghafte Charakter bevorzugt standardisierte Geschäftstätigkeit und formalisierte Verfahrensschritte. Diese Politik betrifft nicht nur Herstellung und Marketing, sondern greift auf Kleiderordnung, Besprechungen (sie finden häufig statt, und ihre Agenden sind mit Einzelheiten gespickt) und die Einstellung der Angestellten über.

Die »Nabelschau« des zwanghaften Unternehmens spiegelt sich in der Strategie. Der Stolz auf die Marktführerschaft kann etwa dazu führen, dass neue Produkte eingeführt werden, obwohl die Innovation vom Markt her gesehen ganz unangemessen ist. Die vorherrschende Binnenperspektive verstellt den Entscheidungsträgern den Blick aufs Ganze und verhindert damit Erneuerung. Zwanghafte Organisationen verwandeln bahnbrechende Neuerungen in Ladenhüter, Kostenführerschaft in Pfennigfuchserei, Qualitätsführerschaft in Qualitätsmarginalisierung.

Unternehmen mit vorherrschendem Zwangscharakter sollten mit folgenden Maßnahmen die Balance wieder herstellen:

- bürokratische Verkrustungen »aufsprengen«,
- sich mit Diversifizierung in benachbarte Branchen vorwagen,
- in Forschung und Entwicklung investieren,
- Unternehmergeist und strategische Erneuerung fördern,
- stärker auf Marketing und Kundenwünsche reagieren,
- in bestimmten Bereichen führende Unternehmen als Benchmark verstehen.

Fünf Typen – eine Reflexion

Aus Gründen der Vereinfachung habe ich mich bei der Beschreibung der fünf häufigsten »Krankheitsbilder« von Unternehmen auf die reine Form beschränkt. Das klinische Bild ist in Wirklichkeit natürlich viel komplizierter, sowohl was die Menschen als auch was die Organisationen betrifft. Es gibt zahlreiche Überschneidungen und Mischungen. *Fortune, Forbes, Business Week, Financial Times* und *Wall Street Journal* stellen monatlich, wöchentlich oder täglich Hybridformen vor – den misstrauisch-zwanghaften Typ, den depressiv-zwanghaften Typ, den unnahbar-depressiven Typ und so weiter.

Zusätzlich kompliziert wird die Lage durch die Tatsache, dass sich Unternehmen, je nachdem wer den Vorstandsvorsitz innehat und in welchem Entwicklungsstadium sich die Organisation befindet, von einer zur nächsten Konstellation bewegen. Ein Stil kann in einer bestimmten Phase ausgesprochen konstruktiv und in einer anderen destruktiv wirken. Nur das Übermaß ist pathologisch. Übermaß kann aber schon dann eintreten, wenn an einem Stil trotz veränderter Umstände festgehalten wird. Das Gleichgewicht zwischen gesund und krank ist eben fließend.

Außerdem muss betont werden, dass die Persönlichkeit an der Spitze die Organisation natürlich nachhaltig beeinflusst, dass aber auch die Umkehr gilt: Ein mit Enttäuschungen gesättigtes Unternehmen kurz vor dem Abgrund kann den gesündesten Menschen deprimieren, eine Serie hinterhältiger Attacken durch die Konkurrenz eine schlafende Paranoia wecken: Die Ausrichtung der Organisation und die Disposition der Führung beeinflussen sich gegenseitig. Wechselwirkungen sind die Regel.

Wer als Führungskraft, Vorstand oder Aufsichtsratsmitglied ein Unternehmen vor dem Untergang retten will, hält die Frage, wie es dazu kam, wahrscheinlich für weniger dringlich als die, mit welchen Mitteln es weitergeht. Die Tatsache, dass eine Beziehung zwischen der Ausrichtung der Organisation und der Disposition der Führung besteht, ist für diese Personen wichtiger als die Frage, was war zuerst. Trotzdem wird ohne ein Verständnis der Ursachen die Medizin nicht wie gewünscht anschlagen. Die eben vorgestellte Typologie mit ihren fünf Konstellationen ist jedoch bei der Beurteilung, wie gesund ein Unternehmen ist, und bei dem Aufspüren pathologischer Züge hilfreich:

- Die Organisationsanalyse fahndet direkt nach Typen (und den in ihnen wirksamen psychologischen und kulturellen Faktoren) und vermeidet unnötige Komplikationen durch die kleinschrittige Untersuchung einer Variablen nach der anderen.
- Man arbeitet mit einem umfassenden Verständnis der Persönlichkeit, eruiert den passenden übergeordneten Stil, der den größten Teil des Verhaltens erklärt, und umgeht damit die zu enge Betrachtung von Affekt und Kognition.
- Man packt die strategischen, strukturellen und kulturellen Probleme innerhalb der Organisation bei der Wurzel.

Mit der Zuordnung zu einem bestimmten Organisationstyp rückt eine Reihe bisher unbemerkter, aber in dieser Konstellation häufig vorkommender Merkmale in den Mittelpunkt der Analyse. Das erleichtert die Wahl der angemessenen Gegenmaßnahmen. Statt sich mit den spezifischen Symptomen im Zusammenhang mit der Machtverteilung oder dem Aufbau des Berichtswesens aufzuhalten, können sich die Analysten der eigentlichen Ursache zuwenden, die sich in einem Cluster verschiedener Symptome niederschlägt.

Hat man die Ursache gefunden, ist der Übergang zur Abhilfe nicht weit. Doch jedes Rezept, das den neurotischen Stil einer Organisation beheben soll, muss den neurotischen Stil der obersten Führungskraft bedenken. Der persönliche Stil hat seine Wurzeln in den tiefsten Schichten der menschlichen Seele. Der Stil von Vorstandsvorsitzenden ist insofern besonders schwer zu ändern, weil sie so viel Macht haben. Eine Maßnahme, die der Persönlichkeit zuwiderläuft, wird auf Widerstand stoßen, oder wenn sie denn implementiert würde, wäre sie ein Fremdkörper in der Organisation, der überhaupt nicht zur Gesamtkonfiguration passt (und deswegen nicht die gewünschte Wirkung zeigen wird). Ein wirklicher Umschwung gelingt nur, wenn die Machtbasis der Unternehmensleitung stark ausgedünnt wird (entweder durch den Konkurs oder durch ein Machtwort des Aufsichtsrates) oder wenn die Unternehmensleitung ausgetauscht wird.

Fallbeispiele

Sehen wir uns an, wie sich die einzelnen Stile in der Wirklichkeit des Geschäftslebens ausformen.

Dramatisch

Der dramatische Stil umfasst Menschen mit histrionischen, zyklothymischen und narzisstischen Persönlichkeitsanteilen (wobei die Narzissten in der Welt der Unternehmen am häufigsten vertreten sind). John Delorean ist ein Narzisst par excellence: Die Persönlichkeit des Leiters von Delorean Motors führte zur Entwicklung eines neuen Autos, aber auch zu einer neuen Frau, einem neuen Gesicht, Kokain - es gab nichts, was er ausließ. Mit seiner theatralischen Attitüde konnte er sehr verführerisch sein, aber letztlich stieß ihn seine Selbstverliebtheit vom Thron. Bernard Tapie genießt in Frankreich große Popularität und hat ähnliche Eigenschaften. Er war Wirtschaftstycoon, Minister, Filmstar - Sie können sich was aussuchen. Am Ende landete er aufgrund unsauberer Machenschaften, darunter Bestechung, hinter Gittern. Sandie Weils bemühte in seinen öffentlichen Aussagen die Vorteile einer gemeinsamen Führung, als die Fusion von Citybank und Travellers bekannt gegeben wurde. Aber jeder, der ihn auch nur oberflächlich kannte, wusste genau, dass das nur Propaganda sein konnte - Weil würde seinen Ruhm bestimmt nicht mit einem Nebenbuhler teilen. Angesichts seines gigantischen Egos konnte die Geschichte nur damit enden, dass er das welt-

Organisation	Leitung	Kultur	Strategie	Leitthema
Dramatisch				
Übertriebene Zentralisierung verhindert effiziente Informationssysteme; zu primitiv für die Produktvielfalt und Marktbreite; Führungskräfte aus der zweiten Reihe haben zu wenig Einfluss	Lechzt nach Aufmerksamkeit; süchtig nach Abwechslung, Aufregung und Anregung; neigt zu Anspruchsdenken und Extremen	Spricht dependente Persönlichkeiten an, die sich gern unterordnen und die Fürsorge dem Chef überlassen; typisch sind »Idealisierung« und »Spiegeln«; Leitungskraft als Katalysator von Initiative und Arbeitsmoral der Untergebenen	Hyperaktiv, impulsiv, abenteuerlustig und gefährlich enthemmt; Nährboden für kühne, einsame Entscheidungen der Führungskräfte; unkoordiniertes Portfolio und Wachstum; anfällig für blinden Aktionismus; Entscheidungsfindung ohne Beteiligung der Mitarbeiter	»Ich will Aufmerksamkeit erregen und Menschen, die mir wichtig sind, beeindrucken.«
Misstrauisch				
Ausgefeilte Informationssysteme, ausführlichste Analyse externer Trends; Machtbündelung	Stets auf der Hut vor Angriffen und Drohungen; überempfindlich, misstrauisch; auf Regeln und Kleinigkeiten bedacht, um sich vollständige Kontrolle zu sichern; lechzt nach Information; manchmal rachsüchtig	»Krampf und Kampf«; Abhängigkeiten und Angst vor Angriffen; übertrieben hoher Stellenwert der Information; fördert Einschüchterung, Uniformität und Verdächtigungen	Konservativ, wenig Initiative; allzu analytisch, übertrieben diversifiziert, voll von Geheimniskrämerei	»Ich werde von etwas bedroht. Ich muss wachsam sein und kann wirklich niemandem trauen.«
Unnahbar				
Die Binnenperspektive dominiert, das ökonomische Umfeld wird vernachlässigt; selbst verschuldete Hemmung des Informationsflusses	Zurückgezogen und unbeteiligt; nicht an der gegenwärtigen oder zukünftigen Entwicklung interessiert; mitunter nicht empfänglich für Kritik oder Lob	Kalt und emotionslos, konfliktreich; von Machtkämpfen und Unsicherheit geplagt	Schwankend, unentschieden und inkonsistent; engstirnige, selbstsüchtige Ambitionen	»Die Wirklichkeit bietet keine Befriedigung. Zwischenmenschliche Kontakte sind zum Scheitern verurteilt, es ist besser, man lässt die Finger davon.«
Depressiv				
Typisch sind Rituale, Bürokratie, Inflexibilität, steile Hierarchie, unzureichende interne Kommunikation und Widerstand gegen Veränderungen	Mangelndes Selbstvertrauen, Minderwertigkeitskomplexe, nicht erfolgsgewohnt (duldet daher Mittelmaß und Versagen); auf der Suche nach dem »Messias«	Passiv, ohne Eigeninitiative und Motivation; fehlende Marktkenntnisse; Machtvakuum, selbstunsicheres Verhalten	Entscheidungsangst, Nabelschau, fehlende Marktbeobachtung; lässt sich treiben, orientierungslos; beschränkt auf überalterte, reife Märkte	»Kurswechsel haben keine Aussicht auf Erfolg: Ich kann den Lauf der Dinge nicht ändern. Ich bin einfach nicht gut genug.«
Zwanghaft				
Starre Formvorschriften, ausgefeilte Informationssysteme, rituelle Bewertungsmethoden; extreme Genauigkeit und Gründlichkeit, der Status der Führungskräfte bestimmt sich allein nach ihrem Rang in der Hierarchie	Würde am liebsten alles von oben bestimmen, besteht darauf, dass sich jeder an die Vorschriften hält; dogmatisch bis starrsinnig; perfektionistisch, detailverliebt, besessen von Routinen, Ritualen und Effizienz; begeistert von militärischem Drill	Stur, auf Interna fixiert, wie auf einer Insel; bevölkert von unterwürfigen, fantasielosen, unsicheren Angestellten	Genau durchkalkuliert, zielorientiert, extrem gründliche Bewertung; schwerfällig und unfähig zur Anpassung; thematisch beschränkt, besessen von einem Aspekt (zum Beispiel Kosten- oder Qualitätskontrolle) zulasten anderer Aspekte	»Ich will den Ereignissen nicht auf Gedeih und Verderb ausgeliefert sein. Ich muss alles, was mich betrifft, unter Kontrolle haben und beherrschen.«

Tabelle 1: Die fünf häufigsten Konstellationen

größte Finanzimperium allein leitete, eine Rolle, die ihm in ihrer Großartigkeit auf die Seele geschneidert war. Und tatsächlich, er ist heute CEO der Citygroup. Die Beispiele zeigen, dass sich Menschen mit narzisstischen Neigungen in ihrer Selbstinszenierung selbst oft keine Grenzen setzen.

Misstrauisch

Dazu fällt mir sofort J. Edgar Hoover ein, der berühmt-berüchtigte Ex-FBI-Chef. Er überlebte bemerkenswert viele Präsidenten und Staatsanwälte. Niemand konnte diesem Genie der Informationsbeschaffung etwas anhaben. Wer hatte schließlich keine Leiche im Keller? Hoover mochte am Anfang seiner Karriere sehr fähig gewesen sein, aber mit den Jahren wurde er ein Scheusal. Seine Biografie trägt den Titel *No Left Turns*: Hoovers Kommunistenhass ging so weit, dass er seinem Chauffeur das Linksabbiegen verbot und diesen zu komplizierten Rechts-rechts-Kombinationen zwang, bis das Auto endlich das Ziel erreichte.

Wer Hoover in seinem Büro aufsuchte, wurde durch zahlreiche Doppeltüren in einen Raum geführt, der mit Plaketten, Auszeichnungen, Zitaten, Medaillen und anderen Beweisen von Hoovers Größe ausstaffiert war. Nach diesem folgten zwei weitere Memorabilien-Kabinette, bevor man endlich ins Allerheiligste vorgelassen wurde. Dort thronte der FBI-Chef auf einem erhöhten Stuhl an einem erhöhten, gigantischen Schreibtisch und schielte auf den Besucher herab.

Wenn wir uns von der Politik ab- und der Wirtschaft zuwenden, verdient der Intel-Chairman Andy Grove wegen des Titels seines Buches als Erster genannt zu werden: *Only the Paranoid Survive*. Der ITT-Gründer Harold Geneen ist mit seinem geradezu hooverschen Führungsstil ein besseres Beispiel. Er baute ein beeindruckendes Unternehmen auf, aber seine Wunderlichkeiten hemmten später dessen Entwicklung. Man sagte: »Für ITT arbeiten ist, als würdest du in einem geschlossenen Raum mit Überwachungskamera an der Decke und einer Wanze im Hintern sitzen.«

Typisch für die paranoide Atmosphäre in der Organisation war, dass die Controller aus allen ITT-Niederlassungen weltweit direkt an Geneen berichteten – ungefähr 400 Leute. Er suchte ständig nach »unwiderlegbaren Fakten«, auf denen er seine Entscheidungen gründen konnte, und war nicht zufrieden, bevor er nicht Massen von Angaben zusammengetragen hatte. Es hieß, ITT sei bevölkert wie eine Vogelinsel: Die »Möwen« landeten, fraßen, kreischten, schissen alle voll und flogen wieder weg.

Einmal im Monat versammelten sich alle Geschäftsstellenleiter in New York oder Brüssel zum Report. Sie wurden einzeln zum Gespräch gebeten von einem kauzigen britischen Buchhalter, der nur in Hotels wohnte und nachts, während die zu Besuch weilenden Führungskräfte schliefen, die Bücher studierte. Diese Treffen fanden in einem Besprechungsraum statt, der James Bond zur Ehre gereicht hätte, und der Buchhalter eröffnete das Verhör zum Beispiel mit den Worten: »Mr. X, ich verstehe das nicht, die Ziffer auf Seite 27 passt nicht mit der Ziffer auf Seite 223 zusammen. Können Sie das erklären?« Wenn der arme Kerl in einem verzweifelten Versuch, sich die Zusammenhänge rasch in Erinnerung zu rufen, nur einen Moment zögerte, war das der Anfang von seinem Ende. Geneens Büttel roch Blut und setzte zum tödlichen Stoß an.

Viele wurden gegangen, viele gingen freiwillig. Das Unternehmen wurde wegen der hohen Fluktuation auch Geneen University genannt. Wer blieb, war teilweise mit Geld geködert, Geneen »kauft sie mit Cadillacs«, sagte man.

Wie schon gesagt, erkennt man das Format einer Organisation auch an der Nachfolgeregelung: Wie glatt verläuft die Übergabe? Geht das Ausscheiden des Manns oder der Frau an der Spitze mit heftigen Verwerfungen einher? Nicht uninteressant ist auch, wie sich das Unternehmen nach dem Machtwechsel entwickelt. ITT wurde nach Geneens Ausscheiden von massiven Schwierigkeiten erschüttert – er versuchte mit wechselndem Erfolg, mehrere seiner Nachfolger abzuschießen – und durchlebte einen eklatanten Schrumpfungsprozess. Das Unternehmen ist heute nur noch ein Schatten seiner selbst.

Unnahbar

Gleichsam in Reinkultur verkörpert Howard Hughes den unnahbaren Typus. Der schwer zu fassende Mann leitete seine Unternehmen, darunter der Werkzeughersteller TWA und Kasinos, soweit es eben ging, aus der Ferne. In seiner Büro- und Wohnsuite im Beverly Hills Hotel richtete er eine »keimfreie Zone« ein: In der Mitte des Raums standen ein weißer Ledersessel und eine dazugehörige Chaiselongue, ein Beistelltischchen und ein Telefon. Er reinigte die Gegenstände akribisch und regelmäßig, um jede Kontamination auszuschließen.

Zuletzt weigerte er sich, selbst für wichtige Sitzungen das Hotel zu verlassen, und verbat seinen engsten Freunden, ihn zu besuchen. Er zog sich so sehr zurück, dass er sich buchstäblich zum Gefangenen seines eigenen Unternehmenssitzes machte. Häufig ließ er dringende Anrufe aus Culver City (dem Sitz der Hughes Aircraft) unbeantwortet, zur großen Enttäuschung der Unternehmensleitung. Die Klärung wichtiger strategischer und hierarchischer Fragen unterblieb, führte zu innerbetrieblichen Kämpfen und gefährdete die Auslieferung von Flugzeugen an die US Air Force. Nach 1965 war Hughes gänzlich unerreichbar – er war geistig verwirrt.

Ronald Reagan war zwar ein umgänglicher Mensch, aber trotzdem ein unnahbarer Präsident. Er wirkte immer so, als habe er mit dem höchsten Amt der Vereinigten Staaten eigentlich nichts zu schaffen. Jemand zeigte mir einmal eine Karikatur, die ihn hinter seinem Schreibtisch im Oval Office zeigt. Auf der Platte stehen zwei Körbe, und auf beiden steht »Postausgang«.

Depressiv

Hier sind Beispiele rar, denn in unserer schönen deregulierten Welt halten sich depressive Unternehmen nicht lange. Sie gehen in Konkurs, werden aufgekauft oder finden auf geheimnisvollen Wegen zur Erneuerung ihrer selbst.

Disney Corporation versuchte beispielsweise nach dem Tod von Walt Disney im Jahre 1966, seine Ansichten, seinen Geschmack und seine Vorstellungen zu konservieren. Die Idealisierung paralysierte die Entscheidungsfähigkeit; die Führungsspitze benötigte viel Zeit, bis sie ihre innere Krise überwand. Der unendliche Einfallsreichtum des Gründers hatte so unverwundbar gewirkt, dass Mickey, Donald und Goofy sie auf alle Zeiten abzusichern schienen. Das Unternehmen trudelte dahin, bis Disneys Neffe 1984 ein neues Führungsteam einstellte, die die Organisation neu erfanden.

Zwanghaft

Zwei Beispiele für zwanghafte Führer, die ihre zwanghaften Unternehmen auf Sandbänke trieben, habe ich bereits genannt: Henry Ford (in Kapitel 5) und Kenneth Olson (in Kapitel 3).

Henry Fords Motto: »Jede Farbe, Hauptsache schwarz«, war anfangs visionär. Das Schwarz schuf eine einheitliche Produktlinie und ermöglichte preiswerte, in Massen hergestellte Autos. Aber die Zeiten änderten sich, der Geschmack der Konsumenten wurde anspruchsvoller, und Fords ursprünglich brillante Beschränkung auf ein Modell geriet zur Achillesferse. Der T wurde von 1908 bis 1927 gebaut. (Edsel sollte allerdings herausfinden, dass es mit irgendwelchen Änderungen auch nicht getan war.)

Während Ford starr an seiner Einheitslösung festhielt und sich jedem Wandel verweigerte, verlor er zwei Drittel des Marktanteils an General Motors. Der Erfinder des Fließbands konnte die Tatsache, dass die Kunden abwanderten, ebenso wenig akzeptieren wie Veränderungen, sondern witterte darin haltlose Propaganda der Konkurrenz. (Und die Ja-Sager, denen er die Leitung der Werke anvertraut hatte, bestätigten ihn darin.)

Erst nach Fords Ableben und dem Eintritt seines Enkels in die Leitung vermochte sich das Unternehmen neu zu orientieren – eine Rettung in letzter Minute, der Bankrott konnte eben noch abgewendet werden. Henry Ford war technisch und organisatorisch ein Genie, und trotzdem hätte er sein Werk beinahe wieder vollständig zerstört. Seine Tragödie war, dass er irgendwann einfach stehen blieb. Ähnlich liegt der Fall bei

Kenneth Olson, auch er anfangs ein kreativer und einsichtiger Führer, hielt er später an seinen veralteten Vorstellungen von der Nützlichkeit von PCs fest und brachte DEC damit an den Rand des Abgrunds.

Welchen Führungsstil bevorzugen Sie?

Welcher Organisationstyp beschreibt Ihr Unternehmen am besten? Inzwischen haben Sie eine erste Vorstellung von dem Verhältnis zwischen Führungsstil einerseits und Unternehmenskultur, -struktur und -strategie andererseits. Jetzt ist die Zeit reif, dass Sie Ihren eigenen Stil herausfinden. Lassen Sie sich nicht von der Länge des folgenden Fragebogens abschrecken, überhasten Sie die Antworten nicht. Die Ergebnisse werden Ihnen helfen, für sich die Art, wie Sie das Unternehmen leiten, und die Eigenart der Unternehmenskultur zu klären.

Entscheiden Sie sich Sie für jede der folgenden, nach den fünf Konstellationen von A bis E geordneten Fragen *Ja* oder *Nein* an und kreuzen Sie anschließend die Zahl an, die Ihrer Reaktion auf den jeweiligen Umstand am nächsten kommt. 1 bedeutet *wünsche ich mir*, 2 *neutral*, 3 *lehne ich ab*.

	Ja	Nein	Reaktion 1	2	3
Konstellation A:					
• Ist die Macht im Unternehmen stark zentralisiert und liegt fast zur Gänze in den Händen des/der Vorstand?					
• Ist die Unternehmenskultur so stark, dass alle Leitenden in den wesentlichen Punkten übereinstimmen?					
• »Betet« die Mehrheit der Mitarbeiter die Unternehmensführung an?					
• Werden abweichende Meinungen ignoriert oder die »Dissidenten« mit Entlassung bedroht?					
• Ist der Vorstandsvorsitzende überlastet, weil er am liebsten alles selbst erledigen würde?					
• Haben riskante, groß angelegte Unterfangen die Ressourcen des Unternehmens erschöpft?					
• Entscheidet der Vorstand rasch und ohne sich mit andern zu beraten?					
• Verläuft die Diversifizierung hektisch, werden die Ressourcen verschleudert, um neue Produkte oder Dienstleistungen zu platzieren oder um geografisch zu expandieren?					
• Wirkt der/die Vorstandsvorsitzende eitel oder egoistisch?					
• Werden Schleimer schneller befördert als die, die offen ihre Meinung sagen?					

	Ja	Nein	Reaktion 1	2	3
• Fließen die Informationen eher von oben nach unten oder von unten nach oben?					
• Befindet sich die Strategie der Organisation überwiegend im Kopf des Vorstand?					
• Sind Wachstum und Expansion mehr oder weniger zum Selbstzweck geworden?					
Konstellation B:					
• Prägt Misstrauen das Betriebsklima?					
• Bezichtigt die Führung externe »Feinde« (Behörden, Konkurrenten), die Probleme des Unternehmens verursacht zu haben?					
• Wird von der Unternehmensleitung großer Wert auf Informationssysteme gelegt, mit denen Unstimmigkeiten aufgedeckt und die Schuldigen enttarnt werden sollen?					
• Gibt es »Spione«, die die Unternehmensleitung über Vorgänge in der Belegschaft informieren sollen?					
• Spielt die Loyalität zum Unternehmen eine große Rolle bei der Leistungsbeurteilung der Angestellten?					
• Fühlt sich die Unternehmensleitung wie in einer »Wagenburg«, das heißt, verteidigt sie sich ständig gegen angebliche Attacken von außen?					
• Ist die Unternehmensstrategie eher auf Nachahmen als auf eigenständige, neue Ansätze ausgelegt?					
• Wird um Unternehmenszahlen, Gehälter, Entscheidungen ein Geheimnis gemacht?					
• Variiert die Unternehmensstrategie stark, je nach äußeren Bedingungen?					
• Versucht das Unternehmen, Risiken um jeden Preis zu vermeiden?					
• Ist die Organisation nicht zielgerichtet?					
Konstellation C:					
• Gibt es im Unternehmen große Unstimmigkeiten zwischen den einzelnen Abteilungen oder Geschäftsbereichen?					
• Gibt es häufig interne Richtungskämpfe?					
• Meidet die Unternehmensleitung persönliche Kontakte und kommuniziert lieber via Memo und E-Mail?					

	Ja	Nein	Reaktion 1	2	3
• Gibt es ein »Führungsvakuum« im Unternehmen?					
• Werden Entscheidungen häufig und für lange Zeit wegen kleinerer Konflikte aufgeschoben?					
• Stellen einige Führungskräfte ihre persönlichen Ambitionen über die Interessen des Unternehmens?					
• Sind die Unternehmensstrategien zersplittert, fallen sie ins Extrem, je nachdem welcher Nachwuchsmanager gerade die Gunst der Unternehmensleitung genießt?					
• Ist die Unternehmensführung mehr mit äußeren Angelegenheiten denn mit Interna beschäftigt?					
• Werden von der Unternehmensleitung nur wenige Entscheidungen gefällt, treibt die Organisation also mehr, als sie gesteuert wird?					
• Kann man nur mit Mühe erkennen, was die Geschäftsführung eigentlich will?					
Konstellation D:					
• Vermitteln der Vorstand oder andere wichtige Führungskräfte unterschwellig das Gefühl von Hilflosigkeit gegenüber dem Lauf der Dinge?					
• Stagniert das Unternehmen, während vergleichbare Konkurrenten Fortschritte machen?					
• Wirken die Produkte oder Dienstleistungen des Unternehmens veraltet?					
• Wird dem Umfeld kaum systematisch Beachtung geschenkt?					
• Sind die Arbeitsmittel ärmlich und ineffizient?					
• Sind die Unternehmensstrategien sehr eng gefasst und immun gegen Veränderungen?					
• Fehlen Initiativen, ist das Betriebsklima Entscheidungen abträglich?					
• Verlassen junge, dynamische Führungskräfte das Unternehmen, weil das Betriebsklima ihre Initiative erstickt und sie kaum aufsteigen können?					
• Werden Gelder extrem konservativ investiert?					
• Ersetzen bürokratische Vorschriften Kommunikation und Beratung über Entscheidungen?					

	Ja	Nein	Reaktion 1 2 3
Konstellation E:			
• Dominieren in der Organisation bürokratische Reglementierung, Vorschriften, formal abzuarbeitende Verfahrensschritte und Dienstwege?			
• Wird eher nach Präzendenzfällen denn nach Diskussion der Sachlage entschieden?			
• Ist die Strategie seit Jahren unverändert?			
• Werden Markttrends mit Verzögerung aufgegriffen?			
• »Klebt« der Vorstand an seiner Macht?			
• Reitet der Vorstand auf wenige Aspekten der Strategie (Effizienz, Produktivität, Qualität, Kosten) herum und übergeht alle anderen Elemente?			
• Gilt im Unternehmen eine von der Gründergeneration vererbte Strategie immer noch als sakrosankt?			
• Werden Strategien bis in alle Einzelheiten ausformuliert?			
• Sammeln die Informationssysteme zu viele »harte« und zu wenige »weiche« Daten (Kundenreaktionen/Trends)?			
• Schätzt die Unternehmensleitung Untergebene, die Anweisungen sklavisch genau und ohne Widerworte ausführen?			
• Wird extrem viel Wert auf Status und hierarchische Position gelegt?			

Bewertungsblatt zur Bestandsaufnahme der Organisationstypen:

1. Zählen Sie für jede Konstellation, wie häufig Sie mit *Ja* geantwortet haben, und tragen Sie die Summe in nachfolgendem Schema ein.
2. Zählen Sie für jede Konstellation, wie häufig Sie mit *Nein* geantwortet haben, und tragen Sie die Summe in nachfolgendem Schema ein.
3. Addieren Sie die unter *Reaktion* ankreuzten Zahlen, und tragen Sie die Summe in nachfolgendem Schema ein.

	Ja	Nein	Reaktion 1 2 3
• Konstellation A – die dramatische Organisation			
• Konstellation B – die misstrauische Organisation			
• Konstellation C – die unnahbare Organisation			
• Konstellation D – die depressive Organisation			
• Konstellation E – die zwanghafte Organisation			

Interpretationshilfe zur Bestandsaufnahme der Organisationstypen:

1. Stellen Sie fest, in welcher Konstellation Sie besonders häufig mit Ja geantwortet haben. Wenn Sie innerhalb eines Musters bei ein oder zwei Fragen Ja angekreuzt haben, können Sie diese Konstellation mit hoher Wahrscheinlichkeit ausschließen, wenn mehr als die Hälfte der Antworten positiv ausfielen, trifft dieses Muster offensichtlich zu.
2. Wenn Sie je Konstellation die Reaktionsziffern aufaddieren, finden Sie heraus, welche Ihnen am meisten liegt. Je höher die Zahl, desto stärker Ihre Affinität.

Was legt die Punktzahl bei Ihrer Reaktion nahe? Passen Sie gut in das Unternehmen, in dem Sie derzeit arbeiten? Denken Sie über Ihre Antworten nach.

Der Teufelskreis

Unternehmen, die von psychisch gestörten Menschen geleitet werden, begeben sich in einen Teufelskreis (Abbildung 3). Normalerweise sind es aktuelle Störungen, die einem Unternehmen zu schaffen machen, aber mitunter spukt auch der Geist eines früheren Leiters durch die Korridore. Zur Institution erhoben, spielt die Vergangenheit noch immer eine wichtige Rolle.

Dysfunktionale Führung erzeugt eine Reihe von sozialen Verteidungsmechanismen, die von der eigentlichen Arbeit in der Organisation ablenken. Allgegenwärtige Ängste und störende kollektive Fantasien halten die Menschen leicht von den Unternehmenszielen ab, die Form siegt über Inhalte. Das wiederum führt zu einer problematischen Arbeitsmoral.

Zu den Anzeichen sinkender Arbeitsmoral gehören nachlassende Motivation, überdurchschnittlich hohe Fluktuation, ein hoher Krankenstand und niedrige Arbeitszufriedenheit. Diese Personalprobleme tragen zu einer problematischen Performance des Unternehmens bei, sinkende Gewinne, steigende Kosten, schlechter Kundendienst und schließlich auch ein sinkender Aktienkurs (wenn es sich um ein börsennotiertes Unternehmen handelt) sind die Folge. Die Organisation reagiert darauf mit Entlassungen, Einfrierung (oder gar Senkung) der Gehälter, Einschnitte bei Schulungen und dem Einsatz von Zeitarbeitskräften – und verstärkt damit die ohnehin schlechte Stimmung, drückt auf die Arbeitsmoral und läutet eine neue Runde in diesem Teufelskreis ein.

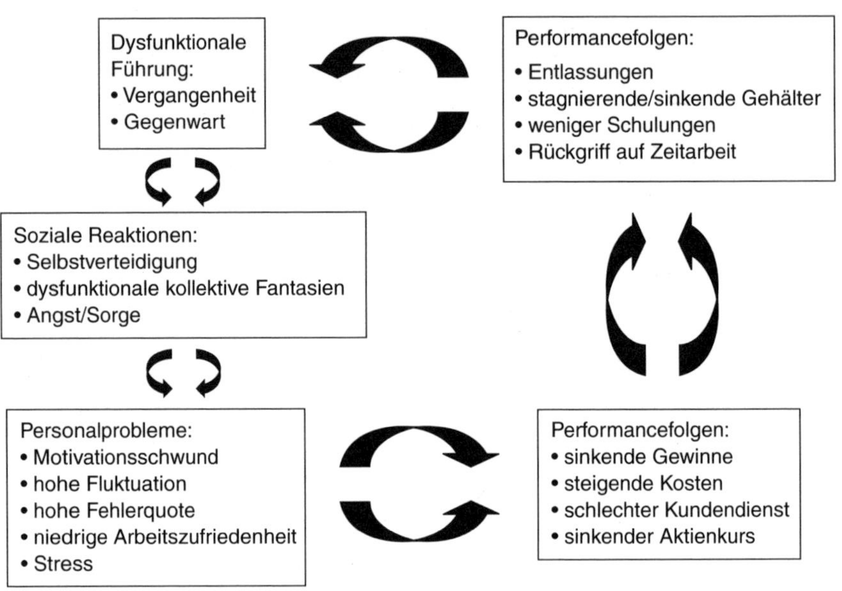

Abbildung 3: Der Circulus vitiosus im »neurotischen« Unternehmen

Viele Vorstandsvorsitzende entwickeln, wenn sie in einen solchen Circulus vitiosus verstrickt sind, ungeheure Ansprüche:

- Sie werden machtbesessen.
- Sie verlangen immer kostspieligere Privilegien.
- Sie wollen im Rampenlicht der Öffentlichkeit stehen.
- Sie fordern exorbitante Vergütung.

Viele einst glänzende Führungskräfte fielen diesen wachsenden Ansprüchen zum Opfer. Jan Carlson (SAS), Lee Iaccocca (Chrysler) und Michael Eisner (Disney) stolperten über ihre Machtgier und den Wunsch nach Öffentlichkeit. Auch Privilegienwahn und Geldgier fordern ihren Tribut - nicht wenige Vorstandsvorsitzende genehmigen sich satte Gehälter, fette Aktienoptionen und Boni oder setzen Freunde und Verwandte auf lukrative Pöstchen, obwohl sie das Unternehmen herunterwirtschaften.

Schauen wir uns zum Beispiel Saul Steinberg an. Der Chairman der Reliance Holding Group war 1999 für einen Verlust des Unternehmens in Höhe von 318 Millionen US-Dollar verantwortlich, strich aber gleichwohl ein Gehalt von 3,6 Millionen US-Dollar ein. Seit 1991 hat Steinberg über 48 Millionen US-Dollar an Gehalt und Bonus verdient. Der Aktienkurs fiel in diesem Zeitraum um 95 Prozent (während sich die Anteilsscheine vergleichbarer Versicherungsunternehmen um 666 Prozent verteuerten). Außerdem hatten Steinberg und sein Bruder (der als Vize ebenfalls ein Rekordgehalt erhielt) das Privileg, die unternehmenseigene Boeing 272 zu nutzen. Zum Vergleich: Warren Buffet verdiente 1999 an der Spitze von Berkshire Hathaway 100 000 US-Dollar, während der Reingewinn dieses erfolgreichen amerikanischen Unternehmens bei 1,56 Milliarden US-Dollar lag. Buffet erhält seit 18 Jahren ein Gehalt in derselben Höhe.

Das Verhältnis zwischen dem Spitzengehalt und dem niedrigsten Lohn, das ein Unternehmen zahlt, sagt viel über die Organisation und dessen Führung aus. Plato schreibt in der *Politeia,* innerhalb einer Gemeinde solle niemand mehr als das Fünffache des Lohns eines Durchschnittsarbeiters verdienen. Wie Steinbergs Beispiel zeigt, gehört dieses niedrige Verhältnis der Geschichte an. Auch wenn es sich um einen schnelllebigen Bereich handelt: In Japan bewegt sich das Verhältnis zwischen höchstem und niedrigstem Gehalt um die 17, in Kontinentaleuropa um die 20, in Großbritannien um die 40 und in den USA um die 300. Um sich die Dimensionen klar zu machen: Michael Eisners bis vor kurzem von Disney gezahlte Jahresvergütung entsprach dem Bruttosozialprodukt von Grenada oder - ein vielleicht noch schlagenderer Vergleich - dem vereinten Jahresgehalt der 4 000 Gärtner, die sich um die Grünflächen von Disney World in Florida kümmern. Wie geschätzt oder motiviert sich ein Gärtner angesichts dieser Zahlen wohl fühlt?

Wir müssen verhindern, dass Führungskräfte ihre Gier ungehemmt ausleben, denn dann entwickelt auch ein gesundes Unternehmen pathologische Züge. Organisationen müssen Ansprüche, die Erfolg und Innovation mit sich bringen, so verteilen, dass der Geist im Unternehmen von der Chefetage bis zur Registratur im Keller offen für den Wandel ist.

8

Veränderung von Individuum und Organisation

Fanatisch ist, wer seine Meinung nicht ändert und das Thema nicht wechselt.
Winston Churchill

Um die Richtung zu wechseln, muss man anhalten.
Erich Fromm

Gib mir die Gelassenheit, Dinge hinzunehmen, die ich nicht ändern kann,
den Mut, Dinge zu ändern, die ich ändern kann,
und die Weisheit, das eine vom anderen zu unterscheiden.
Reinhold Niebuhr

Man hat einen stattlichen Hecht in ein großes Aquarium gesetzt, das von einer Glasscheibe in zwei Bereiche geteilt war. Der Hecht bekam eine Hälfte, in der anderen schwammen Elritzen. Als Räuber strengte sich der Hecht ordentlich an, um die Elritzen zu jagen, aber was er auch anstellte, er prallte immer nur gegen das Glas. Irgendwann gab er auf und ließ die Elritzen Elritzen sein. Da entfernte man die Zwischenwand, die Fische konnten wieder durcheinander schwimmen. Den Hecht ließ der ganze Schwarm vor seinem Maul völlig kalt: Elritzen sind nicht zum Fressen da, diese Lektion verlernte er nicht mehr so schnell (wenigstens nicht ohne die eine oder andere Nachhilfestunde).

Veränderung ist nicht einfach und erst recht nicht angenehm. Gewohnheiten ablegen zu müssen, kann tiefe Ängste wecken. Wie der Hecht kleben Menschen nicht selten an unpraktischen Verhaltensweisen, mögen diese von außen betrachtet auch noch so unlogisch erscheinen. Eine neue Sichtweise auf das eigene Leben verlangt offenbar große Anstrengung. Warum sich Menschen an den Status quo klammern, lässt sich wegen der vielen bewussten und unbewussten Hemmnisse nicht so ohne weiteres beantworten. Sicher ist nur, dass wir klammern, ungeachtet des Sprichworts: »Die Zeiten ändern sich, und wir uns mit ihnen.«

Der Veränderungsprozess

Trotz der Unternehmens-»Quacksalber«, die lautstark ihre sofortigen Wandel bewirkenden Mittelchen anpreisen, findet der menschliche Widerstand gegen Änderungen seine Parallele in Organisationen. Während sich der Markt dank besserer Kommunikationswege und technischer Fortschritte täglich verändert, richten sich die meisten Unternehmen im Status quo häuslich ein. Wir leben jedoch in einer von Umbrüchen charakterisierten Epoche. Überleben werden nur jene Unternehmen, die auf die wechselnden Erfordernisse der Zukunft reagieren können. Wie kann die Unternehmensleitung also schon im Vorfeld aktiv ihre Organisation verändern? Wie vermag sie am effektivsten für Änderungen zu sorgen? Wie sollte sie die für Einzelpersonen bekannte Dynamik auf einen wirtschaftlichen Organismus übertragen? Diese Fragen sind für das Überleben und den Erfolg von Unternehmen heute, wo der Wandel eher die Regel denn die Ausnahme ist, wichtiger als je zuvor.

Ich wiederhole: Veränderung ist für Menschen ebenso wie für Organisationen schwer. Machiavelli sagte: »Veränderung hat keine Anhängerschaft.« Woodrow Wilson setzt die Pointe anders: »Wenn du dir Feinde machen willst, dann versuch, etwas zu ändern.« Und Mao stimmt ein: »Eine Revolution ist keine Dinner-Party.« Viele, die sich an der Veränderung von Unternehmen versucht haben, mussten die in Kapitel 1 beschriebene Weisheit anerkennen: Menschen lassen sich leichter austauschen als verändern. Es ist einfacher, ein neues Team mit neuen Ideen einzustellen, als das alte Team auf neue Ideen umzustellen.

Und wer sich vollmundig zum Wandel bekennt, ist gewöhnlich nur mit halbem Herzen dabei: Man denkt, die anderen müssten sich ändern, während man selbst das nicht nötig habe. Dazu fällt mir ein »Calvin und Hobbes«-Cartoon ein. Der kleine Junge sagt zu seinem Stofftiger: »Ich fahr auf Änderungen ab.« Hobbes ist überrascht und kontert: »Heute Morgen bist du ausgerastet, weil deine Mom dir weniger Marmelade auf den Toast gestrichen hat wie gestern.« Calvin: »Ich fahr drauf ab, andere Menschen zu ändern!«

Manchmal handelt es sich weniger um Widerstand gegen Veränderungen als vielmehr um Unvermögen. Menschen, die sich durchaus verändern wollen, werden vom Wandel schlicht überrollt. Sie brauchen Hilfe, um ihn zu bewältigen. John Maynard Keynes traf den Nagel auf den Kopf: »Die eigentliche Schwierigkeit liegt nicht in der Ablehnung neuer Ideen, sondern in dem Abschied von den alten Ideen.«

Man hängt sein Herz an das Vertraute, spricht nicht umsonst von »lieb gewonnenen Vorstellungen«, deswegen sterben alte Ideen so schwer. Wer Veränderungen will – ob persönliche oder in Unternehmen – muss ebenso kognitiv wie emotional vorgehen, anders ausgedrückt: Herz und Verstand ansprechen. Die Betroffenen müssen die Vorteile des Neuen einsehen, aber das intellektuelle Verstehen ist nicht alles. Das Gefühl muss hinzutreten.

Halb im Scherz habe ich schon gesagt, dass die Offenheit für die Küche anderer Länder ein guter Indikator für Offenheit überhaupt ist. Wer seinem Gaumen exotische Genüsse zumutet, experimentiert auch anderweitig gern, und wer bei fremdländischen Speisen die Nase rümpft, auf den trifft wohl eher die Beschreibung von Somerset Maugham zu: »Wie alle schwachen Menschen legte er übertrieben viel Wert darauf, seine Meinung nicht zu ändern.«

Man muss also die Bereitschaft zu (oder gar den Wunsch nach) Experimenten herauskitzeln. Darin liegt für den persönlichen wie für den unternehmerischen Wandel die Herausforderung. Der eine wie der andere findet im Individuum statt. Organisationspsychologen, die ihre Theorien auf die Entwicklungs- und die klinische Psychologie aufbauen, sehen die Veränderung von Unternehmen eingebettet in die Veränderung von Menschen. Organisationen bestünden schließlich aus Menschen, und deswegen hinge die erfolgreiche Implementierung von Innovationen vom Verständnis der individuellen Reaktionen auf die Neuerungen ab.

Die Dynamik individueller Vorgänge

Gehen wir nochmal zurück zum Anfang: Was beeinflusst eine Persönlichkeit? Wie ändert sich eine Persönlichkeit? Welche Schritte muss ein Einzelner unternehmen, um Veränderung zuzulassen? Diese Fragen beschäftigen Entwicklungspsychologen und Psychiater seit Jahrzehnten. Zu der Frage, in welchem Maß Veränderungen möglich sind und wie sie zustande kommen, haben sie verschiedene Lehrmeinungen ausgebildet.

In der Kindheit entwickelt sich die Persönlichkeit ebenso schnell, wie der Körper wächst. Erwachsene ändern sich nur äußerst selten ähnlich umstürzend und schnell, aber in Maßen bietet jeder Lebensabschnitt Chancen auf Neues. Mehr noch: Bis ins hohe Alter sind Veränderungen unvermeidlich. Darin sind sich die meisten Wissenschaftler einig. In jedem von uns läuft ein Entwicklungsprozess ab, der sich in verschiedenen Stadien stufenweise entfaltet und offenbar bei allen Menschen relativ gleichförmig ist.

Aufgrund dieser Konstanz können wir den individuellen Wandel auf Organisationen übertragen. Denn die Feststellung von Konstanten erlaubt Vorhersagen, an denen sich die behaupteten Gesetzmäßigkeiten überprüfen lassen. Wenn wir den Ablauf verschiedener Entwicklungsstadien von Individuen klinisch betrachten, können wir Parallelen zu Organisationen ziehen. Und mit den Erkenntnissen zu individuellen Veränderungen können wir anschließend Veränderungen in Organisationen anstoßen, erleichtern und sogar beschleunigen.

Wie sehen Sie das Leben? Eine Ortsbestimmung

In der Übung zum ZBKT (Kapitel 2) haben Sie einen ersten Schritt hin zu einem besseren Verständnis Ihrer Persönlichkeit unternommen und einen Plan aufgestellt, wie Sie mit den Persönlichkeitsanteilen umgehen wollen, die Ihnen Kummer bereiten. Inzwischen haben Sie neue Informationen und sollten erneut einen Blick auf Ihr Leben werfen. Woran reiben Sie sich? Womit kämpfen Sie? Was möchten Sie ändern?

- Die schlimmsten Zeiten Ihres Lebens – wer hat Ihnen geholfen, sie durchzustehen?
- Die besten Zeiten Ihres Lebens, in denen Sie richtig stolz auf sich waren – wer hat die Freude damals mit Ihnen geteilt?
- Beschreiben Sie eine Situation oder ein Ereignis, dass Ihrem Leben eine neue Richtung gegeben hat.
- Wer hat Ihr Leben am stärksten positiv oder negativ beeinflusst? Warum? Was zeichnet diese Person aus?
- Was bedauern Sie am meisten?
- Was finden Sie an Ihrem Leben besonders gut oder besonders schlecht?
- Wenn Sie drei Dinge ändern könnten, was würden Sie ändern?
- Wenn Sie in eine Kristallkugel schauen und sich selbst in fünf Jahren sehen könnten, was sehen Sie?

Nehmen Sie sich viel Zeit, um über diese Fragen nachzudenken. Lauschen Sie dabei Ihrem inneren Dialog und fragen Sie sich, was Ihre Antworten zu bedeuten haben. Gehen Sie Ihre Antworten anschließend mit jemandem durch, der Ihnen nahe steht, und besprechen Sie mit dieser Person, wie Sie Ihre Lage verbessern können.

Die fünf K des Wandels

Man kann persönliche Veränderung in fünf K oder fünf notwendige Bestandteile gliedern. Es handelt sich um Konflikt, Konfrontation, Klärung, Kristallisierung und Konzentration.

Konflikt: Die negativen Gefühle

Wenn Menschen sich tendenziell gegen Veränderungen sträuben, wie kommt es dann überhaupt zu etwas Neuem? Warum schmilzt der innere Widerstand dahin? Angesichts der relativ stabilen Persönlichkeit muss der Veränderungsprozess einen starken Auslöser haben wie etwa Schmerz oder eine Notlage, Missstände, die schwerer wiegen als die »Sekundärgewinne« des Status quo (psychische Annehmlichkeiten wie Sympathie oder Aufmerksamkeit). Menschen müssen in ihrer gegenwärtigen Situation einen

Konflikt empfinden: in der Familie, durch gesundheitliche Probleme, gesellschaftliche Spannungen, einen Unfall, Verhaltensauffälligkeiten, die aufgestauten Frustrationen aus dem täglichen Kleinkrieg, schreckliche Dinge, die einem geliebten Menschen widerfuhren oder das Gefühl, isoliert zu sein, und die damit einhergehende Hilflosigkeit und Unsicherheit. Umfragen bestätigen, dass Menschen vor einer großen inneren Veränderung in hohem Maße unangenehme Gefühle plagen (Angst, Wut, Trauer, Frustration und so weiter). Auslöser ist meist eine der eben aufgezählten Situationen. Die negative Emotion bringt ihnen die ernsten Folgen zu Bewusstsein, die eine Beibehaltung der unangemessenen Verhaltensmuster zeitigen würde. Je drängender die Not, desto schwieriger wird es, den Status quo aufrechtzuerhalten.

Wenn aus schlechten Tagen ein schlechtes Jahr wird, sich gelegentliche Missstimmungen also zu anhaltendem Unglücklichsein auswachsen, dann kann man es nicht mehr verdrängen: Irgendetwas muss passieren. Ist dieser Punkt erreicht, wird jede neue Störung als Teil der übergreifenden Unzufriedenheit begriffen. Aus einzelnen Beschwerden bildet sich ein zusammenhängendes Muster heraus, bald darauf stellt sich (meistens) ein Aha-Erlebnis ein. Dann weiß man endlich, was einen umtreibt. Man kann artikulieren, was geschehen ist, noch geschieht und sich weder mit der Zeit noch durch kleinere Veränderungen bessern wird. Die Erkenntnis reift heran, dass es ohne drastische Einschnitte immer nur noch schlimmer kommt.

Diese Einsicht heißt noch nicht, dass die Betroffenen nun auch tatsächlich handeln. Immerhin setzt das Nachdenken ein, wie den aktuellen Problemen abgeholfen werden kann. Ist der Übergang von der Leugnung zum Eingeständnis grundsätzlicher Missstände geschafft, beginnt die Neubewertung. Am Anfang dieses Prozesses scheint jede Alternative viel schrecklicher zu sein als der Status quo.

Konfrontation: Das fokussierende Ereignis

Die Einsicht, dass etwas geschehen muss, ist unabdingbar der erste Schritt, garantiert aber für sich genommen noch nicht die aktive Veränderung. Ein Anstoß tut Not, eine Konfrontation, etwas, das man als »fokussierendes Ereignis« bezeichnen könnte. Normalerweise stellen wir uns unter Konfrontation etwas Prägnantes, schwer zu Übersehendes vor. Das fokussierende Ereignis wird jedoch häufig erst im Nachhinein als Meilenstein erkannt.

Die Metapher vom Tropfen, der das Fass zum Überlaufen bringt, bringt diesen Sachverhalt auf den Punkt. Ist man innerlich zum entscheidenden Schritt bereit, dann genügt eine Kleinigkeit. Sie wirkt wie ein Katalysator und befähigt unzufriedene Menschen, den lange hinausgeschobenen ersten Schritt zu tun. Die Erfahrung zeigt, dass große Ereignisse natürlich fokussierend wirken können, dass aber der tatsächliche Auslöser häufig etwas an sich Belangloses ist. Warum ausgerechnet dieses Vorkommnis die Dinge ins Rollen bringt, erschließt sich Außenstehenden nicht.

Fokussierende Ereignisse hängen oft mit Menschen zusammen, die uns nahe stehen. Ich kenne eine Führungskraft, deren Scheidung vom langjährigen Ehemann gleichsam eine Lawine lostrat. Das Ende der Ehe zerstörte die ganze, recht bequeme Existenz dieser Frau und zwang sie, ihr Leben neu zu bewerten. Einige Entscheidungen betrafen ihr Privatleben: Sie verbrachte mehr Zeit mit den Kindern und widmete sich Dingen, die ihr richtig Spaß machten. Aber die Trennung wirkte sich auch auf ihr Berufsleben aus, weil das Ereignis unterdrückte Gefühle an die Oberfläche trieb. Ihr wurde klar, dass sie schon seit einiger Zeit mit ihrer Situation im Unternehmen nicht mehr glücklich war und dass sie die Arbeit nutzte, um die Schwierigkeiten zu Hause zu vergessen. In Wirklichkeit wollte sie etwas Eigenes aufbauen, unternehmerisch tätig sein. Das hatte sie schon immer gewollt, tief im Innersten sah sie sich als unabhängige Geschäftsfrau, aber sie hatte es wieder und wieder verschoben, diesen Herzenswunsch anzupacken. Durch das fokussierende Ereignis - die Scheidung - kristallisierte sich ihre Unzufriedenheit aus. Das setzte die nötige Energie für die Veränderung frei.

Man kann den Vorgang auch als Erinnerung an ein mehr oder minder stark verdrängtes Erlebnis aus der Kindheit sehen: Das fokussierende Ereignis selbst erscheint auf den ersten Blick als trivial, aber es ist ein Symbol für die Problematik. Objektiv wirkt es geringfügig, subjektiv wird es als bedeutsam erfahren, weil es die Aufmerksamkeit auf eine seit langem bestehende Schwierigkeit lenkt, diese sozusagen schlaglichtartig ins Bewusstsein hebt und zu einer neuen Sicht der eigenen Geschichte führt. Andere fokussierende Ereignisse werden - wie die eben berichtete Scheidung oder eine schlimme Krankheit - objektiv wie subjektiv als genauso einschneidend und signifikant erlebt.

An diesem Punkt entsteht die Bereitschaft, aktiv zu werden. Der innere Widerstand bricht zusammen. Die Betroffenen haben Einsicht in ihre Situation und sehen neue Möglichkeiten, wo zuvor nur Hilflosigkeit und Hoffnungslosigkeit regierte. Ihre emotionale Energie verabschiedet sich von dem Konflikt der Vergangenheit (und den kontraproduktiven Handlungen) und richtet sich auf Gegenwart und Zukunft. Es ist, als seien sie einer großen Last enthoben, und sie sind mental bereit, ihre Zukunft konstruktiver zu gestalten.

Klärung: öffentliche Absichtserklärung

Veränderung ist so kompliziert, dass wir es selbst mit den besten Absichten selten allein schaffen. Deswegen müssen wir in einem dritten Schritt unseren Willen zur Veränderung anderen mitteilen. In persönlichen Begegnungen können wir die Intention im Einzelnen abklären.

Ein öffentliches Bekenntnis gibt zudem neuen Schwung: Andere Menschen sind jetzt in unser Vorhaben einbezogen, stärken damit unsere Entschlossenheit und unterstützen uns. Gespräche fördern weitere Einsichten zutage und geben dem Puzzle noch mehr Sinn. Will beispielsweise ein Trinker von der Flasche lassen, werden seine

Freunde und Bekannten, die diese Entscheidung begrüßen, ihm keine alkoholischen Getränke mehr anbieten und ihn wahrscheinlich darauf ansprechen, wenn er doch zum Whiskey greift. Mit dem öffentlichen Bekenntnis setzt man sich selbst ein Ultimatum: Entweder man schafft es (was immer man sich vorgenommen hat) oder man verliert sein Gesicht.

Kristallisierung: Die innere Reise

Die ersten drei Schritte sind die schwersten. Mit der persönlichen Entscheidung in der Phase der Klärung ist die härteste Klippe bezwungen und das Fundament für eine durchdachte, detaillierte Neubewertung der Ziele gelegt. Jetzt ist die Zeit der Experimente, wie die anvisierten Alternativen zu erreichen sind. Vorstellungen und Vorhaben klären sich und werden konkret. Das Ziel dieser nicht immer einfachen inneren Reise ist bessere Selbsterkenntnis und ein neuer Anfang.

Konzentration: Die neue Einstellung

Menschen nehmen den Mund oft zu voll, wenn es um Veränderung geht. Die meisten »guten Vorsätze« verlaufen nach wenigen Tagen oder Wochen im Sand. Zuverlässig und anhaltend ist nur die Veränderung, die zu einer neuen Einstellung führt. Und diese stellt sich nur ein, wenn man sich eine Zeit lang auf die neue Sicht der Dinge konzentriert, bis diese verinnerlicht ist. (Abbildung 4 bietet einen Überblick über die fünf Schritte zur persönlichen Veränderung.)

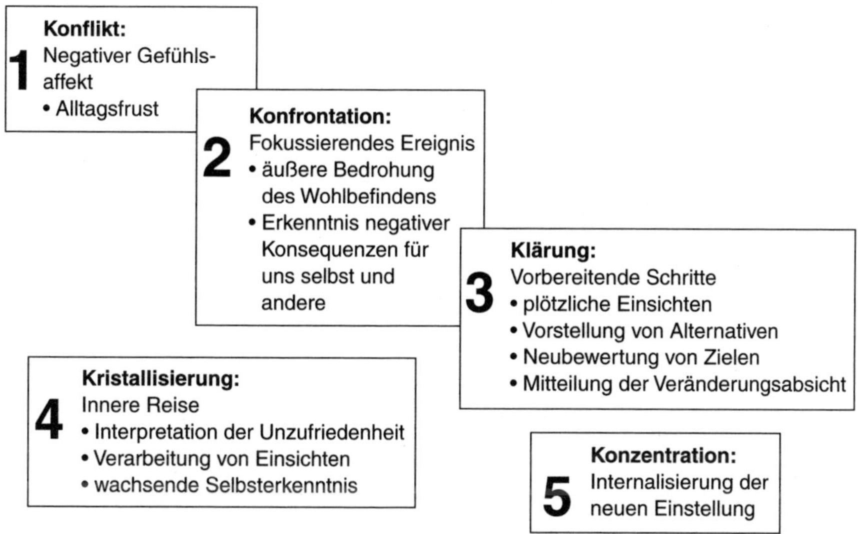

Abbildung 4: Die fünf K der Veränderung

Die Feinabstimmung der seelischen Kräfte

Wir haben uns in den vorigen Abschnitten den Veränderungsprozess seinem zeitlichen Ablauf nach angesehen: Vom Konflikt über Konfrontation, Klärung und Kristallisierung bis hin zur Konzentration. In jeder Phase wirken drei seelische Kräfte mit- und gegeneinander und überlagern sich zu einem Netz feinster Veränderungserfahrungen. Nach vollzogenem Neuanfang sind diese Kräfte auf die neue Situation »geeicht«. Durch die seelische Feinabstimmung vertieft und verstärkt sich die veränderte Orientierung eines Menschen.

Die drei Kräfte sind Abwehrmechanismen, Gefühlsreaktion sowie Selbst- und Fremdwahrnehmung.

- Wie schützen wir uns vor Stresssituationen? Können wir bestimmte Verhaltensmuster isolieren? Was könnten/sollten wir an diesen Schutzmechanismen ändern?
- Welche Gefühle beherrschen unser Empfinden? Wie können wir unsere Emotionen besser ausdrücken?
- Wie nehmen wir uns selbst wahr? Sind wir uns unserer selbst sicher? Wie nehmen wir andere wahr? Sehen wir uns selbst immer auf der nächsttieferen Stufe? Schätzen wir uns selbst richtig ein?

Wenn wir uns ändern wollen, müssen wir Abwehrmechanismen außer Kraft setzen, unsere Gefühle unverfälscht wahrnehmen und anerkennen, außerdem uns selbst ebenso wie unsere Mitmenschen realistisch einschätzen. (Abbildung 5 zeigt diese seelischen Kräfte im Überblick.)

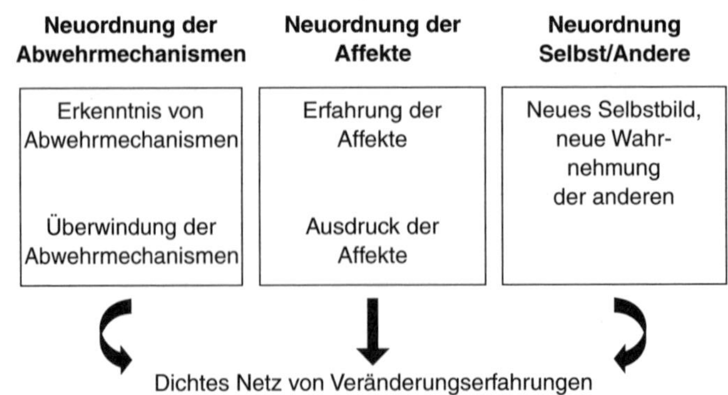

Abbildung 5: Bei persönlicher Veränderung wirksame Seelenkräfte

Organisationen im Umbruch

Sie kennen das Sprichwort: »Ohne Fleiß kein Preis.« Und Fleiß ist erfahrungsgemäß tatsächlich nötig, um die Hemmnisse auf dem Weg zum Erfolg auszuräumen. Voraussetzung für persönliche Veränderung ist, wie oben dargelegt, massives Unbehagen und ein innerer Konflikt. Das gilt auch für Unternehmen.

Unternehmensnöte

Ohne Sorgen, Unbehagen oder Konflikte findet auch im Kontext wirtschaftlicher Organisationen keine Änderung statt. Warum sollte man in ein funktionierendes System eingreifen? Aber wenn Gehälter auf den Prüfstand müssen und Arbeitsplätze in Gefahr sind, plädiert keiner für den Status quo. Wenn sich zudem äußere Faktoren verschlechtern, die Kauflust nachlässt und Märkte schrumpfen, verschärft sich das Unbehagen. Und das ist gut so: Eine katastrophale Bilanz im Verbund mit einer katastrophalen ökonomischen Lage weckt die Bereitschaft zu handeln.

Zu den schmerzlichen äußeren Herausforderungen gehören agile Wettbewerber, sinkende Gewinne, schwindende Marktanteile, Rohstoffknappheit, Deregulierungen, technische Anforderungen sowie Schwierigkeiten mit Lieferanten und Kunden. Interne Probleme entstehen durch Fehlentscheidungen, sinkende Arbeitsmoral, Weggang fähiger Mitarbeiter, hohen Krankenstand, Streiks und andere Arbeitsausfälle, Intrigen und taktische Spielchen zwischen den Abteilungen sowie durch Machtkämpfe. All das beschädigt die Einstellung der Mitarbeiter und wirkt sich auf die Form der Entscheidungsfindung aus.

Konflikte sind weder schön noch gut, aber die Unternehmensleitung (ob sie sich nun aktuell in einer Umbruchphase befindet oder nicht) sollte niemals ein allgemeines Wohlgefallen dulden. Wenn irgendeines der eben aufgezählten Probleme anhängig ist, sollte darüber in der gesamten Organisation gesprochen und die Bedrohung nicht totgeschwiegen werden. Natürlich ist ein Mindestmaß an Sicherheit notwendig, damit der Geschäftsbetrieb funktioniert. Aber wenn der Arbeitsplatz so bequem ist, dass er die Angestellten einlullt, gibt es ein böses Erwachen: Die Mitarbeiter werden bedrohliche Entwicklungen in ihrem Bereich zu spät feststellen.

Die »Störfunktion« des Managements – verhindern, dass der Schreibtischstuhl zur Hängematte wird – kann man allerdings auch übertreiben. Ich kenne eine Karikatur, die schwitzende, elende Sklaven vor einer fast fertigen Pyramide zeigt. Der Aufseher im Vordergrund brüllt sie an: »Er hat seine Meinung geändert, jetzt will er sich einäschern lassen.« Es ist ein fragiles Gleichgewicht, ein Zuviel an Veränderung ist ebenso unbekömmlich wie Stagnation. Machiavelli behauptete sogar, mit permanenten Veränderungen verstecke ein Führer nichts weiter als seine Unfähigkeit, die richtigen Entscheidungen zu treffen.

Besonders schwierig wird die Veränderung einer Organisation, wenn der Wandel nicht in kleinen Schritten, sondern von einem Tag auf den anderen geschehen muss. Gute Führungskräfte müssen so ausgewogen handeln, dass sowohl allmähliche wie abrupte Veränderungen gelingen. Sie müssen einerseits die fortlaufende, tagtägliche Anpassungsleistung einfordern, ohne die kein Unternehmen bestehen kann, und andererseits nach möglichen Wendepunkten Ausschau halten, die die Geschäftstätigkeit insgesamt zur Disposition stellen. Tritt dieser Fall ein, müssen die Entscheidungsträger schnell und richtig reagieren. Untersuchungen belegen, dass sich die wenigsten Topmanager bei dem Totalumschwung eines ins Trudeln geratenen Unternehmens auf dem Chefsessel halten können. Brüche fordern einen hohen Tribut in Form von »Humankapital«. Und Führungspersönlichkeiten, die beide Formen von Veränderung gleich gut bewältigen, sind selten.

Wie bereits angedeutet, lassen sich etliche Parallelen zwischen persönlicher und unternehmerischer Veränderung ziehen. In beiden Fällen handelt es sich um sequenzielle Vorgänge, die ihren Ausgangspunkt von Missständen aus nehmen. Konflikte sind auch in Organisationen der Hebel, der die Dinge ins Rollen bringt. Aber den Hebel anzusetzen ist leichter gesagt als getan. Der Widerstand ist gewaltig. Nicht alle Angestellten werden zum Beispiel einsehen, dass die Neuerungen in ihrem Interesse sind, und selbst jene, die um die Missstände wissen, finden tausend Wege, um das Thema zu umgehen. Die Angst, die vorgeblichen Verbesserungen durch eine bestimmte Änderung könnten die fälligen Kosten nicht aufwiegen, löst verschiedene Abwehrmechanismen aus. Die Problematik stellt uns also vor eine echte Herausforderung.

Was halten Sie von Veränderungen?
Denken Sie über die folgenden Aussagen nach. Wenn der Satz von Ihnen stammen könnte, notieren Sie *Ja*, wenn er Ihnen niemals über die Lippen käme, *Nein*. Und prüfen Sie Ihre Wahl mit jemandem, der Sie gut kennt.

- Das machen wir seit Jahren so.
- Das hat noch niemand versucht.
- Das hat schon mal jemand versucht und ist mit Pauken und Trompeten gescheitert.
- Theoretisch mag das funktionieren, aber praktisch ...
- Rein praktisch gesehen, könnte das funktionieren, aber wir müssen auch die Folgen bedenken.
- Das klappt nur in einem großen/kleinen Unternehmen.
- Das muss genauer untersucht werden.
- Dafür fehlt uns das Geld/die Ressourcen/die Maschinen/die Zeit.

- Das wirkt sich negativ auf die Gemeinkosten aus.
- Da kriegst du Probleme mit ...
- Er/Sie wird das nicht mögen.
- Alter Kopf lernt nicht gern.
- Bloß nichts überstürzen.
- Darüber muss ich erst mal schlafen.
- So machen wir das hier.
- Wir sind eben anders, und das soll auch so bleiben.

Wenn Sie überwiegend mit *Ja* geantwortet haben, bereiten Ihnen Veränderungen wahrscheinlich Probleme. Wenn das zutreffen sollte, schauen Sie nach Möglichkeiten, wie Sie Veränderungen Positives abgewinnen können.

»Trauernde« Organisationen

Trotz der lässig hingeworfenen Behauptung so mancher Unternehmensberatung – Veränderungen brauchen ihre Zeit. Keynes wurde bereits zitiert: Menschen müssen das Vergangene ablegen. Wenn sie einen persönlichen Verlust erleiden, trauern sie. Das ist in Organisationen nicht anders, auch sie müssen durch einen »Trauerprozess«, in dem das Verlorene »beweint« werden kann.

Exemplarisch lässt sich dieser Vorgang beobachten, wenn ein Unternehmen komplett umstrukturiert werden muss. Ein erfolgreicher Trauerprozess durchläuft verschiedene Stadien: Schock, Ungläubigkeit, Loslassen und schließlich Akzeptanz.

- **Schock** Die erste Reaktion auf die Nachricht, das Unternehmen sei übernommen worden oder die diesjährige Bilanz werde tiefrote Zahlen aufweisen und es daher zu weiteren Entlassungen kommen, ist Schock. Die Mitarbeiter fühlen sich wie vor den Kopf gestoßen, dumpf und verstört und retten sich in geistlose Routinetätigkeiten.
- **Ungläubigkeit** Als Nächstes setzt vehemente Ablehnung ein, die Mitarbeiter reden über die Vergangenheit und verklären sie in ihrer Erinnerung. Sie reagieren mehr, als dass sie agieren würden, und dependente Tendenzen verschlimmern sich.
- **Loslassen** Nun beginnen Selbstreflexion, man bewertet sich und die Situation neu, leugnet das Problem nicht länger und ist bereit, es anzugehen. Währenddessen lassen die Mitarbeiter nach und nach von den alten Abläufen und probieren neue Wege aus.
- **Akzeptanz** Zuletzt wendet sich dank der Maßnahmen zur Verbesserung der Lage der Blick wieder nach vorn. Man sieht Fortschritte und freut sich darüber. Die

Mitarbeiter wollen den Erfolg fortsetzen und steigern. Deswegen behalten sie die neuen Verhaltensweisen bei, bis diese ganz selbstverständlich geworden sind. Dadurch verändert sich auch der Blick auf die Aussichten, die Realität wird akzeptiert. (Abbildung 6 stellt den »Trauerprozess« im Überblick dar.)

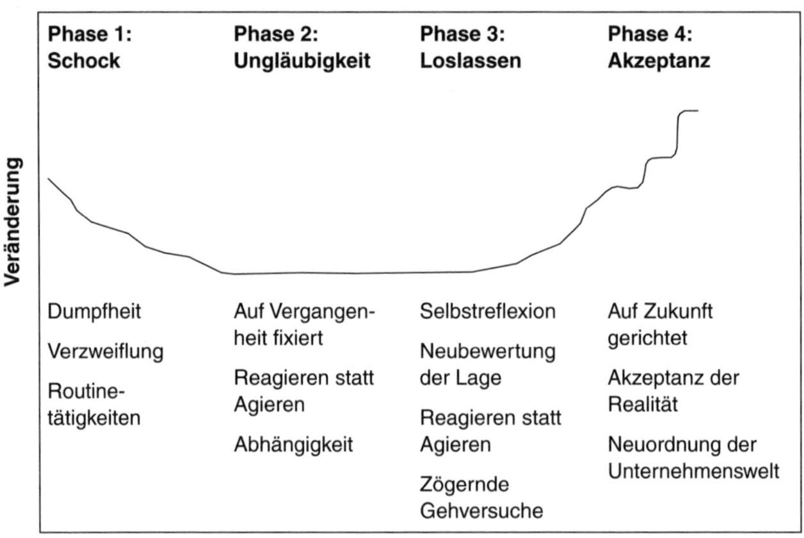

Abbildung 6: Der »Trauerprozess« in der Organisation

Widerstände in der Organisation

Es dürfte klar geworden sein, dass Menschen bei einschneidenden Veränderungen an ihrem Arbeitsplatz über den Verlust der Sicherheit trauern, die vertrauten Dingen und Gewohnheiten innewohnt. Solche Veränderungen wecken Ängste, und Ängste wecken Widerstände.

Viele Mitarbeiter verunsichern Neuerungen in ihrem Bereich, sie fürchten sich vor dem Unbekannten und klammern sich an alte Verhaltensmuster, selbst wenn sie eigentlich wissen, dass diese wenig konstruktiv sind. Mitarbeiter, auf die Mehrarbeit zukommt oder die umschulen müssen, bezweifeln, ob sie die Fähigkeiten oder die Kraft haben werden, um sich dem Neuen zu stellen. Wieder andere befürchten schlechtere Arbeitsbedingungen oder eingeschränkte Freiheiten. Manche Menschen wollen keine Kompetenzen und Verantwortung abgeben und damit auch Status, Privilegien oder Vorrechte einbüßen. Andere interpretieren die Veränderung als Strafe für ihre bisherigen Leistungen. Veränderungen bedrohen gewachsene Beziehungen, wichtige Freunde und Kontakte können verloren, Allianzen zerrissen werden. Wer die Familie oder die vertraute Umgebung verlassen muss, bricht selten in Hurra-Geschrei aus. Sinkende Kosten und gebündelte Ausgaben verlangen Budgetverantwortlichen unter Umständen Abstinenz bei Investitionen ab. Ein Machtverlust, den nicht jeder klaglos hinnimmt. Und dass sich jene gegen Veränderungen wehren, die ihren Arbeitsplatz in Gefahr sehen oder mit einer Degradierung rechnen, ist nur menschlich.

Um die Widerstände, die aus all diesen Ängsten erwachsen, zu überwinden, muss den Mitarbeitern klar werden, dass eine Beibehaltung des Status quo nur zu noch größeren Schwierigkeiten führen würde. Es ist also besser, ins Unbekannte zu springen, als die Agonie zu verlängern. Solange die Verantwortlichen die Widerstände der Belegschaft nur »verwalten«, kann die Veränderung nicht gelingen. Die Menschen müssen die Geier über dem Unternehmen kreisen sehen. Sie müssen den Preis kennen, den sie persönlich für die Fortführung des Althergebrachten zahlen müssten. Mit anderen Worten, sie müssen das Unbehagen spüren, ohne das niemand zu Veränderungen bereit ist.

Den Veränderungsmotor kurzschließen

Widerstände zu brechen ist schwer. Nur das Zusammenwirken der verantwortlichen Führungskräfte setzt einen erfolgreichen Wandel in Gang. Sehen wir uns an, was diese konzentrierte Aktion enthalten muss.

Den Konflikt forcieren

Solange ein Konflikt nicht kollektiv empfunden wird, sind Vorgesetzte und Untergebene in Verhaltensmustern gefangen, deren ehemalige Effizienz sich in Destruktivität verwandelt hat. Erst wenn die Menschen begreifen, dass sich die Umstände geändert haben, dass Anpassung notwendig ist, dass die alten Erfolgsrezepte unmittelbar in die Katastrophe führen, dass einst sinnvolle und perfekt auf die ökonomischen Verhältnisse abgestimmte Abläufe nicht mehr lebensfähig sind, erst dann kann die Wende zum Guten greifen. Die Befürworter des Neuen müssen die Zweifler davon überzeugen, dass das Alte ausgedient hat und das Unternehmen dem ökonomischen Umfeld angepasst werden muss.

Das Bewusstsein für eine notwendige Veränderung stellt sich, wie gesagt, am ehesten ein, wenn der Druck von innen und von außen kommt. Ein hoher Krankenstand illustriert Druck von innen, Engpässe bei Rohstoffen Druck von außen. Irgendwann addieren sich solche Faktoren zu täglichem Stress auf. Die Frustration lässt sich nicht mehr ignorieren und die Unzufriedenheit mit dem Status quo nimmt überhand. Allmählich erkennt die Mehrheit, dass die Zukunft des Unternehmens auf dem Spiel steht, wenn nichts geschieht. (Das entspricht der Phase 3 im individuellen Veränderungsprozess, der Kristallisierung.)

Die Notwendigkeit von Konflikten im gesamten Unternehmen vor Augen, müssen die für die Veränderung der Organisation Verantwortlichen punktgenau die Herausforderungen und Gefahrenquellen identifizieren und anschaulich die Folgen eines gescheiterten Rettungsversuchs aufzeigen. Wie unter dem Brennglas ist zu beleuchten, was am Status quo stört. Der Vergleich mit anderen Unternehmen gehört zu den beliebtesten Methoden, um Leistungsversäumnisse und deren Auswirkungen zu demonstrieren. Die realistische Lagebeschreibung definiert zugleich das aktuelle Missbehagen.

Die Beunruhigung sollte sich allerdings in den Grenzen des Erträglichen halten, wenn sie in nackte Angst umschlägt, verlassen die einen das Schiff und die anderen pfeifen im dunklen Wald. Dem übermäßigen Schrecken begegnet der gewiefte Taktiker mit einem lebensfähigen Gegenvorschlag zur bestehenden Lage. Anzustreben ist ein »kollektiver Wunsch«, also die Vorstellung von einer Zukunft, die für jeden akzeptabel ist, ein bodenständiges Bild fern aller Luftschlösser. Ansonsten wird die kollektive Unterstützung nicht in kollektives Handeln umschlagen.

Eine Vision, die Vergangenheit und Gegenwart verknüpft

Die Geschäftsleitung sollte zwingende, nachvollziehbare Gründe für die notwendigen Veränderungen ansprechen, sonst fürchten die Angestellten, sie müssten ihre Gewohnheiten für nichts und wieder nichts aufgeben. Auch kann sie die Elemente der bisherigen Unternehmenskultur betonen, die auch in der neuen Struktur ihren Platz haben, um »Trennungsängste« zu bekämpfen. Bei den Richtlinien für den Änderungsprozess sollten die Verantwortlichen die vertrauten kulturellen Aspekte neu fassen und gleichzeitig die positiven Implikationen des Wandels betonen. Sie können sich den Stolz auf die Geschichte des Unternehmens zunutze machen. Die Identifikation mit dieser Tradition ist wie ein Anker, den man bei der Fahrt in die Zukunft lichten muss, der aber die Sicherheit gibt, nicht haltlos fortgetrieben zu werden. Wer sich gleichzeitig auf eine große Vergangenheit und solide Zukunftspläne stützen kann, sät Hoffnung: Der doppelte Ansatz vergrößert die Unterstützung für den Neubeginn.

Die Angestellten müssen den gesamten Veränderungsprozess unter dem Leitstern solider Unternehmenswerte erleben. Der allgemeine Aspekt, Wettbewerbsvorteile zu erwerben und zu erhalten, genügt nicht, auch die individuellen Bedürfnisse wollen angesprochen sein. Und schließlich muss klar sein, dass der Vorgang einen Anfang, aber auch ein Ende hat, dass die Veränderung in klar definierten Parametern verläuft.

Unterstützung und Systeme für die Veränderung entwickeln

Die Verantwortlichen müssen die Schlüsselpersonen im Unternehmen hinter sich, das heißt hinter ihre Vision von der Zukunft, bringen und dann eine geeignete

Organisationsarchitektur aufbauen, um diese Vision zu implementieren. Wer sind die Schlüsselpersonen? Jeder! Natürlich sind die Personen in Machtpositionen wichtig, sie sorgen schließlich für Mitarbeit und Zusammenarbeit. Aber die Belegschaft ist genauso wichtig, ohne ihre begeisterte Zustimmung gelingt die Veränderung nicht.

Die Anteilnahme und Beteiligung der Angestellten ist der Schlüssel zum Erfolg. Wenn die Organisation den Wandel tragen soll, müssen von Anfang an alle Mitarbeiter - und nicht nur die an der Spitze - in den Prozess einbezogen werden. Schon bei der Diagnose des Problems sollten sie genau wissen, welche Rolle sie spielen werden, und zwar nicht nur während der Bemühungen um Veränderungen, sondern auch in der schließlich veränderten Organisation. Sie sollten Gelegenheit erhalten, erforderliche neue Fähigkeiten zu erwerben. Ihre Mitarbeit sollte belohnt werden: Anreize für Angestellte, die den Wandel unterstützen, zeigen, dass sich die Veränderung lohnt.

Die Mitarbeiter im gesamten Unternehmen werden die Veränderung bereitwilliger mittragen, wenn die Unternehmensführung »kleine Gewinne« erfindet und feiert. Wenn sie den Kraftakt der Änderung in tausend Splitter zerlegt, wird die Aufgabe insgesamt leichter verdaulich, und die Mitarbeiter lassen sich eher von der Machbarkeit des Vorhabens überzeugen. Die Führungskräfte müssen Etappenziele setzen, die durchaus einen Meilenstein markieren, aber in einem überschaubaren Zeitraum erreichbar sind. Sie müssen mit gutem Beispiel vorangehen und persönlich wichtige Aspekte der Veränderung in Angriff nehmen. Auch wenn die Mitarbeiter ihren Worten keinen Glauben schenken, lassen sie sich dann von Taten überzeugen.

Trotz der »kleinen Gewinne« sollten die Performance-Ziele hoch gesteckt werden. Wer seinen Mitarbeitern etwas zutraut, wer ihnen Gelegenheit gibt, ihre Schwingen auszubreiten, hilft ihnen, an der Herausforderung zu wachsen. Hoch gesteckte, eingelöste Ziele nutzen sowohl dem Unternehmen wie dem Individuum. Ziele zu erreichen ist ungeheuer befriedigend.

Auch wenn die Anteilnahme der Mitarbeiter über Erfolg oder Misserfolg entscheidet, muss doch auch die Architektur der Organisation den neuen Anforderungen entsprechen. Ist zum Beispiel für die neue Struktur Innovation seitens der Mitarbeiter unentbehrlich, muss ein Prämiensystem geschaffen und die Leistungsbeurteilung neu geregelt werden. Soll die Entscheidungsgewalt zentralisiert werden, ist die Autorität des Managements wiederherzustellen und so weiter.

Die Stufen des Veränderungsprozesses im Unternehmen

Die vorangehende Diskussion sprach verschiedene Stufen an, die der Wandel in einer Organisation durchläuft. Es sind folgende Einzelschritte:

- **Einstellungswandel** Die Bühne wird für den Wandel vorbereitet. Die Unternehmensleitung muss allen Beteiligten die Dringlichkeit der Veränderung verdeutlichen und eine »kollektive Sorge« um die Zukunft schaffen, Gegner zum echten Dialog ermutigen, Ängsten auf allen Ebenen entgegentreten sowie Anteilnahme und Motivation fördern.
- **Verhaltensänderung** Im zweiten Schritt überträgt die Unternehmensleitung ihren Gefolgsleuten Autorität und Verantwortung, sorgt für Zusammenarbeit zwischen den verschiedenen Funktionsbereichen, stellt den Kunden in den Mittelpunkt der Bemühungen, regt den Vergleich mit externen wie internen Kennziffern an und bringt die Unternehmensarchitektur mit den Anforderungen in Übereinstimmung.
- **Herangehensweisen, Kompetenzen und Abläufe schaffen** Im dritten Schritt vermittelt die Unternehmensleitung den Angestellten alle nötigen Fertigkeiten, sei es hinsichtlich der emotionalen Intelligenz, sei es bei arbeitsspezifischen Kenntnissen. Hier werden die »kleinen Gewinne« wichtig.
- **Perfomance steigern** Wenn die Unternehmensleitung erste Früchte ihrer Mühen geerntet hat, darf sie mit ihren Anstrengungen im vierten Schritt nicht nachlassen. Der erfolgreiche Wandel muss Bestand haben und sich in weiter steigenden Gewinnen, sinkenden Betriebskosten, größerem Marktanteil, größerem Absatzgebiet, höherem Aktienkurs und sozialen Verbesserungen ausdrücken.

Abbildung 7 veranschaulicht die Stufen der Veränderung:

1 **Einstellungswandel:**
- Dringlichkeit
- echter Dialog
- kollektiver Wunsch
- Angstmäßigung
- Anteilnahme und Motivation
- Offenheit
- Handlungsorientierung

3 **Herangehensweisen, Kompetenzen und Abläufe schaffen in:**
- Marketing
- Technologie
- Herstellung
- Strategie
- überregionale Effizienz
- externe Verbindungen
- emotionaler Intelligenz

Verhaltensänderung:
- gestärkte Führung
- Kundenorientierung
- Informationsweitergabe
- Zusammenarbeit der Funktionsbereiche
- interne und externe Benchmarks
- Anpassung der Organisationsstruktur

Performance steigern:
- Rentabilität und Betriebsausgaben
- Marktanteil
- Absatzgebiet
- Aktienkurs

Abbildung 7: Die Stufen im Veränderungsprozess einer Organisation

Ist Ihr Unternehmen auf Veränderung vorbereitet?

Bewerten Sie die Bereitschaft Ihres Unternehmens zu Veränderungen auf einer Skala von *sehr niedrig* (1) bis *sehr hoch* (5). Bitten Sie, wenn möglich, auch Kollegen und Untergebene, den Fragebogen auszufüllen.

	1	2	3	4	5
• Herrscht im Unternehmen Unzufriedenheit mit dem Status quo?					
• Wächst der Druck auf das Unternehmen von innen und von außen?					
• Hat das Unternehmen gemeinsame Werte, Ziele und Erwartungen?					
• Verfügt das Unternehmen über eine Architektur, die einen erfolgreichen Veränderungsprozess tragen könnte?					
• Verfügt das Unternehmen über die richtige Mischung von Kompetenzen?					
• Verfügt das Unternehmen über eine qualitativ angemessene Führung?					
• Fördern Leistungsbeurteilungen und Prämiensysteme die angestrebten Verhaltensweisen nach den geplanten Veränderungen?					
• Verfügt das Unternehmen über die Fähigkeiten und Ressourcen, um den nötigen Wandel zu bewältigen?					

Je höher die Punktzahl, desto besser ist das Unternehmen auf den Wandel vorbereitet. Besprechen Sie die Punktzahl mit anderen, die den Fragebogen beantwortet haben - inwiefern und warum unterscheidet sich die Einschätzung der Lage?

Implementierungsstrategien

Veränderung ist nicht gleich Veränderung. Einige Unternehmen müssen nur ein bisschen getriezt werden, andere stehen vor einem Umbruch. Das Ausmaß der Veränderung hängt von dem jeweiligen Unternehmen und dem ökonomischen Umfeld ab.

Eine Analogie mag hilfreich sein: Am minimalsten wäre ein Eingriff ähnlich dem Zurückschneiden von Bäumen im Herbst. Etwas massiver wäre der Einschnitt, wenn die Strategie ganze Äste absägt oder gar den Stamm betrifft. Radikal hingegen wäre ein Eingriff, der Wurzeln und den Nahrungsfluss neu reguliert. Es ist eine kontinuierliche Steigerung: Während das Beschneiden von Ästen mehr oder weniger kosmetischer Natur ist, geht es bei der Wurzelbehandlung um Leben und Tod.

Im Geschäftsleben entsprechen diesen gärtnerischen Eingriffen Restrukturierung (kleiner werden), Reengineering (besser werden) und die Neuerfindung des Unternehmens (klüger werden). Im Veränderungskontinuum bewegen sich die Ansätze von der Optimierung der Geschäftstätigkeit über die Umgestaltung der Organisation, massive Entlassungen, neue Konzepte für die Geschäftstätigkeit, strategische Neuorientierung über die Bestimmung der Kernkompetenzen, Wiederbelebung der Führungsstärke innerhalb der Organisation bis hin zu einem Einstellungswandel im ganzen Unternehmen. Da die meisten Organisationen kleinere Anpassungen gut bewältigen, konzentrieren wir uns hier auf radikale Umbrüche.

Downsizing und Reengineering

Das einfache Downsizing reduziert sich in der Regel auf Entlassungen, während Reengineering Entlassungen mit neuen Arbeitsplatzbeschreibungen der verbleibenden Angestellten verbindet. Auf jeden Fall gehören drastische Einschnitte am Arbeitsplatz zu unserem Alltag. Bei vielen Unternehmen ist der chirurgische Eingriff – ab jetzt verwende ich den Terminus »Reengineering« als Oberbegriff für Downsizing, Restrukturierung und Reengineering – nötig, aber andere folgen einfach nur der Mode. Die Fusions- und Übernahmewelle hat häufig dazu geführt, dass entlassen und umstrukturiert wurde, ohne gründlich darüber nachzudenken, oft mit katastrophalen Folgen.

Chirurgen und Unternehmens-»Operateure« haben eine knifflige Aufgabe: Wer zu tief schneidet und zu viel Gewebe entfernt oder mit einem stumpfen Skalpell arbeitet, verlängert nur die Agonie und führt in einen teuflischen Kreislauf: Die Entlassungen erzwingen Anpassungen, die das Geschäft aushöhlen und schließlich in den Konkurs führen. Viele Unternehmen waren nach dem Reengineering nicht mehr rentabel oder verschwanden von der Bildfläche, und die Menschen hatten ohne Not ihren Arbeitsplatz verloren. Reengineering verfolgt normalerweise diese Ziele:

- Kostensenkung und Entwicklungszeit verkürzen,
- Qualität, Service und Produktivität verbessern sowie
- Gewinn steigern.

Das klingt vernünftig und wünschenswert, deswegen werden Schlankheitskuren von der Börse zunächst einmal belohnt. Langfristig sind die Folgen weniger positiv, denn nicht selten schlägt dieses ökonomische Äquivalent der Bulimie in Anorexie um. Eine Entlassungsrunde erzwingt die nächste, das Unternehmen schneidet sich buchstäblich ins eigene Fleisch und setzt Mitarbeiter vor die Tür, ohne die es seinen Stoffwechsel nicht aufrechterhalten kann.

Zudem vergiftet das Downsizing fast unvermeidlich die Stimmung und erzeugt eine Vertrauensstörung, die keinen Bereich des Unternehmens verschont. Vertrauen baut sich langsam auf und wird schnell zerstört. Ist es dahin, kann man es mit keinen Mitteln zurückholen. Es gedeiht nur in einem Klima der Fürsorge und wechselseitiger Achtung. Aber das verträgt sich nicht mit den Mechanismen des Downsizing. Da einige der besten Mitarbeiter gehen, wenn das Vertrauen beschädigt ist, muss jedes Unternehmen Entlassungen mit größter Vorsicht anwenden: das heißt, nur dann strategisch zu entlassen, wenn damit der Grund für eine aufregende neue Zukunftsvision gelegt wird, und nur nach sorgfältig überlegten Kriterien. Wer einfach nur Mitarbeiterzahlen reduzieren will, wird unvermeidlich scheitern.

Strategisches Downsizing beginnt mit einer ausgearbeiteten Zukunftsvision. Die Vision zeigt, welche Managementstärken Priorität erhalten sollen. Danach können die Verantwortlichen entscheiden, welche Mitarbeiter für das Unternehmen unentbehrlich sind und ein neues Organigramm entwerfen, bevor von Entlassungen (oder Einstellungen) auch nur die Rede ist. Auf dieser Basis sollte den ausgewählten Führungskräften bessere Positionen oder Vergütungen angeboten werden, um einen Aderlass der Besten zu vermeiden und den »Überlebenden« nicht die zu großen Schuhe ihrer Vorgänger hinzustellen. Wer überlegt entlässt, muss nicht unnötig Entlassene hinterher (zu höherem Preis!) wieder einstellen oder Unternehmensberater hinzubitten.

Strategisches Downsizing entscheidet nicht nur, welche Arbeitsplätze erhalten werden sollen, sondern auch was diese Arbeitsplätze enthalten sollen. Wer die Entlassungswelle überstanden hatte, klagte oft über ein Übermaß an Arbeit und war damit angesichts der ohnehin schon angespannten und angstgesättigten Atmosphäre endgültig überfordert. Um diesen Stress zu vermeiden, muss das Management von Anfang an Rolle, Verantwortung und Arbeitsbelastung der Einzelnen festlegen.

Ist das Downsizing in ein umfassendes Konzept zur Veränderung eingebettet, wird es wesentlich wahrscheinlicher zum Erfolg führen, als wenn es isoliert durchgeführt wird. Anders gesagt, Reengineering ist besser als einfaches Restrukturieren. Auch beim Reengineering kommt es zu Entlassungen, stimmt, aber nur die Angestellten werden entlassen, die nicht die nötige Kompetenz und Flexibilität haben und Kollegen mit der nötigen Kreativität, Begeisterung und Energie negativ beeinflussen. Reengineering bedeutet zudem, neben technischen Neuerungen durch Fortbildung und Schulung auch in die Menschen zu investieren - ein starkes Signal, dass das Management an die Zukunft des Unternehmens glaubt. Zusammen mit den bereits erwähnten Maßnahmen mindert beides auch das Schuldgefühl der Überlebenden und kontraproduktive Reaktionen.

Wenn Entlassungen für den Bestand des Unternehmens unerlässlich sind, sollten sie schnell durchgeführt werden. Auch wenn das Reengineering ein langfristiger, kontinuierlicher Erneuerungsprozess ist – eher ein Lebensstil denn ein Schnellschuss –, muss der Unternehmensleitung doch klar sein, dass stabile Arbeitsbedingungen für das psychische Wohlbefinden der Überlebenden wichtig sind. Menschen vertragen Unsicherheit nicht sehr gut. Die Sorge um den Arbeitsplatz verschlingt viel Energie.

Eine gewisses Maß an Sorge bleibt trotz allem. Man kann es minimieren und an Glaubwürdigkeit und Vertrauen gewinnen, wenn der Maßnahmenkatalog im Einzelnen mit der Belegschaft besprochen wird. Die Führungskräfte sollten den Mitarbeitern für Nachfragen zur Verfügung stehen und durch Klarstellung zur Beruhigung beitragen. Das funktioniert nur, wenn sie offen und ehrlich über die Folgen der beabsichtigten Änderungen sprechen.

Das Verhalten der Unternehmensleitung gegenüber den Opfern der Maßnahmen ist für deren Erfolg entscheidend. Die Entlassenen anständig zu behandeln ist für die Organisation ebenso segensreich wie für die Betroffenen. Die verbliebenen Mitarbeiter reagieren sehr empfindlich auf eine in ihren Augen unfaire Behandlung der gefeuerten Kollegen. Ihr Verhalten, ihre Arbeitsmoral und die Produktivität werden unmittelbar von der Art beeinflusst, wie die Entlassung angepackt wird. Wer den Opfern Unterstützung anbietet (Beratungsleistungen, psychologische Betreuung oder Karriereberatung), ihnen aktiv bei der Suche nach einer neuen Stelle hilft und ihnen Überbrückungsgelder gewährt, macht das Beste aus der prekären Situation.

Strategische Neuausrichtung

Während sich einige Unternehmen für eine Radikalkur – Reengineering – entscheiden, bevorzugen andere die strategische Rückbesinnung auf ihre Kernkompetenzen. Die Ausdifferenzierung in verschiedene Richtungen, insbesondere in Gebiete, für die keine besonderen Vorkenntnisse bestanden, hat nicht wenige Firmen ins Trudeln gebracht. Wenn das umgestellte Portfolio kaum Synergien aufweist, ist eine klare Fokussierung die Lösung für eine bessere Performance.

Der erste Schritt auf diesem Weg ist eine umfassende Bewertung dessen, worin das Unternehmen Spitze ist und was es besonders gut kann. Wo liegen die Kernkompetenzen? Was können die Mitarbeiter richtig gut? Der zweite Schritt ist die sorgfältige Analyse des Geschäftsumfelds. Welchen Herausforderungen muss sich das Unternehmen stellen? Was wollen die Kunden? Welche Brüche sind im Markt zu erwarten? Wie wird sich das Umfeld im Lauf der nächsten drei Jahre verändern?

In vielen Fällen ist die Rückkehr zu den Kernkompetenzen und die Anpassung der Strategie an die Marktbedürfnisse der beste Weg, um ein ums Überleben kämpfendes Unternehmen zu retten und seine Lebensfähigkeit wiederherzustellen.

Der Einstellungswandel

Häufig genügt aber weder Reengineering noch eine strategische Rückbesinnung, um den Turnaround zu bewältigen. Dann ist es nötig, im Gesamtunternehmen einen Einstellungswandel herbeizuführen. Natürlich steigert jede Veränderung mit positivem Einfluss auf die Einstellung die Erfolgsaussichten. Man muss die Frage also so stellen: Wie erneuert sich ein Unternehmen von innen heraus? Wie erneuert sich die Unternehmensleitung, wie lässt sich die Selbsterneuerung lenken, wie ein lernfreundliches Umfeld erzeugen, wie strategische Innovation fördern?

Downsizing und andere taktische Anstrengungen bleiben oft auf halbem Weg stehen. Anfangs sparen sie Kosten, langfristig erodieren sie die Wettbewerbsfähigkeit. Echte Erträge verspricht hingegen die strategische Erneuerung. Wer in seine Mitarbeiter investiert und ihre Ideen aufgreift, sichert sich dauerhafte Verbesserungen.

Die Unternehmensleitung sollte also die Kreativität und die Innovation der Mitarbeiter »anzapfen«, das heißt, die Belegschaft motivieren, inspirieren und stärken, damit sie diese Zusatzleistungen erbringt. In aller Regel muss sich die Unternehmensleitung zuvor selbst geistig erneuern. Von der Spitze bis zur Basis sollte die Erneuerungsrate im Unternehmen höher sein als die Veränderungsrate der Umgebung.

Die Anpassung der Unternehmenskultur

Die Verantwortung für die innere Beteiligung der Mitarbeiter an dem Prozess der Veränderung tragen die Führungskräfte, die den Prozess anstoßen und leiten. Schuldzuweisungen führen nicht weit. In dem einen Unternehmen verweigert sich das mittlere Management, in dem anderen sieht das Topmanagement kein Licht am Ende des Tunnels. Sie alle müssen es mit dem amerikanischen Cartoon-Charakter Pogo halten: »Wir kennen den Feind jetzt, der Feind sind wir!« Jedes Unternehmensmitglied – *jedes* – muss sich fragen: Was hindert mich daran, die Arbeit zu tun, die ich tun will? Wie kann ich diese Hinderungsgründe ausschalten?

Was hält Sie zurück (und wie können Sie das ändern)?

Wir haben die verschiedenen Stadien untersucht, die Individuen im Veränderungsprozess durchlaufen. Lassen Sie uns die Erkenntnisse nun personalisieren, da »wir der Feind sind«. Betrachten Sie Ihr Unternehmen und stellen Sie sich die folgenden Fragen. Denken Sie intensiv darüber nach. Bitten Sie weitere Unternehmensangehörige, diese Fragen zu beantworten, vergleichen Sie die Antworten und Beobachtungen. Erstellen Sie einen persönlichen »Schlachtplan« und nehmen Sie ihn als Ausgangspunkt für einen kombinierten Plan, der das gesamte Unternehmen betrifft.

- Teilen Sie ein Stück Papier in zwei Spalten und notieren Sie links, warum die Arbeit im Unternehmen Spaß macht.

- Notieren Sie rechts, was den Spaß und die Kreativität an Ihrem Arbeitsplatz vertreibt. Was halten Sie für die größten Probleme? Was würden Sie am liebsten sofort abschaffen?
- Angesichts der Antworten auf die ersten beiden Fragen: Wie würden Sie - Sie ganz persönlich - das Unternehmen auf die Zukunft vorbereiten? Wie würden Sie für effizientere Arbeitsbedingungen und mehr Effizienz im Gesamtunternehmen sorgen? (Wenn Ihnen konkrete Vorschläge schwer fallen, denken Sie an bereits erlebte Veränderungsprozesse. Dort finden Sie vielleicht den Hebel, den Sie ansetzen müssten.)
- Wenn Sie andere Mitarbeiter, Abteilungen oder äußere Faktoren als Hemmschuh betrachten, wie könnten Sie die Beziehungen verbessern oder produktivere Bedingungen schaffen?

Ihre Antworten auf diese Fragen bringen Ihnen die Transformation des Unternehmens persönlich näher und helfen bei der Abklärung, wie Sie selbst zur Steigerung der Effizienz beitragen können.

Engagement und das Gefühl, persönlich zuständig zu sein, lassen sich nicht verordnen. Führungskräfte können sich nicht einfach hinstellen und sagen: »Übernimm Verantwortung!« Nein, eine innere Verpflichtung entsteht durch Inspiration. Die Unternehmensleitung muss, anders gesagt, die nötige Begeisterung verbreiten und ein so lebendiges Bild der Zukunft zeichnen, dass die Mitarbeiter sich davon persönlich angesprochen fühlen. Man könnte auch sagen: Es kommt darauf an, ein »gemeinsames Bewusstsein« zu erzeugen. Dafür sind Fragen wie im Kasten oben zu stellen. Die Reaktion der Mitarbeiter auf diese Fragen entscheidet über die Transformationsrichtung des Unternehmens - und ob der Prozess überhaupt stattfindet.

Das angestrebte gemeinsame Bewusstsein umfasst bestimmte zukünftige Ziele mit den Elementen der Unternehmenskultur, die diese Zukunft stützen. Eine schwierige Aufgabe, denn die Unternehmenskultur bleibt in weiten Teilen unterhalb der Bewusstseinsschwelle. Sie setzt sich aus tausend kleinen Steinchen zusammen - Überzeugungen, Werten, Verhaltensmustern -, in denen sich bestimmte Grundüberzeugungen spiegeln und die vor inneren wie äußeren Gefahren bewahren sollen. Eine »unsichtbare Hand« bestimmt die Tätigkeiten.

Die für selbstverständlich erachtete Unternehmenskultur vermittelt Leitlinien, ihre gesellschaftlich vermittelten und sozial gelernten Referenzpunkte sind normativ. Sie sagt den Angestellten, was »man« tut und was nicht toleriert wird. Die Unternehmenskultur bestimmt die Strategie, das Verhalten zu externen Interessenträgern, Auswahl- und Sozialisierungsmethoden, Leistungs- und Beförderungskriterien, die Pflege innerbetrieblicher Kontakte und den Führungsstil.

Die Unternehmenskultur ist auch deskriptiv. Sie erfasst, was ein Unternehmen einmalig macht, beschreibt seine Identität und enthält Symbole, die sich in Sprache, Ritualen, Geschichten, Metaphern, Artefakten, Verhalten und anderen Alltagskonstrukten ausdrücken. Als identitätsstiftendes Merkmal hat die Unternehmenskultur zudem ein Beharrungsvermögen, das sich nur schwer überwinden lässt.

Es ist nicht leicht, die vorherrschenden Werte in der Kultur des eigenen Unternehmens zu identifizieren. Sie sind unsichtbar. Man spürt sie, man kann sie anfassen, riechen, man weiß, dass sie da sind. Aber beschreiben? In Worte fassen? Unternehmensangehörige und Unternehmenskultur verhalten sich wie Fisch und Wasser: Der Fisch merkt erst auf dem Trockenen, dass ihm Wasser alles bedeutet. Oft wird man durch Außenstehende und Neulinge auf charakteristische Züge der »corporate identity« gestoßen. Doch trotz der Schwierigkeit ist die Identifizierung dieser Werte für jede Veränderungsbemühung unentbehrlich. Nur wenn die Unternehmensleitung die impliziten Normen kennt, kann sie beurteilen, welche davon zukunftstauglich sind.

Man kann wohl Werte benennen, die in Weltklasseunternehmen herrschen, aber man kann sie nicht kopieren. Erfolg lässt sich nicht klonen oder per Einstreuung einschlägiger Stichworte im Jahresbericht erzwingen (auch wenn es die richtigen Werte sind). Jedes Unternehmen hat jenseits dieser Werte etwas Eigenes, Spezifisches, das den Umgang der Mitarbeiter miteinander bestimmt und es von anderen Unternehmen unterscheidet. Spitzenunternehmen sind üblicherweise Regelbrecher, Regeladepten dagegen zum Spiel in den unteren Ligen verdammt.

Nach diesen Einschränkungen können wir uns nun die Werte anschauen, die für erfolgreiche Unternehmen typisch sind:

- **Teamgeist:** Die Bereitschaft, eigene Ziele der Gruppe unterzuordnen.
- **Offenheit:** Ehrliche, vorbehaltlose Kommunikation mit möglichst wenig Geheimnissen; die gleichen Informationen für alle.
- **Beteiligung an Entscheidungen:** Breit gestreute Verantwortung und Autorität.
- **Respekt vor dem Einzelnen:** Toleranz für kulturelle oder geschlechtliche Differenzen sowie unterschiedliche Begabung.
- **Kundenorientierung**: Anerkennung der Priorität des Marktes; der Kunde ist König.
- **Lust am Wettbewerb und Siegeswille** Orientierung am Erfolg, die alle Angestellten teilen.
- **Unternehmerische Einstellung:** Offenheit für Risiko und Innovation.
- **Spaß:** Spielerischer Umgang, der Kreativität begünstigt.
- **Ergebnisorientierung:** Die Einsicht, dass der Erfolg des Unternehmens letztlich vom Gewinn abhängt.
- **Lernkultur:** Fortwährende Erneuerung der Fähigkeiten und Ansätze.
- **Veränderungsbereitschaft:** Offenheit für neue Ideen und Vorschläge.

- **Vertrauen:** Die Überzeugung, dass es den anderen nicht gleichgültig ist und ihnen die Unternehmensinteressen am Herzen liegen.

Welche Werte bestimmen die Unternehmenskultur?

Benoten Sie den Stellenwert folgender Unternehmenswerte in Ihrem Unternehmen von 1 *(sehr niedrig)* bis 5 *(sehr hoch)*.

	1	2	3	4	5
• Teamgeist:					
• Offenheit:					
• Beteiligung an Entscheidungen:					
• Respekt vor dem Einzelnen:					
• Kundenorientierung:					
• Lust am Wettbewerb/Siegeswille:					
• Unternehmerische Einstellung:					
• Spaß:					
• Ergebnisorientierung:					
• Lernkultur:					
• Veränderungsbereitschaft:					
• Vertrauen:					

Wie gesagt, sind diese Werte für Spitzenorganisationen typisch. Je höher die Bewertung für Ihr Unternehmen ausfällt, desto eher fällt es in diese Kategorie. Da die persönliche Wahrnehmung notgedrungen einseitig ist, vergleichen Sie Ihre Antworten mit denen anderer Unternehmensmitglieder und denken Sie über die Unterschiede nach. Fragen Sie sich, ob die Menschen entsprechend ihren Überzeugungen handeln und die vertretenen Werte mit Leben füllen. Besprechen Sie intern, wie die Werte noch stärker verankert werden können.

Werte mit Leben füllen

Natürlich müssen Werte identifiziert und artikuliert werden, aber damit sind sie noch nicht Teil der Unternehmenskultur. Das öffentliche Bekenntnis klingt dann eher wie eine hohle Phrase: »Ich betreibe eine Politik der offenen Tür«, sagt der Abteilungsleiter, der für seine Mitarbeiter nie zu sprechen ist. »Wir lassen die Überbringer schlechter Nachrichten leben«, heißt es in Unternehmen, die vorwitzige Angestellte mir nichts dir nichts feuern. »Bei uns lohnt sich das Risiko«, schreien Firmen, die Fehler selbst dann noch abstrafen, wenn sie zum Erfolg führten. »Ihre Meinung ist uns wichtig«, prahlt die Organisation, in der nur die Meinung des Chefs zählt.

Betrachten wir einen Wert - das Vertrauen - aus der Nähe. Vertrauen ist die Basis jedes Erfolgs: Je mehr Vertrauen die Angestellten in die Leitung haben, desto erfolgreicher agiert ein Unternehmen. Aber wie baut man in Organisationen Vertrauen auf? Wie gesagt, es handelt sich um ein zartes Pflänzchen, das nur zaghaft aufblüht und schnell zertreten ist. Wie lässt sich die Furcht vor der Transparenz überwinden, ohne die Vertrauen nicht entsteht? Wie die Furcht, sich und interne Vorgänge zu entblößen? Welche »vertrauensbildenden Maßnahmen« kann das Management von der untersten bis zur obersten Führungsebene ergreifen? Wie entsteht aus ihrem Zusammenwirken ein vertrauensvolles Ambiente? Die Antwort ist leicht gesagt und schwer getan: Werte leben.

Zunächst einmal muss man miteinander reden. Kommunikation besteht aus zwei Vorgängen: Reden und Zuhören. Gute Zuhörer sind rar. Wir sind meist mit unserer Antwort oder unserem Beitrag beschäftigt und vergessen darüber zuzuhören. Dann sollten wir schleunigst »aktives Zuhören« lernen (siehe Kapitel 2), also auf Empfang bleiben, solange der andere spricht, sowie auf verbale wie nonverbale Signale achten. Und wenn wir reden, sind Aufrichtigkeit und Respekt vonnöten. Nichts zerstört Vertrauen nachhaltiger als mangelnder Respekt. Gegenseitiger Respekt beinhaltet Ehrlichkeit, Offenheit, Stetigkeit, Kompetenz, Fairness und Integrität. Wer Vertrauen will, darf den Boten nicht für die schlechten Nachrichten verantwortlich machen. Effektiver kann man den Wunsch nach Kommunikation nicht töten.

Bei den Entscheidungsträgern liegt die Verantwortung, Vertrauen aufzubauen und die Unternehmenswerte glaubwürdig auszufüllen. Sie müssen auf allen Ebenen kontrollieren, dass die Werte befolgt werden. Wer nicht ein Minimum an Regeltreue aufbringt, muss seine Sachen packen. Unternehmenskultur und Mitarbeiter unter einen Hut zu bringen ist eine heikle, aber notwendige Aufgabe, weil sie den Schlüssel zur Bewahrung der Unternehmenskultur liefert.

Mit dieser Erörterung, wie Unternehmenswerte zu kultivieren sind, stehen wir schon mitten in der Diskussion um Führungsqualitäten. Was charakterisiert die erfolgreiche Führungskraft? Welche Rolle spielt sie? Welche Züge, Eigenschaften und Kompetenzen sind für den Erfolg notwendig?

9

Merkmale erfolgreicher Führung

Die Fähigkeit, mehr abzubeißen, als man kauen kann, und den Brocken dann zu kauen, habe ich immer bewundert.
William Demille

Die Welt teilt sich in Menschen, die etwas tun, und in Menschen, die Lorbeeren einheimsen. Man sollte sich wenn möglich der ersten Gruppe anschließen: Dort gibt es viel weniger Konkurrenz.
Dwight Morrow

Wer sich nicht führen lassen kann, wird nie ein Führer.
Tiorio

Es besteht derzeit gewaltiges Interesse an Führungsfragen. Gehen Sie in eine Buchhandlung und Sie finden unglaublich viele Titel zum Thema. Woher kommt dieses Interesse? Wer kauft all diese Bücher?

Grundsätzlicher gefragt, warum sind Führer - in Politik, Wirtschaft und Kultur - überhaupt notwendig? Es liegt an dem Umbruch, in dem wir leben. Menschen reagieren mit Ängsten auf Veränderungen, und wenn wir Angst haben, suchen wir jemanden, der uns führt und uns unsere Angst abnimmt. Der Mann oder die Frau an der Spitze fungieren auch als Gefäß für Ängste. Wer diese Rolle akzeptiert und ausfüllt, der wird in weit höherem Maß die Kreativität der Gefolgschaft erhalten. Das gilt insbesondere in der Wirtschaft. Hier provoziert eine Führungskraft, die Ängste nicht in sich aufnehmen kann, kontraproduktive Verhaltensweisen und unter Umständen den Konkurs des Unternehmens.

Ein guter Führer, der nicht mit dem Wandel umgehen kann, ist ein Widerspruch in sich. Die gegenwärtige Gesellschaft lässt uns nicht die Wahl zwischen Beharren und Veränderung. Der Wandel wird bleiben, ob wir das nun gutheißen oder nicht, und die Geschwindigkeit, mit der er sich vollzieht, eskaliert täglich. Wie ganz anders haben unsere Großeltern noch gelebt: In nur zwei Generationen haben wir den Schritt von der Pferdekutsche zur Weltraumrakete geschafft. Eine Ausgabe des *Herald Tribune* enthält mehr Nachrichten, als ein mittelalterlicher Mensch in seinem ganzen Leben erfuhr.

Die Informationsflut hat weitreichende Folgen. Das Internet ist ein so gigantischer Datenspeicher, dass die Neurologen sich besorgt fragen, wie viel Informationen unser Gehirn eigentlich verkraftet. Unsere Ausstattung ist noch immer auf die Anforderungen der Steinzeit ausgelegt, wir könnten jagen und sammeln. Wie bewältigen wir mit diesen Fähigkeiten das Cyber-Zeitalter? Halten wir Schritt mit der wachsenden Masse der E-Mails, Nachrichten per Fax, Telefon, Anrufbeantworter, Videokonferenzen? Halten wir es aus, am Montag in Tokio, am Mittwoch in Singapur, am Freitag in New York zu sein? Sind wir geistig und körperlich solchen Ansprüchen gewachsen oder stoßen wir an die Grenzen unserer Belastbarkeit?

Der Stress durch den technischen Fortschritt nimmt eindeutig zu. Man kann das leicht veranschaulichen: Auf den Chef einer High-Tech-Firma warteten nach drei Tagen Totalausfall des Computersystems *900* E-Mails. Das ist kein Überfluss mehr, das ist Informationsverschmutzung. Dieser Smog ist im Internet und der Finanzbranche besonders aggressiv.

In Kapitel 3 habe ich es schon angesprochen: Zwischen 1980 und 2000 fand in der Weltwirtschaft ein Paradigmenwechsel statt, der die Geschäftstätigkeit fast aller Unternehmen betrifft. Der Wechsel korrespondiert mit gesellschaftlichen Veränderungen, die noch nicht abgeschlossen sind:

- Die demografischen Verhältnisse verschieben sich, die Städte wachsen unaufhaltsam und die vom Westen so genannten »Minderheiten« sind auf dem Vormarsch.
- Die Informations- und Kommunikationsexplosion wurde bereits erwähnt.
- Die »New Economy« (eigentlich die herkömmliche Wirtschaft mit neuer Technologie), die sich zum Beispiel im E-Commerce spiegelt, verändert unsere Vorstellungen von der Wirtschaftsweise.
- Der Euro als neue Währungseinheit wird nicht nur Europa verändern.
- Osteuropa und die ehemalige Sowjetunion befinden sich seit dem Fall des Eisernen Vorhangs in einem atemlosen, tiefgreifenden Wandel.
- Die Lage in Afrika, Fernost sowie rund um den Stillen Ozean ist mit all den Problemen in Gesundheits-, Finanz-, Ausbildungs- und Regierungswesen extrem schwierig.
- Das Management wird immer globaler. Die exzessive Anwendung von Restrukturierung und Downsizing, die im vorigen Kapitel thematisiert wurden, sind das Herzstück dieses Trends. Durch Fusionen, Übernahmen und strategische Allianzen um die ganze Welt findet darüber hinaus eine massive Konzentration statt.

Wer erkannt hat, dass sich diese Veränderungen nicht wegdiskutieren lassen, sucht verzweifelt nach Antworten. Deswegen werden so viele Bücher zum Thema verkauft. Führungskräfte wollen – *müssen* – wissen, wie sich diese Veränderungen auf ihre Unternehmen auswirken, welche Qualifikationen und Kompetenzen ihnen künftig abverlangt werden und was die Veränderungen des Marktes für die Auswahl- und Ausbildungskriterien der Führungskräfte von morgen bedeuten.

Führungsgeschwafel: Eine Anleitung für jedermann

Die Bücher, Artikel und Hand-outs zum Thema sind Legion, aber nicht immer hilfreich. Während die Literatur über Führung und Führungskräfte üppig gedeiht, ist der inhaltliche Ertrag aus diesen Papierbergen verwirrend oder gar inkonsistent. Die Explosion wissenschaftlicher Beiträge spiegelt sich in der Zahl der Artikel, die in die jüngste Ausgabe von Bass and Stogdills *Handbook of Leadership* aufgenommen wurden – statt 3 000 Studien wie in der letzten Ausgabe sind es nunmehr 9 000. Ernüchtert und betäubt bleibt zurück, wer den Wälzer durchgearbeitet hat. Auf hundert, wenn nicht tausend Definitionen des Begriffs »Führung« stößt man in der Literatur. Die deutsche und englische Sprache haben genug Worte, um das Publikum mit der Vielfalt der möglichen Beschreibungen alles dessen, was zur Führung gehört, in den Dornröschenschlaf zu versetzen. Der naiver Leser entdeckt schnell, dass das Reich der Führungsforschung ein dorniges, vermintes und verbotenes Feld ist, aus dem es nur wenige Auswege gibt.

Doch nicht nur Wissenschaftler und Manager schreiben zum Thema, auch Journalisten tragen ihr Scherflein bei. Als sei das nicht schon genug, leistet ihnen ein nicht einzudämmender Strom selbst ernannter Experten Gesellschaft, die aus den verschiedensten weltanschaulichen Ecken mit der Lösung der Lösungen aufwarten. Manchmal, wenn ich Friseuren und Taxifahrern lausche, denke ich, die kennen sich eigentlich am besten mit dem Thema aus. Leider wird ihr Beitrag weder gewürdigt noch gehört.

Der irrwitzigen Springflut scheint kein Ende beschieden. Niemand kann alles lesen, aber einige der populäreren Titel sollten wir uns näher ansehen. In ihnen spiegeln sich die Sorgen, die Führungskräfte umtreiben. So mancher Experte lässt sich von der Vergangenheit inspirieren, etwa von Alexander dem Großen in *Alexander oder Die Aufforderung an Führungskräfte, Grenzen zu überwinden* oder *Von den Führungsgeheimnissen des Hunnen Attila.* Der biblische Jesus scheint jedoch auch eine dominante historische Figur zu sein, eine Tatsache, die vielleicht humanistische Bedenken spiegelt. *Das Jesus-Prinzip: Führen mit biblischer Weisheit; Jesus als Manager: Neue Dimensionen christlicher Ethik; Jesus Christus, Manager: Biblische Weisheiten visionären Managements*. Diese Titel mögen als Beispiele genügen.

Auch die Philosophen sind gut vertreten. Die originalen Texte wie Platos *Politeia* oder Aristoteles' *Nikomachische Ethik* sind offenbar nicht gut genug, wie wäre es also mit praktischen Tipps à la *Wenn Aristoteles General Motors geleitet hätte*?

Zyniker finden ihren Lesestoff dank Niccolo Machiavelli. Auch hier blühen neben seinen eigenen Schriften wie *Der Fürst* oder den *Discorsi* Titel mit Sekundäreinsichten:

Machiavelli für Manager: Sentenzen oder *Der kleine Machiavelli: Handbuch für den alltäglichen Gebrauch*. Fortgeschrittene können sich *Macht und Verantwortung: Ein Anti-Machiavelli für Führungskräfte* zur Brust nehmen. Aber auch wen die Rolle der Geschlechter interessiert, findet Rat - im *Machiavelli für Frauen.*

Auch die Tierwelt darf von den Wissbegierigen nicht vergessen werden. Zu den einprägsameren Titeln gehören *Die Mäuse-Strategie für Manager: Veränderungen erfolgreich begegnen* und *Der Minuten-Manager und der Klammer-Affe: Wie man lernt, sich nicht zuviel aufzuhalsen.*

Und natürlich trifft sich auf dem populären Terrain der Führungsfragen Ost und West. Globale Zusammenarbeit eröffnet westlichen Managementabsolventen Sprüche von östlichen Weisen, Mystikern und Kriegshelden, etwa *Die Kunst der Überlegenheit: Konfuzius' und Sun Tsus Prinzipien für Führungskräfte* oder auch Sun Tsus Strategien in *Die Kunst des Krieges für Führungskräfte.*

Wer es übersichtlich und handlich mag - und erfreut zur Kenntnis nimmt, dass die Rezepte für exemplarische Führungsmodelle noch stärker vereinfacht werden können -, greife zu *Von den Besten lernen: Die 30 Erfolgsgeheimnisse der Führungselite; Die Kunst (k)eine perfekte Führungskraft zu sein: 60 Denkanstöße für zukunftstaugliche Manager* oder *Achzig Tipps für tolle Chefs ... und solche, die es werden wollen.*

Das sollte als bitterernster Literaturüberblick für die meisten Interessierten genügen. Für die besonders Hartnäckigen, die sich vielleicht auch für etwas ganz Besonderes erwärmen können, empfehle ich den *Management für Dummies* und *Erfolgreich führen für Dummies.*

Wenn wir uns die ganze Bandbreite vergegenwärtigen, entdecken wir ein Paradox. Einerseits enthüllen diese Bücher ein gerüttelt und wachsendes Maß an Zynismus, was das Arbeitsleben betrifft. Sie offerieren das Know-how oder genauer billige Ratschläge, wie man im Geschäftsbetriebsdschungel überlebt. Andererseits zeichnet sich die Gegenbewegung zu dieser Sicht der Dinge ab: unserer immer verwirrenderen Welt einen Sinn abzuringen versuchen.

Führungsmodelle

Führung, und damit sind wir bereits mitten in den Verständnisproblemen dieses Begriffs, kann sowohl als Eigenschaft wie als Vorgang verstanden werden. Als Eigenschaft meint Führung eine Reihe von Merkmalen - Verhaltensmustern und persönlichen Attributen -, die das Erreichen bestimmter Zielcluster vereinfachen. Als Vorgang ist Führung die Tätigkeit eines Führers, der auf die Mitglieder einer Gruppe aufgrund verschiedener Machtquellen (deren Beschaffung wiederum spezifische Eigenschaften voraussetzt) so einwirkt, dass sich ihre Handlungen auf ein gemeinsames Ziel hin bündeln.

Der interaktive Ansatz

Allgemein gesagt lassen sich die verschiedenen Forschungsansätze auf zwei Extreme reduzieren. Das eine Ende des Spektrums bilden die »Personalisten«, Forscher, nach denen bestimmte persönliche Variablen Führungsqualität definieren. Sie interpretieren Führung als Eigenschaft und/oder Vorgang. Am anderen Ende des Spektrums herrschen die »Situationisten«, Forscher, die den Einfluss persönlicher Eigenschaften und Unterschiede leugnen und stattdessen auf Umwelteinflüsse setzen. (Beide Extreme wurden bereits in Kapitel 1 erwähnt.) Personalisten übersteigern Führer zu heroischen Steuermännern, die jede beliebige Situation beherrschen können, während die Situationisten Führer zu Galionsfiguren verstümmeln, Marionetten am Bändel der Umweltkräfte. Deswegen, so behauptet diese Richtung, spielt es auch keine Rolle, wer die Verantwortung trägt, letztlich bestimmen gesellschaftliche Kräfte, welche Maßnahmen ergriffen werden müssen.

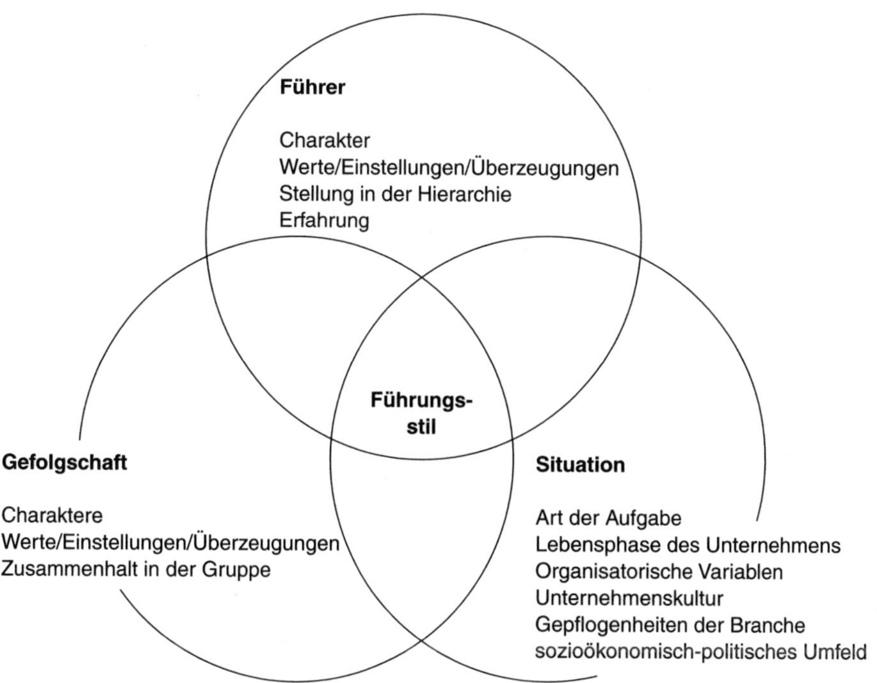

Abbildung 8: Das Spannungsfeld der Führung

Die Wahrheit liegt natürlich irgendwo dazwischen. Führung geschieht nicht im luftleeren Raum. Kein Führer ohne Gefolgschaft, keine Direktive ohne Kontext. Um Führungsverhalten zu verstehen, müssen wir also sowohl die persönliche Konstitution des Führenden verstehen als auch die spezifischen Umstände der Situation. Nicht jeder Führungsstil passt zu jeder Gefolgschaft, kein Führungsstil führt in jeder beliebigen Situation zum Erfolg.

Das Wechselspiel von Führer, Gefolgschaft und Situation macht die Sache so kompliziert. Um alle Elemente einzubinden, verspricht ein »interaktives« Modell vielleicht am ehesten Erfolg. Abbildung 8 zeigt, dass Persönlichkeit, Stellung und Erfahrung der Führungskraft in der Führungsgleichung stehen, ebenso aber auch die Persönlichkeiten der Geführten (zusammen mit ihren Werten, Einstellungen und Überzeugungen sowie dem Zusammenhalt innerhalb der Gruppe). Das Ganze ist in Korrelation zur Situation zu sehen (bei der die Natur der Aufgabe, Unternehmenstyp und -kultur, die Branche und die sozioökonomisch-politische Großwetterlage eine Rolle spielen).

Der Einfluss von Situation und Gefolgschaft

Wenn wir eine bestimmte Führungsleistung analysieren wollen, müssen wir die Art der zu lösenden Aufgabe betrachten, die Natur und Gesundheit der fraglichen Branche, die vorherrschenden sozialen, ökonomischen und politischen Bedingungen, die Kultur des Landes, in dem das Unternehmen agiert, und die Unternehmenskultur, sozusagen den Mikrokosmos des Unternehmens. Selbst der spezifische Führungsstil – eine ganz persönliche Angelegenheit – wird von der Gesamtlage beeinflusst. Er ist ein komplexer Ausdruck von Persönlichkeit, Lebensalter, Landeskultur und Unternehmenskultur.

Abbildung 9: Machtverhältnisse zwischen Vorgesetzten und Untergebenen

Nach dem Blick auf die Situation müssen wir uns der Gefolgschaft zuwenden, um eine bestimmte Führungsleistung zu analysieren. Was lässt sich über ihre Einstellung sagen? Was erwartet sie von der Arbeitsstelle und der Unternehmensleitung? Wie ist das »Machtverhältnis« zwischen Führung und Gefolgschaft? Ist ein starker Führer gefragt, oder sind selbstverwaltete Teams »angesagt«? (Abbildung 9 stellt dieses Verhältnis grafisch dar.)

Das wichtigste Element der Führungsgleichung: Kompetenzen

Führung findet, wie gesagt, nicht im luftleeren Raum statt, sondern unter den Bedingungen von Umwelt und Untergebenen. Führung entwickelt sich auch nicht im luftleeren Raum. Wer die Zwischentöne wahrnimmt, hört vieles über die Persönlichkeit und die Vergangenheit einer Führungskraft, wenn er ihre Art der Führung erlebt. Jeder Mensch in einer Leitungsposition entwickelt seinen eigenen Stil und bestimmte Kompetenzen (und andere nicht) nach Maßgabe des »inneren Dramas«, des Skripts, das die zentralen Bedürfnisse dieses Individuums geschrieben haben.

Der Klarheit zuliebe soll hier stark vereinfacht werden. Der individuelle Führungsstil - der sich in den verschiedenen Rollen verkörpert, die eine Person in der Führungsposition einnimmt - resultiert aus dem heiklen Wechselspiel der Kräfte im jeweiligen inneren Drama der Betreffenden (das sich wiederum um die zentralen Bedürfnisse dreht) mit den Kompetenzen, die er oder sie im Lauf der Zeit erworben hat (vergleiche Abbildung 10).

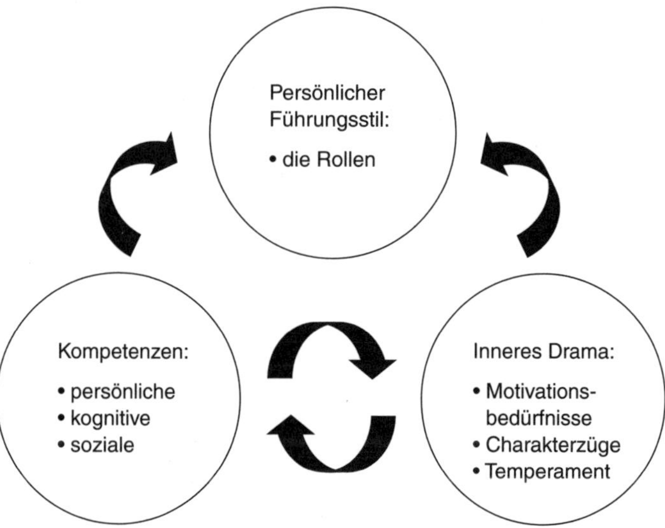

Abbildung 10: Die Dimensionen des Führungsstils

In Kapitel 2 habe ich auf das Zentrale Beziehungskonflikt-Thema (ZBKT) als einen besonders guten Ansatz hingewiesen, mit dem man die verschiedenen, im inneren Drama wirksamen Kräfte beschreiben kann. Außerdem habe ich verschiedene Abwehrmechanismen und Persönlichkeitsstörungen vorgestellt und zu zeigen versucht, wie sich diese Persönlichkeitstypen aus bestimmten Konstellationen von Charakterzügen ergeben. Diese Charakterzüge finden ihren Ausdruck in Verhaltensmustern, die man »Kompetenzen« nennen kann. In einer bestimmten Situation kommt eine Reihe bestimmter Kompetenzen zum Zug, und die Kunst der Führung besteht nun darin, Kompetenzen zu entwickeln, die nahezu jede Situation abdecken.

Welche Kompetenzen sind das? Oder einen Schritt weiter zurück, welche Charakterzüge bringen diese mit sich? Was unterscheidet die gute von der schlechten Führungskraft, welche spezifischen, wiedererkennbaren Merkmale lassen sich identifizieren? Sind die einen dünn, die andern dick? Lang oder kurz? Auf körperliche Merkmale kommt es nicht an. Charles de Gaulle war groß, Napoleon klein. (Allerdings ist die körperliche Konstitution nicht völlig gleichgültig: Große Menschen haben größere Chancen, gewählt zu werden, sie fangen tendenziell mit höheren Gehältern an und werden schneller befördert als kleine Menschen.)

Wenn nicht das äußere Erscheinungsbild den Ausschlag gibt, wie lassen sich die entscheidenden Charakterzüge feststellen? Über die Jahrhunderte hat sich eine recht eigenwillige Auswahlmethode herauskristallisiert. Nehmen wir (augenzwinkernd) Napoleons Kriterien. Er besetzte Posten nach einer zweidimensionalen Matrix: Intelligenz und Energie.

- Sehr intelligente, sehr energische Menschen werden Generäle.
- Sehr intelligente, wenig energische Menschen werden Verwaltungsbeamte.
- Wenig intelligente, wenig energische Menschen kommen zur Infanterie.
- Wenig intelligente, sehr energische Menschen werden erschossen. Sie sind die gefährlichste Spezies. (Napoleon hätte der Mentor von Jack Welch sein können: Der General-Electric-Chef »schoss Menschen ab«, die seiner Matrix nach die Ansprüche an Engagement erfüllten, aber sich nicht den Unternehmenswerten unterordneten.)

Nicht wenige wandelten in Napoleons Fußstapfen. Anfang des 20. Jahrhunderts wollte man die in jedem Führungszusammenhang gültigen Charakterzüge wissenschaftlich erforschen – jedoch ohne großen Erfolg. Die Ergebnisse widersprachen sich, überwiegend aufgrund methodologischer Schwächen der »Versuchsanordnungen«. Enttäuscht wandten die Forscher diesem Ansatz den Rücken zu. Aber in den letzten Jahren erlebt die Charakterforschung nach langer Unterbrechung ein Comeback (auch aufgrund besserer Messtechniken).

Die ersten Ergebnisse sind vielversprechend. Der enge Fokus wurde aufgegeben, Gegensatzpaare wie impulsiv oder nachdenklich, an Gesellschaft oder an der Sache orientiert, Autokratie oder Demokratie vernachlässigen anders als die neueren Ansätze den Kontext. Heute stehen nicht die Charakterzüge im Mittelpunkt des Interesses, sondern die Früchte, die sie tragen. Heute überprüft man, welche Wirkung bestimmte Individuen - echte Führungspersönlichkeiten - kraft ihrer Persönlichkeit auf die Geführten ausüben. Wie gelingt es diesen Menschen, die Einstellung der Unternehmensangehörigen zu verändern, indem sie Werte identifizieren, artikulieren und modifizieren, die Unternehmenskultur beeinflussen und Engagement für Mission, Ziele und Strategien der Organisation erzeugen - und damit überdurchschnittliche Gewinne in die Bilanzen »zaubern«.

Der neue Ansatz beschreibt einen Gutteil des Geheimnisses der Führung. Die Forscher, die diesem Ansatz verpflichtet sind, berücksichtigen in angemessenem Umfang Kontext und kulturelle Dimension, die für Führungsleistungen zentral sind. Sie registrieren die Auswirkungen, die die Umgebung auf Führungskraft und Führungsverhalten hat, und lehnen jede Instrumentalisierung ab, die im Führer nur den »Transformationsagenten« sehen will.

Diese Untersuchungen lassen den simplifizierenden Ansatz der ersten Charakterstudien hinter sich und benennen eine Reihe von persönlichen Eigenschaften, die Führungspersönlichkeiten konsistent von Nicht-Führungspersönlichkeiten unterscheiden. (Die »Five-Factor-Theory«, für die unter anderem der Psychologe Robert Hogan eintritt, kategorisiert das menschliche Verhalten in fünf Klassen von Charakterzügen und glaubt, dass mit diesen Merkmalen eine Persönlichkeit vollständig beschreibbar ist: extravertiert (introvertiert), verträglich, gewissenhaft, emotional stabil (neurotisch), offen für neue Erfahrungen.) Auf diese Weise haben wir von den universalen Charakterzügen einen langen Bogen zum Kompetenzmodell geschlagen.

Welche Kompetenzen sind in Ihrem Unternehmen notwendig?
Beschreiben Sie die Unternehmensstrategie. Welche Führungskompetenzen erfordert diese Strategie? Was ist notwendig, um diese Strategie in die Wirklichkeit umzusetzen?

Gute Führungskräfte bringen Kompetenzcluster in drei Bereichen mit:

- **Persönliche Kompetenzen** wie Erfolgsorientierung, Selbstvertrauen, Energie, Arbeitseffizienz.
- **Soziale Kompetenzen** wie Einfluss, politisches Bewusstsein, Empathie.
- **Kognitive Kompetenzen** wie begriffliches Denken und Überblick.

In Abbildung 10 haben wir diese Kompetenzen als eine Dimension der Führung betrachtet. Wir können sie ebenso gut als Teil eines Schichtenmodells sehen: Im Kern stehen Bedürfnisse, Gefühle, Abwehrreaktionen, Motive und Charakterzüge. Diese werden umschlossen von Werten, Einstellungen und Selbstbild, um die sich wiederum Kompetenzen und Wissen legen. Diese interagierenden Variablen drücken sich dann im Verhalten und in Handlungen aus. Abbildung 11 stellt den Zusammenhang im Überblick dar.

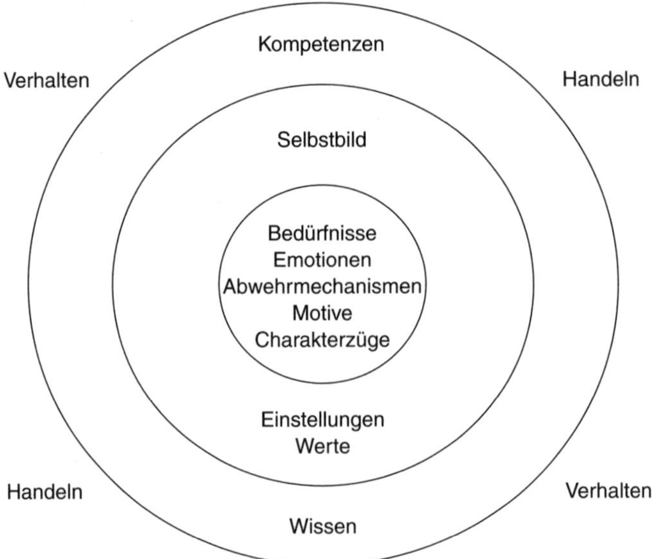

Abbildung 11: Konzentrische Kompetenzkreise

Wo liegen Ihre Kompetenzstärken?

Fragen Sie sich, ob Sie folgende Eigenschaften haben, und antworten Sie entsprechend mit *Wahr* oder *Falsch*.

- Ich bin eher extrovertiert als introvertiert.
- Ich bin eher dominant.
- In größeren Gruppen bin ich normalerweise forsch.
- Egal was ich anfasse, ich will der/die Beste sein.
- Ich bin auf Ergebnisse fixiert.
- Andere beschreiben mich als ziemlich selbstsicher.
- Wenn ich etwas zusage, halte ich das auch ein.
- Ich gelte als angenehmer Zeitgenosse.
- Ich bemühe mich sehr, anderen zu helfen.
- Ich kann sehr gut in Gruppen mitarbeiten.
- Ich übernehme die volle Verantwortung für das, was ich mache.

- Wenn es die Situation erfordert, kann ich sehr flexibel reagieren.
- Ich bin sehr offen für andere Vorschläge und neue Ideen.
- Ich höre genau zu, wenn andere reden (und registriere, wie sie es sagen).
- Ich versuche, mich in andere hineinzuversetzen.
- Ich bin in sozialen Situationen effektiv.
- Ich nehme anderen die Scheu, indem ich von mir selbst erzähle.
- Ich lerne sehr gern neue Dinge.
- Ich erfasse relativ schnell, worum es geht.
- Ich habe erstaunlich viel Energie.
- Es fällt mir nicht schwer, Beziehungen zu knüpfen.
- Ich bin ziemlich verspielt.
- Ich habe meine Laune gut im Griff.
- Ich sehe das Leben eher positiv.
- Ich gelte als Realist.

Wenn Sie die überwiegende Zahl der Aussagen mit *Wahr* beantwortet haben, fühlen Sie sich in Führungsrollen wohl. Wenn Sie einige oder viele mit *Falsch* beantwortet haben, sollten Sie nachdenken, bevor Sie eine Führungsstelle anstreben oder diese Laufbahn fortsetzen.

Am Ende dieses Kapitels betrachten wir einige der Kompetenzen (die eng mit Charakterzügen zusammenhängen), die für gute Führungskräfte unentbehrlich sind:

- **Forschheit:** Dieses Wort bezeichnet Menschen, die ihren eigenen Kopf haben, etwas erreichen wollen und wissen, wie sie dieses Ziel erreichen können. Forsche Menschen sind energisch und dominant. Sie unterscheiden sich von anderen durch starke Leistungsorientierung. Wahre Führer haben Feuer im Bauch, sie wollen, dass etwas passiert, sie wollen die Konkurrenz aus dem Rennen werfen. Was sie anfangen, bringen sie zu Ende. Es sind Tatmenschen, und sie können Unsicherheiten gut unter einem Mantel der Selbstsicherheit verstecken. Wegen ihres forschen Auftretens bringen sie andere Menschen dazu, Dinge zu tun, die sie sonst nicht getan hätten.
- **Soziale Ader:** Erfolgreiche Führer haben fast immer »ein Händchen« für den Umgang mit anderen Menschen. (Diese Kompetenz hängt mit der Extra-/Introvertiertheit aus den oben genannten fünf Klassen zusammen.) Schließlich verbringen sie einen Großteil ihrer Zeit auf die eine oder andere Weise damit, Menschen zu überzeugen. Wer daran keinen Spaß hat, wird sich nicht glücklich fühlen.
- **Rezeptivität:** Erfolgreiche Führer sind offen für neue Ideen und Erfahrungen. Diese Eigenschaft wird mit der Globalisierung immer wichtiger.

- **Verträglichkeit:** Gute Führer sind Menschen, die als angenehm gelten, die im persönlichen Umgang nett sind und kooperativ, flexibel und liebenswürdig. Sie können schwierigen Situationen etwas Positives abgewinnen und so neue Aspekte daran sehen. Dadurch sind sie hervorragende Gruppenspieler.
- **Verlässlichkeit:** Gute Führer haben ein Gewissen (ein weiteres Element der fünf Klassen). Man kann sich auf sie verlassen, was sie versprechen, halten sie, und sie kneifen nicht.
- **Analytische Intelligenz:** Die meisten guten Führer besitzen überdurchschnittlich viel analytische Intelligenz. Das erleichtert strategisches Denken. Ein zu hoher IQ kann allerdings kontraproduktiv sein, denn er verführt zu exzessivem Intellektualisieren und Rationalisieren der eigenen Meinung (was richtige Maßnahmen verhindert).
- **Emotionale Intelligenz:** Wie in Kapitel 2 schon gesagt, wissen gute Führer ihre Gefühle zu kontrollieren und die Emotionen anderer Menschen richtig zu interpretieren. Ein gerüttelt Maß Einfühlungsvermögen unterscheidet sie von Normalsterblichen. Ein gesunder Sinn für Realität sorgt dafür, dass sie ihre Stärken und Schwächen einschätzen können. Sie wissen, wofür sie einstehen, und können Beziehungen anknüpfen und pflegen. Außerdem sind sie emotional stabil (worauf ich in Kapitel 13 noch näher eingehen werde).

Alle diese Kompetenzen (und die Art, wie sie sich in Handlungen ausdrücken) sorgen für einen sicheren Stand der Führungskräfte in der heutigen globalen Wirtschaftswelt.

10

Führen im globalen Kontext

Jede Nation spottet über die andere, und alle haben Recht.
Arthur Schopenhauer

Nationalismus ist eine Kinderkrankheit, sozusagen die Masern der Menschheit.
Albert Einstein

Ein Reisender, der seine Heimat einmal verlassen hat, ist klüger als der, der nie die eigene Schwelle übertrat. Die Kenntnis einer anderen Kultur schärft also unsere Fähigkeit, uns selbst beständiger und verständnisvoller zu prüfen und wahrzunehmen.
Margaret Mead

Die wachsende Globalisierung der Wirtschaft zwingt uns, die kulturelle Dimension des Führens in den Blick zu nehmen. Was als akzeptabler Führungsstil gilt, variiert von Land zu Land. Ich zum Beispiel komme aus Holland. Das niederländische Wort für *leader* ist *leider.* Schreibt man dieses Wort mit »ij« statt mit »ei« (die Aussprache bleibt nahezu unverändert), dann bedeutet es Märtyrer. In dieser Gegenüberstellung liegt eine Botschaft: Jeder niederländische Führer, der sich exponiert, wird schnell zurechtgestutzt. Im Land der Grachten und Deiche ist es einfach geschmacklos, die Werbetrommel in eigener Sache zu rühren.

Obwohl ein Führungsstil, der in einem Land fantastisch funktioniert, in einem anderen Umfeld scheitert, ist die Existenz kultureller Unterschiede den Menschen nicht immer bewusst. Das trifft insbesondere auf die Bewohner großer Länder zu, die sich leicht in der Illusion nationaler Selbstgenügsamkeit verlieren können. Wer in einem kleinen Staat geboren ist, kann sich den Luxus des Ethnozentrismus schon aus reinem Selbsterhaltungstrieb nicht leisten, sondern muss aus den unterschiedlichsten politischen und ökonomischen Gründen die Grenzen überschreiten, zum Beispiel auf der Suche nach Exportmärkten. Folgerichtig findet kulturelle Arroganz in kleineren Ländern keinen Nährboden.

Die Amerikaner mit ihrem riesigen Land und ihrer mächtigen Wirtschaft bieten das vielleicht schlagendste Beispiel für kulturelle Arroganz (obwohl sie sich in den letzten Jahrzehnten gebessert haben). Ein Mitglied des US-Kongresses sagte einmal (auf die

Forderung des Vorsitzenden des nationalen Sprachkomitees hin, eine Weltnation müsse mehrsprachig sein): »Wenn Englisch für Jesus gut genug war, ist es auch für mich gut genug!« Ein anderer häufig zitierter ethnozentristischer Ausspruch stammt von dem ehemaligen US-Vizepräsident Dan Quayle: »Ich bin kürzlich durch Lateinamerika gereist, und es tut mir nur leid, dass ich mich in der Schule nicht mehr für Latein interessiert habe, sonst hätte ich mich mit den Leuten unterhalten können.« Amüsant für jeden Nicht-Amerikaner ist auch, dass die Amerikaner ihre Baseball-Meisterschaftsspiele als »World Series« bezeichnen – als ob irgendeine andere Mannschaft mitspielen dürfte! Ein weiterer Stein des Anstoßes ist beispielsweise ein Restaurant mit dem Namen »The International House of Pancakes«. Wenn man die Bedienung fragt, was an dem Lokal international ist, schaut sie einen höchstwahrscheinlich nur irritiert an.

Aber die Amerikaner sitzen nicht allein auf der Anklagebank. Kulturelle Stereotypen sind allgegenwärtig, und wir müssen aufpassen, dass sie unsere Wahrnehmung nicht über Gebühr verzerren. Wer hat nicht schon von »den Franzosen« oder »den Briten« gesprochen? Reale oder eingebildete nationale Unterschiede aufzuspießen, ist ein beliebtes Gesellschaftsspiel und Teil dessen, was man als »Narzissmus der kleinen Differenzen« beschrieben hat. Gemeint ist, dass die Ausgrenzung der anderen und ihre Typisierung uns hilft, uns selbst zu definieren. Indem wir uns von anderen abheben und sie in »Schubladen stecken«, erkennen wir uns selbst.

Um die Stereotypen zu verdeutlichen, stellen Sie sich eine Hausaufgabe vor: *Schreiben Sie einen Aufsatz über Elefanten.* Für welches Thema werden sich die verschiedenen Nationalitäten wahrscheinlich entscheiden?

- Briten: *Die Elefantenjagd in Britisch-Ostafrika.*
- Franzosen: *Das Liebesleben der Elefanten in Französisch-Äquatorialafrika.*
- Deutsche: *Ursprung und Entwicklung des afrikanischen Elefanten in den Jahren 1200 bis 2001 (600 Seiten).*
- Amerikaner: *Wie man die größten und besten Elefanten züchtet.*
- Japaner: *Wie man Elefanten effizienter als die Amerikaner züchtet.*
- Russen: *Wie man Elefanten in den Weltraum schießt.*
- Israelis: *Elefanten und die Palästinafrage.*
- Schweden: *Elefanten im Wohlfahrtsstaat.*
- Niederländer: *Wie man billiger Elefanten züchtet.*
- Spanier: *Techniken des Elefantenkampfs.*
- Finnen: *Was Elefanten über Finnland denken.*

Die Übung illustriert die menschliche Neigung zu Stereotypen ebenso wie einige Vorurteile, die gegenüber bestimmten Kulturen bestehen. Ein weiterer Test soll die unterschiedlichen Reaktionen auf verschiedene Kulturen aufhellen. Er ist recht schwierig, ähnlich der letzten Herausforderung, die William Styron in *Sophies Wahl* beschreibt. Nennen wir ihn den Bootstest: Sie sitzen mit Ihrer Frau, Ihrem Kind und Ihrer Mutter in einem sinkenden Boot. Sie sind der Einzige, der schwimmen kann. Wen würden Sie retten? Führt man diesen Test in verschiedenen Kulturen durch, werden erstaunliche Differenzen deutlich. 60 Prozent der Europäer und Amerikaner würden ihr Kind retten, 40 Prozent ihre Gattin. Die meisten muslimischen Männer (90 Prozent) würden hingegen ihre Mutter retten – man kann neu heiraten und ein anderes Kind zeugen, aber niemals eine andere Mutter haben. Kürzlich habe ich in Saudi-Arabien einen Workshop veranstaltet: 100 Prozent der Teilnehmer hätten ihre Mutter gerettet. Der Test zeigt: Kultur ist vielfältig, und es ist nicht immer einfach, Menschen aus einer fremden Kultur zu verstehen.

Das Rad der Kultur

Der Charakter einer Nation (ein Begriff, der hier weit gefasst wird und Führungsstil sowie die Entscheidung für bestimmte soziale und organisatorische Praktiken umfasst) wurzelt in der Kultur. Charakter meint tief sitzende, eng verwobene und relativ stabile Verhaltensweisen oder Gepflogenheiten, wie die Mitglieder einer Nation mit der äußeren und inneren Realität umgehen. Kultur verkörpert die Ideale, Werte und Überzeugungen, die von der Bevölkerung weitgehend geteilt werden und das Verhalten lenken.

Der Nationalcharakter ist so gesehen Verhaltensregulativ für eine große Menschengruppe, eine Art Programmierung der Einstellung in der Bevölkerung. Ideale, Werte und Annahmen einer bestimmten nationalen Kultur formen die Normen, Sitten, Rituale, Zeremonien und die Anschauung, wer als Held, wer als Bösewicht gilt. Kulturelle Werte werden gelernt, von einer Generation zur nächsten weitergegeben über Eltern, Lehrer und andere in der Gemeinschaft wichtige Personen. Die Erziehung der Kinder spielt bei der Herausbildung kognitiver und affektiver Muster sowie typischer Verhaltensweisen eine wichtige Rolle.

Ob in Westeuropa, den USA, Afrika oder Russland – kulturelle Werte sind für Verhalten und Handeln konstitutiv. Deswegen wirken sie sich auch auf Führungspraktiken und institutionelle Einrichtungen aus. Das Verständnis der konstitutiven kulturellen Elemente hilft beim Verständnis verschiedener Führungsstile, die in vielerlei Hinsicht von kultureller Differenz geprägt werden:

- Das Verhältnis zur Autorität variiert von Land zu Land, entsprechend anders wird Führung wahrgenommen (und zwar sowohl von den Führenden wie von den Geführten).

- Vor allem in Weltkonzernen, die das Verhalten innerhalb der Organisation »stromlinienförmig« genormt wünschen, ist die Verknüpfung von nationaler und Unternehmenskultur an den einzelnen Standorten besonders dicht.
- Die Art, wie Entscheidungen getroffen werden, ist kulturell verschieden.
- Motivation und Machtausübung lässt sich nur im Kontext eines kulturübergreifenden Managements verstehen.
- Die Leitung multikultureller Teams verlangt eine unternehmensspezifische Überblendung mehrerer Kulturen.

Kultur ist für sich genommen schon kompliziert genug, Multikulturalität macht die Sache definitiv nicht einfacher. Um sie trotzdem handhabbar zu gestalten, wurden verschiedene Ansätze zur Vereinfachung entwickelt. Man beschränkt sich meist auf einige Bereiche, die bestimmte kulturelle Muster exemplarisch verdeutlichen sollen, häufig in Form von Polaritäten.

Es handelt sich kurzgefasst um folgende Bereiche:

- **Umwelt:** Fast immer wird die Polarität genannt, wie Natur und Gesellschaft wahrgenommen werden. Einige Völker genießen es, die Natur zu beherrschen, andere lassen sich von ihr umfangen und lenken; einige vertragen Ungewissheit gut, andere meiden sie; einige halten den Menschen im Prinzip für gut, andere im Prinzip für böse.
- **Verhalten:** Für einige Völker steht das Sein im Vordergrund, für andere das Tun; einige konzentrieren sich auf Innerliches und wollen ihr Leben beherrschen, andere konzentrieren sich auf Äußerliches und verzichten auf dieses Gefühl der Kontrolle.
- **Emotion:** Es gibt Völker, die ihren Gefühlen freien Lauf lassen, während andere sich um größtmögliche Selbstkontrolle bemühen.
- **Sprache:** Manche Völker bevorzugen in Rede und Schrift eine kontextreiche Sprache (das heißt, sie lieben Anspielungen und Andeutungen und verlangen den Rezipienten eine hohe Interpretationsleistung ab), während andere wenig Hintergrundwissen voraussetzen (und ergo relativ leicht verstanden werden).
- **Raum:** Manche Völker schätzen Privatheit (und respektieren die Rückzugsgebiete ihrer Mitmenschen), während andere stärker in der Öffentlichkeit leben (und wenig Respekt vor dem Privatleben zeigen).
- **Beziehungen:** Bei privaten wie beruflichen Beziehungen neigen manche Völker zu Individualismus und Wettbewerb, während andere Gemeinschaft und Zusammenarbeit befürworten; einige glauben an universale Regeln, die für alle gelten, andere plädieren für partikuläre Regeln, die sich nach der Sachlage richten.
- **Macht:** Einige Völker glauben, dass man sich Ansehen erwerben muss, andere akzeptieren nur ererbtes Ansehen; die einen wollen Gleichheit und plädieren für

die Besetzung von Ämtern nach der Fähigkeit der Bewerber, die anderen betonen Reichtum, Geburtsrecht und ähnliche Faktoren.

- **Denken:** Einige Völker arbeiten ein Thema deduktiv auf, andere bevorzugen den induktiven Ansatz; einige zergliedern die Phänomene in ihre Bestandteile, andere gehen holistisch vor und betrachten Muster und Verhältnisse im größeren Zusammenhang.
- **Zeit:** Einige Völker sind monochron (sie tun möglichst nur eine Sache zu einer Zeit), andere polychron (sie erledigen gern mehrere Dinge gleichzeitig); einige sind auf die Vergangenheit gerichtet, andere auf die Gegenwart oder die Zukunft.

Diese Bereiche erleichtern das Verständnis kultureller Hintergründe und verschiedener Führungsstile tatsächlich. (Abbildung 12 zeigt sie im Überblick.)

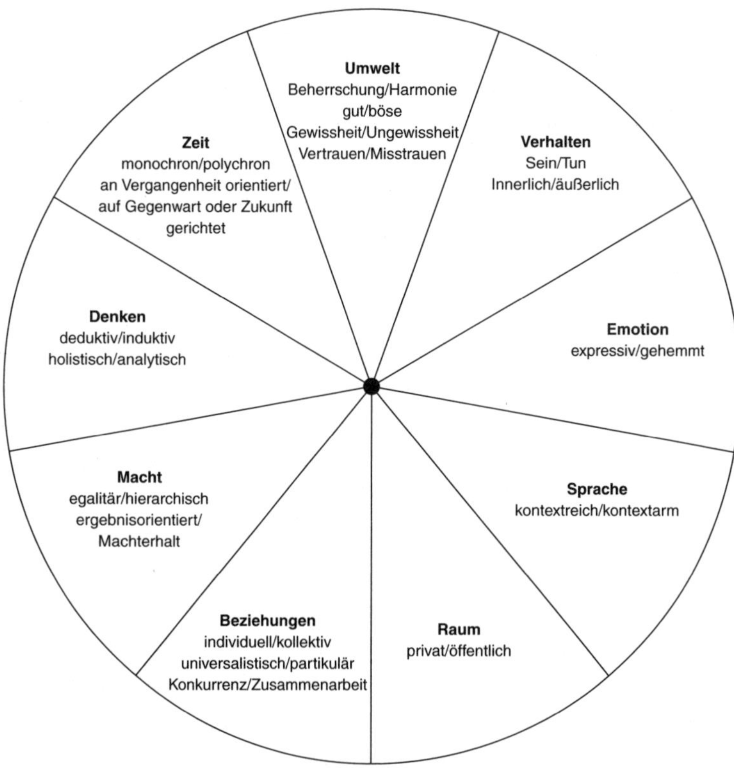

Abbildung 12: Das Rad der Kultur

Wir kommen mit verschiedenen Kulturen unterschiedlich gut zurecht. Das liegt überwiegend an der konkreten Ausgestaltung der eben beschriebenen Dimensionen. Nehmen wir zum Beispiel den Unterschied von kontextreichen und kontextarmen

Sprachen. Sprachen mit einem hohen Maß von Anspielungen (Chinesisch, Koreanisch, Japanisch, Vietnamesisch, Arabisch, Griechisch, Spanisch, Italienisch und Französisch) gedeihen in Kulturen, in denen Kommunikation erst möglich wird, nachdem zwischen den Gesprächspartnern ein soziales Vertrauen aufgebaut wurde. Warum? Die Japaner kennen ungefähr 16 Möglichkeiten, Nein zu sagen. Sie hören sich keineswegs alle nach Nein an: *Eii doryoku shimasu* – wörtlich »Wir werden uns bemühen« – heißt für Japaner Nein. Angesichts dieser Komplexität stehen persönliche Beziehungen im Mittelpunkt, Verhandlungen dauern lange und sind stark ritualisiert. Kontextarme Kulturen hingegen (Großbritannien, die Niederlande, Nordamerika, Skandinavien, Schweiz und Deutschland) kommen ohne Umschweife zur Sache. Persönliche Beziehungen sind vergleichsweise unwichtig, Vereinbarungen bewegen sich auf einer legalistischen Ebene, Verhandlungen werden möglichst effizient geführt.

Natürlich ist der Eindruck, wie viel Kontext gefordert wird, von der Perspektive abhängig. Deutsche haben zum Beispiel größte Schwierigkeiten, Koreaner zu verstehen, und wesentlich weniger Mühe mit den Schweizern. Koreaner wiederum finden die Deutschen auch ganz schön anstrengend, die Chinesen hingegen relativ unproblematisch.

Bleiben wir noch einen Moment bei der Sprache und gehen dabei über die eben genannten Bereiche hinaus. Was ist mit den Gebärden? Schwedische Geschäftsleute geben sich meistens ernst und ausdrucksarm. Sie gestikulieren kaum, ihre ganze Haltung ist ziemlich steif. Mexikaner reden hingegen »mit Händen und Füßen« (allerdings sind die in Russland oder im Iran obligatorischen Begrüßungsküsse unter Männern nicht üblich).

Wie steht es mit Berührungen? Ich habe mich in Cafés gesetzt und beobachtet, wie häufig sich die Menschen anfassen. In Puerto Rico berührten sich vier Menschen innerhalb von einer Stunde 70 Mal, mitten in Paris, in meinem geliebten Café de Flore, 50 Mal. In London 0 Mal – hier betreten wir körpersprachlich gesehen verbotenes Gelände. In Amerika sagt eine mit Daumen und Zeigefinger geformte 0 »o.k.«, in Frankreich bedeutet man damit seinem Gegenüber, dass er eine Flasche ist, und in Brasilien ..., na ja, beschränken wir uns auf die Erkenntnis, dass einen Gesten in Schwierigkeiten bringen können.

Eng mit der Körpersprache verbunden ist die Sprache der Emotionen. In Brasilien pulsieren und strömen die Gefühle überall, ebenso im Nahen Osten. In London beherrschen verkniffene Lippen das Bild. Nicht umsonst erzählt man sich den Witz: »Ich wusste nicht, dass der Mann tot ist, ich dachte, es sei ein Brite.« E. M. Forster schrieb in seinen »Notizen über den englischen Charakter«:

> Der Engländer ist nicht gefühllos – er hat Angst vor Gefühlen. In der Grundschule hat er gelernt, dass man Gefühle nicht zeigt. Helle Freude oder tiefe Trauer darf er nicht ausdrücken, nicht einmal den Mund beim Sprechen zu weit aufmachen – seine Pfeife könnte herausfallen.

In meinen CEO-Seminaren müssen Briten, die ein Internat besucht haben, oft als Paradebeispiel herhalten. Wer schon in sehr jungen Jahren von zu Hause weggeschickt wird, kann ganz schön darunter leiden. Um sich weniger verwundbar zu machen, behält ein heimwehkrankes Kind seine Empfindungen oft lieber für sich. Die Überlebensstrategie bleibt noch dem Erwachsenen erhalten. Menschen aus anderen Kulturkreisen sind oft überrascht, wie kalt Briten über hoch emotionale Dinge reden können.

Die Franzosen, besonders die Pariser, gelten als unfreundlich, während die Amerikaner stets mit einem Lächeln auf den Lippen einherwandeln und selbst zu wildfremden Personen betont nett sind. Vielleicht liegt die Erklärung für dieses Verhalten im Tierreich: Die amerikanische ist im Vergleich zu westeuropäischen Gesellschaften ziemlich gewalttätig, und das Lächeln womöglich nichts anderes als eine (unbewusste) Unterwürfigkeitsgeste, mit der die Menschen das »Alpha-Tier« milde zu stimmen suchen – »schau, wir sind nicht gefährlich«. Diese Methode behalten sie dann auch in weniger gefährlicher Umgebung bei, auch wenn die Reaktion nicht immer ihren Erwartungen entspricht. Wenn ein Amerikaner zum Beispiel Paris besichtigt, einen Laden betritt und lächelt, lächelt die Verkäuferin nicht zurück. Sie kennt den Kunden nicht und hat insofern noch keinen Grund zu lächeln. (Wenn sie ihn kennen würde, würde sie ganz gewiss lächeln.) Als Ergebnis dieses interkulturellen Austauschs schließt der Amerikaner: »Diese Franzosen sind total unfreundlich«, während die Französin räsoniert: »Diese Amerikaner sind komisch, sie lächeln jeden an.«

Sogar Schweigen ist Kommunikation. Es ist immer wieder schön, einen Finnen und einen Amerikaner im Gespräch zu erleben. Finnen nehmen die Sprache sehr ernst. Sie sagen ein Wort und dann denken sie über den Sinn des Lebens nach. Im Vergleich zu anderen Kulturen sind sie nicht sonderlich kommunikativ. Es gibt lange Pausen in jedem finnischen Gespräch. Finnen haben mit Gesprächspausen kein Problem, sie sind daran gewöhnt. Die finnische Landschaft ist weiträumig und offen. Amerikaner hingegen machen Pausen nervös, Pausen sind unhöflich. Um das Schweigen in einer finnisch-amerikanischen Konversation zu brechen, sagt der Amerikaner (in der Meinung, er würde helfen) den vom Finnen unterbrochenen Satz zu Ende. Der Finne betrachtet das leider als Einmischung in innere Angelegenheiten und hat das Gefühl, »besetzt« zu werden. Jede Kultur hat ihre Überempfindlichkeiten. Spricht man zum Beispiel mit einem Afrikaner, dann ist das wie Telefonieren: Man muss »am anderen Ende« regelmäßig ein Geräusch machen, um zu zeigen, dass man noch zuhört, sonst stellt der Gesprächspartner das Reden ein.

Ich habe Percy Barnevik nach der Lingua franca bei ABB gefragt, einem der wirklich globalen Unternehmen der Welt. Seine Antwort – »schlechtes Englisch« – dürfte typisch sein, Englisch wird mehr und mehr zur Verkehrssprache in Konzernen. Je nach kulturellem Background bekommen die Ausdrücke verschiedene Auslegungsmöglichkeiten. Hübsch sind die Verballhornungen in Hotels. In einem dänischen Gasthaus las ich:

»We will send your bags in all directions.« Oder an einer japanischen Zimmertür: »You are advised to take advantage of the chamber maid.« Oder in Norwegen: »Woman are requested not to have children at the bar.« Last but not least ein Schweizer Schild: »Because of the incorrectness of entertaining guests of the opposite sex in the bedroom, it is suggested that the lobby be used for this purpose.«

Auch das Essen transportiert Botschaften, aber die Bedeutung, die dem Essen und den Mahlzeiten beigelegt wird, variiert stark. Ein saudisches Unternehmen, in dem ich als Berater für den Vorstand tätig war, organisierte nach der anstrengenden morgendlichen Arbeit ein traditionelles Essen. Also lag ich mittags auf dem Boden und verspeiste Stücke von einem frisch geschlachteten Schaf, zu denen Reis serviert wurde. Als Ehrengast schob man mir die Leckerbissen – Augen und Zunge – zu, und es fiel mir schon sehr schwer, die Augen hinunterzuschlucken. Dabei habe ich einige Erfahrung mit für uns Europäer exotischen Genüssen, simbabwische Mopani-Würmer zum Beispiel oder Seehund- und Walhaut bei den Inuit.

Auch das Verhältnis zur Zeit ist kulturell geprägt, und entsprechend sorgen Übersetzungsbemühungen nicht selten für Verwirrung. Nehmen wir eine Schwedin, die von einer Spanierin zum Essen eingeladen wird. Zehn zu eins wird die Schwedin (mit ihrem vermutlich linearen Zeitverständnis) bereits um zehn vor acht durch die Nachbarstraßen schleichen, damit sie mit dem Glockenschlag bei der Gastgeberin klingeln kann. Und nicht minder wahrscheinlich wird die Spanierin zum vereinbarten Zeitpunkt noch mit Lockenwicklern und Hausrock letzte Handgriffe an der Vorspeise erledigen.

Einige Völker nutzen Zeit polychron, andere synchron, das heißt, die einen tun viele Dinge gleichzeitig, die anderen eins nach dem anderen. Zeit ist ein Machtmittel. In Äthiopien werden Entscheidungen in der Zeit getroffen, die ihrer Tragweite entspricht. Mittelmäßige Bürokraten, die sich wichtig machen wollen, zögern die Erledigung von Anfragen dort deshalb oft über das eigentlich erforderliche Maß hinaus. In arabischen Ländern werden hoch stehende Personen schneller bedient als Normalsterbliche (und Verwandte haben absolute Priorität). Auch in Amerika ist die Zeit, die vor der Tür des Executive gewartet wird, ein Anzeichen für die Bedeutung des Besuchers oder Klienten.

Verschiedene Zeitvorstellungen können sehr irritierend sein. Der Rangniedere muss sich anpassen, der Ranghöhere hat seine Macht zu demonstrieren. Ein Finne aus meinen Führungsseminaren saß im Board verschiedener irischer Unternehmen, die zu dem finnischen Konzern gehörten. Er ärgerte sich dermaßen über die chronische Verspätung der irischen Mitglieder des Boards, dass er sie nach einigen Verwarnungen schasste.

Dann gibt es da noch die Sprache des Raumes. In Amerika bedeutet räumliche Nähe Bekanntschaft. Anders in Frankreich: Ich habe über zehn Jahre in einem Pariser Appartement gewohnt, ohne meinen Nachbarn kennen zu lernen. Das wäre in den USA unvorstellbar. Auch die Büros werden in verschiedenen Ländern verschieden geplant. In Amerika gilt als erfolgreich, wer ein Eckbüro beziehen darf. In Frankreich oder Japan sind die prestigeträchtigsten Büros hingegen in der Mitte des Gebäudes, sodass der Vorsitzende alles im Blick hat. Wer in Tokio einen Schreibtisch am Fenster zugewiesen bekommt, hat schlechte Karten. Die »Fenstergucker« (*mado giwa zoku*) sind an den Rand des Geschehens verbannt und wissen, dass das Unternehmen sie loswerden will.

Auch der Abstand, den zwei Menschen zwischen sich lassen, ist kulturell geprägt. Die für Spanier bequeme Distanz kann für einen Engländer ausgesprochen quälend sein. Studien haben ergeben, dass Nordeuropäer und Nordamerikaner im Beruf etwa 1,5 bis 2,5 Meter Abstand halten, privat zwischen einem halben und einem Meter. In den romanischen Ländern ist diese Distanz viel geringer, und das führt bei interkulturellen Begegnungen durchaus zu unbehaglichen Situationen.

Die Sprache der Freundschaft muss besonders sorgfältig übersetzt werden. In manchen Kulturen dauert es sehr lange, eine Freundschaft aufzubauen, aber dafür hält sie dann auch ein Leben lang. In anderen Kulturen wird Freundschaft genannt, was im Grunde eine bessere Bekanntschaft ist. Bei meiner ersten Reise nach Amerika hatten mich viele Leute aufgefordert, ich solle auf jeden Fall bei ihnen vorbeischauen. Ich freute mich, besuchte sie tatsächlich und sah viele überraschte Gesichter. Die Einladung war mehr aus Höflichkeit denn aus echtem Interesse ausgesprochen worden, aber ich war damals zu naiv, um das zu begreifen. Dasselbe gilt für das inflationär gebrauchte »How are you?«. Es ist eine Floskel, auf die man korrekt mit »I'm fine« und der entsprechenden Gegenfrage zu reagieren hat. Bei meinem ersten USA-Aufenthalt gab ich teilweise noch die ehrliche Auskunft, dass es mir überhaupt nicht gut ginge, und stieß meine Gesprächspartner damit vor den Kopf. Es läuft darauf hinaus, dass die Menschen in der einen Kultur viel von sich zeigen (man könnte auch sagen, dass das öffentliche Selbst viel Raum einnimmt), während sie sich in anderen eher verschließen. Das Verhältnis von Privat/Öffentlich zeigt sich auch am Lärmpegel: Amerikaner etwa reden normalerweise lauter als Schweden oder Russen.

Sie wünschen Spitzfindigkeiten kommunikativer Art? Sehen wir uns die Sprache von Vereinbarungen an. Zwischen Finnen ist ein Versprechen ein Versprechen, wie in Stein gehauen und nicht einen Deut zu ändern. Finnen sagen stolz von sich, dass man sich hundertprozentig auf sie verlassen kann. (Sie haben unter anderem den Russen die Reparationen nach dem Zweiten Weltkrieg auf Heller und Pfennig zurückgezahlt.) Was passiert also, wenn ein Finne mit einem Griechen einen Vertrag schließt? Griechen sehen Verträge normalerweise als Beginn einer langfristigen Beziehung, die Regeln werden von Fall zu Fall angepasst – warum auch nicht, schließlich ist nichts endgültig? Und das bringt den Finnen auf die Palme. Für ihn steht bald fest: »Auf Griechen kann man sich nicht verlassen.« Und der Grieche denkt: »Diese Finnen – total unflexibel.«

Interkulturelle Führungsstile

Die verschiedenen »Sprachen« – die Varianten der verbalen und nonverbalen Kommunikation, in denen sich die Kultur einer Nation spiegelt – wirken sich massiv auf die Art der Unternehmensführung aus. Entscheidungsfindung, Hierarchie, Autorität und Macht werden von der Art, wie sie kommuniziert werden, berührt. Das Organigramm reflektiert das Machtverständnis eines Landes. In Frankreich, Venezuela, Pakistan, China oder Brasilien dominieren Großunternehmen, in denen die Macht an der Spitze konzentriert ist. (In Frankreich heißt der Leiter eines Unternehmens PDG, die Abkürzung für Président Directeur Général. Dieser Titel lässt keinen Zweifel, wer das Sagen hat!) Andere Länder wie die Niederlande, Kanada oder Finnland kennen eher »flache« Hierarchien, in denen die Macht eher verteilt wird.

In »zentralistischen« Ländern sind die Hierarchien normalerweise eindeutig definiert und die Strukturen genau beschrieben. Wer daran gewöhnt ist, hat in globalen Konzernen oft Eingewöhnungsprobleme, weil diese eher mit Matrix-Strukturen arbeiten, das heißt, dass eine Person an mehrere Vorgesetzte berichten muss. Hierarchisch denkende Menschen finden es schwierig, mit Netzwerkorganisationen und deren lose abgegrenzten Hierarchien zurechtzukommen, in denen Kommunikation unter Gleichgestellten (fast) wichtiger ist als gegenüber Höhergestellten und sich die Einzelnen Bälle zuspielen und damit den Berichtspflichten zuvorkommen. Diese Unternehmensorganisation liegt Schweden, Holländern oder Amerikanern, allesamt aus nichthierarchischen Ländern, eher als Menschen aus romanischen Ländern oder schlimmer noch der Volksrepublik China, deren Kommunistische Partei über 20 Hierarchiestufen kennt. In China spielen Hierarchie und hierarchische Stellung die Hauptrolle, in der Familie ebenso wie in den Unternehmen. Kein Wunder, dass dort Matrix-Organisationen Probleme haben.

Was würden Sie also tun, wenn Sie wie Jorma Ollila eine Nokia-Niederlassung in China gründen wollen? Sie suchen nicht nach einem traditionell erzogenen Chinesen, der an eine starre Hierarchie gewöhnt ist. Mit Ihren Ideen von Matrix-Organisationen fahnden Sie nach Chinesen, die gewissermaßen aus der nationalen Art geschlagen sind und sich nicht so viel aus Status, Macht und Autoritäten machen.

Allgemein können wir kulturell bedingt verschiedene Führungsstile festhalten. Das *Konsensmodell* ist in Skandinavien, den Niederlanden und Japan zu Hause. Japaner, Holländer und Schweden erwarten vom Vorgesetzten, dass er oder sie im Konsens mit ihnen handelt, denn Gruppenentscheidungen sind ein zentraler Wert. In ihren Kulturen werden traditionell alle Menschen einbezogen, jeder darf mitreden.

In der angelsächsischen Welt und den romanischen Ländern dominiert das *charismatische Modell*. Nord- und Lateinamerikaner erwarten von ihren Vorgesetzten Durchsetzungskraft und Entschiedenheit. Die Führungskräfte sollen das Zepter schwingen, und das mit möglichst viel Prunk und Außenwirkung. Farblose Technokraten haben hier keine Chance. Die Menschen wollen sich mit denen an der Spitze identifizieren, sie lieben Revolutionäre, die ihnen eine neue Richtung weisen.

In Deutschland finden wir *organisatorische Prozesse* oder das *technokratische Modell.* Man kann es als Reaktion auf die Zeit des Nationalsozialismus sehen. Das deutsche Wort für *leader*, *Führer,* ist politisch belastet, weil es an den Missbrauch erinnert, der damit betrieben wurde. Seit dem Zweiten Weltkrieg haben die Deutschen große Anstrengungen unternommen, um in ihren Unternehmen mit Betriebsräten und überproportional großen Aufsichtsräten und anderen Gremien jeden Machtmissbrauch zu verhindern und ein Gleichgewicht der Kräfte zu erzeugen. 50 Jahre nach dem Krieg lässt sich indessen feststellen, dass charismatische Führer wieder eine Chance haben.

Die Franzosen bevorzugen ein *politisches Prozessmodell.* Charles de Gaulle betonte die Dominanz der Politik mit den Worten: »Wie regiert man ein Land mit 265 Käsesorten?« Franzosen sind Meister des Netzwerkens auf höchster Ebene, ermöglicht durch die Ausbildung an Eliteschulen. Die Absolventen der Grande Écoles – insbesondere der École Nationale d'Administration, kurz ENA – sind überproportional in politischen und ökonomischen Schlüsselpositionen vertreten. Eine kleine Elite von Énarques (wie man die ENA-Absolventen nennt) beherrscht das Land.

Russland, viele Länder des ehemaligen sowjetischen Einflussbereichs, einige Staaten in Nahost wie Kuwait oder Saudi-Arabien und viele afrikanische Länder pflegen das *demokratisch-zentralistische Modell.* Die Russen treibt nach einer langen, schmerzhaften Geschichte des Machtmissbrauchs von den Zaren bis zum KGB eine gewisse Paranoia um, was Autoritäten und Ausländer betrifft. Diese Wahnvorstellungen prägen die Art, wie russische Unternehmen geführt werden. Araber leben angesichts ihrer beduinischen Vorfahren ein Konsultationsmodell. Sie versuchen, offene Konflikte zu vermeiden, und verhandeln lieber unter vier Augen. Demokratischer Zentralismus, in dem Entscheidungen in der Gemeinde oder vom Stamm getroffen werden, verbindet beide Elemente in einem Spannungsfeld. Alle Betroffenen beteiligen sich an der Diskussion, alle geben ihre Stimme ab. Ist dann aber ein Führer gewählt, hat er kaum noch mit Widerspruch zu rechnen. In Russland wurde der demokratische Zentralismus unter den Kommunisten pervertiert und führte zu totalitären Praktiken. In Afrika wurden viele Führer zu Tyrannen, weil sich das Konzept des »großen Mannes« in den Vordergrund drängte.

Globale Führungsqualitäten

Wenn wir uns die bisher angeführten Führungsmodelle sowie die kulturellen Normen und Unterscheidungen ansehen, erkennen wir in unserer zusammenwachsenden Welt

Konvergenzen. Folgende Eigenschaften und Fähigkeiten sind für interkulturell agierende Führungskräfte nützlich:

- Charisma,
- Teamgeist,
- offen für Veränderungen,
- an sozioökonomischen und politischen Verhältnissen anderer Länder interessiert,
- kontaktfreudig und neugierig auf Menschen aus anderen Kulturen,
- beherrscht nonverbale Kommunikation,
- interessiert an kulturellen Unterschieden, neugierig, inwiefern diese die Arbeitsweise von Menschen beeinflussen,
- bereit, abweichende Meinungen anzuhören und zu verstehen zu versuchen,
- sprachinteressiert, mindestens eine Fremdsprache fließend sprechen können,
- reisefreudig, lernt gern Neues, kostet gern fremde Küchen,
- auch in kulturell nicht eindeutigen Situationen gelassen,
- arbeitet gern und gut in multikulturellen Teams,
- übernimmt gern Risiken, wenn es sich lohnt,
- hohe Frustrationstoleranz, keine großen Probleme mit Mehrdeutigkeit,
- anpassungsfähig,
- beherrscht, hat das eigene Leben im Griff,
- humorvoll.

Haben Sie das Zeug zur globalen Führungskraft?

Außergewöhnliche Konzernchefs haben bestimmte Kompetenzen und Charaktereigenschaften. Beantworten Sie so ehrlich wie möglich folgende Fragen mit *Wahr* oder *Falsch*.

- Ich interessiere mich sehr für sozioökonomische und politische Vorgänge in den Ländern, in denen ich arbeite.
- Ich kann gut mit Menschen aus anderen Kulturen umgehen.
- Ich achte auf die nonverbalen Signale in interkulturellen Gesprächen.
- Ich überlege mir genau, wie kulturelle Unterschiede die Arbeitsweise beeinflussen.
- Ich spreche neben Deutsch und Englisch eine weitere Sprache.
- Ich lerne gern neue Dinge.
- Wenn ich in einem neuen Land lebe, versuche ich, die Sprache zu lernen.
- Ich fühle mich in kulturell nicht eindeutig abgegrenzten Situationen wohl.
- Ich arbeite gern mit kulturell gemischten Teams.
- Ich besuche sehr gern fremde Länder.
- Manchmal finde ich Risiken spannend und schön.

- Ich bin ziemlich gut gegen Frustrationen und Mehrdeutigkeiten gewappnet.
- Ich mag die Küche der verschiedensten Länder.
- Wenn in meinem Garten ein Ufo landet und die Tür offen steht, will ich es von innen sehen.
- Ich bin sehr anpassungsfähig.
- Ich bin neugierig auf fremdländische Speisen.
- Als dogmatisch bin ich nun wirklich nicht verschrien.
- Ich habe mein Leben gut im Griff.
- In welchen Kalamitäten ich mich auch immer befinde: Ich bewahre mir meinen Humor.

Wenn Sie meistens mit *Wahr* geantwortet haben, sind Sie bei Auslandseinsätzen gut aufgehoben.

Ebenso wie eine globale Führungspersönlichkeit auf persönlicher Ebene bestimmte Eigenschaften verlangt, erhöhen bestimmte organisatorische Eigenschaften die Erfolgschancen eines Unternehmens auf dem globalen Marktplatz.

Wie global ist das Unternehmen?

Wenn Sie an die Organisation, in der Sie arbeiten, und deren globale Stärken und Schwächen denken, wie würden Sie dann die folgenden Fragen (mit 1 für *Falsch*, 2 für *Einigermaßen zutreffend* oder 3 für *Wahr*) beantworten?

	1	2	3
• Um die Unternehmensteile »zusammenzuschweißen«, widmet die Organisation einen großen Teil der Ressourcen der Personalentwicklung auf den internationalen Managementebenen.			
• Ohne Auslandserfahrung gibt es keine Karriere.			
• Etliche Angestellte leben nicht in dem Land, in dem das Unternehmen seinen Sitz hat.			
• Wir tätigen einen maßgeblichen Prozentsatz der Investitionen im Ausland.			
• Die Auslandstöchter haben beträchtliche Macht.			
• Im Board sind Mitglieder aus den ausländischen Unternehmensteilen gut vertreten.			
• Geschäftlich reden wir untereinander überwiegend auf Englisch.			
• Alle Mitglieder von Vorstand und Aufsichtsrat haben umfangreiche Auslandserfahrungen gesammelt.			

	1	2	3
• Wir haben viel Erfahrung mit Auslandseinsätzen und der Rückeingliederung im Heimatland, wir können unsere Führungskräfte bei allen Problemen, die mit dem Umzug anfallen, gut unterstützen.			
• Wir bereiten unsere Führungskräfte sorgfältig auf Auslandseinsätze vor.			
• Bei der Auswahl von geeigneten Personen für Auslandsaufgaben achten wir auf viele Faktoren, nicht nur auf die technisch-formalen Voraussetzungen.			
• Wir verlieren im Ausnahmefall eine Führungskraft aufgrund von misslungenen Auslandseinsätzen.			
• Die Karrierechancen der Mitarbeiter aus dem Heimatland des Unternehmens sind nicht größer als die von Mitarbeitern aus anderen Ländern.			

Je höher die Gesamtpunktzahl, desto globaler das Unternehmen. (Falls die Punktzahl Sie bekümmern sollte: Diese Fragen sind diagnostisch, nicht absolut zu verstehen.)

International erfolgreiche Unternehmen weisen folgende Merkmale auf:

- Viele Mitarbeiter leben nicht in dem Land, in dem die Organisation ihren Sitz hat.
- Maßgebliche Investitionen werden im Ausland getätigt.
- Die Auslandstöchter tragen einen erheblichen Teil der Verantwortung.
- Im Board sind Führungskräfte aus dem Ausland gut vertreten.
- Englisch ist die übliche Geschäftssprache.
- Alle Mitglieder des Board haben Auslandserfahrungen.
- Internationale Erfahrungen gelten als Voraussetzung für die Karriere.
- Viel Erfahrung (und damit auch Hilfestellung) ist für alle bei Auslandseinsätzen relevanten Fragen vorhanden.
- Führungskräfte werden auf den Auslandseinsatz sorgfältig vorbereitet.
- Neben technisch-formalen Fähigkeiten bestimmen viele andere Faktoren die Auswahl der geeigneten Kräfte.
- Die meisten Führungskräfte bleiben dem Unternehmen nach dem Auslandseinsatz treu.
- Auch Führungskräfte aus anderen Ländern als dem Ursprungsland haben Chancen auf eine steile Karriere.

Globale Personalentwicklung

Formell oder informell bestehen bei den meisten Unternehmen Verfahren, wie sie Kandidaten auf ihre Eignung für eine internationale Karriere testen. Oft werden diese Anwärter nach ihrer Leistung in ihrem jeweiligen Heimatland, ihrem eigenen Wunsch nach Auslandseinsätzen und familiärer Ungebundenheit ausgewählt. In der Vorbereitungsphase hilft ihnen die Unternehmenskultur, die - im besten Fall - die Leiter hält und zu einer internationalen Karriere ermutigt.

Fragt man Männer und Frauen, die es geschafft haben, nach dem ausschlaggebenden Ereignis in der Entwicklung globaler Führungsfähigkeiten, antworten sie mit fünf Punkten: Traditionen, Reisen, Schulungen, Stellenwechsel und das Lernen im Team. Am häufigsten wird allerdings das Reisen genannt: Die stärkste und forderndste Erfahrung ist, in einem fremden Land zu leben und zu arbeiten. Wer im internationalen Bereich führen will, setzt alle Hebel in Bewegung, um in den genannten fünf Punkten Erfahrungen zu sammeln.

Die erste Hürde: Familiäre Einflüsse

Die Basis für die Entwicklung von außerordentlicher globaler Führungseignung wird in der Kindheit gelegt und von den Mustern der kulturellen Sozialisation beeinflusst. Auf diese Erfahrungen kann später aufgebaut werden. Frühe Managementverantwortung und internationale Projekte schaffen globale Führungskompetenz nicht, sondern fördern sie nur - falls die Grundlagen dafür in der Kindheit gelegt wurden. Ich würde sogar so weit gehen, dass ohne diese Grundlage auch individuelle unternehmensinterne Schulungen nur von begrenztem Wert sind. Organisationen sollten also in ihren Reihen nach potenziellen »Überfliegern« Ausschau halten und sich bei der Suche auf die frühe Kindheit und den schulischen Werdegang konzentrieren und die berufliche Laufbahn als Kriterium eher zurückstellen.

Sobald man über den Einfluss der frühen Kindheit spricht, kommt man um die Kontroverse über den Zusammenhang von Gesellschaft und Veranlagung nicht herum. Natürlich spielen angeborene Eigenschaften eine Rolle, aber die Auswirkungen der Sozialisation sollten keinesfalls vernachlässigt werden. Menschen entwickeln sich nach Maßgabe ihrer genetischen Disposition, die auch bis zu einem gewissen Grad das Temperament bestimmt, aber die innerfamiliären Beziehungen tragen erheblich zur charakterlichen Entwicklung im Allgemeinen und zur Herausbildung von Führungspotenzial im Besonderen bei.

Die Leichtigkeit, mit der ein Kleinkind oder ein Kind mit Fremden in Kontakt tritt, hängt von der Sicherheit ab, die ihm die Beziehung zur Mutter bietet. Wie sich Kinder bei der ersten Begegnung mit einer unbekannten Person verhalten, beruht auf der frühen Bindung an die ersten Bezugspersonen. Je sicherer sich ein Kind fühlt, desto spielerischer und kreativer erforscht es seine Umgebung und desto gesünder ist die Basis für seine narzisstische Entwicklung und realistische Selbsteinschätzung. Eltern, die ihren Kindern bei der Bewältigung von Enttäuschungen und Rückschlägen – unvermeidliche Begleiterscheinung der wachsenden Neugier, die zu immer weitreichenderen Erkundungen der Welt führt – in einem dem Alter angemessenen Ausmaß helfen, liefern eine sichere Grundlage für die Autonomie ihres Sprösslings. Stützende Beziehungen zu den Bezugspersonen vermitteln dem Kind ein ungebrochenes Selbstwertgefühl und eine Reihe von zentralen Werten, die ihm später ein relativ unbeschwertes Arbeiten und Leben ermöglichen. (Manchmal gerät die Neugier auf die Welt allerdings zur reinen Angstbewältigung, ein verzweifelter Versuch, die aufsteigende Unsicherheit zu beherrschen.) Das kulturelle Umfeld, in dem ein Kind groß wird, ist ebenfalls nicht zu vernachlässigen. Personen, die etwa in einer vertrauensvoll-egalitär-kollektivistischen Gesellschaft aufwachsen – in denen wechselseitige Verflechtung und Abwesenheit von krankhaften Angstzuständen die Regel sind – werden eher die Qualifikation zum Führen entwickeln und in globalen Organisationen eine Atmosphäre des Vertrauens und des Gemeinschaftssinns schaffen können. Skandinavier sind in der Regel eher in der Lage, Vertrauen in ihre Führungsrolle hervorzurufen als zum Beispiel Russen (die historisch bedingt zu Fremden- und Autoritätsfeindlichkeit neigen).

Auch sind Kinder aus einer handlungsorientierten Kultur tendenziell eher für Führungsaufgaben prädestiniert als Kinder aus einer seinsorientierten Kultur (zu der Unterscheidung siehe oben). Sie verinnerlichen von ihrer Erziehung her Kontrollmechanismen, sie haben mit anderen Worten das Gefühl, ihr Leben selbst zu bestimmen (oder zumindest zu beeinflussen). Diese Richtungskompetenz benötigen Führer.

Die Grundlagen werden also in jungen Jahren gelegt, in denen alle Situationen noch neu und unerwartet sind. Wer als Kind ein gesundes Selbstvertrauen entwickelt, hält als Erwachsener leichter Kontakt zu Menschen aus unterschiedlichen Kulturen. Je interkultureller schon Kleinkinder aufwachsen, desto stärker die Neigung zu kultureller Einfühlung, die für Führung im globalen Kontext unentbehrlich ist. Fremdenfeindlichkeit und Ethnozentrismus sind meistens Zufall und breiten sich durch die Sozialisation aus. Europäische Kinder sehen heute zum Beispiel schon beim Frühstück auf Mais- oder Haferflocken-Schachteln Texte in mindestens drei Sprachen. Und sie hören viele fremde Sprachen, besonders im Fernsehen oder auf der Straße.

Die nachhaltige Wirkung der frühen Sozialisation bedingt, dass Erfahrungen mit verschiedenen Nationalitäten und Sprachen in der Kindheit den Umgang des Erwachsenen mit kultureller Vielfalt prägt. Austauschprogramme und Sommerlager eröffnen jungen Menschen neue Perspektiven. Besonders bewegend sind gemeinsame Ferienlager für israelische und palästinensische Jugendliche oder irische Kinder aus Belfast und Dublin. Solche multikulturellen Begegnungen können fremdenfeindliche Impulse aus der nächsten Umgebung relativieren. Bei einem Kind, das mit dem Bild von den »blutrünstigen Protestanten« aufgewachsen ist, können zwei Wochen direkten Kontakts mit protestantischen Gleichaltrigen ein Aha-Erlebnis hervorrufen und das Vorurteil erschüttern.

Kinder aus kulturell gemischten oder zweisprachigen Ehen, Kinder von Diplomaten oder Führungskräften mit häufigen Umzügen sind im Vorteil – falls die Eltern kulturelle Vielfalt als positives Erlebnis verstehen. Bietet die Familie keine stabile Basis, von der aus ein Kind die Welt erkunden kann, verwandelt sich kulturelle Verschiedenheit in eine furchteinflößende Kulisse, statt ein großes Abenteuer zu sein. Für die Entwicklung von Kindern ist es wichtig, dass sie eine Reihe positiver innerer Bilder mitnehmen, die in der erschreckenden und verwirrenden Welt Halt geben. Die Stärke dieser Haltepunkte wird im Leben mit Sicherheit auf die Probe gestellt, besonders wenn man eine internationale Führungslaufbahn einschlägt.

Die zweite Hürde: Ausbildung und erste Berufserfahrungen

Die Schulbildung prägt die Einstellung der Heranwachsenden in hohem Maße. In der internationalen Schule von Frankfurt etwa lesen und diskutieren 10-Jährige aus Frankreich, Deutschland, England, Japan und Amerika das verstörende, aber auch bereichernde *Tagebuch der Anne Frank*. Inzwischen gehört eine internationale Ausbildung für den internationalen Führungsnachwuchs fast schon zur Norm. In MBA-Programmen wie an der INSEAD, einer Business-School ohne eine spezielle nationale Identität in Fontainebleau und Singapur, muss man lernen, mit kultureller Relativität zu leben: Die Teilnehmer studieren während des zehnmonatigen Kurses in multinationalen Gruppen – typisches Beispiel: je eine Person aus den USA, Frankreich, Russland, Japan, Schweden und Brasilien. In der engen Zusammenarbeit an verschiedenen Projekten entwickeln sie eine transnationale Einstellung, der Ethnozentrismus wird auf ein Minimum zurückgedrängt.

Learning by Doing vermittelt wieder andere, genauso vitale Erfahrungen. Je früher der Nachwuchs Führungserfahrungen sammelt – und mit Erfahrung meine ich konkrete Projektverantwortung – desto besser. Solche Lektionen schärfen die Fähigkeit der Betroffenen, mit schwierigen Situationen fertig zu werden, besonders wenn sie sich in einem Unternehmen mit international orientiertem Personalwesen bewähren sollen, in dem globale Karrieren gefördert werden. (Diese Förderung muss die familiäre Situation der Führungskraft berücksichtigen. Schon bei der Einstellung sollten diese Kriterien eine Rolle spielen. Der (Ehe-)Partner sollte hilfsbereit, anpassungsfähig, abenteuerlustig und mobil sein. Kinder müssen ebenfalls unbedingt bedacht werden. Die meisten internationalen Karrieren scheitern an der mangelnden Anpassungsfähigkeit der Familie.) Frühe internationale Projekterfahrungen sind ein guter Test für die globale Eignung einer Führungskraft.

Nokia, die Nummer 1 bei den Mobiltelefonen weltweit, ist heute ein geläufiger Name. Das vor 136 Jahren gegründete finnische Unternehmen produzierte früher Gummistiefel, Toilettenpapier und auch Fernseher. Jorma Ollila baute es zu dem erfolgreichsten, Maßstäbe setzenden Handy-Hersteller der Welt aus. Zum großen Teil beruht dieser Erfolg auf der Fähigkeit von Nokia, aus der Provinzialität mit 60 Prozent Geschäftstätigkeit in Finnland zu einem wirklich globalen Unternehmen mit nur noch 4 Prozent Tätigkeit in Finnland aufzusteigen. Mehr als 44 000 Angestellte wurden in den vergangenen drei Jahren eingestellt, davon die Hälfte außerhalb von Finnland. Die Hierarchie ist flach und stark dezentralisiert, Forschung und Entwicklung über Japan, Großbritannien und Finnland verteilt, Fabriken stehen in Texas und China und ein Design-Center in Kalifornien. Innovation im globalen Maßstab gehört zu den Kernwerten von Nokia. Entsprechend wichtig nehmen die Mitglieder des Vorstands globale Führung. Als Fakultätsangehörige wirken sie an führender Stelle beim Panorama Leadership Program mit, in dem hochrangige Führungskräfte konkrete Lernerfahrungen sammeln sollen. Zentrales Anliegen des Programms ist, sie mit verschiedenen geografischen Regionen vertraut zu machen. Die einzelnen Module finden jedes Jahr in einem anderen Erdteil statt, in einem Umfeld, von dem sich das Unternehmen Marktvorteile verspricht oder in dem es zukünftige Innovationen und Innovationsträger vermutet. Die Damen und Herren aus der Chefetage verbringen beispielsweise eine gewisse Zeit in China, Japan oder den Vereinigten Staaten. Diese Seminare unterstützen das Entstehen multinationaler Gruppen und sind ein Beispiel für die Beschäftigung mit kultureller Vielfalt, durch die Nokia zur Speerspitze der Branche wurde.

Nokia zeichnet sich vor allem durch die Weitsicht aus, mit der das Unternehmen Geld und Zeit in die Entwicklung wirklich globaler Führungskräfte steckte. Solche Organisationen geben die Spielregeln vor: Sie haben bereits einen Komplex an Werten, Einstellungen und Verhaltensmustern entwickelt, die interkulturelle Einfühlung zum Zentrum haben. Dazu verfügen sie durch eine geschickte Einstellungspolitik und interne Personalentwicklung über die kritische Masse global kompetenter Angestellter, aus der die Führungskräfte der Zukunft hervorgehen werden.

Man vergleiche diese global führenden Firmen mit Organisationen, die in mageren Zeiten im Ursprungsland ihre Auslandsniederlassungen als Parkplatz für überzählige Angestellte missbrauchen, oder mit Unternehmen, die den Einheimischen Führungskräfte aus dem Mutterland vor die Nase setzen, sobald es um teure und wichtige Investitionen geht. Sie brüskieren damit die Angestellten vor Ort und provozieren deren Ablehnung! Auch für die »eingeflogenen« Führungskräfte (und ihre Familien) ist diese Situation unerfreulich: Sie werden ohne ausreichende Vorbereitung (die sich meist auf einen flüchtigen Sprachkurs beschränkt) in eine fremde Umgebung geschickt, leben häufig in Ausländer-Ghettos und wissen nicht, ob sie nach dem Ende des Auslandsaufenthaltes zu Hause eine adäquate Stellung angeboten bekommen.

Patentrezepte für die Personalentwicklung im globalen Zeitalter gibt es nicht, aber wenn ein Unternehmen Führungskräfte sorgfältig auswählt und fortbildet, wird es dadurch früher oder später Wettbewerbsvorteile haben.

Die dritte Hürde: Unternehmenskultur

Die globale Ausrichtung einer Organisation muss von der Unternehmensspitze ausgehen, darauf wurde bereits hingewiesen. Percy Barnevik, der »Schöpfer« von ABB, hält eine starke Unternehmenskultur für ein großartiges Mittel der Egalisierung. Die ABB-Unternehmenskultur ist in einer Richtlinien-»Bibel« festgehalten, einem 21-seitigen Dokument, in dem die Werte beschrieben sind. Hier steht aber auch, wie die globale ABB-Kultur aufzubauen ist, wie man für wechselseitiges Verständnis sorgt, welche positiven Effekte multinationale Teams haben und wie Revierkämpfe zu vermeiden sind. Offiziell wird bei ABB englisch gesprochen, auch wenn Barnevik Muttersprachler manchmal zur Geduld mit Kollegen mahnen muss, die die Sprache weniger fließend beherrschen.

Wie schon erwähnt, ist die Zahl der in den höchsten Leitungsgremien vertretenen Nationen ein starkes Indiz für die internationale Orientierung eines Unternehmens. Die meisten Boards der global operierenden US-amerikanischen Gesellschaften sind noch immer ausschließlich mit amerikanischen Staatsbürgern besetzt. (Dasselbe gilt für europäische und asiatische Unternehmen.) Ein multinationales Gremium demonstriert nach außen, dass es der Organisation mit der Globalisierung ernst ist, dass sie verschiedene Sichtweisen integrieren will, etwas gegen den internen Ethnozentrismus unternimmt und dass hochrangige Posten nicht die Domäne einzelner Länder sind. Vor allem aber kann nur ein wirklich globales Gremium die Leitungsfunktion und die Entscheidungsfindung aus einer breit gestreuten Perspektive heraus ausfüllen.

Globale Führung muss multikulturelle Einheiten in der Organisation schaffen, indem sie eine Unternehmenskultur jenseits nationaler Differenzen fördert. Und sie muss eine Reihe von »Leuchtfeuern« – Werten und Einstellungen – aufstellen, die Angestellten unterschiedlicher Herkunft gleichermaßen verständlich sind. Entwicklungsprogramme für globale Führungskräfte sollten sich also nicht auf die Anerkennung und Gewöhnung an kulturelle Vielfalt beschränken, sondern ein Bewusstsein für die Notwendigkeit einer gemeinsamen Unternehmenskultur schaffen. Die folgende Abbildung bietet einen Überblick über die verschiedenen Entwicklungsschritte hin zu globaler Führung.

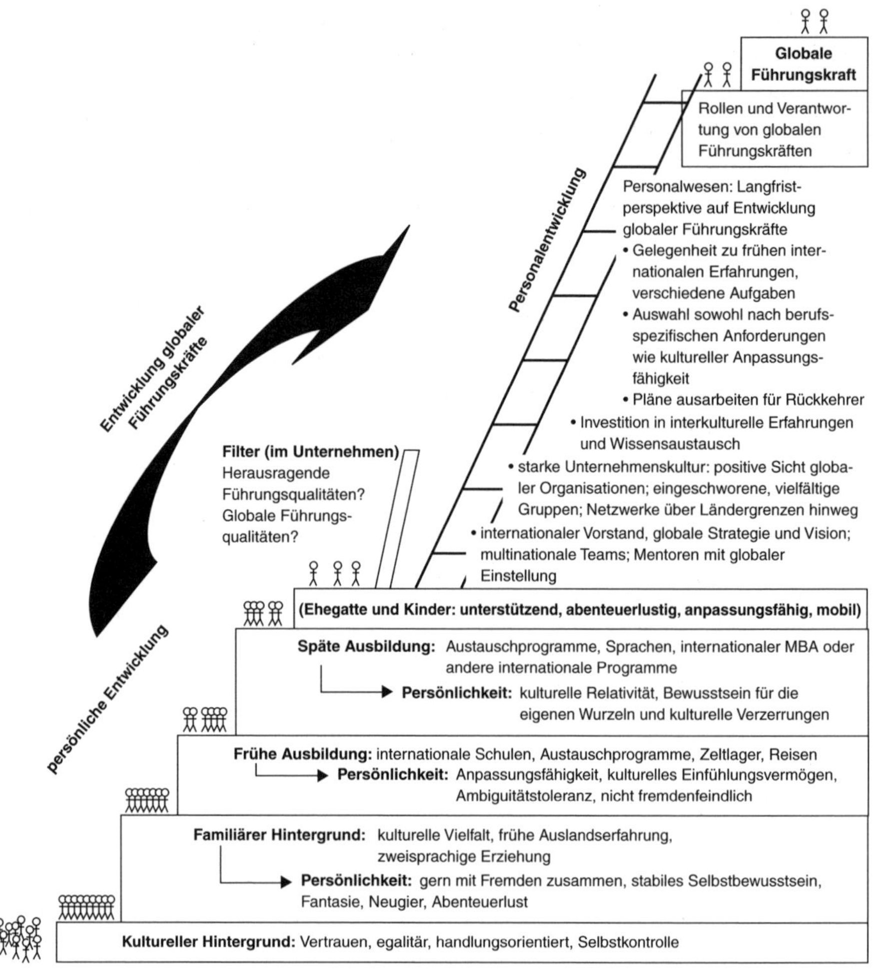
Globale Führungskraft
Rollen und Verantwortung von globalen Führungskräften
Personalwesen: Langfristperspektive auf Entwicklung globaler Führungskräfte
• Gelegenheit zu frühen internationalen Erfahrungen, verschiedene Aufgaben
• Auswahl sowohl nach berufsspezifischen Anforderungen wie kultureller Anpassungsfähigkeit
• Pläne ausarbeiten für Rückkehrer
• Investition in interkulturelle Erfahrungen und Wissensaustausch
• starke Unternehmenskultur: positive Sicht globaler Organisationen; eingeschworene, vielfältige Gruppen; Netzwerke über Ländergrenzen hinweg
• internationaler Vorstand, globale Strategie und Vision; multinationale Teams; Mentoren mit globaler Einstellung
Personalentwicklung
Entwicklung globaler Führungskräfte
Filter (im Unternehmen)
Herausragende Führungsqualitäten? Globale Führungsqualitäten?
persönliche Entwicklung
(Ehegatte und Kinder: unterstützend, abenteuerlustig, anpassungsfähig, mobil)
Späte Ausbildung: Austauschprogramme, Sprachen, internationaler MBA oder andere internationale Programme
Persönlichkeit: kulturelle Relativität, Bewusstsein für die eigenen Wurzeln und kulturelle Verzerrungen
Frühe Ausbildung: internationale Schulen, Austauschprogramme, Zeltlager, Reisen
Persönlichkeit: Anpassungsfähigkeit, kulturelles Einfühlungsvermögen, Ambiguitätstoleranz, nicht fremdenfeindlich
Familiärer Hintergrund: kulturelle Vielfalt, frühe Auslandserfahrung, zweisprachige Erziehung
Persönlichkeit: gern mit Fremden zusammen, stabiles Selbstbewusstsein, Fantasie, Neugier, Abenteuerlust
Kultureller Hintergrund: Vertrauen, egalitär, handlungsorientiert, Selbstkontrolle

Abbildung 13: Entwicklung globaler Führungskräfte

Globale Führungskompetenzen und -einstellungen sind zwei Säulen des globalen Führungsdreiecks. Die Anwendung dieser Kompetenzen und Einstellungen bilden die dritte Säule. Um sie zu verstehen, wenden wir uns nun den Rollen zu, die Führungskräfte im Unternehmen spielen.

11

Rollenspiele

Lieber eine kleine Aufgabe richtig als eine große schlecht erledigen.
Sokrates zugeschrieben

Ein erfolgreicher Führer verkauft Hoffnung.
Napoleon Bonaparte

Es ist wichtiger, das Ziel zu kennen, als schnell anzukommen.
Taten sind noch keine Ergebnisse.
Mabel Newcomer

Bisher haben wir erörtert, welche Kompetenzen gute Führungskräfte auszeichnen. Wenden wir uns nun der Frage zu, was gute Führungskräfte konkret tun, wie sie diese Kompetenzen umsetzen. Zu diesem Zweck untersuchen wir die verschiedenen Rollen, in die sie schlüpfen, um das Beste aus Kollegen und Mitarbeitern herauszuholen.

Bevor wir fortfahren, denken Sie einen Moment über folgende Fragen nach: Was unterscheidet den Führer vom Manager? Wie würden Sie diese Begriffe definieren? Halten Sie beide für Varianten eines Themas, oder sehen Sie ein jeweils ganz anderes Rollenverständnis?

Das Problem ist in der Fachliteratur heftig diskutiert worden und hat einige Verwirrung ausgelöst, in der Forschung wie in der Praxis. Der Politikwissenschaftler George MacGregor Burns hat das Thema als einer der Ersten aufgegriffen. Ausgehend von Max Webers Überlegungen zum Ursprung der Macht und dem Charisma entwickelte Burns die Unterscheidung von transaktionaler, also das Bestehende bloß fortschreibender und transformierender Führung, die durch Teilhabe Veränderungen bewirkt.

Während das transaktionale Modell als profaner, vertragsgebundener Austausch beschrieben wird, der auf egoistischen Interessen beruht (und in der Literatur meist mit der Rolle des Managers identifiziert wird), strebt die Transformation nach Höherem. Hier regiert das Engagement für wechselseitige Anregung und Weiterentwicklung, in dem die Geführten ihr Eigeninteresse zugunsten des Gemeinwohls überwinden.

In diesem Sinn schrieb mein früherer Mentor in Harvard, Abraham Zaleznik, einen Artikel für die *Harvard Business Review* unter dem Titel: »Unterscheiden sich Manager und Führer?«. Er bejahte die Frage natürlich – Manager orientieren sich, so argumentierte Zaleznik, am Konsens und widmen sich eher der Frage, wie etwas erreicht wird. Führer fragen sich hingegen, was erreicht werden soll, das heißt, sie stellen Wesensfragen und folgen eher ihrer Vision, als dass sie an Kompromissen interessiert wären. Sie haben den Mut zu eigenen Überzeugungen. Zaleznik betonte außerdem, dass Führerpersönlichkeiten von einem reichen inneren Drama angetrieben werden - jenem inneren Drama, von dem weiter oben die Rede war (und auf das wir später wieder zu sprechen kommen). Echte Führer verbreiten unter Umständen Furcht und Schrecken, aber sie bewegen etwas, sie prägen eine Organisation (und hinterlassen mitunter sogar in der Weltgeschichte ihre Spuren). Manager hingegen implementieren die Vision des Führers, eine wichtige Funktion, sicher, aber eben nicht Führung.

Das Wort *Manager* kommt von dem lateinischen Wort *manus*, »Hand«. Daraus entwickelte sich das italienische *maneggiare* und das französische *manège* für »Reitschule« (im Sinn von Ausbildung der Pferde). Die Tätigkeit ist heute eher glanzlos, aber als das Wort vor einigen Jahrhunderten entstand, waren Pferde ein unentbehrliches Machtmittel und deren Ausbildung entsprechend wichtig. Das Wort *leader*, Leiter, hat seine etymologische Wurzel hingegen im Pfad, im Weg, und bedeutet, wie ganz am Anfang des Buches schon erläutert, »reisen« beziehungsweise »reisen machen«. Darin steckt etwas Langfristigeres, ein fernes Ziel, das viel weiter gesteckt ist, als einem Pferd Gehorsam beizubringen.

Warren Bennis hat den Unterschied besonders prägnant gefasst: Es sei der Unterschied von »das Richtige tun« und »etwas richtig tun«. Andere differenzieren zwischen »Dinge managen« und »Menschen führen«. Ganz allgemein wird der Führer über den Manager gestellt, Manager haben genau genommen keinen guten Ruf. Oft werden sie mit Bürokraten in einen Topf geworfen und unter der Rubrik »marginale Effektivität« abgehandelt. Man hört nicht selten, ein Unternehmen werde zu wenig geführt und zu stark gemanagt. Und Jack Welch gab man in seinen ersten Tagen als Chairman von General Electric mit auf den Weg: »Don't manage, lead!« (Die GE-Führung muss reichlich nervös und gespannt gewesen sein, in welche Kategorie der neue Boss sie nun stecken würde.)

Sehen wir uns weitere Merkmale an, die als Unterschied zwischen Führer und Manager angeführt werden:

- Führer berücksichtigen die Zukunft, Manager konzentrieren sich auf die Gegenwart.
- Führer interessieren sich für den Wandel, Manager bevorzugen Stabilität.
- Führer denken tendenziell langfristig, Manager kurzfristig.
- Führer sind in einer Vision befangen, Manager auf Vorschriften und Regeln angewiesen.
- Führer fragen warum, Manager wie.
- Führer stärken Untergebene, Manager kontrollieren sie.

- Führer bringen die Dinge auf den Punkt, Manager ergehen sich in Ausdifferenzierungen.
- Führer verlassen sich auf ihre Intuition, Manager auf die Logik.
- Führer haben einen weiten Horizont, der soziale Belange einschließt, Manager kennen nur die Belange des Unternehmens.

Um den Unterschied zwischen beiden Rollen genau herauszuarbeiten, zeichnen wir ein Diagramm. An die vertikale Achse schreiben wir *Führung*, an die horizontale *Management* und unterteilen beide Seiten in *gut* und *schlecht*. Denken wir an vier Fluggesellschaften und ordnen sie in diese Matrix ein – Air France, People's Express, Virgin Atlantic und ein Unternehmen, das ich nur noch »Aeroflop« nenne. Die Bezeichnung ist witziger als die Erlebnisse, auf denen sie beruht: Mehr als einmal habe ich auf russischen Inlandsflügen gestanden, weil es keine Sitzplätze gab. Aeroflots Kreativität im Brüskieren von Kunden ist ungebrochen.

Welche Airline kommt also in das Feld »schlechtes Management/schlechte Führung«? Nach dieser Einleitung keine echte Frage mehr: Aeroflop. Welche Fluggesellschaft hat ein gutes Management, aber keine gute Führung? Wahrscheinlich gebührt dieser Platz Air France wegen der großen Verwaltung (obwohl sich hier in den letzten Jahren einiges gebessert hat. Manche Beobachter sehen einen umgekehrt proportionalen Zusammenhang zwischen der Größe der Zentrale und dem Unternehmenserfolg: Je größer die Verwaltung, desto mehr Leute reden die operativen Einheiten rein.)

Wer kommt in das Kästchen »gute Führung/schlechtes Management«? Wie wär's mit People's Express? Das Unternehmen gibt es seit 1980 nicht mehr, stimmt schon, aber die Geschäftsidee war wirklich genial. Es wurde von Menschen gegründet und geleitet, die vor neuen, guten Ideen nur so sprühten und die eingefahrenen Gepflogenheiten der Branche gründlich umkrempelten. So weit, so gut. Die Airline bekam viel Publicity, zahlreiche Akademiker und Journalisten schrieben Lobeshymnen über sie. Aber dann wurde die Unternehmensleitung von ihrem eigenen Erfolg überrollt. Wollte ein Kunde buchen, konnte er warten, bis er schwarz wurde: Die entsprechenden Stellen waren hoffnungslos unterbesetzt. Die Führung hielt sich nicht an ihre eigenen Empfehlungen. Sie vergaß, dass eine Vision ohne entsprechende Umsetzung eine bloße Halluzination ist, und das Unternehmen ging in Konkurs.

Die letzte Gesellschaft, Virgin Atlantic, gehört zur Crème de la Crème: gute Führung, gutes Management. Virgin verbindet Flugbetrieb mit Entertainment und nutzt die Synergie gegen die Langeweile während des Flugs. Mit seinen Innovationen hat die Airline auch Rückwirkungen auf die Konkurrenz: British Airways hat nachgezogen.

Das Beispiel zeigt: Führung und Management sind notwendig. Ideen sind gut, dürfen aber nicht zulasten der Realität gehen. Visionäre sind so lange keine Führer, wie sie ihre Visionen nicht auch implementieren können (oder lassen). Und Managern sind die Hände gebunden, wenn sie nicht wissen, was sie umsetzen sollen. Statt also Manager als Bürokraten zu verteufeln, sollten wir Führer in der Entwicklung ihrer Managementfähigkeiten bestärken.

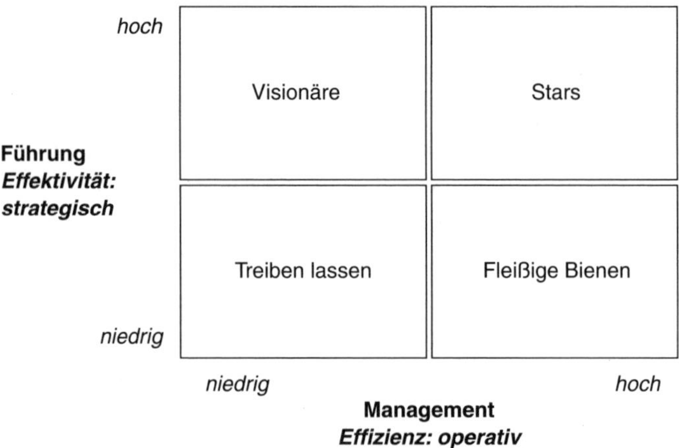

Abbildung 14: Schema Führung/Management

Sind Sie eher Führer oder Manager?

Markieren Sie das Wort (oder die Worte) in Spalte *A* oder *B*, das am ehesten Ihre Blickrichtung wiedergibt.

Bei Leitungsaufgaben	A	B
• konzentriere ich mich auf:	die Gegenwart	die Zukunft
• bin ich eher bedacht auf:	Stabilität	Veränderung
• denke ich:	kurzfristig	langfristig
• arbeite ich nach:	Instruktionen	Inspiration
• beruhen die Ziele auf:	Notwendigkeiten	dem inneren Drama
• frage ich immer nach dem:	Wie	Warum
• beruht meine Stellung auf:	Autorität	Charisma
• tendiere ich im Umgang mit Mitarbeitern zu:	Kontrolle	Delegation
• kommuniziere ich möglichst:	komplex	einfach
• entscheide ich vorzugsweise:	nach Logik	per Intuition
• kümmern mich hauptsächlich:	Unternehmens-interessen	Interessen von Unternehmen und Gesellschaft

Wenn Sie schwerpunktmäßig die Antworten aus Spalte *B* gewählt haben, sind Sie eher an Führung interessiert, wenn Sie häufiger Antworten aus Spalte *A* angestrichen haben, sind Sie eher der Manager. Wenn Sie sich häufig nicht entscheiden konnten, tragen Sie Anteile von beiden Typen in sich – was einem Unternehmen zum Vorteil gereichen kann.

Führung und Management

Die Vision der wirklich großen Führer stammt tief aus deren Innerstem. Sie beruht auf dem inneren Drama und dieses wiederum auf dem ZBKT-Skrip.

Persönliche Motive und öffentliche Bühne

Als Henry Ford sagte: »Ich will ein Auto für die Massen« (das sagte er 1905, als die Autos immer größer wurden), meinte er mehr als nur Skaleneffekte oder dergleichen: Im Grunde seines Herzens wollte er einem ganz bestimmten Bauern ein leichteres Leben ermöglichen – seinem Vater.

Auch bei Walt Disney ist der Zusammenhang relativ klar. Sein Motto: »Ich will die Menschen glücklich machen«, spiegelt eine Überidentifikation mit seiner eigenen unglücklichen Kindheit. Sein Vater war ein sehr unangenehmer Mensch, die beiden älteren Brüder rissen von zu Hause aus (was auf eine dysfunktionale Familiendynamik hinweist). Zu den wenigen glücklichen Momenten, an die sich Walt erinnerte, gehörte das Zeichnen von Enten und Hasen auf der Farm, zusammen mit seiner Mutter. Vor der bedrückenden Situation zu Hause flüchtete er sich in eine Fantasiewelt, die er später mit der ganzen Welt teilte. Donald Duck und Mickey Mouse sind sein Alter Ego, Donald spiegelt die aufbrausende, Mickey die intellektuelle, beherrschte Seite seines Ich.

Ein Externalisieren persönlicher Motive auf öffentlicher Bühne kann man auch bei Richard Branson unterstellen. Er war das älteste Kind und der einzige Sohn der Familie. Sein Vater, der seine Kinder liebevoll unterstützte, hatte sich der Familientradition gebeugt und arbeitete, wenn auch widerwillig und ohne allzu großen Ehrgeiz, als Rechtsanwalt. Treibende Kraft der Familiendynamik war allerdings Bransons Mutter. Die ehemalige Tänzerin und Stewardess war durch Südamerika gereist, als das Fliegen noch ein gefährliches Abenteuer war. Ihre Geschichten aus dieser Zeit müssen den jungen Richard tief beeindruckt haben. Sie war sehr ehrgeizig für ihren Sohn. In Kapitel 4 wurde bereits geschildert, wie sie die Nachbarn mit dem Neugeborenen besuchte und ihnen erzählte, ihr Sohn würde eines Tages Premierminister.

Bransons Mutter hatte sehr präzise Vorstellungen von der Kindererziehung. Sie achtete sehr auf deren Selbstständigkeit, Durchsetzungswillen und Verantwortlichkeit.

Passiv Fernsehgucken war bei ihr nicht drin! Eine Familienanekdote erzählt, dass sie den Vierjährigen aus dem Auto auf die Straße setzte: Er sollte selbstständig den Heimweg finden. Aber er kam zur vermuteten Zeit nicht nach Hause, Sorge machte sich breit. Später riefen Nachbarn – sie hatten Klein-Richard aufgesammelt – die inzwischen panischen Eltern an.

Abgesehen von dieser Macke vermittelte sie ihrem Sohn allergrößtes Selbstvertrauen: Du musst dir etwas nur richtig vornehmen, dann schaffst du es auch. Sie lebte ihm Unternehmertum vor und lehrte ihn den Wert des Geldes (das in seiner Jugend sehr knapp war). Andere Vorbilder in prägenden Jahren waren der Großvater, Richter am Obersten Gerichtshof, und der Antarktisforscher Robert Falcon Scott. Die wichtigste Rolle spielte jedoch seine Mutter. Branson sagt über sie, sie sei vor Ideen nur so übergesprudelt. Seine unternehmerischen Gehversuche unterstützte sie von Anfang an. Seine Lust, die Dinge eben nicht so zu machen, wie sie schon immer gemacht wurden, seine antiautoritären Ansichten, seine David-gegen-Goliath-Attitüde – all diese Züge entwickelten sich früh und wurden zu Hause gefördert.

So wurde Branson durch seine Erziehung zu dem Mann, den englische Jugendliche am meisten bewundern. Er ist sehr streitlustig und stellt sich jeder Herausforderung, wie der frühere Chairman von British Airways, Lord King, sehr zu seinem Leidwesen viel zu spät entdeckte. Lord King hatte Branson gewaltig unterschätzt: »Wie kann man jemand mit Pulli und Bart ernst nehmen?« Was Branson wollte, hat der blaublütige BA-Chairman nie verstanden: Den Kampf gegen das Establishment als spaßiges Abenteuer durchziehen.

Die Beispiele Ford, Disney und Branson zeigen, dass wir das innere Drama verstehen müssen, wenn wir echte Führungspersönlichkeiten begreifen wollen.

Rätsel Charisma

Man unterstellt Führern Charisma, ein geheimnisvolles »Geschenk«, das direkt von Gott kommt und ursprünglich nur Propheten zugedacht war. Charisma ist das, was die Leute umhaut: Führer verstehen es, die Menschen mitzureißen, und dieses Mitreißende lässt sie überhaupt erst zu Führern werden. (Mehr dazu weiter unten.) Manager herrschen im Gegensatz dazu kraft ihres Amtes: Ihre Autorität stützt sich auf die hierarchische Stellung.

Was halten Sie von Charisma?

Gehen Sie die folgenden Fragen genau durch und notieren Sie stichpunktartig Ihre Antwort.

- Was bedeutet für Sie, Charisma zu haben?

- Wen würden Sie als charismatisch beschreiben? Haben Sie einen charismatischen Menschen persönlich kennen gelernt?
- Welche Eigenschaften zeichneten diese Person aus?
- Glauben Sie, dass Sie selbst ein Teil dieser Eigenschaften besitzen?
- Lassen sich charismatische Eigenschaften erwerben?

Angenommen, jemand stünde vor einer Gruppe und sagte: »Wer sich als charismatisch einschätzt, hebe bitte die Hand«, wie viele Hände gingen da in die Höhe? Wahrscheinlich nicht eine. (Würden Sie sich melden, aus der Gruppe heraus?) Selbst wer von sich selbst glaubt, charismatisch zu sein, gibt das ungern öffentlich zu. Man hat Angst, arrogant zu wirken oder sich der Lächerlichkeit preiszugeben. Es wäre wohl anders, wenn die Frage in einer Gruppe mit verbundenen Augen gestellt würde. »Privat« fällt das Eingeständnis des eigenen Charismas leichter als in einem öffentlichen Bekenntnis.

Trotzdem glaube ich, dass jeder in Führungspositionen charismatisches Potenzial hat. Wir haben schon gesehen, dass die exponierte Stellung andere Menschen dazu verleitet, eigene Fantasien auf die herausgehobene Person zu projizieren. Sie legen ihr Attribute bei, die eher aus ihnen selbst denn aus dieser Person stammen (wie exemplarisch an Chance, dem Gärtner, verdeutlicht). Fragt sich nur, ob Sie jemand sind, der diesen Übertragungsprozess zum eigenen Vorteil nutzen mag. Wollen Sie ihn gar fördern? Unternehmen Sie alles, um den »usurpierten« Attributen eine reale Grundlage zu verschaffen?

Versuchen wir, Charisma zu analysieren und seine Bestandteile zu isolieren. Erstens heißt Charisma, den Status quo nicht als unabänderlich hinzunehmen. Charismatische Menschen sind nie mit dem Vorhandenen zufrieden und halten das Gegebene nicht für selbstverständlich, sondern sie fragen sich immer: Geht das nicht noch besser? Können wir das nicht anders angehen? Damit versetzen sie ihre Umgebung in Unruhe und bringen die Leute zum Nachdenken. Das ist jedoch nicht alles: Charismatische Führer bieten praktikable Alternativen an. Klagen bringen uns nicht weiter, sie werden erst dann zu einem fruchtbaren Anstoß, wenn wir etwas unternehmen. Charismatische Menschen spenden Hoffnung, sie regen die kollektive Fantasie an.

Was die Alternativlösungen betrifft, beweisen wirkliche Charismatiker ein gutes Gespür für das Timing. Es gibt so etwas wie den historischen Moment, und den passen sie ab. Martin Luther wusste genau, wann er seine zehn Thesen ans Tor der Wittenberger Stadtkirche nageln musste. Er wusste, dass der Ablasshandel und die damit eingenommenen Gelder die katholische Kirche von innen zerfressen hatten. In Worms sagte er zu seiner Verteidigung gegenüber den kirchlichen Würdenträgern: »Hier stehe ich, ich kann nicht anders«. Die Zeit war reif für den Umbruch, und deswegen nahm die Reformation ihren Lauf. Ähnlich erkannte Mahatma Gandhi, dass die Tage des britischen Empires in Indien gezählt waren. Genau im richtigen Moment formulierte er seine Doktrin des gewaltlosen Widerstands, den *Satyagraha*-Kampf. Seine Kampagne gegen die Salzsteuer – die die Ärmsten der Armen besonders hart traf – war ein Schlüsselerlebnis, das den Indern Mut einflößte.

Charismatische Führer wissen die symbolische Durchschlagskraft der Steinschleuder zu schätzen und erkennen, dass sie die Gefahren ihres jeweiligen Unterfangens herausstreichen müssen, damit die Menschen mit möglichst viel Adrenalin im Blut an die Sache herangehen. Richard Branson hat das David-Goliath-Thema in seinen Kämpfen gegen British Airways, Coca-Cola, die staatliche Lotterie und alteingesessene Banken meisterhaft inszeniert. In der Rolle des Underdogs packte er seine Mitarbeiter an ihrer empfänglichsten Stelle, dem Gefühl, Ungerechtigkeiten geradezubiegen.

Überhaupt verstehen sich charismatische Führer auf das manipulative Potenzial von Symbolen. Sie betreiben eine Art »Management by meaning«: Ein bisschen Theater ist in ihrem Führungsstil stets mit von der Partie. Denn um Menschen zu bewegen, muss man starke Bilder entwerfen und gute Geschichten erzählen, Zeremonien, Symbole und Bühnenarrangements treffsicher einsetzen können. Charismatiker sind auch gute Redner, die Gleichnisse, Metaphern und Ironie geschickt einflechten. Besonders Politiker beherrschen den Symbolismus der Worte. Winston Churchill: »Ich kann nichts als Blut, Mühsal, Tränen und Schweiß bieten.« Charles de Gaulle: »Frankreich hat die Schlacht verloren, aber nicht den Krieg.« Franklin Roosevelt: »Wir müssen nichts fürchten außer der Furcht selbst.« General Douglas MacArthur: »Ich komme wieder.« John F. Kennedy: »Frag nicht, was dein Land für dich tun kann, frag, was du für dein Land tun kannst.«

Im ökonomischen Bereich ist Mary Kay ein besonders schlagendes Beispiel für geschickt ausgenutzte Symbole. Sie veranstaltet (aufgrund eigener Erfahrungen) ein »Theater der Mühen, Hoffnungen und Erfolge«: Die Männer und Frauen, die Kays Kosmetiklinie am häufigsten verkaufen, erhalten Pelzmäntel, Diamanten und pinkfarbige Cadillacs. Das Verfahren ist schlicht: 10 Prozent der verkaufsstärksten Mitarbeiter erhalten die Trophäen, 80 Prozent versuchen, die Trophäen zu erhalten, und die schlechtesten 10 Prozent werden gegangen.

Apple-Chef Steven Jobs ist ein extrem individualistischer Mensch und ein gutes Beispiel für den Transport eigener Vorstellungen via Symbolik und Fantasie. Er ließ eine Piratenflagge über dem Gebäude flattern, in dem seine Leute die Macintosh-Computer entwickelten. Er ließ eine extrem erfolgreiche Werbung für die Macs während des wichtigsten Footballspiels des Jahres, dem »Super Bowl«, laufen. Der Spot zeigte viele sklavenähnliche Figuren, die in den Sitzreihen eines großen Auditoriums sitzen, auf einen riesigen Bildschirm starren und dort einen orwellschen »Big Brother« mit monotoner Stimme reden hören und sehen. Eine junge Athletin stürmt in den Saal, wirft einen Hammer und zerstört den Bildschirm (mitsamt dem Orwell-Bruder). Licht flutet herein, und in die Sklavengestalten kehrt Leben zurück. Sie erheben sich von ihren Plätzen, während auf dem Bildschirm die Botschaft erscheint: Apple führe den

Mac ein. Am Schluss las man: »Nichts wird mehr wie früher sein.« Die Werbung ist kein bisschen subtil, sondern überdeutlich gegen den »Big Bad Blue« – IBM – gerichtet.

Nicht zuletzt verstehen sich Charismatiker auf die Kunst der Bündnisse. Sie vermitteln anderen Menschen das Gefühl von Wertschätzung und bedenken Einzelne oder Gruppen mit ihrer besonderen Aufmerksamkeit. In ihren Handlungen beweisen sie Einfühlungsvermögen. Und sie gehen mit gutem Beispiel voran, leben die Erwartungen des Unternehmens an die Mitarbeiter vor. Außerdem haben sie etwas an sich, was ich den »Teddybärfaktor« nenne: Menschen fühlen sich in ihrer Nähe wohl. Weil sie deren Gefühle wie ein Behältnis aufnehmen, sind ihre Mitarbeiter trotz der enormen Geschäftigkeit um den Chef herum entspannt. Denn dieser oder diese vermittelt im Gespräch den Eindruck, man hätte alle Zeit der Welt. Und sie hören wirklich zu, sie achten auf das, was gesagt wird.

Der »Teddybärfaktor« kommt im *Heinrich V.* von William Shakespeare klar zum Ausdruck. Das Schauspiel beruht auf der historischen Schlacht von Azincourt, in der die Engländer den entscheidenden Sieg über die Franzosen im Hundertjährigen Krieg errangen. Dabei hatte es für die Männer von der Insel vor dem 25. Oktober 1415, dem Namenstag des heiligen Crispinianus und dem Tag der Schlacht, nicht gut ausgesehen. 6 000 erschöpfte englische Krieger standen zwischen 20 000 und 30 000 französischen Soldaten, darunter viele Ritter in voller Rüstung, unter der Leitung des französischen Königs Karl VI., des Connétable d'Albret, gegenüber.

Shakespeares Stück enthält einige der berühmtesten Zeilen über Führerschaft in englischer Sprache: Heinrichs Rede, mit der er seine Truppe auf das Treffen vorbereitete. In Zukunft würde jedes Jahr zum Crispinianustag jener glücklichen Wenigen gedacht, die die Schlacht überlebten. Der englische König wusste, wie er die »wechselseitige Identifikation« (also das Gruppengefühl durch ein starkes Band zwischen den Soldaten und ihm) erzeugen konnte. Er vermittelte ihnen das Gefühl, dass sie etwas ganz Besonderes waren, Auserwählte, und dann ging er mit gutem Beispiel voran. Im vierten Aufzug sagt Heinrich V.:

Zum Tode ausersehn, sind wir genug
Zu unsers Lands Verlust; und wenn wir leben,
Je kleinre Zahl, je größres Ehrenteil.
Wie Gott will! Wünsche nur nicht *einen* mehr!
Beim Zeus, ich habe keine Gier nach Gold
Noch frag ich, wer auf meine Kosten lebt;
Mich kränkt's nicht, wenn sie meine Kleider tragen;
Mein Sinn steht nicht auf solche äußre Dinge:
Doch wenn es Sünde ist, nach Ehre geizen,
Bin ich das schuldigste Gemüt, das lebt.

Nein, Vetter, wünsche keinen Mann von England;
Bei Gott! ich geb um meine beste Hoffnung
Nicht soviel Ehre weg, als *ein* Mann mehr
Mir würd entziehn. O wünsch nicht *einen* mehr!
Ruf lieber aus im Heere, Westmoreland,
Dass jeder, der nicht Lust zu fechten hat,
Nur hinziehn mag; man stell ihm seinen Paß
Und stecke Reisegeld in seinen Beutel:
Wir wollen nicht in des Gesellschaft sterben,
Der die Gemeinschaft scheut mit unserm Tode.
Der heutge Tag heißt Crispinianus' Fest:
Der, so ihn überlebt und heim gelangt,
Wird auf den Sprung stehn, nennt man diesen Tag,
Und sich beim Namen Crispinianus rühren.
Wer heut am Leben bleibt und kommt zu Jahren,
Der gibt ein Fest am heilgen Abend jährlich
Und sagt: »Auf morgen ist Sankt Crispinian!«
Streift dann den Ärmel auf, zeigt seine Narben
Und sagt: »Am Crispinstag empfing ich die.«
Die Alten sind vergeßlich; doch wenn alles
Vergessen ist, wird er sich noch erinnern
Mit manchem Zusatz, was er an dem Tag
Für Stücke tat: dann werden unsre Namen,
Geläufig seinem Mund wie Alltagsworte:
Heinrich der König, Bedford, Exeter,
Warwick und Talbot, Salisbury und Gloster,
Bei ihren vollen Schalen frisch bedacht!
Der wackre Mann lehrt seinem Sohn die Märe,
Und nie von heute bis zum Schluß der Welt
Wird Crispin-Crispinian vorübergehn,
Dass man nicht uns dabei erwähnen sollte,
Uns wen'ge, uns beglücktes Häuflein Brüder:
Denn welcher heut sein Blut mit mir vergießt,
Der wird mein Bruder; sei er noch so niedrig,
Der heutge Tag wird adeln seinen Stand.
Und Edelleut in England, jetzt im Bett,
Verfluchen einst, dass sie nicht hier gewesen,
Und werden kleinlaut, wenn nur jemand spricht,
Der mit uns focht am Sankt Crispinustag.

Diese Rede und Heinrichs Beispiel motivierte die Männer. Gestärkt von ihrem König, der sie von der vordersten Front aus befehligte, verwandelten die Engländer die Schlacht in eine grausame Niederlage für die Franzosen. Nach dreistündigem Kampf waren Karl VI., zwölf Adlige aus den besten Häusern, etwa 1 500 Ritter und circa 4 500 Fußsoldaten auf der französischen Seite gefallen, während die Engländer weniger als 450 Mann verloren hatten.

Zusammengenommen erzeugen die in diesem Abschnitt besprochenen Eigenschaften - die Ablehnung des Status quo, das Vermitteln von Hoffnung, die Dramatisierung der Risiken, die Manipulation durch Symbole, das gute Beispiel und der Teddybärfaktor - ein Unternehmensklima, in dem außerordentliche Anstrengungen, hochgradiges Engagement, intellektuelle Anregung, Glaube an das Ergebnis und Bereitschaft zum Risiko gedeihen.

Charisma und Architektur

Gute Führungskräfte spielen zwei Rollen, die charismatische und die architektonische. Mit Charisma erzeugen sie die Vision einer besseren Zukunft, begeistern und beflügeln die Mitarbeiter. Als Architekten kümmern sie sich um den Aufbau der Organisation, um Kontrollmechanismen und Anerkennungssysteme.

Diese Aspekte spielen zwar ins Management hinein, aber es handelt sich trotzdem nicht um eine Neuauflage des vorhin besprochenen Gegensatzes. *Echte Führer füllen immer beide Rollen aus.* Eine allein genügt nicht (auch wenn eine oft stärker gewichtet ist als die andere, je nach Sachlage). Die architektonische Rolle geht weit über »bloßes« Management hinaus. Nur wenn der Führende die Strukturen und die Politik selbst implementiert, kann er die visionären, beflügelnden und Kraft gebenden Pflichten der charismatischen Rolle ausführen.

Charismatische Rolle

- Visionen entwickeln und vermitteln
- Bevollmächtigen
- Energien wecken

Architektonische Rolle

- Planen
- Kontrollieren
- Belohnen

Abbildung 15: Die beiden Rollen der Unternehmensleitung

Die charismatische Rolle

Aufgrund meiner psychoanalytischen Ausbildung, meinem Interesse an dem inneren Drama von Führungskräften und meiner Überzeugung, dass Charisma in gewissem Umfang (und bei entsprechenden Anlagen im Individuum) gelernt werden kann, konzentriert sich dieses Buch auf die charismatische Führungsrolle. Welche Komponenten tragen diese Rolle?

Die Vision artikulieren und kommunizieren

Unabdingbar gehört zum Charisma die Vision. In Kapitel 8 habe ich geschrieben, dass Führungskräfte eine lebendige Vision von der Zukunft entwerfen müssen, die eine Existenzberechtigung für das Unternehmen bildet. Wenn diese Vision vorhanden ist, muss sie ausgearbeitet, mitgeteilt und (mithilfe der gesamten Organisation) umgesetzt werden.

Zukunftsvorstellungen umfassen verschiedene Dinge, darunter eine Landkarte, auf der der Weg eingezeichnet ist, Begeisterung für diesen Weg, Ordnung, die aus dem Chaos erwächst und Vertrauen in die Führung vermittelt, und Kriterien, an denen sich der Erfolg messen lässt. Wenn Führungskräfte eine bessere Zukunft ausmalen, stiften sie Sinn, schmieden den Zusammenhalt zwischen sich und anderen Unternehmensangehörigen, schaffen ein Gruppengefühl und stimulieren die kollektive Einbildungskraft, die Menschen verbindet und träumen lässt.

Visionäre Statements sind uns aus der Politik vertraut. John F. Kennedy zum Beispiel setzte der Menschheit das Ziel, bis Ende der sechziger Jahre in Gestalt eines Astronauten den Fuß auf den Mond zu setzen. Mahatma Gandhi wollte das friedliche Zusammenleben von Hindus und Muslimen, Nelson Mandela die Gleichbehandlung von Schwarzen und Weißen in Südafrika. Auch schreckliche Visionen sind möglich: Hitler strebte nach dem tausendjährigen Reich, Slobodan Milošević träumt vielleicht immer noch von Großserbien.

Auch die Geschäftswelt hat ihre Visionäre (wenn sie auch zumeist nicht aus dem hochdramatischen Fach stammen). Ingmar Kamprad wollte mit IKEA den Normalsterblichen bezahlbare Möbel anbieten. Bill Gates veränderte mit seinen intuitiv bedienbaren PC-Programmen die Arbeitswelt. Solche Visionen dienen dem Unternehmen als ein Leitmotiv, das die Entwicklungsrichtung vorgibt.

Dunkle Visionen wie Hitlers Reich können die Menschen auf Abwege führen. Das gilt auch für weniger schreckliche Zukunftsvorstellungen. Hätte Steven Jobs nicht den Mac in jedem Haushalt sehen wollen, sondern sich mit dem Betriebssystem von Apple beschieden, hätte er Microsoft die Butter vom Brot genommen. IBM-Chef John Akers sah die Zukunft in Großrechnern. Sein Widerwille gegen PC kostete 70 000 Mitarbeitern den Job.

Die Visionen, die eine Firma benötigt, sind nicht Visionen in der Art des Moses, der auf einen Berg steigt und mit den zehn Geboten zurückkommt. Das hieße Einbahnstraße. Aber wie in Kapitel 8 gezeigt, muss die Perspektive für die Zukunft von Anfang an interaktiv entwickelt werden. Alle Beteiligten sollen in den Prozess einbezogen werden. Percy Barnevik schätzt, dass er nur 10 Prozent seiner Zeit mit strategischen Entscheidungen verbringt und den Rest mit der Umsetzung. Es wurde oft gesagt: Hinter jedem erfolgreichen Unternehmen steht eine Führungskraft, die eine mutige Entscheidung gefällt hat.

Charismatische Menschen beziehen nicht nur viele Mitarbeiter mit ein, sie berühren auch viele. Drei Maurer wurden gefragt, was sie tun. Der Erste antwortete: »Ich maure mit Ziegeln«, der Zweite sagte: »Ich arbeite, um meine Familie zu ernähren«, und der Dritte hatte offensichtlich einen visionären Chef: »Ich baue eine Kathedrale!« Wenn der Funke überspringt, spricht eine Vision die Fantasie an, verspricht eine aufregende Zukunft und erfüllt die Menschen mit Stolz, sodass sie im Unternehmen engagiert mitarbeiten.

Stolz treibt auch Führungspersönlichkeiten an: Richard Branson behauptet, eine Organisation solle immer nur das Beste unternehmen. Jack Welch spricht abgesehen von der Nummer 1 und 2 in der Branche jeder Firma die Existenzberechtigung ab. Oracle-Chef Larry Ellison ist auf der Jagd nach dem größten Marktanteil. Danach sucht er seine Mitarbeiter aus. Wer bei Goldman Sachs auf einer Leitungsposition sitzt, ist felsenfest überzeugt, auf seinem Fachgebiet der oder die Beste zu sein. Das treibt die Investmentbank mächtig voran. Der Beste zu sein spornt Führende und Gefolgschaft gleichermaßen an, nach noch süßeren Trauben zu greifen.

Häufiger Fehler unter Leitenden ist, dass sie ihre Vision einmal bekannt geben und es dabei bewenden lassen. Auch wenn diese erstmalige Verkündung mit Pauken und Trompeten geschieht, die Botschaft muss wieder und wieder übermittelt werden. Führende sollten sich wie eine Schallplatte mit Sprung anhören. Percy Barnevik, der diese Lektion gründlich gelernt hat, bekennt, dass er sich als Schauspieler empfindet, der immer wieder dasselbe Stück gibt, unabhängig von dem Publikum. Wer sich oft genug wiederholt hat, sollte eigentlich zum Pförtner gehen können und von ihm erfahren, worum es in dem Unternehmen geht.

In dem Versuch, auf dem Siegertreppchen zu stehen, vereint das Geschäftsleben Sport und Krieg. Man sehe sich nur den Wettbewerb zwischen Pepsi und Coca-Cola, Hertz und Avis, Nike und Adidas, Nokia, Ericsson und Motorola, Goldman Sachs und Morgan Stanley Dean Witter an. Der Ton, den Coca-Cola-Manager gegenüber Pepsi anschlagen, ist furchterregend und alles andere als zart besaitet. Canon-Executives impften ihren Mitarbeitern den Schlachtruf »Schlagt Xerox!« ein, der Lufthansa-Chef sagt seinen Truppen: »Werft British Airways aus dem Rennen!« Sie alle leben den Kampfgeist, der in ihren Organisationen herrscht. Honda-Mitarbeiter arbeiteten mit dem Spruch auf den Lippen: »*Yamaha wo tsubusu!*« (Wir werden Yamaha zertreten, zerschlagen und schlachten!).

Ich habe mir die Abschlussberichte der letzten zehn Jahre von IBM und Apple angesehen, als Apple noch ganz grün war. Das war interessant: Apple verglich sich dauernd mit IBM und redete von der Herausforderung durch den Konkurrenten. IBM erwähnte Apple nicht einmal. Man ignorierte die junge Firma und behandelte sie wie eine Eintagsfliege. Aber Apple war hartnäckig und jagte IBM schließlich satte Marktanteile ab - bis auch Apple der Hybris zum Opfer fiel. Der Kampf gegen einen starken Feind kann große Energien freisetzen. An Gegnern kann man sich reiben und messen.

Neben dem Kampfgeist muss die visionäre Komponente des Charismas auch die Unternehmenskultur formen und bewahren. Die Führenden sind die Hohepriester der Corporate Identity. Wie gesagt, sie müssen sich ständig fragen: Wofür steht das Unternehmen? Und: Wofür sollte es stehen? Was ist die zentrale »Ideologie« des Unternehmens? Das will heißen: Welche Kernüberzeugungen unterscheiden es von anderen Organisationen und sorgen für den Erfolg? Die Ideologie umfasst mehr als die Werte und den Zweck des Unternehmens, sie berührt die grundlegenden impliziten Annahmen, an denen die Mitarbeiter hängen. Sie drückt sich gewöhnlich in der geschaffenen Organisation aus, aber auch in den Best Practices, und sagt viel über die Lebensqualität und das Glücklichsein.

Die Kernideologie des Unternehmens

Um ein Gespür für die in Ihrem Unternehmen herrschende Ideologie zu entwickeln, sollten Sie über die folgenden Fragen nachdenken. Ihre Antworten helfen Ihnen, die Einmaligkeit des Unternehmens beschreiben zu können. Sprechen Sie mit anderen darüber und über deren Antworten auf dieselben Fragen, erörtern Sie Ähnlichkeiten und Unterschiede.

Stellen Sie sich vor, alle Mitarbeiter des Unternehmens befänden sich auf der Titanic, die den Eisberg rammt. Einzige Überlebenschance sind vier Plätze für Unternehmensmitglieder in einem Rettungsboot. Wer könnte bildlich gesprochen die DNA des Unternehmens retten? Welche Eigenschaften bringen diese vier mit, sodass sie die Organisation wieder aufbauen können?

Kernideologie von 3M ist das Gebot: »Du sollst eine neue Produktidee nicht töten.« Innovation steht in dieser Organisation eindeutig im Mittelpunkt. 30 Prozent der 3M-Produkte gab es vor vier Jahren, 10 Prozent vor einem Jahr noch nicht. Wer das ideologische Selbstverständnis des Unternehmens nicht unterschreibt, hat dort nichts zu suchen. Die Verantwortlichen ein Auge zu bei Projekten, die offiziell nicht abgesegnet sind: Sie wollen auf keinen Fall Innovationen unterdrücken.

Disneys Kernideologie heißt, wie wir schon wissen, Menschen glücklich zu machen. Dazu passen die zentralen Werte: Zynismus durch Optimismus ersetzen; »gesunde« amerikanische Werte; Kreativität, Träume und Fantasie fördern; unbedingte Konsistenz und Liebe zum Detail; Bewahren und Fortführung der Disney-Magie. Goldman Sachs zentriert sich ideologisch um einen herausragenden Kundendienst (wenig versprechen und viel leisten), Integrität und Teamwork. Bei McDonalds dreht sich alles um Qualität, ein gutes Preis-Leistungs-Verhältnis, Sauberkeit und Service.

NovoNordisk ist der weltgrößte Insulinhersteller. Kernideologie: Diabetikern ein weitgehend normales Leben ermöglichen. Mitarbeiter, die sich in dem Unternehmen wohlfühlen, haben meistens eine soziale Ader, sie wollen anderen Menschen helfen. Und zwar nicht nur auf der Leitungsebene: Auch die Mitarbeiter in der Produktion wissen, dass Fehler unter Umständen schreckliche Folgen haben können, also strengen sie sich an.

Ein anderer Pharmakonzern, Merck, drückt die Kernideologie so aus: »Wir wollen Menschenleben bewahren und verbessern.« Soziale Verantwortung, Exzellenz in allen Unternehmensbereichen, wissenschaftliche Innovation, Aufrichtigkeit und Integrität sind die zentralen Werte. Allerdings führt die Ausrichtung am Wohl der Menschheit mitunter zu finanziell angespannten Situationen. Vor einiger Zeit stand Merck beispielsweise kurz vor der Entdeckung eines Mittels gegen die Flussblindheit (Onchozerkose), eine in Afrika weit verbreitete, zerstörerische Krankheit. Aber die Investitionen für ein solches Medikament hätte Merck kaum mit dem Verkauf wieder hereinholen können. Man schätzt, dass 250 Millionen US-Dollar hätten ausgegeben werden müssen.

Konservativ-finanztechnisch gesehen, sollten derart gewaltige Investitionen niemals ohne Aussicht auf gigantische Gewinne getätigt werden. Andererseits würde die Einstellung des Projektes zahlreiche Forscher in den Labors demotivieren und das Unternehmen ins Mark treffen. Roy Vagelos stellte die Kernideologie über die Bedenken einiger Aktionäre und ließ weiterforschen. Merck verschenkt das Medikament heute. Millionen Afrikanern kann geholfen werden, aber das Unternehmen profitiert selbst davon: durch motivierte Mitarbeiter und weil es als Arbeitgeber attraktiv ist. (Die jüngste – wenn auch nicht ganz freiwillige – Entscheidung bei den Aids-Medikamenten geht in eine ähnliche Richtung.)

Wenn die Unternehmensideologie den Mitarbeitern am Herzen liegt und diese nicht nur in PR-Broschüren hochgelobt wird, kann die Organisation geradezu Kultstatus erringen. Studenten der Organisationswissenschaft sind sich weitgehend einig, dass ein solches Unternehmen die Konkurrenz um Längen schlägt. Eine starke Unternehmenskultur erkennt man in vielen Einzelheiten, von der Architektur der Organisation über die Sprache und Zeremonien bis hin zum zwischenmenschlichen Umgang. IBM hatte in seiner glorreichen Zeit ein Lied: »Wir verkaufen IBM, wir verkaufen IBM, ein tolles Gefühl« und so weiter.

Wird die Kultur allerdings übermächtig, besteht die Gefahr der Nabelschau (wie IBM, Philips, General Motors erfahren mussten). Dann gerät ein Wert in Vergessenheit: Offensein für Veränderungen. (In Kapitel 3 zeigten Aufstieg und Fall der nach dem *Fortune*-Ranking erfolgreichsten Unternehmen, wie wichtig dieser Wert ist.) Der Kontinuitätsgedanke, der von der Unternehmenskultur unter den Angestellten erzeugt wird, ist zwar wichtig, darf aber nicht von den Brüchen im Umfeld ablenken.

Wal-Mart betrieb unter Sam Walton die Unternehmenskultur beinahe bis zum Überdruss, bekam aber noch die Kurve. Mitte der achtziger Jahre sprach Walton über die Überwachungsmonitore mit seinen 100 000 »associates« (wie die Angestellten bei Wal-Mart genannt werden): »Heben Sie Ihre rechte Hand und sprechen Sie mir nach. Bei Wal-Mart ist ein gegebenes Versprechen ein gehaltenes Versprechen. Sprechen Sie mir weiterhin nach: Von heute an verspreche ich in aller Form, dass ich jeden Kunden im Umkreis von drei Metern Abstand anlächle, in die Augen schaue und grüße. So wahr mir Sam helfe.«

Vor Jahren hielt ich bei dem Finanzdienstleister Investec in Sun City, Südafrika, einen Workshop. Es war eine Freude, mit den begeisterten Angestellten des jungen, erfolgreichen Unternehmens zu arbeiten. Einmal musizierten die Führungskräfte zusammen. Ein Außenstehender hätte das vielleicht ziemlich seltsam gefunden, aber die Teilnehmer hatten ihren Spaß. Meiner Erfahrung nach bleiben Menschen, die miteinander spielen, sei es mit Musikinstrumenten, sei es durch Witz und Wortspielereien am Arbeitsplatz, länger zusammen und sind kreativer und mehr bei der Sache.

Der Chairman von Southwest Airlines, Herb Kelleher, glaubt fest an Management durch Herumalbern. Er kann das sehr gut. Seine Sketche, mit denen er Angestellte und Kunden zum Lachen gebracht hat, trugen erheblich zum Erfolg der Fluggesellschaft bei. Und indem er Mitarbeiter »mit der richtigen Einstellung« einstellte und einen spielerischen Umgang am Arbeitsplatz förderte, schuf Kelleher ein Gemeinschaftsgefühl, in dem alle gern mehr als das geforderte Soll leisteten. Dank gemeinsamer Werte und einer starken Unternehmenskultur hat Southwest Airlines viele Wettbewerber überflügelt. Auch Branson hat in den verschiedenen von ihm geleiteten Unternehmen stets auf Mitarbeiter mit der richtigen Einstellung geachtet: kämpferisch, zum Lachen aufgelegt und unternehmerisch eingestellt.

Kollegen und Gefolgschaft bevollmächtigen

Zur Führungsrolle gehört weiterhin die Ausführung der durchformulierten Vision. Im Wesentlichen reduziert sich diese Subrolle auf Bevollmächtigung: Zahlreiche Angestellte müssen in den Prozess einbezogen und ihre hundertprozentige Unterstützung der Vision sichergestellt werden. Im nächsten Schritt ist es unverzichtbar, ihnen die nötigen Vollmachten zu geben, damit sie ihren Beitrag selbstständig leisten. Empowerment, also Bevollmächtigung der Mitarbeiter, bedeutet mehr als das Recht auf Meinungsäußerung (das natürlich auch sehr wichtig ist). Es bedeutet eine breite Verteilung der Entscheidungsbefugnisse: Entscheidungen müssen auf der hierarchisch tiefsten Stufe angesiedelt werden, die noch die nötige Informationsbasis hat, um sie zu treffen. Jeder Mitarbeiter auf jeder Hierarchiestufe muss das Gefühl haben, dass es auf ihn ankommt. Es macht schlicht keinen Spaß, anderen zu ihrer Vision zu verhelfen, gleichgültig, wie brillant diese sein mag. Eine Karikatur zeigt Führungskräfte um den runden Tisch. Einer sagt: »Ich bin neu, bitte: Über wessen Witze habe ich pflichtschuldigst zu lachen?« Offensichtlich keine Bevollmächtigungskultur!

Empowerment sollte allerdings nicht mit dem Abgeben von Verantwortung verwechselt werden. Man sollte niemals Menschen in eine Rolle drängen, für die ihnen die Kompetenzen fehlen oder die Angst haben, Entscheidungen zu treffen. Das Ergebnis wäre Anarchie. Bevollmächtigung funktioniert nur dann, wenn die Mitarbeiter sowohl den Gesamtrahmen kennen, in den sich ihre Entscheidungen einpassen müssen, als auch mit den spezifischen Einzelheiten ihres Bereichs vertraut sind. Desinformation und Verwirrung begünstigen Anarchie. Mit relativ weitgehenden Machtbefugnissen können zuverlässige, entscheidungsfreudige Menschen umgehen, Menschen also, die eine einmal getroffene Entscheidung nur dann über den Haufen werden, wenn neue Umstände das erfordern.

Wie viele der in diesem Kapitel besprochenen Dinge ist Bevollmächtigung leichter gesagt als getan. Eine der größten Schwierigkeiten liegt in der Tatsache, dass sie Transparenz voraussetzt. In einer Organisation mit dezentralen Entscheidungsstrukturen sind Geheimnisse auf ein Minimum beschränkt, damit alle Angestellten über die nötigen Informationen verfügen. Führungskräfte, die nach dem Motto »Wissen ist Macht« handeln, werden sich in einer solchen Struktur nicht wohlfühlen.

Untersuchungen zeigen, dass Macht Abhängigkeiten erzeugt: Je mehr man hat, desto mehr will man haben. Aber sie kann auch heilsam sein. Das ist das Ergebnis einer groß angelegten Stressstudie, an der ich Anfang der siebziger Jahre beteiligt war. Teilnehmer, die das Gefühl hatten, sie würden selbst über ihr Leben bestimmen (ob das nun stimmte oder nicht), litten weniger unter Stress. Es ist also klug, so viel Macht wie möglich abzugeben: Wenn Menschen weniger unter Stress leiden, können sie besser arbeiten. Und die abgegebene Macht kommt langfristig in veränderter Form zur Führungskraft an der Spitze zurück, denn motivierte Mitarbeiter stärken das Unternehmen. Leider siegt meist die Kurzfrist- über die Langfristperspektive, und es stellt sich folgendes typisches Muster ein: Eine neue Person übernimmt das Ruder, dezentralisiert das zu stark zentralisierte Unternehmen, wird, sobald sich die Delegierung von Entscheidungen auswirkt, von Angst vor dem eigenen Machtverlust erfasst und kehrt wieder zum zentralistischen Modell zurück. Eine neue Person soll die Schäden der Machtballung lindern, und der Kreislauf beginnt erneut. Führungskräfte haben offenbar größte Mühe mit der Erkenntnis, dass am besten führt, wer die meiste Macht abgeben kann.

Bevollmächtigung hat ebenso viel mit dem Können wie mit dem Dürfen zu tun. Welche Angestellte sind in der Lage, Entscheidungen zu treffen, und welche nicht? Ende der sechziger Jahre führten Robert Rosenthal und Lenore Jacobson, beide Sozialpsychologen in Harvard, ein wegweisendes Experiment durch. Es wurde als »Pygmalion im Klassenzimmer« bekannt. Eine Gruppe von Schülern wurde völlig willkürlich zusammengestellt, den Lehrern sagte man jedoch, es handele sich um hoch begabte Kinder. Ob sie diese gern unterrichten würden? Natürlich, sagten die Lehrer. Raten Sie, wie die Schüler abschnitten: Sehr, sehr gut. Leistungen hängen ganz und gar von dem Ausmaß ab, in dem sie gefordert werden. Die Lehrer traten mit extrem hohen Erwartungen an die Klasse heran und behandelten sie als etwas Außergewöhnliches, und entsprechend reagierten die Kinder. Napoleon hat dieses Geheimnis verstanden: Jeder französische Soldat trage seinen Feldmarschallsstab im Tornister, hat er einmal gesagt.

Ähnliches beschreibt Tracy Kidder in ihrem Buch *Die Seele einer neuen Maschine,* in dem es um die Entstehung eines neuen Computers bei DataGeneral, Boston, geht. Die Unternehmensleitung hatte sich darauf geeinigt, den »Eagle«, wie der Rechner später getauft wurde, innerhalb von einem einzigen Jahr zu entwickeln. Projektmanager Tom West stellte ein Team zusammen, das die Anforderungen an Leistungen und Zielstrebigkeit erfüllte. Damit die Mitglieder mit dem nötigen Engagement bei der Sache waren, ging er zu ihnen und sagte: »Ich beobachte dich schon seit längerer Zeit, du bist wirklich etwas Besonderes. Das Projekt wird sehr anstrengend, aber ich bin sicher, dass du es schaffst. Ich hätte dich gern mit im Boot.« Er verlangte Engagement, und er bekam Engagement. Er packte seine Leute so an, dass sie sich einen Schlafsack geholt und für das nächste Jahr von Frau und Kindern verabschiedet hätten, um in der Firma Tag und Nacht an dem Projekt zu arbeiten. Das ist natürlich übertrieben, aber West hatte den Bogen raus, dass Mitarbeiter mehr als das arbeitsvertraglich Geforderte einbrachten. Wer sich auf Bevollmächtigung versteht, folgt imgrunde Katharina der Großen: »Lobe laut, ermahne leise.«

Untergebene positiv einstimmen

Führer wie Gefolgschaft benötigen Energie – je erfolgreicher, desto mehr. Energie kennt zwei verschiedene »Geschmacksrichtungen«: aggressiv und leidenschaftlich.

Aggressive Energie ist allgegenwärtig. Die Manifestation am Arbeitsplatz hängt von den »Fantasien« der Menschen ab. Im Allgemeinen äußert sie sich in Machtkämpfen – in aller Öffentlichkeit oder hinter geschlossenen Türen, mit Drohgebärden oder Intrigen oder anderen negativen Formen. Gute Führungskräfte verbannen diese Art der Energie aus dem Unternehmen. Wie schon Jack Welch sagte: Kämpft meinetwegen gegen Dupont oder gegen ABB, aber nicht gegen euren Schreibtischnachbarn.

Leidenschaft stellt sich nur ein, wenn die Unternehmensleitung sie kultiviert. Gute Führungspersönlichkeiten sind de facto Sozialarbeiter mit psychiatrischem Know-how.

Sie sind, wie schon gesagt, »Behältnisse« für die Gefühle der Mitarbeiter und liefern die »stützende Umgebung«, in der sich der für den Unternehmenserfolg unentbehrliche Eifer einstellen kann. Manchmal bitten Mitarbeiter um ein Gespräch wegen eines geschäftlichen Problems, wollen aber in Wirklichkeit über etwas ganz anderes reden. Gute Führer oder Führerinnen erkennen die Finte und hören trotzdem genau zu. Ihr »Teddybärfaktor« beruht auf ihrer hohen emotionalen Intelligenz, und mithilfe des EQ wählen sie die richtigen Mitarbeiter, stellen sinnvolle Teams zusammen, leiten sanft Neulinge an und verhandeln mit Erfolg.

Gefühlsmanagement kann zu weit gehen. Das ist spätestens dann der Fall, wenn natürliche Empfindungen geheuchelt werden. Wer seinen Mitarbeitern den emotionalen Umgang miteinander *vorschreibt* (ihre Ausdrucksbreite also auf laut Handbuch zulässige Äußerungen, etwa gegenüber Kunden, beschränkt), ignoriert deren tatsächliche Bedürfnisse und lästige Details: Wer ständig »Einen schönen Tag noch« anhören (oder sagen) muss, kann es bald nicht mehr hören.

Der Disney-Konzern wurde wegen der strikten Richtlinien im Policy-Manual »smile factory« genannt. Auch Fluglinien tappen häufig in diese Falle und fordern absolut künstlich wirkende Verhaltensweisen von ihren Angestellten. Niemand ist dauernd glücklich. Natürlich muss man Kunden auch an schlechten Tagen respektvoll und professionell bedienen, aber das heißt nicht, dass man sie breit anlachen und mit bestimmten Grußformeln bedenken soll. Man muss Angestellten ihre Persönlichkeit lassen, sogar am Arbeitsplatz. Ein »falsches Selbst« als Routinefall kostet einen hohen Preis – Symptome von Depression und wachsender Stress. Wenn sich eine Organisation bemüht, Menschen mit der »richtigen Einstellung« zu finden – Menschen, deren Psychologie gut zu den Anforderungen des Unternehmens passt – wird sich das »falsche Selbst« nur hier und da zeigen. (Dazu fällt mir wieder eine Karikatur ein. Ein Vertreter kommt mit einem Lachen von einem Ohr zum anderen nach Hause. Seine Frau sagt: »Schatz, du bist daheim, du kannst aufhören zu lachen.«)

Der beste Weg, dem Unternehmen Energie einzuflößen, ist das Vorleben: Gute Führungskräfte können träumen, schon, aber sie können auch die Ärmel hochkrempeln. Sie verwirklichen ihre Träume. Es gibt, sagt ein Witz, drei Arten von Menschen: Die, die etwas in Gang setzen lassen, solche, die sehen, was passiert, und jene, die sich fragen, was passiert ist. Gute Führungskräfte haben die nötige Hartnäckigkeit, um sich in die erste Kategorie einzuordnen. Sie lassen nicht locker, bis sie ihr Ziel erreicht haben. In diesem Sinn hat Percy Barnevik gesagt: »Das Beste, was Sie in meinem Unternehmen tun können, ist, richtige Entscheidungen zu treffen, das Zweitbeste, falsche Entscheidungen zu treffen. Aber wer *keine* Entscheidungen trifft, unterschreibt seine Kündigung.«

Vielleicht wissen Sie es aus eigener Erfahrung: Wer gern den Mittelweg nimmt, wird leicht überrannt. Auf den Unternehmensfriedhöfen liegen Unzählige, die sich alle Möglichkeiten offen halten wollten. Erfolg verlangt Entscheidungen, die zu konkreten Handlungen führen. Besser man zündet ein Feuer an, statt sich über die Dunkelheit zu beschweren. Thomas Edison, der nach 805 Fehlschlägen die Glühbirne erfand, wusste, wovon er sprach: »Genie ist 1 Prozent Inspiration und 99 Prozent Transpiration.« Der Sieg gehört den Hartnäckigen, sagte Napoleon. Echte Führer sind oft ganz gewöhnliche Menschen mit einer außergewöhnlichen Entschlossenheit.

Die architektonische Rolle

Wie schon gesagt, muss zum Charisma die architektonische Rolle treten, damit Führungsbemühungen von Erfolg gekrönt sind. Das eine taugt ohne das andere nicht. Allzu viele Köpfe bauen Luftschlösser, ohne sich um die Details der Konstruktion zu kümmern.

Um einer Vision Leben einzuhauchen, ist eine Anpassung des Belohnungs- und Kontrollsystems erforderlich, die gewünschte Einstellungen und Verhaltensweisen begünstigt, und das Organigramm muss die Werte der Kernideologie verkörpern. Richard Branson und Percey Barnevik bauten in ihren Unternehmen kleine, selbstständige Einheiten, die ihrem Konzept von dezentralen Entscheidungen entsprechen. Branson behauptet: »Wenn mehr als 50 Leute in einem Haus sitzen, ist es Zeit für eine Teilung, denn sonst geht das Identitätsgefühl verloren.«

Die Unternehmensleitung muss in solchen architektonischen Kategorien denken, wenn ihre Vision Realität werden soll. Wenn Sie beide Rollen gut spielen, hat Ihr Unternehmen gute Chancen, zu den Outperformern zu gehören.

12

Nachwuchsförderung

Wer je über die Kunst, die Menschheit zu regieren, nachgedacht hat, weiß, dass das Schicksal eines Landes von der Erziehung der Jugend abhängt.
nach Aristoteles

Ohne Lehren kein Führen.
John F. Kennedy

Die einzige Ausbildung für Führung ist das Führen.
Antony Jay

Ein Junge kommt mit einem schlechten Zeugnis nach Hause. Einige Tage lang versteckt er es vor dem Vater, dann kratzt er seinen ganzen Mut zusammen und zeigt ihm die Noten. Der Vater schimpft daraufhin gewaltig. Nachdem er sich ausgetobt hat, fragt ihn der Sohn: »Papa, glaubst du, es liegt an meiner Veranlagung oder an meiner Erziehung?« In einer anderen Version der Geschichte beruft sich der Vater auf einen Jungen aus der Nachbarschaft: »Der hat doch auch keine Vieren und Fünfen.« »Nein«, gibt der Sohn zu, »aber das ist nicht vergleichbar – er hat sehr kluge Eltern.«

Ich werde oft gefragt, ob Führungspersönlichkeiten gemacht oder geboren werden. Wenn ich die Frage zurückgebe, ist die Bandbreite der Antworten groß. Findet die Unterhaltung in einer Gruppe statt, entspinnt sich häufig eine lebhafte Diskussion mit Befürwortern beider Thesen. Wer für Veranlagung plädiert, nennt Familien, die mehrere Führer hervorgebracht haben. Um ihrem Argument mehr Gewicht zu verleihen, berufen sie sich mitunter auf Studien an eineiigen Zwillingen, die die These von angeborenen Führungseigenschaften stützen. Die »gegnerische« Partei führt zum Beispiel den Dalai Lama ins Feld. Als kleiner Junge erkennt er Kleidungsstücke und andere Dinge aus dem Besitz des verstorbenen Vorgängers, wird deswegen in den Potala-Palast in Lhasa geschickt und dort sorgfältig ausgebildet. Fünfzig Jahre später erhält er den Friedensnobelpreis und ist bekannt als Führer seines Volkes.

Wie viele Charakterzüge speisen sich Führungsqualitäten wohl aus beiden Quellen. Zwillingsstudien legen zwar nahe, dass das Verhältnis 60 zu 40 zugunsten der Veranlagung ausfällt, aber das ist für die Auswahl von Nachwuchskräften nicht eigentlich relevant. Die Auswahl selbst ist viel entscheidender. Die Erziehung ist weitgehend abgeschlossen, wenn sich Menschen für eine Karriere entscheiden, ihre Persönlichkeit voll entwickelt. Wer also nach »high potentials« sucht (wie künftige Führungskräfte oft genannt werden), tut gut daran, die richtige Wahl zu treffen. Die Entwicklung einer Führungspersönlichkeiten ist schwerlich möglich.

Die Qual der Wahl

McDonalds-Gründer Ray Kroc pflegte zu sagen: »Du bist nur so gut wie die Leute, die du einstellst.« Theodore Roosevelt: »Die besten Führungskräfte haben genug Verstand, gute Leute für die jeweilige Aufgabe auszuwählen, und genug Selbstbeherrschung, ihnen nicht in die Arbeit hineinzureden.« Offenbar ist derjenige klüger als die Mitarbeiter, die er einstellt, welcher Mitarbeiter einstellt, die klüger sind als er! Sprichwörtlich stellen erstklassige Menschen erstklassige Menschen ein, zweitklassige jedoch drittklassige.

Aber es ist fast unmöglich, Fähigkeiten (zum Führen oder anderweitige) aufgrund magerer Informationen und flüchtiger Bekanntschaft zu erkennen. Der Schauspieler und Tänzer Fred Astaire bekam nach Probeaufnahmen bestätigt, er könne nicht schauspielern, zeige Ansätze zu einer Glatze und sei ein mäßiger Tänzer. Jacques Chirac traf 1975 Saddam Hussein und nannte ihn einen »guten Freund« und versicherte ihn seines Respekts, seiner Wertschätzung und seiner Zuneigung. Beide Beispiele zeigen, wie sehr wir uns bei der Beurteilung anderer Menschen verschätzen können. Vorstandsvorsitzende und andere Führungskräfte müssen mit einer schlechten Wahl unter Umständen jahrelang und über mehrere Fehlschläge hinweg leben.

Worauf kommt es an?

Ein neuer Führer soll gewählt werden. Hier einige Fakten zu drei Kandidaten.

- Kandidat A trifft sich mit zwielichtigen Politikern und hört auf Astrologen. Er hatte zwei Mätressen, raucht Kette und trinkt acht bis zehn Martinis am Tag.
- Kandidat B flog zweimal vom College, konsumierte bis zum Hochschulabschluss Opium, schläft auch heute noch bis mittags und trinkt jeden Abend einen Viertelliter Whiskey.
- Kandidat C ist ein gefeierter Kriegsheld und Vegetarier. Er raucht nicht, trinkt nur gelegentlich ein Glas Bier und hat keine Frauengeschichten.

Wen würden Sie wählen? Falls Sie sich für C entschieden haben, wird Sie das Ergebnis vielleicht überraschen:

- Kandidat A ist Franklin D. Roosevelt.
- Kandidat B ist Winston Churchill.
- Kandidat C ist Adolf Hitler.

Falls Sie mit mir der Meinung sind, dass die Auswahl der richtigen Mitarbeiter die eigentliche Herausforderung darstellt, können wir zu der Frage übergehen, welche Methoden und Kriterien greifen. Es gibt viele Möglichkeiten: Wir können Kandidaten direkt nach ihren Führungsqualitäten fragen. Aber dieses Vorgehen hat Tücken, ordnen sich doch drei Viertel aller Führungskräfte in das oberste, fähigste Viertel ein. Das stellt die Zuverlässigkeit von Selbsteinschätzungen generell in Zweifel. In Familienbetrieben ersetzt insbesondere Vetternwirtschaft formelle Einstellverfahren, häufig mit verheerenden Folgen.

Möglichkeit Nummer 2 sind Prüfungen aller Art. Psychologische Tests enthüllen gravierende seelische Störungen, liefern aber keine zuverlässigen Indizien für Führungsqualitäten. Zielgerichtete Tests sind bei Spezialberufen nützlich, erkennen aber wiederum Führungsqualitäten nur schlecht. Dasselbe gilt für das »Tournament«-Modell, das sich in Frankreich und Japan großer Beliebtheit erfreut. Das Konkurrenzelement, das in die Bewertung einfließt (Bestehen von Prüfungen, Abschlüsse angesehener Business-Programme oder -Schools und andere Assessments), siebt leistungsfähige Teilnehmer aus, liefert aber keine Prognosen hinsichtlich der Führungsfähigkeit.

Die besten Hinweise auf Führungsqualitäten ließen sich dem Lebenslauf und den Zeugnissen früherer Arbeitgeber entnehmen, wenn man denn »unzensierte« Zeugnisse bekäme. Aber die Wahrheit wird oft modifiziert, sei es wegen gesetzlicher Vorschriften, sei es aus Loyalität dem Angestellten gegenüber. Es gilt also, der Wahrheit auf die Spur zu kommen. Hier haben Assessment Center ihre Verdienste: Hier lässt sich die Streu vom Weizen trennen. Und die Beurteiler werden sich leichter über die Kompetenzen klar, die im Unternehmen benötigt werden.

Diese beiden Punkte – bisherige Erfolge und notwendige Kompetenzen – sind die besten aller möglichen Näherungen zur magischen Auswahlformel. Wenn eine Organisation ihre Zukunftsvision auf die Fähigkeiten hin prüft, mit der diese Wirklichkeit werden könnte, und sich daraufhin die Kandidaten und deren Vorgeschichte im Hinblick auf diese geforderten Fähigkeiten anschaut, ist die Trefferwahrscheinlichkeit nicht schlecht.

Eine gute Wahl ist umso dringlicher, als eine schlechte ausgesprochen teuer werden kann. Wie bei Neuvermählten (die in den USA eine 50-prozentige Chance haben, sich wieder scheiden zu lassen), scheidet auch eine große Zahl von Neueinstellungen vorzeitig aus dem Unternehmen. Die Angaben schwanken, aber schätzungsweise 40 Prozent gehen innerhalb der ersten 18 Monate wieder. (Als häufigster Grund für das Scheitern wird die Unfähigkeit angegeben, zu Gleichgestellten und Untergebenen gute Beziehungen aufzubauen.)

Die ausgewiesenen Kosten für die Suche nach einer guten Führungskraft sind, insbesondere wenn das grausame Spiel mit Versuch und Irrtum in die x-te Runde geht, hoch genug. (Sie liegen bei dem Zwei- bis Dreifachen eines Jahresgehaltes.) Aber das ist nur die Spitze des Eisbergs, da sind noch 10 bis 15 Prozent der Kosten, die man für schlechte Geschäftsentscheidungen und verpasste Chancen hinzurechnen muss. Aus all dem wird klar, dass der Eintritt einer neuen Führungskraft die hohe Zeit der Erfahrungen ist. Die Entwicklung der Person erfordert große Aufmerksamkeit. Dazu gehören auch ein Gefühl des wechselseitigen Gebens und Nehmens und eine Angleichung von Vision und Zielen.

Entwicklungspolitik

Ist ein passender Kandidat gewählt, welche Erfahrungen verhelfen dieser Person zum Erfolg? Welche Schlüsselerlebnisse sollten ihr zuteil werden? Meinen Beobachtungen und dem Vorgehen in großen Unternehmen nach sind mehrere Faktoren zu unterscheiden.

Wahrnehmen verschiedenster Unternehmensfunktionen zu Beginn der Laufbahn

Wer gleich zu Beginn der Laufbahn in verschiedensten Abteilungen Erfahrungen sammelt, lernt nicht nur das Produkt beziehungsweise die Dienstleistung des neuen Arbeitgebers genau kennen, er fällt auch weniger rasch dem Denken in Fronten (»wir gegen die«) oder dem Sichern von Pfründen anheim. Der Blick öffnet sich. Erschreckend häufig beschuldigen die Mitarbeiter der Zentrale die Mitarbeiter in den Produktionseinheiten für irgendwelche Versäumnisse und umgekehrt. Diese wechselseitigen Schuldzuweisungen sind typisch für eine Art »Lehenswesen« und die Abgrenzungen zwischen verschiedenen Herrschaftsbereichen.

Erfahrungen, die gegenüber Kunden und Wettbewerbern sensibilisieren

Selbstverständlich sind alle Unternehmensbereiche wichtig, aber das Verständnis von Kunden und Konkurrenten erfordert besondere Fähigkeiten. Außergewöhnliche Gestalten wie Percy Barnevik, Richard Branson und Jack Welch sind immer ganz nah am Kunden und haben ein wachsames Auge auf die Wettbewerber. Das erklärt einen Teil ihres Erfolgs. Wer also gute Führungskräfte im Unternehmen »heranziehen« will, sollte die Kandidaten im Kundendienst und in der Abteilung für Marktanalyse mit guten Mitarbeitern zusammenarbeiten lassen. Große Unternehmen investieren kontinuierlich in Nachwuchstalente.

Timbuktu

Gefragt, was sie zum Führen befähigt hat, erzählen viele Verantwortliche von früher Verantwortungsübernahme: »Mit Mitte Zwanzig schickte mich mein Chef nach Timbuktu, um dort eine neue Filiale zu eröffnen. Ob ich Angst hatte? Und wie! Ob ich Fehler gemacht habe? Klar! Aber ich habe unglaublich viel gelernt in dieser Zeit.« Leider bieten die wenigsten Unternehmen ihrem Nachwuchs die Chance, sich frühzeitig zu bewähren und Fehler zu machen. Die Anwärter müssen ihre Zeit in langweiligen Stabspositionen verschwenden, statt in sinnvollen Jobs mit Gewinn-und-Verlust-Verantwortung Risiken eingehen zu dürfen. Junge Menschen sollten autonom entscheiden und im Erfolgsfall belohnt werden – das ist die wichtigste Maßnahme der Nachwuchsförderung.

Führung lässt sich eben ohne Fehlentscheidungen nicht lernen, und Fehlentscheidungen von jungen Leuten sind erfahrungsgemäß nicht so folgenreich. Besser man verliert einen Verantwortlichen im mittleren Management, als dass man mit einem CEO bei einer Fusion eine Bauchlandung hinlegt. Die Kosten sind geringer und der Lernprozess effizienter. »Ich mag Menschen, die Fehler machen«, sagte mir einst ein Vorstandsvorsitzender. »Es zeigt, dass sie Entscheidungen fällen.« Derselbe Mann führte in seinem Unternehmen einen »Fehlerbonus« für Führungskräfte ein, der ihren Mut bei der Umsetzung guter Ideen belohnte.

Es gibt eine berühmte Anekdote über Thomas Watson Senior. Ein IBM-Nachwuchs-Manager hatte mehrere Millionen US-Dollar in den Sand gesetzt, in den fünfziger Jahren sehr viel Geld und auch heute kein Pappenstiel. Der Fehler wurde entdeckt und der junge Mann ins Büro des Chefs zitiert. »Sie werden mich ... Sie werden mich bestimmt entlassen«, rief er ängstlich. Watsons Antwort: »Entlassen? Sie *Entlassen?* Nach all dem Geld, das ich in Ihre Ausbildung investiert habe?« Richtig behandelt, sind Fehler die Brücke zwischen Unerfahrenheit und Weisheit. Fehler lehren Erfolg. Erfolg heißt nicht, dass man vor Fehlern gefeit ist. Erfolg haben heißt, einen Fehler nicht zweimal machen.

Mentoring

Mentoring ist ebenfalls ein guter Weg der Personalentwicklung. Die Kandidaten lernen die »Seilschaften« innerhalb der Organisation durch ihren Mentor kennen, sie verstehen durch ihn die politischen Verhältnisse besser. Die Älteren und Erfahreneren erkennen Fehler oft schon weit im Vorfeld und helfen ihrem »Schützling«, ihn zu vermeiden.

Konstruktives Feedback heißt ein weiteres Zauberwort. Bei der Personalentwicklung sind Organisationen mit einer Kultur der Rückmeldung entschieden im Vorteil.

Große Unternehmen betreuen und belohnen Führungskräfte in ihrem Engagement für den Nachwuchs, die Unternehmensleitung erkennt die Leistungen an. Leider sind die wenigsten Leiter und Leiterinnen besonders geschickt, was konstruktive Kritik betrifft: Sie geben nur im Ausnahmefall Feedback, weil sie nicht wissen, wie ungeheuer aufbauend einige Worte des Lobes oder Vorschläge für Verbesserungen sein können.

Dasselbe gilt für das Feiern von erreichten Zielen: selten praktiziert und doch ein wichtiges Instrument der Personalentwicklung. Die Belohnung kann finanzieller Natur sein (Prämien, Aktienoptionen, Bonus oder Gewinnbeteiligung), muss aber nicht. Eine Auszeichnung oder eine Begegnung mit dem Vorstand, also der Ruhm der Tat, hat oft dieselbe Wirkung. Doch es kann auch größere Budgetverantwortung sein, Karten für die Oper oder ein Fußballspiel, Privilegien (Clubmitgliedschaften und so weiter) oder Gutschriften (die in Freizeit, Geldbeträgen oder anderen Vergünstigungen eingelöst werden können). Da eine Kultur des Feedback von oben nach unten geht, muss die Unternehmensleitung streng auf die Umsetzung achten. Wie oft habe ich heute gelächelt? Die Frage sollte sich jede Führungskraft täglich stellen.

Die Balance zwischen Privat- und Berufsleben

Wie in Kapitel 6 ausführlich erläutert, verursacht die fehlende Balance zwischen Privat- und Berufsleben Stress. Arbeitswut ohne jedwede Ablenkung erstickt die Kreativität. Es gibt unwiederholbare und damit im Zweifelsfall auch unwiederbringlich verlorene Momente im Leben. Die Vertrautheit mit Ehepartner und Kindern lässt sich nicht auf später verschieben, tritt hier durch permanente Abwesenheit eine Entfremdung ein, ist der Schaden meist irreparabel.

Solche Schäden ziehen das Berufsleben in Mitleidenschaft. Das Privatleben hat eine wichtige Regenerationsfunktion. Wer sich Zeit zur Erneuerung und zum Nachdenken außerhalb beruflicher Verpflichtungen nimmt, trifft am Arbeitsplatz bessere Entscheidungen und kommt mit dem Stress und der Fluktuation dort besser zurecht.

Das Leben sollte nicht an uns vorbeiziehen, während wir berufliche Termine zu erfüllen suchen. Deshalb ist es an der Unternehmensleitung, die Mitarbeiter zu einem gesunden Ausgleich anzuhalten. Sich selbst überlassen, leben zu viele Vorgesetzte die Besessenheit vom Beruf vor. Sie lassen sich gänzlich von der Arbeit vereinnahmen und fordern damit indirekt von ihren Untergebenen den gleichen Einsatz. Diese Vorgesetzte sind sich wahrscheinlich der falschen Gewichtung nicht einmal bewusst. Würde man sie fragen, wie viel Zeit sie mit ihrer Familie verbringen, würden sie vermutlich höhere Stundenzahlen nennen als die anderen Mitglieder der Familie. Sie betreiben, was Psychotherapeuten »manische Verleugnung« nennen (bloß nicht innehalten und nachdenken müssen).

Eine ordentliche Dosis EQ

Ohne die Selbsterkenntnis, für die emotionale Intelligenz sorgt, ist es sehr schwer, andere Menschen zu leiten. In diesem Prozess müssen zukünftige Führungskräfte herausfinden, was sie innerlich antreibt, wann sie wirklich glücklich sind, wo sie sich richtig wohl fühlen. Und sie müssen Sensibilität für andere entwickeln. Der »Teddybärfaktor« – Sensibilität für andere, die aus der Sensibilität für sich selbst erwächst – wurde bereits im vorigen Kapitel diskutiert.

Entscheidender Bestandteil dieser Selbstfindung ist das Bewusstsein der eigenen Stärken und Schwächen. Aspiranten auf Führungspositionen müssen wissen, wo sie zur Wertschöpfung beitragen und welche ihrer Talente zu wünschen übrig lassen. An diesen Unzulänglichkeiten können sie arbeiten oder andere bitten, die entsprechenden Funktionen zu übernehmen. Der eine zeichnet sich durch technisches Verständnis, finanzielles Gespür oder Fähigkeiten im Marketing aus, der andere ist eher Visionär mit genialen Strategiegedanken. Wieder andere verstehen sich auf »Erhaltungsmaßnahmen«, sind exzellente Wächter der Unternehmenskultur. Der eine kann gut ausführen, ist also in einer operativen Einheit gut aufgehoben. Der andere hat besondere Verdienste im Personalbereich, kann gut motivieren und vermitteln. Wer angeheuert wird, um einen Turnaround einzuleiten, hat oft ein »Händchen« für Übergangsprozesse. Es gibt Menschen mit einem verblüffend neuen Blick auf die Welt. Wer in Führungsverantwortung steht, muss eine »Rollenkonstellation« schaffen, in der alle diese Elemente ausbalanciert vorhanden sind und das Team die bevorstehenden Herausforderungen meistern kann. Im Allgemeinen ist es ratsam, auf eigenen Stärken aufzubauen, statt bloß Schwächen auszugleichen. So entsteht eine wirklich durchschlagkräftige »Rollenkonstellation«, die sich auszahlt.

Wo tragen Sie zur Wertschöpfung bei?

Antworten Sie mit *Wahr* oder *Falsch* und vergleichen Sie Ihre Einschätzung mit der von Menschen, die Sie und Ihre Fähigkeiten gut kennen.

- Meine Kernkompetenz liegt in einem Funktionsbereich wie Marketing, Finanzen, operatives Management oder Informationstechnologie.
- Meine Kernkompetenz liegt in strategischen Einsichten.
- Meine Kernkompetenz liegt im Motivieren von Mitarbeitern.
- Meine Kernkompetenz liegt im Bewahren der Unternehmenskultur.
- Meine Kernkompetenz liegt im »change management«.
- Meine Kernkompetenz liegt in Innovationen.
- Meine Kernkompetenz liegt in Ausführung und Nachhalten.

Ihre Antworten zeigen Ihnen, in welchen Bereichen Sie zur Wertschöpfung beitragen. Jede Kompetenz ist für das Wohlergehen eines Unternehmens erforderlich, aber die Gewichtung unterscheidet sich je nach der Phase, in der sich das Unternehmen befindet. Die Herausforderung besteht darin, sich mit den richtigen Leuten zu umgeben, deren Eigenschaften sich untereinander ergänzen und die zu den Bedürfnissen des Unternehmens passen.

Ein gelungenes Beispiel effizienter Rollenkonstellationen bieten die Teams von Richard Branson. Er begann seine Karriere im Musikbusiness, obwohl er nach eigenem Bekunden »kein Gehör« hat. Er kompensierte seine Schwäche mit der Einstellung eines entfernten Verwandten, Simon Draper, genannt das »goldene Ohr«. Draper fand die Sieger der Hitparaden – und damit der Verkaufszahlen. Auch für Bilanzen und Cashflow-Rechnungen hat Branson keine Schwäche, und auch hier hat er sich Unterstützung geholt: Don Cruickshank, Schotte, Buchhalter, MBA, Ex-McKinsey-Mitarbeiter. Er sorgte für die nötige Systematik und machte dem Laisser-faire in der Rechnungslegung den Garaus. Die Rollenkonstellation wurde von Branson geführt, der für Vision, Inspiration, Energie und Motivation zuständig war.

Führen im »digitalen Zeitalter«

Angenommen, die viel versprechenden Kandidaten haben die Herausforderungen der Entwicklungsphase erfolgreich gemeistert, wie sehen diese künftigen Verantwortlichen aus? Das autoritäre Modell der Vergangenheit hat ausgedient, so viel ist klar. General Eisenhower sagte gern: »Man führt Menschen nicht, indem man sie deckelt, das ist Körperverletzung, keine Führung«.

Bereit zum Führen im »digitalen Zeitalter«?
Antworten Sie mit *Ja* oder *Nein*.

- Setzen Sie, wenn möglich, eigene Ziele?
- Stehen Sie eigenen Leistungen kritisch gegenüber?
- Können Sie komplizierte Zusammenhänge klar und verständlich vermitteln?
- Schauen Sie aus der Vogelperspektive – sehen Sie den Wald und nicht nur Bäume?
- Sind Sie gern mit Menschen aus anderen Kulturen zusammen?
- Versuchen Sie, die kulturellen Besonderheiten von Menschen anderer Nationalität zu verstehen?
- Halten Sie sich für handlungsorientiert?
- Können Sie Begeisterung für einen Maßnahmenplan wecken?
- Genießen Sie es, Jüngere untere Ihre Fittiche zu nehmen?
- Sind Sie stolz, wenn Nachwuchskräfte aus Ihrem »Stall« Erfolg haben?

- Fühlen Sie sich in Gruppen wohl?
- Stellen Sie Teams auch unter dem Gesichtspunkt hinreichender Verschiedenheit der Teilnehmer zusammen?
- Arbeiten Sie gern in multikulturellen Teams?
- Haben Sie das Gefühl, dass Sie das Beste aus den Teammitgliedern herausholen?
- Kümmern Sie sich um Angestellte, die persönliche Probleme haben?
- Gehen Sie mit Ihrem Beispiel voran?
- Sind Sie überzeugend in Präsentationen?
- Geben Sie Informationen freimütig weiter?
- Flößen Sie Mitarbeitern Vertrauen ein?
- Glauben Sie, dass sich die Menschen besonders anstrengen, wenn sie für Sie arbeiten?
- Reden die Menschen offen mit Ihnen?
- Geben Sie schon im Vorfeld offenes, rückhaltloses Feedback?

Wenn Sie meistens mit *Ja* geantwortet haben, dürften Sie für eine globale Führungsposition gut gewappnet sein. Überprüfen Sie Ihre Aussagen an Menschen, die Sie gut kennen.

Charismatische Transformationsmeister, die sich locker auf globalem Terrain bewegen, charakterisiert zudem Selbstmanagement. Menschen, die andere führen, müssen ihre eigenen Standards und Belohnungen entwickeln, sie müssen sich selbst Ziele setzen können, ohne zu übertreiben. Dann sind sie meistens lernbegierig und anpassungsfähig. Sie können sich selbst belohnen, sind aber auch ihre schärfsten Kritiker. In der Regel haben sie Vater oder Mutter internalisiert, die, irgendwo im Hinterkopf, mahnen: »Du kannst es noch besser machen.« Wenn Organisationen nach Leitern suchen, sollten sie die Kandidaten nach Erlebnissen während ihrer Ausbildung fragen. Wer sich seine Ziele selbst vorgibt, hat »Feuer«, und deswegen verraten solche Erlebnisse (ob universitärer, beruflicher oder privater Natur) die Fähigkeit, große Herausforderungen zu bewältigen.

Gute Führungskräfte benötigen im digitalen Zeitalter die Fähigkeit, *kognitive Komplexität* zu bewältigen. Sie lässt sich im Normalfall nicht erwerben, ein Erwachsener hat sie oder hat sie nicht. In ihr gehen Voraussicht und die Unterdrückung des »Hintergrundlärms« im System eine Symbiose ein. Manchmal wird sie als Vogelperspektive beschrieben: Man sieht den Wald und nicht nur Bäume. Wer über diese Fähigkeit verfügt, erfasst sehr schnell das Wesentliche in einer komplexen Vorstellung und kann den Sachverhalt für andere auf einfacherem, verständlichem Niveau erklären. Wenn Sie prüfen wollen, ob Sie kognitive Komplexität bewältigen können, versuchen Sie, einen Vorgang mit vielen Aspekten und inneren Wechselwirkungen einem Kind zu erklären.

Bereits erwähnt wurde das Gespür für *kulturelle Relativität* als unabdingbare Voraussetzung für effiziente Führung. Ethnozentrismus oder selbstverliebte Nabelschau haben keinen Platz in unserer heutigen Welt und schon gar nicht in globalen Unternehmen. Führungskräfte müssen natürlich nachdenklich sein, aber ihr Tatendrang sollte mindestens genauso stark ausgeprägt sein. Durchsetzungs- und Verfahrensfähigkeiten entscheiden über Erfolg und Misserfolg. Echte Führer wollen Ergebnisse sehen und legen großen Wert auf die Ausführung.

Im Cyber-Zeitalter benötigen Führungskräfte zudem *Generativität.* Der Ausdruck stammt von dem Entwicklungspsychologen Erik Erikson. Gemeint ist die Fürsorge für und die Freude am Umgang mit der nächsten Generation, das geschickte, engagierte Mentoring. Der mythische Kronos, der seine Kinder verschlingt, darf für künftige Führer kein Vorbild sein. Die moderne Organisation sollte viele Stunden für das Coaching der Nachwuchskräfte bereitstellen. Jede Firma, die sich als lernende Organisation konstituieren will, benötigt zahlreiche Mentoren, um die flüchtige Welt junger Führungskräfte abzusichern, insbesondere jener Kandidaten, die vor kurzem neue Verantwortung übernommen haben. Mentoren bieten den Raum und das Sicherheitsnetz für Selbsterforschung.

Wie lässt sich das Generativitätspotenzial testen? Die Antwort ist überraschend einfach. Wenn Kinder da sind, genügt die Feststellung, ob die Kandidaten gute Eltern sind, ob sie ihre Kinder mit Geduld und Liebe fördern. Untersuchungen legen nahe, dass gute Eltern auch den Angestellten gegenüber die nötige Geduld aufbringen. Umgekehrt sind jähzornige, harsche Vorgesetzte oft auch ungeduldige Väter. Ich weiß von Einstellungsverfahren, bei denen die Kandidaten mit ihrer Familie über ein Wochenende eingeladen wurden, um den Umgangston zwischen Ehepartnern und Kindern beurteilen zu können.

Eine weitere unentbehrliche Führungseigenschaft ist die *Fähigkeit, Teams zu bilden*. Ich kenne viele Verantwortliche, die Teams gut führen, aber nicht in einem Team arbeiten können. Wirklich gute Führungskräfte sind zu beidem in der Lage. Nur dann können sie ihre Mitarbeiter zu Höchstleistungen motivieren. Die kreativsten Entscheidungen entstehen in gemischten Teams, gemischt hinsichtlich Geschlecht, Kultur und Funktion. Deswegen müssen gute Führungskräfte auch mit Verschiedenheit umgehen können. Die Entscheidungsfindung dauert in gemischten Gruppen länger als in homogenen, aber die Entscheidungen sind dafür qualitativ hochwertiger. (Denken Sie daran: Wenn alle dasselbe denken, denken die meisten gar nicht.)

Außerdem sollten Führungskräfte, salopp gesagt, Eindruck schinden können. Sie sind immer auch Schauspieler und Geschichtenerzähler, denn sie müssen viele Beteiligte von ihrer Vision und den von ihnen vorgeschlagenen Werten überzeugen. Ob Sie es glauben oder nicht, die Gebühren für ein paar Kurse an der Schauspielschule sind gut angelegtes Geld. Wer sich auf Video aufnehmen lässt und zum Beispiel mit einem Coach die »Vorstellung rezensiert«, lernt viel. Gute Führungskräfte nutzen jedes Mittel, um ihre kommunikativen Fähigkeiten zu verbessern.

Natürlich können Aufgaben nicht ohne die nötigen *Sachkenntnisse* erledigt werden. Wer in der Automobilbranche arbeitet, sollte Autos mögen. Wer in der Elektronik arbeitet, hat es mit elektronischem Vorwissen leichter. Angesichts der Omnipotenz der Finanzvorstände wird dies in unserer Zeit manchmal vergessen.

Schließlich stellen globale Führungskräfte im digitalen Zeitalter ein vertrauensvolles Verhältnis zu den Angestellten her und erhalten es im Verlauf der Durchsetzung ihrer Vision. Die Notwendigkeit von Vertrauen und der Wunsch, jederzeit vertrauenswürdig zu sein, sollten ihr Denken begleiten. Ohne Vertrauen sind die meisten anderen Führungseigenschaften nutzlos. Der Erfolg von Führungskräften hängt eng mit dem Vertrauen zusammen, das die Angestellten in sie setzen. (Eine grafische Zusammenfassung der Führungseigenschaften zeigt Abbildung 16).

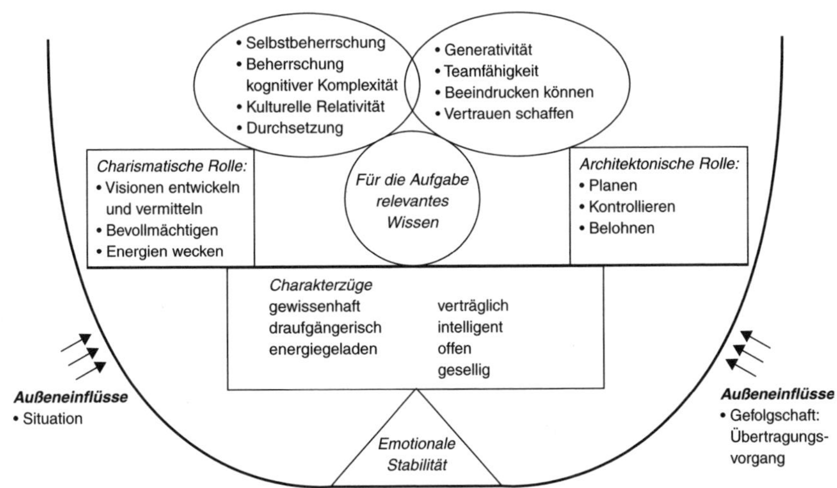

Abbildung 16: Führung im digitalen Zeitalter

Ready for Action?

Nach dem bisher Gesagten können Sie nun beurteilen, ob Sie über Kompetenzen und andere Eigenschaften verfügen, die für gute Führungskräfte unentbehrlich sind. Überlegen Sie anhand der spezifischen Anforderungen bei Ihrem Arbeitgeber, welche Qualitäten erforderlich sind. Erstellen Sie eine entsprechende Liste und halten Sie Ihre eigenen Fähigkeiten und Defizite dagegen. Daraus ergibt sich ein Entwicklungsplan, wie Sie Ihre Kompetenzen gezielt einsetzen können.

Ihr Weg zu Führungserfolg

Erforderliche Kompetenzen	Meine Kompetenzen	Meine Defizite	Entwicklungsplan
•			
•			
•			
•			
•			

Organisationen, die die in diesem Kapitel beschriebenen Charakteristika effizienter Führung fördern und fordern, sind auf dem richtigen Weg. Zuletzt wollen wir uns der Frage widmen, wie nicht nur erfolgreiche Führer, sondern erfolgreiche Organisationen entstehen. Welche Organisationsarten sind in unserer von Umbrüchen gekennzeichneten Zeit adäquat? Welche Eigenschaften zeichnen sie aus? Und vor allem, welche Schritte müssen unternommen werden, um solche Organisationen zu schaffen?

13

Authentizotische Organisationen

Es genügt nicht zu wissen, was hervorragend ist, wir müssen auch danach streben und das Hervorragende zu nutzen suchen.
nach Aristoteles

Greif nach den Sternen und bleib mit den Füßen auf dem Teppich.
Theodore Roosevelt

Integrität beginnt mit der Ehrlichkeit gegenüber sich selbst.
Cort Flint

Wenn wir die ersten Jahre des neuen Jahrtausends ansehen, begegnen wir vielen beunruhigenden Fakten in der Arbeitswelt. Zu den Auffälligsten gehört der Stress. Vom Büroboten bis zum Vorstandsvorsitzenden: Statistiken zu Krankenstand und Leistungsmängeln lassen auf massive Missstände am Arbeitsplatz schließen. In so mancher Organisation hat sich das Gleichgewicht zwischen Arbeit und Privatleben so sehr zugunsten der Arbeit verschoben, dass es praktisch kein Privatleben mehr gibt. Horrorgeschichten kursieren – Arbeitsüberlastung, widersprüchliche Anforderungen, miserable Kommunikation, fehlende Aufstiegsmöglichkeiten, Ungerechtigkeiten bei der Leistungsbeurteilung und beim Lohn, Verhaltensmaßregelungen und zu häufige Reisen – und erklären zum Teil Depressionen, physische Symptome, Alkoholismus, Drogenmissbrauch und Schlafstörungen.

Arbeit sollte nicht in Stress ausarten. Im Gegenteil, Arbeit sollte einer der Anker für das seelische Wohlbefinden sein. Der Beruf hilft bei der Identitätsfindung und dem Selbstwertgefühl. Sigmund Freuds Diktum, geistige Gesundheit resultiere aus »Liebe und Arbeit«, enthält viel Wahres. Aber wenn Arbeit gesund sein soll, müssen die Organisationen in Sinn investieren. Damit können sie den Arbeitnehmern Stabilität in einer hochgradig instabilen, unvorhersagbaren Welt vermitteln.

Es ist für das Unternehmen als Ganzes ungeheuer wichtig, dass sich die einzelnen Mitarbeiter wohlfühlen, und deshalb ist effiziente, verantwortliche Führung ein wesentlicher Faktor in der Gesundheitsgleichung am Arbeitsplatz. Die Unternehmensleitung muss für ein gesundes Arbeitsumfeld sorgen, und gesund heißt, dass sich die Menschen an ihrem Arbeitsplatz wohlfühlen. Das stärkt dann auch deren Anpassungsfähigkeit.

Die besten Arbeitgeber

Neben den umsatz- und gewinnstärksten US-Unternehmen erstellt *Fortune* auch eine jährliche Hitliste der besten Arbeitgeber. Jüngst erschien unter dem Titel »The 100 best companies to work for in America« ein Bericht über organisatorische Details, die ein Unternehmen für den Arbeitnehmer zu etwas Besonderem werden lassen. Zu den Spitzenreitern (eine recht schwierige Position angesichts der Flüchtigkeit des Arbeitsalltags) gehören Southwest Airlines, W.L. Gore, Patagonia, Microsoft, Merck, Container Store, Goldman Sachs und Harley-Davidson. Aus einem Datenpool von über 1000 Unternehmen engten die Autoren des Artikels die Auswahl auf jene Organisationen ein, die durch inspirierende Unternehmensleitung, hervorragende Ausstattung der Arbeitsplätze, großzügige Zusatzleistungen und sinnvolle Arbeit auffielen. Wenn die Angestellten dem Management vertrauten, stolz auf ihre Arbeit und ihr Unternehmen waren und ein kollegiales, kameradschaftliches Betriebsklima herrschte, zählte das Unternehmen zu den Gewinnern.

Um das Betriebsklima zu verbessern, ergriffen diese Unternehmen Maßnahmen wie Aktienoptionen, Gewinnbeteiligungen, Entlassungsstopps, flache Hierarchien, eine offene Informationspolitik, flexible Arbeitszeiten und lockere Kleidervorschriften. Sie schufen Gelegenheiten, bei denen sich die Arbeitnehmer untereinander kennen lernen konnten: Kneipentouren am Freitagabend, Partys aus betriebsinternen Anlässen (zum Beispiel erreichte oder übertroffene Planzahlen) oder Betriebsausflüge. Und sie dachten sich innovative Zusatzleistungen aus: hypermoderne Fitness-Center im Haus, Freizeiteinrichtungen, Gesundheitsstationen, Kindergärten und andere Hilfen für Familien, schöne Kantinen mit gutem Essen, großzügige Krankenversicherungsregelungen. Kurz, die »besten Arbeitgeber« unternahmen alles, um eine menschliche Unternehmenskultur zu schaffen, die sich positiv auf die geistig-seelische Gesundheit auswirkt.

Wer eine solche exemplarische Organisation aufbauen will, sollte zunächst die Denkhaltung hinter den Werten, Verhaltensweisen und Praktiken analysieren, die in den von *Fortune* ermittelten Unternehmen herrschen, und diese mit den in früheren Kapiteln beschriebenen Werten für Hochleistungsorganisationen abgleichen. Die entscheidenden Fragen lauten: Welche Schritte muss ein Unternehmen gehen, um das Wohlbefinden der Mitarbeiter sicherzustellen? Welche psychologischen Dimensionen machen aus einem Unternehmen einen beliebten Arbeitgeber? Wie lässt sich das menschliche Potenzial in jeder Organisation am besten »anzapfen«?

Leider stehen diese Fragen mit ihrem Fokus auf dem Individuum im Gegensatz zu dem derzeit herrschenden Klima, in dem nur die eine Zahl unter der Gewinn- und Verlustrechnung zählt. Organisationen sind kaum noch die Orientierungspunkte im Meer der Veränderung, die sie einst waren. Der Unternehmensalltag ist so turbulent wie nie zuvor. Und die Organisationen, die in die Hitliste der besten Arbeitgeber aufgenommen wurden, sind die Ausnahmen von der Regel. Wie in Kapitel 3 beschrieben, wurde der psychologische Vertrag, der in weniger hektischen Zeiten zwischen Arbeitgeber und Arbeitnehmer informell bestand, inmitten all der Restrukturierungen und Reengineering-Programme längst gebrochen. Angestellte sind heute eher selbstständige Arbeitskräfte, die Identifikation mit dem Arbeitgeber spielt nur noch eine untergeordnete Rolle. Entsprechend ist der Zynismus auf dem Vormarsch, Loyalität auf dem Rückzug und der emotional mit dem Unternehmen verbundene Angestellte Schnee von gestern.

Aber genau diese Identifikation trug in der Vergangenheit dazu bei, die eigene Rolle in der Welt definieren zu können. Durch engagierte Loyalität erhielt die eigene Erfahrung einen Sinn und ließ sich in den Zusammenhang der Erscheinungen einordnen. Die Bindung an die Organisation erleichterte den Umgang mit sozialen und ökonomischen Verwerfungen und stärkte damit die Stabilität. Ausgerechnet in einer Zeit, in der fast alles ins Wanken gerät, ist auch dieser Pfeiler – der psychologische Vertrag – weggebrochen.

Der Verlust hat enorme Auswirkungen auf das seelische Wohlbefinden der Angestellten. Die Unternehmen weigern sich, die (früher bewusst oder unbewusst übernommene) Rolle des »Behältnisses« weiterhin zu spielen. Die Unternehmensleitung bietet keine »stützende Umgebung« mehr, in der die Menschen ihre Ängste »ablegen« können, und damit steigt am Arbeitsplatz der Stress, statt abzunehmen. Darunter leidet die seelische Gesundheit der Mitarbeiter.

Das »gesunde« Individuum

Die Frage, wie Unternehmen einen aufregenden, pulsierenden, zufrieden stellenden Arbeitsplatz bieten können, lässt sich mit Blick auf das Individuum lösen: Wann fühlt sich ein Mensch wohl? Die Definitionen des »gesunden« Individuums weichen allerdings erheblich voneinander ab.

Wir können uns dem Problem über die Psychotherapie nähern. Womit hilft der Psychotherapeut seinen Patienten, ihre Arbeitskraft ohne Beeinträchtigung einzubringen? Er ermutigt sie, ihre eigenen Ziele zu erkennen, die Motivation, die sie antreibt, und ihre Stärken und Schwächen zu analysieren. Er bewahrt sie vor selbstzerstörerischem Verhalten. Psychologen fördern einen Lern- und Wachstumsprozess, mit ihrer Hilfe lassen sich zweideutige Situationen besser ertragen, man lernt, die gesamte Bandbreite eigener Gefühlsreaktionen zu entfalten und sie flexibel und effizient einzusetzen. Der Akzent liegt stets darauf, die Wahlfreiheit zu steigern: Die Patienten sollen sich ihr Verhalten nicht von Kräften außerhalb ihres Bewusstseins diktieren lassen müssen.

Wir können unser Bild von seelischer Gesundheit durch spezifische Eigenschaften erweitern, die für ein gesundes Individuum typisch sind (vergessen Sie nicht, dass der Übergang zwischen Krankheit und Gesundheit fließend ist). Meine Erfahrung mit vielen Arbeitnehmern - Erfahrung, in der sich Geschäftsmodelle mit der psychologischen Perspektive mischen - legt folgende Punkte nahe:

- Gesunde (oder, wenn man das Kontinuum bedenkt: gesündere) Menschen sind sich ihrer selbst sicher, haben ein stabiles Identitätsgefühl.
- Gesunde Menschen haben ein ausgeprägtes Gespür für die Realität.
- Gesunde Menschen greifen zu reifen Abwehrmechanismen, um auf die Außenwelt zu reagieren. Sie übernehmen Verantwortung für ihre Taten und beschuldigen nicht andere für eigene Fehler.
- Gesunde Menschen setzen ihre Kräfte ökonomisch ein und verfügen über genügend Ressourcen. Sie glauben, dass sie Ereignisse, die ihr Leben betreffen, fest im Griff haben (oder zumindest beeinflussen können).
- Gesunde Menschen nehmen ihren Körper positiv wahr und verlassen sich auf ihn. Sie neigen nicht zu selbstzerstörerischen, geistig verwirrten Handlungen, sie leiden auch nicht unter Essstörungen.
- Gesunde Menschen verfügen über die gesamte Palette der Gefühlsäußerungen und leiden nicht unter Alexithymie, einer Art Farbenblindheit gegenüber Emotionen. Sie leben intensiv und tun, was sie tun, mit Leidenschaft.
- Gesunde Menschen erleben Sexualität und Sinnlichkeit als Erfüllung, es ist eine wichtige Dimension ihres Lebens.
- Gesunde Menschen können mit ihren Ängsten leben, sie verlieren nicht so schnell die Kontrolle über sich oder reagieren zu impulsiv.
- Gesunde Menschen schätzen Intimität und Wechselseitigkeit. Sie können Beziehungen anknüpfen und aufrechterhalten; sie pflegen aktiv ihr Netzwerk, aus dem sie sich Unterstützung und Hilfe holen.
- Gesunde Menschen sehen sich immer im Kontext einer Gruppe, sie ziehen Befriedigung aus ihrer gesellschaftlichen Umgebung. Sie fühlen sich nicht isoliert.
- Gesunde Menschen können Abhängigkeiten und Trennungen positive Seiten abgewinnen. Die Ausbildung ihrer Persönlichkeit verlief während Kindheit und Adoleszenz konstruktiv, also ohne Entwicklungshemmnisse. Sie »klammern« nicht, im Gegenteil, sie bauen reife Beziehungen auf.
- Gesunde Menschen mit ihrem starken Selbstwertgefühl können die Rückschläge und Enttäuschungen verkraften, die im Lauf des Lebens unvermeidlich sind. Sie wissen, wie sie mit Depressionen umgehen müssen, und sie können Verluste aufarbeiten.
- Gesunde Menschen ertragen ambivalente Situationen und verurteilen ihre Mitmenschen nicht einseitig.

- Gesunde Menschen sind kreativ und in gewissem Sinn spielerisch; sie pflegen zudem einen gemäßigten Nonkonformismus.
- Gesunde Menschen sehen das Leben positiv, gewinnen Erfahrungen gute Seiten ab und sind in der Lage, sich die Zukunft positiv auszumalen. Auch bei Rückschlägen verlieren sie nicht die Hoffnung.
- Gesunde Menschen beobachten und analysieren sich selbst und verbringen ausreichend Zeit mit Selbstreflexion.

Prüfen Sie Ihre Gesundheit

Antworten Sie mit *Wahr* oder *Falsch*, gleichen Sie die Antworten mit den Antworten einer Person ab, die Sie gut kennt.

- Ich weiß, wer ich bin.
- Ich will niemand anders sein.
- Ich denke, ich sehe die Dinge ziemlich realistisch.
- Ich übernehme die Verantwortung für mein Tun.
- Ich weiß, dass jeder Mensch gute und schlechte Seiten hat.
- Ich fühle mich in meinem Körper wohl.
- Ich führe ein sexuell erfülltes Leben.
- Ich glaube, mein Gefühlsleben ist sehr reich.
- Ich bin oft fröhlich und richtig glücklich.
- Ich kann mich problemlos entspannen.
- Ich bin offenbar weniger anfällig für Ängste als andere Menschen.
- Ich denke nicht oft an potenzielle schwere Krankheiten, die mich beeinträchtigen könnten.
- Ich habe keine großen Probleme, enge und gute Freunde zu finden.
- Ich habe Freunde, die mir jederzeit mit Rat und Tat zur Seite stehen würden.
- Ich gehöre einer oder mehreren Gruppen an.
- Ich bin gern mit anderen Menschen zusammen.
- Ich halte mich für ziemlich unabhängig.
- Ich überwinde Stimmungstiefs relativ schnell.
- Ich habe einen Hang zum Spielerischen.
- Ich bin Optimist.
- Ich sehe nicht ein, dass ich alle Rituale und Selbstverständlichkeiten mitmachen soll.
- Ich denke oft über das nach, was ich tue.
- Ich habe nicht das Bedürfnis, andere zu kontrollieren.
- Ich bin mit meinem Leben recht zufrieden.

Wenn Sie überwiegend mit *Wahr* geantwortet haben, gehören Sie tendenziell zu den emotional stabilen Menschen. Wenn Sie häufig *Falsch* angekreuzt haben, wäre es sicher nicht ungünstig, die negativen Bereiche zu durchleuchten und gegebenenfalls professionelle Hilfe in Anspruch zu nehmen.

Mit den obigen Aussagen verwandt ist die Frage: Wie glücklich sind Sie? Auch darüber lohnt es sich nachzudenken. Folgende Übung wirft einiges Licht auf die einzelnen Aspekte.

Glücklichsein: Lebensankerübung

Bewerten Sie die folgenden Sätze, wie wichtig Ihnen der jeweilige Faktor ist von *eher unwichtig* (1) bis zu *5 (extrem wichtig)*. Die Sätze mit der höchsten Punktzahl sind die Anker Ihres Lebensglücks. Fassen Sie die fünf am höchsten bewerteten Sätze zusammen und versuchen Sie, diese Wünsche zu erfüllen.

Wunsch	Aussage	Selbsteinschätzung				
		1	2	3	4	5
Unabhängigkeit	Es ist mir wichtig, dass ich mich auf mich verlassen kann.					
Rechtfertigung	Es ist mir wichtig, meine Kritiker zu widerlegen.					
Akzeptanz	Ich will unbedingt geliebt, anerkannt und geschätzt werden.					
Sozialkontakt	Ich bin kontaktfreudig, umgebe mich gern mit Menschen und schließe rasch Freundschaften.					
Macht	Es ist mir wichtig, Autorität und Macht zu haben und andere Menschen zu führen.					
Ordnung	Ordnung ist das halbe Leben, finde ich; gut organisiert hat man mehr davon.					
Status	Angesehene Menschen, die teure Dinge besitzen, beeindrucken mich; ich wäre gern wie sie.					
Ehre	Persönliche Integrität, Fairness, Prinzipientreue sind meiner Meinung nach wichtige Werte.					
Familie	Ohne meine Familie wäre ich nicht glücklich.					
Ruhm	Ich sehne mich nach Applaus und öffentlichem Ansehen.					
Ästhetik	Musik, Bildende Kunst, Natur, überhaupt schöne Dinge sind für mein Wohlbefinden unentbehrlich.					

Wunsch	Aussage	Selbsteinschätzung				
		1	2	3	4	5
Wissen	Ich lerne unheimlich gern und will immer wieder neue Dinge tun.					
Leistung	Ich will etwas erreichen, kompetent und erfolgreich sein in dem, was ich tue.					
Geld	Finanzielle Sicherheit ist mir sehr wichtig.					
Sinn	Ich will meinen Beitrag zur Gesellschaft leisten.					
Spiritualität	Geistige Werte steigern mein Glück sehr.					
Gesundheit	Es ist mir sehr wichtig, geistig und körperlich in guter Verfassung zu sein.					
Essen	Ich esse sehr gern, ich denke und rede oft darüber.					
Sinnlichkeit	Sinnliche und sexuelle Erfüllung ist ein wichtiger Bestandteil meines Lebens.					
Fürsorge	Ich sorge gern für andere, sehe sie gern wachsen und sich entwickeln.					

Motivierende Bedürfnissysteme

Die eben beschriebenen Eigenschaften erzählen uns einiges über das »gesunde« oder »glückliche« Individuum. Um jedoch Gesundheit oder Krankheit, Glück oder Unglück zu »diagnostizieren«, müssen wir uns das »innere Drama« einer Person genauer anschauen.

Das Skript zu diesem Stück entsteht in Reaktion auf das motivierende Bedürfnissystem, in dem die Entscheidung gründet. Es entsteht im Säuglingsalter und bleibt ein Leben lang intakt (wenn auch modifiziert durch Erfahrung, Lernen und Reifeprozesse). Motivierende Bedürfnissysteme sind die treibende Kraft hinter allem, was Menschen tun.

Man unterscheidet fünf motivierende Bedürfnissysteme. Drei davon betreffen das Verhalten am Arbeitsplatz nur marginal. Das erste umfasst Grundbedürfnisse wie Hunger, Durst, Notdurft, Schlaf und Atmen, das zweite betrifft die sinnliche, später auch die sexuelle Erfüllung, das dritte die Motivation, sich in bestimmten Situationen abweisend zu verhalten, sich zurückzuziehen und gegen etwas anzukämpfen. Zu diesen drei Systemen kommen zwei weitere, die das berufliche Verhalten direkt und mit aller Macht beeinflussen: das Bedürfnis nach Bindungen und Gruppenzugehörigkeit sowie das Bedürfnis nach Wissen und Bestätigung.

Die Menschlichkeit manifestiert sich bei Menschen vor allem in ihrem Bedürfnis nach Bindungen und Gruppenzugehörigkeit, die Suche nach persönlichen Beziehungen, der Drang, sich in einen höheren Kontext einzuordnen. Dem Bindungsbedürfnis zuliebe bemühen wir uns um zwischenmenschliche Kontakte; die Sehnsucht nach Nähe, nach Gemeinsamkeit und Bestätigung ist universal. Wird das Bedürfnis von der persönlichen Ebene auf größere Menschenmengen übertragen, wandelt es sich in ein Bedürfnis nach Gruppenzugehörigkeit. Beide Bestrebungen spielen bei der emotionalen Ausbalancierung von individueller Selbsteinschätzung und Selbstwertgefühl eine wichtige Rolle.

Das zweite am Arbeitsplatz relevante motivierende Bedürfnissystem ist Wissbegier und Suche nach Bestätigung. Es umfasst die Fähigkeit, zu spielen, zu denken, zu lernen und zu arbeiten. Die wissenschaftliche Beobachtung von Säuglingen ergab, dass Erkundungen - hier durch Wahrnehmung von Unbekanntem und die Verknüpfung von Ursache und Wirkung - zu langfristig gesteigerter Aufmerksamkeit führt. Das gilt ähnlich auch noch für Erwachsene. Eng mit dem Forschungsdrang verbunden ist das Bedürfnis nach Selbstbehauptung, also die Wahlfreiheit, selbst über das eigene Tun zu bestimmen. Spielerische Erkundung und Veränderung der unmittelbaren Umgebung aufgrund der wissbegierig-bestätigenden Motivation erzeugt das Gefühl von Effizienz, Kompetenz, Autonomie, Initiative und Fleiß - ob im Kind oder im CEO.

Weil diese beiden Bedürfnissysteme so weitreichende Auswirkungen auf den Arbeitsalltag haben, muss die Unternehmensleitung das kulturelle Umfeld darauf abstimmen. Aber wie? Eine Reihe von Metawerten sollte wie ein Echo auf die Bedürfnissysteme reagieren, ein Gemeinschaftsgefühl unter den Angestellten erzeugen (das Bedürfnis nach Bindung und Gruppenzugehörigkeit ansprechen) und für Spaß und eigenverantwortliches Handeln sorgen (das Bedürfnis nach Wissen und Bestätigung befriedigen).

Der erste Metawert, nennen wir ihn »Liebe« oder »Gemeinschaft«, soll den Mitarbeitern helfen, kollegial mit anderen Mitarbeitern umzugehen und ein Zugehörigkeitsgefühl (»Wir«-Gefühl) zum Unternehmen zu entwickeln. Ohne diesen Metawert wachsen weder Vertrauen noch wechselseitiger Respekt und deswegen ist seine Einlösung nicht nur für die Mitarbeiter, sondern auch für das Unternehmen von entscheidender Bedeutung.

Das Wir-Gefühl lässt sich auf verschiedene Weise stärken. Der Aufbau der Organisation spielt dabei eine große Rolle. Kleine Einheiten stärken die Zusammengehörigkeit. Dasselbe gilt für dezentrale Entscheidungsbefugnisse, umgekehrt heißt das, eine zentralisiert an der Spitze zusammengefasste Autorität ist dem Gemeinschaftsgeist abträglich. Mentoring-Programme steigern den Gemeinsinn ebenfalls: Die fürsorgliche Haltung der hochrangigen Führungskräfte gegenüber dem Nachwuchs, ihre Unterstützung bei neuen Fähigkeiten und Verfahren, ihre Ermunterung durch Lob für Erfolge ist zugleich Vorbild für die Mitarbeiter.

Neben dem Metawert Gemeinschaft ist der Metawert Lebensfreude wichtig. Wer Spaß an der Arbeit hat, seinem Wissensdrang freien Lauf lassen kann und sich durchsetzen darf, ist innovativ und kreativ. Damit fördert die Lebensfreude den Unternehmensgewinn ebenso unmittelbar wie die seelische Gesundheit der Mitarbeiter. Organisationen, die diesen Faktor vernachlässigen, werden schnell zu Gefängnissen, in denen Führungskräfte die Funktion von Wärtern erfüllen, mit allen negativen Folgen, die unter dem Stichwort »Alexithymie« in Kapitel 6 behandelt wurden.

Die Suche nach Sinn und Kongruenz

Die fünf motivierenden Bedürfnissysteme bestimmen die Weltsicht eines Individuums und schaffen eine subjektive Realität, die uns durch die objektive Realität leitet. Konflikte zwischen subjektiver und objektiver Perspektive führen zu Stress und Schmerz, in Extremfällen zu Gemütskrankheiten.

Menschen entsprechen diesem Bedürfnis nach Kongruenz oder Übereinstimmung, indem sie Tätigkeiten im Einklang mit ihren motivierenden Bedürfnissystemen bevorzugen. Kongruente Tätigkeiten - im Beruf wie im Privatleben - werden als sinnvoll erlebt.

Arbeit ist aus der menschlichen Sinnsuche nicht wegzudenken. Arbeit, in der sich subjektive und objektive Realität nicht widersprechen, gibt uns das Gefühl, wichtig zu sein. Sie bietet uns Orientierung und Kontinuität in einer immer diskontinuierlicheren Welt. Wer sich durch seine Arbeit etwas leisten und Besitz erwerben kann (wie in Kapitel 5 besprochen), erfährt eine Form von Bestätigung, die als wichtige narzisstische Belohnung erlebt wird, als Schub für das eigene Ich, die eigene Identität.

Arbeit vermittelt nicht nur auf persönlicher Ebene Sinn. Auch im weiteren gesellschaftlichen Kontext, der über egoistische Bedürfnisse und die Verbesserung der Lebensverhältnisse hinausgeht und der Hilfe für die Bedürftigen und Wertschöpfung für die Allgemeinheit einschließt, streben wir nach Sinn. Ein Unternehmen, das sich sozial engagiert, bindet alle Mitarbeiter stärker an die Arbeit.

Angesichts dieser Bedeutung des Sinns (persönlich wie gesellschaftlich) ist es unabdingbar, dass die Unternehmensleitung für ein kollektives Wertesystem sorgt. Damit meine ich: Arbeit sollte von den Angestellten immer als sinnvoll erlebt und, wenn das nicht der Fall sein sollte, neu geordnet werden. Das Ziel der Arbeit muss den Mitarbeitern als wertvoll erscheinen. Dann stellt sich jene Kongruenz von subjektiver und objektiver Realität ein, die für die Gesundheit auf Dauer unentbehrlich ist - für die des Unternehmens ebenso wie für die der Mitarbeiter.

Wie kann die Unternehmensleitung kollektiv Sinn stiften?

- Der Unternehmenszweck muss den Angestellten als sinnvoll erscheinen. Die Unternehmensleitung sollte die Vision für die Zukunft sowie Zweck und Kultur des Unternehmens klar und deutlich artikulieren. Indem sie für Unterstützung der Vision wirbt, erzeugt sie ein starkes Zusammengehörigkeitsgefühl, eine Gruppenidentität, die unabdingbar mit Sinn und Bedeutung einhergeht.

- Die Unternehmensleitung muss den Angestellten ein Gefühl von Selbstbestimmtheit vermitteln. Deren seelisches Gleichgewicht verlangt das Gefühl, das eigene Leben selbst zu bestimmen. Sie dürfen sich nicht als Rädchen im Getriebe fühlen, als Marionetten, die nichts zu entscheiden haben.
- Die Unternehmensleitung muss den Angestellten die Chance geben, sich nicht nur als Ausführende in den Betrieb einzubringen, sondern mit dem ganzen Gewicht ihrer Persönlichkeit. Nichts anderes als dieses Gefühl der eigenen Wichtigkeit ist mit Empowerment gemeint: Es kommt auf mich an, es ist nicht gleichgültig, was ich während meiner Arbeitszeit tue. Vorgesetzte müssen den Mitarbeitern ein Stimmrecht zuerkennen.
- Die Unternehmensleitung muss die Kompetenz der Mitarbeiter fördern. Alle Angestellten sollen das Gefühl haben, dass sie sich persönlich weiterentwickeln und nicht auf der Stelle treten. Fortgesetztes Lernen ist unabdingbar: Nur wenn die Neugier der Menschen einen Kanal findet, kann Kreativität blühen.
- Die Unternehmensleitung muss starke gemeinsame Werte einführen. Denn die Art, wie etwas getan wird, sagt ebenso viel aus wie das, was getan wird. Der Vorstand, die Geschäftsführung oder wer auch immer an der Spitze steht, muss die Werte leben und verkörpern. Welche, wurde in Kapitel 8 durchgesprochen: Teamgeist, Offenheit, Respekt vor dem Einzelnen, Bevollmächtigung, Kundenorientierung, Leistungsbereitschaft, Unternehmertum, Spaß, Zuverlässigkeit, fortgesetztes Lernen, Veränderungsbereitschaft und Vertrauen.

ABB, einst von Percy Barnevik geleitet, ist ein Musterbeispiel für kollektiven Sinn. Der Konzern pflegt einen »pragmatischen Idealismus«, gesellschaftlich sinnvolle Arbeit, die zugleich die Interessen der Aktionäre wahrt. Barnevik erklärte: »200 Millionen Russen stehen vor den Toren Stockholms, und wir müssen Arbeit für sie finden.« Er nimmt diese Rolle ernst: ABB ist einer der größten Arbeitgeber in Osteuropa. Barnevik engagiert sich auch gegen die Umweltverschmutzung in China und dem ehemaligen Ostblock. Richard Branson setzt sich ebenfalls für ein kollektiv akzeptables Sinnsystem ein und sucht immer wieder nach Möglichkeiten, die Welt zu verbessern, zum Beispiel im Kampf gegen AIDS oder im Katastrophenschutz.

Merkmale der »authentizotischen« Organisation

Unternehmen, die menschliche Grundbedürfnisse erfüllen, werden zum Leitbild des 21. Jahrhunderts. Man kann sie »authentizotisch« nennen.

Der Begriff setzt sich aus den altgriechischen Wörtern *authenteekos* und *zoteekos* zusammen. Der erste Bestandteil bedeutet *authentisch.* Das heißt im weitesten Sinn »den Tatsachen entsprechend, real, vertrauenswürdig, zuverlässig«. Wendet man es auf Unternehmen an, ist die Identifikation der Unternehmensleitung mit den erklärten Werten gemeint, die Tatsache, dass Geschäftsführer oder Chefin nicht nur schöne Reden schwingen, sondern das Gesagte auch leben. Dann entsteht eine Verbindlichkeit, die die Angestellten auf Vision, Mission, Kultur und Struktur einschwört. In der authentizotischen Organisation wird nicht nur das *Wie*, sondern auch das *Warum* beantwortet, der Sinn erläutert, den die Aufgabe jedes Einzelnen im Gesamtzusammenhang hat. Damit knüpft man an das an, was die Menschen im Innersten antreibt (wie in Kapitel 6 erörtert): Die Mitarbeiter fühlen sich lebendig und – vollständig.

Der zweite Bestandteil, *zoteekos,* heißt »lebensnotwendig«. Im Unternehmenskontext beschreibt es die Energie, die für die Menschen von ihrer Arbeit ausgeht. Wenn eine Organisation lebensnotwendige Arbeit bietet, entsteht ein Gefühl von Ausgewogenheit und Ganzheit. Die Bedürfnisse nach Wissen, Erkenntnis, Denken und Lernen werden befriedigt. Der Arbeitsplatz darf selbstbestimmt verwaltet werden, Mitarbeiter können eigene Interessen einbringen und erleben ihre Tätigkeit daher als effektiv, kompetent und autonom. Ihre Kreativität und Initiative wird angesprochen, sie denken unternehmerisch und sind fleißig. Die Glück-Gleichung wird zwar nur teilweise vom authentizotischen Unternehmen bedient, ist aber ebenfalls von Bedeutung.

Mit dem Übergang ins 21. Jahrhundert werden die Unternehmen die Forderung nach Authentizotizität immer stärker spüren. Erfüllen sie die Anforderung, dann mindern sie den Stress, bieten eine gesündere Existenz und ein erfüllteres Leben. Sie stärken Imagination und Kreativität und fördern die Balance zwischen Beruf und Privatleben. Auf solche Unternehmen sollten wir unsere Hoffnung setzen. Heißt doch das arabische Sprichwort: »Wer gesund ist, hat Hoffnung. Und wer Hoffnung hat, hat alles!«

Wie sieht ein authentizotisches Unternehmen aus? Werte und Metawerte werden dort gelebt. Sie bieten ein »stützendes Umfeld«, Sicherheit und Gewissheit für die Angestellten trotz der Kündigung des früheren psychologischen Vertrags. Deswegen entscheiden sie sorgfältig, wer eingestellt wird: Die »Neuen« sollen sich mit den Werten des Unternehmens identifizieren und sie für sich übernehmen. Besonders wichtig ist, dass sich die Angestellten als Miteigentümer des Unternehmens fühlen. Darauf werden Fortbildungs- und Schulungsressourcen verwendet: Die Belegschaft soll damit auch vitalisiert werden. (Schon Napoleon hatte gesagt, die Kunst des Regierens bestehe darin, die Menschen in ihrer Arbeit nicht veralten zu lassen.) Persönliches Wachstum, persönliche Entwicklung fördern das Zugehörigkeitsgefühl und verhindern interne Abgrenzungsversuche und verdienen daher größte Aufmerksamkeit.

Die Identifikation mit dem Unternehmen gelingt am besten in amöbenähnlichen Strukturen, in denen sich Bereiche, die eine gewisse Größe überschreiten, von selbst teilen. Innerhalb der Konzernstruktur entstehen viele Miniunternehmen, in denen Projektteams die letzte Verantwortung tragen. Kleine, flexible Einheiten gestatten, dass sich die Angestellten untereinander kennen und miteinander arbeiten. Herausragende Führungspersönlichkeiten haben sich begeistert über das Konzept des »small is beautiful« geäußert. Peter Barnevik zum Beispiel: Er hat seine Organisation in 5 000 Profit Center und 1 200 Unternehmen aufgeteilt.

Authentizotische Unternehmen kennen keine steile Hierarchie, Rangunterschiede werden (trotz der menschlichen Neigung zu solcher Ausdifferenzierung) auf ein Minimum begrenzt. Entscheidungsgewalt und Verantwortung sind möglichst breit gestreut. Das schmälert nicht die Bedeutung der Leitung, sondern erfordert nur ein Abrücken von eingebürgerten Sichtweisen. Führungskräfte in authentizotischen Organisationen geben nicht Entscheidungen von oben nach unten weiter, sondern sie sind offen für Vorschläge und reagieren auf die Meinung ihrer Mitarbeiter: Management by walking around. (Abbildung 17 zeigt die Charakteristika der authentizotischen Organisation im Überblick.)

Die Verantwortung wird, wie gesagt, so breit wie möglich gestreut. Ich habe einmal David Simon bei einer Podiumsdiskussion erlebt. Der Ex-Chairman von British Petroleum sagte: »Was nicht als Ziel benannt und nicht gemessen wird, das wird auch nicht erledigt.« Um die Zuverlässigkeit bei BP zu steigern, zerlegte er das Unternehmen in kleine Profit Center. Auch in dem weniger gegliederten Unternehmen Virgin stellt Richard Branson sicher, dass die Dinge gemessen werden. Virgin misst sich gleichermaßen an Maßstäben innerhalb wie außerhalb des Unternehmens, um jeden Ansatz von Arroganz im Keim zu ersticken.

Authentizotische Unternehmen öffnen sich Innovationen, weil diese auf die Eigeninteressen der Mitarbeiter treffen:

- Die Mitarbeiter haben ein großes Maß an Selbstständigkeit, sodass ihre Kreativität gefördert wird.
- Die Zusammenarbeit der einzelnen Abteilungen wird groß geschrieben und damit in der Organisation Synergie gefördert.
- Die Beiträge der einzelnen Mitarbeiter werden anerkannt, um das Mitdenken zu fördern.

Durch den Fokus auf die Mitarbeiter herrschen in authentizotischen Organisationen Zusammenarbeit, Teamwork und gegenseitige Unterstützung vor. Gesucht und belohnt wird die erfolgreiche Interaktion zwischen Menschen und Abteilungen, als Nebeneffekt entsteht ein hohes Maß von Vertrauen. Diese Unternehmen wollen Verschiedenheit, beschäftigen bewusst Männer und Frauen, Menschen verschiedener Hautfarbe und unterschiedlichen Alters, weil sie wissen, dass breit gefächerte Erfahrungen die Entscheidungsfindung und die Kreativität bereichern. Risiko- und Experimentierfreude werden gefördert, gegenteilige Meinungen werden nicht nur akzeptiert, sondern führen gegebenenfalls auch zu einem Umdenken in der betreffenden Angelegenheit. Entsprechend offen ist die Atmosphäre.

1 Gemeinschaftsgeist	**2** Spaß und Freude an der Arbeit
3 Sinn (persönlicher wie gesellschaftlicher)	**4** Eine sichere, stützende Umgebung
5 Sorgfältige Auswahl der Neueinstellungen	**6** Mitarbeiter als Miteigentümer mit weitreichenden Befugnissen
7 Hoher Stellenwert von Fortbildung und Entwicklung	**8** Flache Hierarchien, kleine Einheiten
9 Unternehmennehmensleitung steht Mitarbeitern für Gespräche zur Verfügung	**10** Verlässlichkeit
11 Mitarbeiter sind wichtig	

AIR: Autonomie, Interaktion, Anerkennung
Teamorientiert
Vertrauen
Vielfalt
Experimentierfreude
Offenheit

Abbildung 17: Die wichtigsten Elemente der authentizotischen Organisation

Die Geschlechterfrage

Zwei Frauen liegen im Krankenhaus, die eine mit Verbänden um Kopf, Füße und Arme sagt: »Ich habe zu viele Karriereschranken durchbrochen, und du?« Inzwischen findet man Frauen häufiger im mittleren Management, aber ihre Zahl im Topmanagement ist in den letzten Jahrzehnten kaum gewachsen.

Das passt nicht recht zu den Trends im Geschäftsleben: Heute sind vor allem Organisationen im Dienstleistungssektor mit interkulturellen Strukturen auf Wachstumskurs, und Frauen gelten hinsichtlich der zwischenmenschlichen und interkulturellen Fähigkeiten als den Männern überlegen. Wo bleiben also die Frauen, die in Spitzenpositionen Unternehmen leiten sollten? Warum gründen immer mehr Frauen eigene Unternehmen? Warum fühlen sich so viele Frauen in Großunternehmen nicht wohl?

Sind Sie ein »richtiger« Mann oder eine Frau?

Natürlich ist dieses Quiz nicht ganz ernst gemeint. Trotzdem findet man die hier ins Extrem verzerrten Erscheinungen in vielen Unternehmen rund um den Globus. Fazit? Management und zwischenmenschliche Begegnungen werden von den Geschlechtern unterschiedlich gehandhabt.

1. Ihr Projektteam leistet Überstunden, um ein Angebot fertig zu stellen. Der Termin ist scheußlich knapp, aber ohne den Auftrag würde es das Unternehmen nicht aus den roten Zahlen schaffen. Zu Ihrer wachsenden Verärgerung schießt ein Teammitglied – John – dauernd quer. Um das Projekt rechtzeitig abzuschließen,
   A schlagen Sie eine Unterbrechung vor. Wenn sich Ihr Ärger nach einigen Minuten gelegt hat, bitten Sie alle Teammitglieder, ihre Position darzulegen und den Meinungen der anderen genau zuzuhören. Auf diese Weise führen Sie die Gruppe zu einem für alle akzeptablen Kompromiss.
   B schlagen Sie John in die Fresse.
2. Sie gehen an einem Straßencafé vorbei. Pete, betrunken, aufdringlich freundlich, aber völlig harmlos, schwankt auf Sie zu und will Ihnen die Hand schütteln. Sie
   A schütteln seine Hand, wünschen ihm einen guten Tag und gehen weiter.
   B gucken böse, werden wütend und polieren ihm die Fresse.

Wenn Sie beide Fragen mit *B* beantwortet haben, sind Sie höchstwahrscheinlich ein Mann.

Man kennt viele Erklärungen für die Kluft zwischen den Geschlechtern im Beruf. Häufig bemühen sie in der einen oder anderen Form die biologische Zwangsläufigkeit, sie gehen mit anderen Worten davon aus, dass Schwangerschaft und Kindererziehung Frauen aus der Laufbahn werfen. Das stimmt natürlich in gewissem Umfang, aber ist es die ganze Wahrheit? Es gibt Gesellschaften, in denen sich Männer aktiv an der Kindererziehung beteiligen, und das bedeutet, dass durchaus noch andere Faktoren eine Rolle spielen.

Frauen achteten, auch das eine Erklärung, stärker auf die Balance zwischen Beruf und Privatleben, und seien daher nicht gewillt, die Opfer für die Karriere zu bringen, die ein Aufstieg ins Topmanagement von ihnen verlangen würde. Oder: Frauen seien von Natur aus fürsorglicher und würden sich daher lieber auf Familie und Freunde denn auf die Karriere konzentrieren.

Provokanter ist da schon die These, dass Männer in ihrem tiefsten Innern Angst vor Frauen haben. Für einige Männer gilt das ganz bestimmt. Wenn mir männliche Patienten ihre Träume berichten, kommen da mitunter befremdliche Geschichten über Spinnenfrauen, phallische Weibsbilder und Hexen zutage. Ich kenne nicht wenige, die sich nur in Gesellschaft von Männern wohlfühlen und in Gegenwart von Frauen angespannt bleiben. Frauen hingegen haben meist keine Probleme damit, mit dem anderen wie mit dem eigenen Geschlecht zusammenzusitzen. Und obwohl Männer nichts dagegen haben, ihrer Sekretärin Anweisungen zu geben, hätten sie allergrößte Schwierigkeiten, Befehle von einer Chefin auszuführen. (Ihre Mutter hat sie schließlich lang genug herumgeschubst!)

Etliche Management-Lehrbücher sind im Lauf der Jahre über meinen Schreibtisch gewandert. Blättere ich sie durch und suche im Stichwortverzeichnis unter »Sexualität« (darauf achte ich seit langem), finde ich in 99 Prozent der Fälle nichts, das Wort fehlt einfach. Naheliegende Schlussfolgerung: Führungskräfte haben kein Geschlecht. Stehen jedoch Exemplare aus Fleisch und Blut in meinem Büro, denken sie an nichts häufiger als an Sexualität!

Dieser Punkt verkompliziert die Beziehungen am Arbeitsplatz erheblich. Zum Beispiel Mentoring, das ich bereits mehrfach als unentbehrliche Strategie der Nachwuchsförderung benannt habe: Wenn eine begabte junge Frau in die Seilschaften eingeführt, beim Vermeiden politischer Fehler unterstützt werden will und nach konstruktivem Feedback sucht und sich – ein »nettes junges Ding« – mit diesem Wunsch an einen graumelierten älteren Herrn wendet, was geht dem wohl durch den Kopf? Welche Fantasien wird sie wohl in ihm auslösen? Und was ist bei ihr? Und Sie – welche Fantasien haben Sie?

Es fällt Männern verständlicherweise nicht leicht, Frauen gegenüber in die Mentorenrolle zu schlüpfen. Sie fürchten sich nicht zuletzt vor ihren eigenen Gefühlen, vielleicht auch vor der Reaktion von Frau oder Partnerin. Was sollen die Kollegen denken, wenn man mit der jungen Mitarbeiterin auf Geschäftsreise geht und so weiter. Womöglich hat man noch den letzten Fall sexueller Belästigung im Gedächtnis. Und natürlich gibt es die Zweideutigkeit in Begegnungen zwischen Männern und Frauen: eine Ambivalenz, die zu einer unterschwelligen Missachtung der Frauen führt und damit die Karriereschranken zementiert. Es handelt sich nicht um eine bewusste Verschwörung (in den meisten Firmen wenigstens nicht). Aber im Endeffekt haben es Frauen weit schwerer, beruflich voranzukommen. Häufig müssen sie wesentlich kompetenter sein als männliche Bewerber, um endlich die verdiente Aufmerksamkeit zu erhaschen. Sie sind viel zu häufig Opfer einer subtilen Diskriminierung.

Wie können wir gegensteuern? Mit dem Status quo dürfen wir uns nicht abfinden. Diskriminierung ist für sich genommen schon schlimm genug, aber auch ökonomisch ist sie nicht im Interesse der Unternehmen. Vielfalt führt, wie gesagt, zu besseren Entscheidungen und kreativeren Lösungen. Ohne Vielfalt sind authentizotische Organisationen nicht denkbar. Zum Glück hängen die Bedingungen, auf denen sie gründen, untereinander zusammen. Wenn wir uns also bemühen, eine Organisation als echte Gemeinschaft aufzubauen, mit breit gestreuten Befugnissen, offen und vertrauensvoll, dann werden uns auch Erfolge hinsichtlich der Vielfalt beschieden sein.

14

Schlussbemerkungen

Ich habe mir nie meine Erziehung durch Schulbildung verderben lassen.
Mark Twain

Reife kommt mit der Zeit, kein Mensch wird weise geboren.
Miguel de Cervantes

Erfahrung ist ein Kamm, den die Natur uns gibt,
wenn wir keine Haare mehr haben.
Belgisches Sprichwort

In diesem Buch habe ich betont, wie wichtig das klinische Paradigma für das Verständnis von Unternehmen ist. Und ich habe die Bedeutung der emotionalen Intelligenz beschrieben, die Schattenseiten der Führer erörtert sowie verschiedene Fallen angesprochen, in die die Unternehmensleitung fallen kann. Die Charakterzüge guter Führungskräfte wurden herausgearbeitet, die Rollen, die sie übernehmen, und die empfehlenswerten Vorgehensweisen. Außerdem habe ich eine Lanze für das authentizotische Unternehmen gebrochen. Jetzt, am Ende des Buches, will ich für den Unternehmensnarr plädieren und einige abschließende Gedanken zum Führen äußern.

Der Narr sagt die Wahrheit

Wenn ich vom Narr spreche, meine ich nicht den Führer selbst. Der Narr liefert die Folie – eine Folie, die jede Führungskraft benötigt. Der Narr ist eine uralte Rolle, jahrhundertelang hat er Könige und Königinnen (und andere Führer) gefestigt. Als Hüter der Wirklichkeit bewahrt er mit Possen und Witz vor Dummheiten, hält den Herrschenden den Spiegel vor und erinnert sie an die Vergänglichkeit der Macht. Wie etwa der weise Narr von König Lear, der, wie die Franzosen sagen, *morosophe*.

Lassen Sie mich mit einer Anekdote erzählen, wie wichtig der Narr ist. Ein Paar geht zu einem Jahrmarkt und sieht dort eine beeindruckend gigantische Maschine. Füttert man sie mit Geld, spuckt die Maschine das Alter und den Charakter des Betreffenden aus. Der Mann wird ganz aufgeregt, wirft eine Münze ein und erhält ein Stück

Papier, das ihm seine Frau entreißt und vorliest: »Du bist intelligent und charmant. Auf Frauen übst du unwiderstehliche Anziehungskraft aus.« Sie dreht den Zettel um und fügt hinzu: »Weißt du was, dein Alter stimmt auch nicht.« Führer benötigen jemand, der ihnen wie diese Frau einen Spiegel mit ihrem wahren Bild vorhält. Narren erinnern Führer an die nötige Offenheit und helfen ihnen damit, sich selbst ehrlich zu sehen.

Führungskräfte sollten sich also fragen, wer für sie den Narren spielt. Wenn in ihrer Umgebung niemand diese Rolle übernimmt, müssen sie herausfinden, ob in ihrer Organisation Narren geduldet werden, ob die Mitarbeiter dem Chef widersprechen dürfen, ohne negative Konsequenzen zu fürchten.

Ich speiste einmal in Singapur mit dem Präsidenten einer großen Bank zu Mittag. Er sagte, jeder Topmanager benötige gute Freunde, die ihm die Wahrheit sagen – Freunde, die ihn auch mit unangenehmen Dingen konfrontieren. Einmal an der Macht vergessen Führer allzu schnell, dass sie trotz allem nur Menschen sind. Deswegen sind jene Mutigen, die sie auf den Teppich holen, dringend notwendig.

Manchmal treffen sie die Mutigen im Unternehmen an, etwa in Gestalt eines »non-executive director« oder seinem deutschen Pendant, dem Mitglied eines Aufsichtsrats. Manchmal muss man sie außerhalb des Unternehmens suchen, einen Unternehmensberater zum Beispiel (allerdings ist das ein gutes Argument gegen »hungrige« Berater und Coaches: Sie neigen dazu, ihren Klienten nach dem Mund zu reden). Aber wo immer sie sind, Menschen in Spitzenpositionen können sie nicht entbehren. Sie benötigen Sparringpartner für den Wirklichkeitstest.

Letzte Gedanken zum Thema

Nachdem wir im Sauseschritt durch Führung und Unternehmenswirklichkeit gewirbelt sind, habe ich Sie vielleicht gründlich verwirrt. Wir haben kein Gebiet ausgelassen, und meine Verbesserungsvorschläge kommen aus vielen Disziplinen. Das kompliziert die Dinge. Die Überblendung von Ideen aus so verschiedenen Bereichen wie Anthropologie, systemische Familientheorie, Psychotherapie, Psychoanalyse (insbesondere die Theorie der Objektbeziehungen), Kognitionstheorie und Managementwissenschaft erzeugt eine geheimnisvolle Atmosphäre. Ich will meine Botschaft noch einmal auf den Punkt bringen – mithilfe einfacher (wahrscheinlich *zu* einfacher) Schlagwörter: Hoffnung, Menschlichkeit, Demut und Humor.

- **Hoffnung:** Führen heißt zuallererst Hoffnung verbreiten. Wenn es nichts zu hoffen gibt, sind alle Ambitionen umsonst. Und die Person an der Spitze hat verloren. Ohne Hoffnung gibt es kein Ziel, zu dem Leitende und Geleitete hinstreben könnten.
- **Menschlichkeit:** Es wurde bereits mehrfach betont: Führungskräfte dürfen nie

vergessen, dass sie Menschen sind. Ob sie diese Maxime beherzigen, zeigt sich meist an der Behandlung, die sie Menschen angedeihen lassen, von denen sie keine Vorteile zu erwarten haben.

- **Demut:** Demut und Menschlichkeit sind eng verbunden, denn beide wurzeln in genauer Selbstwahrnehmung. Gute Führungskräfte wissen, dass sie sich keinen ihrer Siege allein auf die Fahnen schreiben können.
- **Humor:** Gute Führer verlieren auch in brenzligen oder schrecklichen Situationen nicht ihren Sinn für Humor, und sie können über ihre eigenen Schwächen lachen. Humor ist ein hervorragendes Indiz für geistige Gesundheit und ein wertvolles Gut an jedem Arbeitsplatz.

Ich habe schon in Kapitel 1 darauf hingewiesen, dass dieses Buch wenig Neues enthält. Die meisten Phänomene sind bekannt, die meisten hier vorgeschlagenen Methoden haben Führer aller Zeiten schon angewandt. Die Frage ist nur: Wenden Sie sie an? Setzen Sie Theorien, die Sie für richtig halten, praktisch um? Erfahrungsgemäß klafft ein Abgrund zwischen den Worten und den Taten von Führungskräften.

Lassen Sie mich mit einigen Zeilen den Reifegrad von Führungstheorien demonstrieren. Sie geben Lao-Tses Überlegungen wieder, die er vor mehr als 2 000 Jahren entwickelt hat. Das Zitat selbst mag mit seiner Betonung der »dezentralen Herrschaft« paradox wirken in einer Zeit, die nach starker Führung verlangt:

Der Herrscher ist der Beste,
Von dessen Existenz das Volk kaum weiß.
Weniger gut, wenn das Volk ihm gehorcht und applaudiert.
Der Schlechteste, den das Volk verachtet.
Wer das Volk nicht achtet,
Den wird das Volk nicht achten.
Von einem guten Herrscher, der wenig redet,
Der sein Werk vollendet, sein Vorhaben erfüllt,
Werden sie sagen: »Das ist unser Werk.«

Lassen Sie mich zum Abschluss eine letzte Anekdote erzählen. Vor einigen Jahren nahm ein alter Herr an einem meiner INSEAD-Führungsseminare teil. Er war nicht nur der Älteste in der Gruppe, sondern auch älter als der Durchschnitt in allen meinen Veranstaltungen. Das Seminar war für ihn eine Gelegenheit, seine Nachfolge zu regeln und seinen Rücktritt vorzubereiten.

Der Mann war für eine große Organisation verantwortlich: 75 000 Menschen unterstanden ihm. Als er seinen Führungsstil erläuterte – der Schwerpunkt des Seminars lag auf Beispielen »aus dem Leben« – bekannte er wahrhaft machiavellistische Züge:

»Ich kann hervorragend manipulieren. Manchmal, wenn mir eine gute Idee eingefallen ist, stelle ich sie wirklich so vor, dass die anderen denken, sie wären selbst darauf gekommen. Dann ist es ihr Ding, und die Idee wird durchgesetzt. Wenn sie Erfolg hat, freue ich mich natürlich. Und dann gehe ich nach Hause, schenke mir einen Schluck vom besten Whiskey aus der Bar ein und hebe mein Glas. Aber wem sollte ich zuprosten? Mir? War's das jetzt? Ich muss wohl ohne den Applaus leben.«

Der Mann hat seine narzisstische Neigung gut im Griff: Er ließ andere die Lorbeeren für seine Siege einheimsen. Diesem Zug verdankt er einen Großteil seines Erfolgs. In seinem Unternehmen wurden Führung und Lob über alle Ebenen verteilt.

Könnten Sie das von sich behaupten? Haben Sie genug Selbstvertrauen, um die Bühne anderen zu überlassen? Unterstützen Sie gern die Entwicklung und den Lernprozess Ihrer Mitarbeiter? Sind Sie offen für Lektionen, nicht nur von Ihren Vorgesetzten, sondern auch von der nachrückenden Generation? Bleiben Sie geistig beweglich und verkriechen sich nicht hinter psychischen Barrieren?

Gleichgültig ob Sie schon ganz oben stehen oder noch am Aufstieg arbeiten, diese Fragen sollten Sie nie vergessen. Sie helfen Ihnen, die vier wichtigsten Aspekte des Führens zu kultivieren und für sich zu erhalten: Hoffnung, Menschlichkeit, Demut und Humor. Und das Gefühl, dass die Dinge im Fluss sind, denn dieses Gefühl hält Ihre Begeisterung wach. Die eigentliche Herausforderung des Lebens heißt, noch im hohen Alter jung zu sterben. Sie besteht nur, wer täglich, ja stündlich fragt: *Was wäre wenn?* und *Was ist jetzt dran?*

Literatur

Die folgende Liste ist für jene Leser gedacht, die sich für die Quellen interessieren, auf denen das vorliegende Buch beruht. Im ersten Abschnitt führe ich eine Reihe meiner früheren Schriften auf; im zweiten sind Bücher von anderen Autoren versammelt, die meine Gedanken zu Führung und Organisationen beeinflusst haben.

Relevante Schriften von Manfred Kets de Vries

Organizational Paradoxes: Clinical Approaches to Management. New York: Routledge, 1980

Chef-Typen: zwischen Charisma, Chaos, Erfolg und Versagen. München: Mosaik, 1992

Führer, Narren und Hochstapler: Essays über die Psychologie der Führung. Stuttgart: Verlag Internationale Psychoanalyse, 1998

Leben und sterben im Business. Düsseldorf: Econ, 1996

Family Business: Human Dilemmas in the Family Firm. London: International Thompson Business Press, 1996

Struggling with the Demon: Perspectives in Individual and Organizational Irrationality. Garden City, NJ: Psychosocial Press, 2001

Meditations on Happiness. London: Ebury Press, 2001

The New Global Leaders: Percy Barnevik, Richard Branson, and David Simon and the Making of the International Corporation. San Francisco: Jossey-Bass 1999

The Neurotic Organization: Diagnosing and Changing Counter-Productive Styles of Management [mit Danny Miller, Neuauflage 1990]. San Francisco: Jossey-Bass 1984

Unstable at the Top [mit Danny Miller]. New York: New American Library, 1988

Handbook of Character Studies [mit Sidney Perzow]. New York: International University Press, 1991

Relevante Schriften anderer Autoren

American Psychiatric Association. *Diagnostic and Statistical Manual of the Mental Disorders, DSM-IV.* Washington: American Psychiatric Association, 1994

Arieti, Silvano. *Creativity. The Magic Synthesis.* New York: Basic Books 1976

Bass, Bernard. *Charisma entwickeln und zielführend einsetzen.* Landsberg/Lech: Moderne Industrie, 1986

Bennis, Warren, und Burt Nanus. *Führungskräfte: Die vier Schlüsselstrategien erfolgreichen Führens*. Frankfurt/Main; New York: Campus, 1992

Bettelheim, Bruno. *Kinder brauchen Märchen*. München: Dt. Taschenbuch-Verlag, 1999

Bion, Wilfred R. *Erfahrungen in Gruppen und andere Schriften*. Stuttgart: Klett-Cotta, 2001

Bowlby, John. *Attachment* [Attachment and Loss, Bd. 1] New York: Basic Books, 1998

Chandler, Alfred Dupont. *Strategy and Structure: Chapters in the History of the Industrial Enterprise.* Cambridge, Mass.: MIT Press, 1998

Collins, James Charles, und Jerry I. Porras. *Built to last: Habits of Visionary Companies.* New York: Harper Business, 1997

Crozier, Michel. *The Bureaucratic Phenomenon.* Chicago, Il.: University of Chicago Press, 1964

Csikszentmihalyi, Mihaly. *Flow: Das Geheimnis des Glücks*. Stuttgart: Klett-Cotta, 1996

Davonloo, H.. *Intensive Short-Term Dynamic Psychotherapy.* New York: Wiley, 2000

Dement, William C. and Christopher Vaughan. *Der Schlaf und unsere Gesundheit: Über Schlafstörungen, Schlaflosigkeit und die Heilkraft des Schlafs*. München: Limes, 2000

Erikson, Erik H. *Kindheit und Gesellschaft*. Stuttgart: Klett-Cotta, 1999

Fenichel, Otto. *Psychoanalytische Neurosenlehre (3 Bde.)*. Gießen: Psychosozial-Verlag, Bd.1 1996 (Bd. 2 und 3 1997)

Frankl, Viktor E., und Franz Kreuzer. *Am Anfang war der Sinn: Von der Psychoanalyse zur Logotherapie*. München/Zürich: Piper, 1986

Freud, Sigmund. *Das Unbehagen in der Kultur und andere kulturtheoretische Schriften.* Frankfurt/Main: Fischer, 1994

Freud, Sigmund. *Massenpsychologie und Ich-Analyse.* Frankfurt/Main: Fischer-Taschenbuch-Verlag, 1993

Freud, Sigmund: *Neue Folge der Vorlesungen zur Einführung in die Psychoanalyse* [Gesammelte Werke Bd. 15]. Frankfurt/Main: Fischer, 1996

Fromm, Erich. *Märchen, Mythen, Träume: Eine Einführung in das Verständnis einer vergessenen Sprache*. Reinbek: Rowohlt, 1996

Gabriel, Yiannis. *Organizations in Depth: The Psychoanalysis of Organizations.* London: Sage, 1999

Geertz, Clifford. *Dichte Beschreibung: Beiträge zum Verstehen kultureller Systeme*. Frankfurt/Main: Suhrkamp, 1995

Goleman, Daniel. *Emotionale Intelligenz*. München: Dt. Taschenbuch-Verlag, 1997

Greenberg, Jay R., und Stephen A. Mitchell. *Object Relations in Psychoanalytic Theory.* Cambridge, Mass.: Harvard University Press, 1983

Hall, Edward T. *The Silent Language.* New York: Anchor Books Doubleday, 1990

Herrmann, Theo, und Ernst-D.Lantermann [Hg.]. *Persönlichkeitspsychologie: Ein Handbuch in Schlüsselbegriffen.* München/Wien/Baltimore: Urban und Schwarzenberg, 1985

Hofstede, Geert. *Interkulturelle Zusammenarbeit: Kulturen - Organisationen - Management.* München: Beck, 1997

Jung, Carl Gustav. *Das C.-G.-Jung-Lesebuch* [ausgew. von Franz Alt]. Zürich/Düsseldorf: Walter, 2000

Jung, Carl Gustav. *Gesammelte Werke.* Düsseldorf: Walter, 1995

Jung, Carl Gustav. *Taschenbuchausgabe in elf Bänden.* München: DTV, 2001

Kernberg, Otto F. *Innere Welt und äußere Realität: Anwendungen d. Objektbeziehungstheorie.* Stuttgart: Verlag Internationale Psychoanalyse, 1997

Kohut, Heinz. *Narzissmus: Eine Theorie der psychoanalytischen Behandlung narzistischer Persönlichkeitsstörungen.* Frankfurt/Main: Suhrkamp, 1995

Kouzes, James M., und Barry Z. Posner. *The Leadership Challenge: How to Keep Getting Extraordinary Things Done in Organizations.* San Francisco: Jossey-Bass, 1997

Laing, Ronald D. *Das geteilte Selbst: Eine existentielle Studie über geistige Gesundheit und Wahnsinn.* Köln: Kiepenheuer und Witsch, 1994

Lefcourt, Herbert M. *Locus of Control: Current Trends in Theory and Research.* Hillsdale: Lawrence Erlbaum Associates, 1982

Lemma-Wright, A. *Invitation to Psychodynamic Psychology.* London: Whurr Publishers, 1995

Levinson, Daniel J. *Das Leben des Mannes: Werdenskrisen, Wendepunkte, Entwicklungschancen.* München: Goldmann, 1982

Levinson, Harry. *Executive.* Cambridge, Mass.: Harvard University Press, 1982

Lichtenberg, Joseph D., Frank M. Lachmann, James L. Fosshage. *Das Selbst und die motivationalen Systeme: Zu einer Theorie psychoanalytischer Technik.* Frankfurt/Main: Brandes und Apsel, 2000

Lorenz, Konrad. *Das sogenannte Böse.* München: Dt. Taschenbuch-Verlag, 1995

Luborsky, Lester, und Horst Kächele [Hg.]. *Der zentrale Beziehungskonflikt: Ein Arbeitsbuch.* Ulm: PSZ-Verlag, 1988

Malan, David, und Ferruccio Osimo: *Psychodynamics, Training and Outcome in Brief Psychotherapy.* Oxford: Butterworth-Heinemann, 1992

McCullough, Leigh Vaillant. *Changing Character: Short-term anxiety-regulating Psychotherapy for restructuring Defenses, Affects, and Attachment.* New York: BasicBooks, 1997

Millon, T. *Disorders of Personality: DSM VI and Beyond.* New York: Harper & Row, 1996

Mintzberg, Henry. *Die Mintzberg-Struktur: Organisation effektiver gestalten*. Landsberg/Lech: Verlag Moderne Industrie, 1992

Mintzberg, Henry. *Mintzberg über Management: Führung und Organisation, Mythos und Realität*. Wiesbaden: Gabler, 1991

Morgan, Gareth. *Bilder der Organisation*. Stuttgart: Klett-Cotta, 1997

Pfeffer, Jeffrey. *The Human Equation: Building Profits by Putting People First.* Boston, Mass.: Harvard Business School Press, 1998

Pfeffer, Jeffrey. *Power-Management: Wie Macht in Unternehmen erfolgreich eingesetzt wird*. Wien und Frankfurt/Main: Ueberreuter, 1999

Schein, Edgar H. *Unternehmenskultur: ein Handbuch für Führungskräfte*. Frankfurt/Main; New York: Campus, 1995

Selye, Hans. *Stress: Bewältigung und Lebensgewinn*. München/Zürich: Piper, 1988

Shapiro, David. *Neurotische Stile*. Göttingen: Vandenhoeck und Ruprecht, 1991

Sheehy, Gail. *Die neuen Lebensphasen: Wie man aus jedem Alter das Beste machen kann*. München: Droemer Knaur, 1998

Storr, Anthony. *The Art of Psychotherapy.* New York: Routledge, 1990

Sullivan, Harry Stack. *Die interpersonale Theorie der Psychiatrie*. Frankfurt/Main: Fischer, 1983

Trompenaars, Fons. *Handbuch globales Managen: Wie man kulturelle Unterschiede im Geschäftsleben versteht*. Düsseldorf/Wien/New York/Moskau: Econ, 1993

Vaillant, George E. *Werdegänge: Erkenntnisse der Lebenslauf-Forschung*. Reinbek: Rowohlt, 1980

Watzlawick, Paul, John H. Weakland, Richard Fisch. *Lösungen: zur Theorie und Praxis menschlichen Wandels*. Bern: Huber, 2001

White, Robert W. *Lives in Progress.* New York: Holt, Rinehart and Winston, 1975

Zaleznik, Abraham. *Das menschliche Dilemma der Führung*. Wiesbaden: Gabler, 1976

Zaleznik, Abraham: *Führen ist besser als managen*. München: Droemer Knaur, 1995

Register

D

E

F

G

H

I

J

K

T

U

V

W

X

Z